Dear China

Emigrant Letters and Remittances,1820-1980

亲爱的中国

移民书信与侨汇（1820—1980）

〔英〕班国瑞　刘　宏　著
贾俊英　译　张慧梅　审校

中国出版集团　東方出版中心

著者

班国瑞（Gregor Benton），英国卡迪夫大学历史学荣誉教授。曾任荷兰阿姆斯特丹大学人类学社会学研究中心副教授、英国利兹大学东亚研究系教授、卡迪夫大学历史与考古学系教授。除了出版多部有关中国近代史的专著之外，他对欧洲华人和东南亚华人历史也有深入研究。相关的英文著作包括*Chinese Migrants and Internationalism: Forgotten Histories, 1917–1945*（《被遗忘的历史——华人移民与国际主义（1917—1945）》，2007年出版）；*The Chinese in Britain, 1800-Present: Economy, Transnationalism, Identity*（《1800年至今的英国华人——经济、跨国主义、认同》，与格麦滋合著，2008年出版）；*The Qiaopi Trade and Transnational Networks in the Chinese Diaspora*（《侨批贸易与海外华人跨国网络》，与刘宏、张慧梅共同编著，2018年出版）。

著者

刘宏，本科毕业于厦门大学历史系，现为新加坡南洋理工大学社会科学学院陈六使讲席教授、南洋公共管理研究生院院长、中国教育部长江学者讲座教授。曾任新加坡国立大学文学与社会科学学院副教授、英国曼彻斯特大学东亚系讲席教授暨中国研究中心主任、南洋理工大学人文与社会科学学院院长。目前还任*Journal of Chinese Overseas*和《华人研究国际学报》联合主编。已出版中文、英文、印尼文专著20多部并发表百余篇学术论文。近著包括《跨界治理的理念与亚洲实践》（中国社会科学出版社，2020）、《国际化人才战略与高等教育管理》（与李光宙联合编著，暨南大学出版社，2020）、《移动的边界》（浙江大学出版社，2022）。

译者

贾俊英，华中师范大学历史学博士，清华大学理论经济学博士后，华中师范大学马克思主义学院中国近现代史纲要教研部教师，主要研究中国经济史、海外华商和商会史及华侨华人经济。主持国家社科基金青年项目《印度尼西亚中华商会研究》，参与多项国家社科重大项目，参与国际合作项目《林绍良评传》，发表若干高质量学术论文，提交数篇国家级政府咨询报告。侨批研究论文代表作：《闽南侨批史研究——以天一局为个案的考察》，*The Evolution of the Qiaopi Trade: A case study of the Tianyi Firm*（《侨批贸易嬗变——基于天一局的考察》）。

审校者

张慧梅，本科毕业于中山大学历史系，现为新加坡南洋理工大学华裔馆及南洋公共管理研究生院研究员，《华人研究国际学报》执行编辑，主要研究领域包括海外华人历史、海外潮人社群历史、侨批及侨刊、华商网络等。曾于期刊、著作中发表研究论文若干，并参与主编部分研究著作。近著包括*The Qiaopi Trade and Transnational Networks in the Chinese Diaspora*（《侨批贸易与海外华人跨国网络》，与班国瑞、刘宏共同编著，2018年出版）、*Chinese Migrants Write Home: A Dual-Language Anthology of Twentieth-Century Family Letters*（《家书抵万金——二十世纪华人移民书信选注》，与班国瑞、刘宏共同编著，2020年出版）。

目录

CONTENTS

中文版前言

班国瑞　刘宏

作为有关侨批研究的第一部英文专著，本书于2018年7月由美国加州大学出版社推出。该书的出版推动了英文学术界关注侨批这项于2013年被列入联合国教科文组织《世界记忆名录》的重要文化遗产。过去两年来，由欧美、日本、新加坡、印度和中国的学者所撰写的十多篇书评对本书进行了多维度的评析，令作者深受鼓舞。

我们很高兴看到本书中文版的面世。中国是侨批研究的发源地，从20世纪30年代陈达教授对闽粤侨乡的调查到2000年饶宗颐先生大力呼吁推动侨批研究，再到2013年之后研究领域的深化，使学术界和社会对侨批的产生、发展、特征和作用均有较全面的认识。本书的研究和写作也得益于国内学者、侨批收藏机构以及相关高校所作的重要贡献。

本书尝试从三个相互作用的层面来思考和分析1820年至1980年间侨批的全球史。第一个层面是侨批和侨批贸易自身的内在发展逻辑和社会文化基础，包括侨批局及其关联机制和个人、家庭、地缘与血缘关系、不同的地域发展路径、华人社团、跨国网络、商业文化等。它们的运作既受中国传统文化和社会结构的制约，也受海外华人移民所在区域的西方资本主义的影响。因此，传统与现代性、中国与西方这些看似二元对立的因素通过侨批这一独特的社会和经济机制展现出多元和复杂的格局。

第二个层面是侨批和侨批贸易同近现代中国社会经济以及海外华人

社会变迁的关系。侨批和侨批贸易有其自身的发展逻辑，但它们并非在真空下运作，而是与所处的时代和社会息息相关。因此，本书非常关注国家（中国以及华人移民所在国）、民族主义、战争、交通和民族国家的建立对侨批发展的影响，尤其是海外华人移民如何通过侨批体系对近现代中国发展的重要贡献。本书所采用的来自美国、加拿大等国的侨批档案和地方政府文献有助于揭示这种全球联系的作用和模式。

第三个层面是比较研究和跨学科视野。侨批是产生于中国和海外华人社会的一种独特的社会经济和文化机制，但它所依托的华人移民史则是近代以来国际移民史的有机组成部分。因此，比较研究和跨学科方法能够更好地厘清侨批与侨批贸易的特征及其演变，并超越国际移民研究中的西方中心导向（例如华人慈善、家书书写与西方的不同及其原因和作用等）。

我们希望本书的中文版有助于侨批研究领域的国内和国际对话，进而推动海外华人研究和全球史视野下的近现代中国等相关领域的探索。近两年多来我们的另外两本相关书籍和论文对上述论题亦有相关的讨论和深化，[1]我们期待得到各位同仁的批评指正。为了便于中文版读者的阅读，我们将《亲爱的中国》原版书文后的注释及参考文献加以整合，合并成每一章节的脚注，在此一并说明。

本书中文版得以问世，我们首先要感谢华中师范大学贾俊英博士的精心、细致、贴切的翻译。她的硕士论文就是有关侨批研究，博士论文又专注于海外华商研究。在清华大学龙登高教授负责的华商研究中心做博士后期间她开始本书的翻译工作，无论是史料把握还是文字语境都达到“信达雅”的水准。南洋理工大学的张慧梅研究员为本书的审译、校

1 Gregor Benton, Hong Liu and Zhang Huimei, eds. 2018. *The Qiaopi Trade and Transnational Networks in the Chinese Diaspora*. London: Routledge.［班国瑞、刘宏、张慧梅编著（2018）:《侨批贸易与海外华人的跨国网络》，伦敦：劳德里奇出版社。］; Gregor Benton, Huimei Zhang and Hong Liu, eds. 2020. *Chinese Migrants Write Home: A Dual-Language Anthology of Twentieth-Century Family Letters*. Singapore: World Scientific.［班国瑞、张慧梅、刘宏编著（2020）:《家书抵万金——二十世纪华人移民书信选注》，新加坡：世界科技出版公司。］; Hong Liu and Huimei Zhang. 2020. “Singapore as a Nexus of Migration Corridors: The Qiaopi System and Diasporic Heritage.” *Asian and Pacific Migration Journal* 29(2): 207–226.［刘宏、张慧梅（2020）:《作为贸易通道枢纽的新加坡——侨批体系与华人移民遗产》，《亚太移民研究》第29卷第2期，第207–226页。］

对以及出版联系做了大量的工作。东方出版中心的戴欣倍副编审主动联系我们，表达了出版意愿并同加州大学出版社讨论版权引进事宜。我们对她们两位的努力和帮助也深表谢忱。最后，刘宏在此感谢南洋理工大学科研基金（04INS000103C430；04INS000132C430）对本项目研究的资助。

2021 年 8 月 9 日

英文版前言 —— 班国瑞 刘宏

本书初步构思于2013年4月，是时我们应邀参加由中国国家档案局、广东省政府和福建省政府在北京主办的“中国侨批・世界记忆工程”国际研讨会，并在会上各自宣读了论文。两个月后，中国侨批档案成功入选联合国教科文组织的《世界记忆名录》。大量侨批和它们所包含的丰富信息给我们留下了深刻的印象，但我们也注意到国际学术界还没有关于侨批及其世界意义的英文出版物。在北京研讨会之后不久，我们决定撰写一部全面的、从比较研究的角度探讨侨批与侨批贸易的历史。

在这项研究推进的过程中，东南亚、中国、欧洲、北美和澳大利亚的许多组织和个人都给予了我们诸多帮助。同时，我们的课题“侨批与家园记忆的嬗变：移民书信、家庭纽带和跨国华人网络”（*Qiaopi* and Changing Memories of the Homeland: Emigrants' Letters, Family Ties, and Transnational Chinese Networks）（M4011208），获得新加坡教育部“AcRf Tier-1”科研经费资助，南洋理工大学还为刘宏提供了相关的科研启动资金（M4081020和M4081392）。南洋理工大学的人文与社会科学学院（2017年后重组为人文学院、社会科学学院）为该项目提供了大力支持，包括邀请班国瑞（Gregor Benton）教授担任客座教授。

汕头侨批文物馆、广东省档案馆、五邑大学和厦门大学图书馆、新加坡国家图书馆、南洋理工大学华裔馆王赓武图书馆、新加坡国立大学中文图书馆、温哥华档案馆、哥伦比亚大学图书馆和美国华人博物馆为我们开放资料参阅，并允许我们转载这些资料。我们向所有这些机构致以深深的感谢。

我们非常感谢王赓武教授为本书作序，他作为中国历史和海外华人研究的元老，为我们的研究带来了知识上的启迪。我们也要感谢张慧梅为这本书的研究工作提供的有力协助。还有一些同仁也以不同的方式为本研究提供帮助：陈金樑（Alan Chan Kam Leung）、陈春声、丁荷生（Kenneth Dean）、Els van Dongen、John Fitzgerald、滨下武志（Takeshi Hamashita）、贾俊英、Michael Khor、柯木林（Kua Bak Lim）、刘进、陆镜光（K. K. Luke）、Glen Peterson、沈惠芬、秋田茂（Akita Shigeru）、城山智子（Tomoko Shiroyama）、石静远（Jing Tsu）、游俊豪、周敏。在此对他们表示真挚的感谢。

同时，本书稿也受益于审稿人的评论。我们在加州大学出版社的编辑Reed Malcolm和Bradley Depew协助该书的校对和出版。再次感谢他们。

书中所有的观点、分析以及可能存在的纰漏之处，都由著者负责。

序　　言

王赓武

我很高兴在这里向大家介绍一个在200多年的时间里，影响了数以万计海外华人移民生活的机构“批局”的整体历史概况。众所周知，来自中国南部省份的闽粤华侨经常会给他们的家人汇款，但较少为人所知的是，在汇款的同时他们也会附上家信。这是他们向国内的亲属展示自己在国外的情形，同时也了解国内家里情况最为普遍的做法。虽然早期有关华侨的研究中提到了这一情况，但当时并没有研究机构尝试收集这些现在被称为“侨批”的资料，侨批这种涵盖海外华侨及其与中国联系的主要社会数据来源长期以来一直被忽视。然而，近年来，广东、福建两省的地方学者对这一问题进行了系统的研究，粤东潮汕侨乡和珠江三角洲以西，江门-五邑等地对此尤为重视。我开始遇到一些学者，他们正在收集能找到的所有侨批，亦开始在中国和国际会议上介绍他们的调查结果，以强调这些随汇款而来的信件如何在偏远村庄影响社会、经济和文化变化的非凡故事，而这些偏远村庄本来就与席卷全国的现代化浪潮相隔绝。

班国瑞与刘宏两人查阅了迄今为止所出版的有关侨批的藏书和中文资料，并重新分析了它们在华人移民史上的重要意义，这为我们提供了重要的研究视角。该研究显示了汇款系统在多大程度上帮助当地社会和经济的关键领域实现了现代化。他们作出了令人信服的论证，即“侨批”

和“批局”与当地文化价值体系紧密相连，虽然该制度利用现代银行与邮政服务技术的进步帮助其发展，但它们仍旧根植于中国传统的模式。作者通过这些论述，阐明了中国适应性的关键特征，即利用最新的交通和传输方式的同时并不丧失本土特色优势。

在我的前半生中，“侨批”文化依旧存在。这部著作唤起了人们对侨批贸易中仍与华侨生活相关部分的记忆。在20世纪30年代的成长过程中我就意识到了这一点，在20世纪50年代的时候“侨批”还存在着，由于中华人民共和国建立后新政府的政策改变，侨批贸易开始逐渐消失。侨批贸易面对重大的政治和经济变革时所展现出的弹性令我震惊。

关于“侨批”，我清楚的记忆来自20世纪30年代末，当时我还是一名小学生。我记得在我的家乡怡保（位于马来西亚霹雳州，当时是英国的殖民地），一群群代写信件的人坐在树下，用粤语和顾客沟通，帮他们代写汇款凭证和家信内容。我家来自中国的另一个地区，我的母亲每月通过当地银行汇钱回家，并自己写信。我从中得到的启发是，我必须学会阅读和写作，这样我就永远不必依赖别人来为我写作。

抗日战争期间，侨批业者推动爱国集会，筹集大量捐款用以支援重庆国民政府。在我的印象中，资金是通过中国银行新加坡分行寄送的。我记得有一天我母亲告诉我父亲，她的朋友们怀疑其中一些钱落入了不负责任的官员手中，那些官员并没有对他们收到的款项作出说明。母亲的朋友们认为，为大众服务的“侨批”机构比中国官员更值得信赖。

许多年后，我在马来亚大学读书时，汇款这个话题出现在我的经济学课程中。1951年，托马斯·西尔科克（Thomas Silcock）教授开始为我们讲授东南亚华人企业家的课程，提及侨汇对中国华南发展的贡献。我们看到的是基于中国政府使用的官方数据所得出的估计值。西尔科克教授着重介绍了华人在满足实际需求方面的创造力，以及他们如何设计出一套独特的行之有效的体系。我已经记不起他对华人使用的方法了解多少。令我印象深刻的是，他毫不掩饰地钦佩中国人如何在任何他们能看到利润的地方都展开竞争，以及中国人如何经常遭受他所说的“过度的企业家精神”的指责。回过头来看，我注意到当时还没有提到家书，而家书是最能体现维持华人处事方式及其文化根源的载体。

当我在20世纪60年代开始研究东南亚华人时，没有人提到“侨批”，在现存的文献中也只有几处提及。在我之前的认知里，汇款是通过普通邮件或银行寄出的。直到我读了这本书，我才了解到，这个侨批系统的某些部分当时仍在运行，并且每当中国大陆与海外的沟通被切断或者当新的障碍出现致使他们的联系变得低效或不可靠时，这一系统继续提供宝贵的“后备”职能。

我于20世纪70年代访问厦门大学时，意识到“侨批”制度对侨乡生活的重要性。林金枝教授对我讲述了他和他的同事们在20世纪50年代为大学收集的“侨批”，以及这些“侨批”信件是如何在“文化大革命”期间丢失或损毁的故事。他强调这些信件对闽南侨眷家庭的生活产生了极大的影响，以及他对收藏的“侨批”目前已经荡然无存的深感遗憾。

中国改革开放后，对于侨乡的研究热度日益增长。到了20世纪90年代，广州的暨南大学和中山大学的学者借助当地图书馆收集的“侨刊”，让人们注意到汇款与附带书信之间的联系。当我在1996年来到新加坡的时候，我听到了从事潮州与客家社群研究的同事们滔滔不绝地谈论“侨批”制度，也了解到了在江门–五邑粤语区系统收集侨乡书信的工作开展情况。

但是，自“侨批”贸易产生到一个多世纪的扩张和调适，到它在几十年前被逐步淘汰为止，仍然缺少对侨批历史的系统研究成果。班国瑞与刘宏两人的潜心研究有效地填补了这部分的遗漏。他们仔细分析了最新的收藏资料和侨乡学者的成果，他们的研究不仅描绘了华南“侨批”现象的全貌及其与慈善事业的微妙联系，还提供了与其他国家和地区的移民经历的启发性比较。这是我们第一次从全球视角来看待“侨批”体系，并意识到它的不同寻常之处。此外，两位作者向我们展示了，当前对华人机构体系的研究忽视了确保其弹性和有效性的深层文化根源，使得研究陷入困顿，这一点或许是最值得引起我们关注的。

于新加坡国立大学

2017 年 9 月 29 日

导　　论

华人作为世界上最大的移民群体之一，从移居海外伊始，就与家乡亲人和祖籍国产生了千丝万缕的联系。过往的相关研究涉及了这一联系的不同形式，但多集中在华侨华人投资、社团组织、慈善行为以及民族主义等方面。然而，过去一个半世纪（1820—1980）侨批在中国和海外华人的社会文化史、政治史中的作用却鲜为国际学界所知。本书是第一本详细论述侨批的特征和嬗变的英文专著，主题涉及侨批的形式、内容，以及其在海外华人与中国家乡之间的桥梁作用。本书认为，侨批贸易作为一种跨国机制，不但是维持华侨与故乡之间经济、社会和情感联系的重要纽带，并且促进了侨乡的发展和中国的现代化进程。与此同时，侨批贸易彰显了近代以来人口、资本、货物、信息、观念在福建、广东两省与东南亚地区和太平洋周边国家之间的流动，这种流动对建构“跨界中国”（Transnational China）和“华人跨国主义”（Chinese transnationalism）起到了重要作用。

时空视域下的中国国际移民

近代中国国际移民有三个明显的阶段。在1850年到1950年的一百年间，大量的中国南方人（以华工为主）前往海外谋生，主要集中在东南亚。[1]第二次世界大战前后，大多数中国移民仍然认为自己是华侨或侨胞，政治和文化上都认同祖籍地。第二个时期，1950年到1980年，发生两大变化：新的华人认同涌现，移出地和侨居地的地域范围扩大且呈多样化。此时旅居海外的华人大多数是第二代或第三代；1949年中华人民共和国成立后至1970年末，移民外流被中断。部分华侨继续认同中国，但大多数人接受了当地公民身份，成为华人，并认同他们的出生地和居住国。这两种现象分别被称为“落叶归根”和“落地生根”。“落叶归根”指的是那些忠于中国并希望（通常是徒劳的）回到中国家乡的人；“落地生根”指的是那些认为自己在中国境外永久定居并放弃中国国籍的人（不排除有些私下仍保留中国人的生活方式和文化价值观）。在这两个群体之外，中国香港和中国台湾也发展成新的移民的来源地，与东南亚的“再移民”一起，向世界各地迁移。与以前的中国移民不同，他们中的绝大多数都最终选择在北美、澳大利亚和西欧等移民国家定居。[2]虽然第二阶段的移民趋势仍然显著发展，但第三个也是最近一个时期（1980年至今），来自中国大陆的“新移民”在华人移民总数中所占的比例越来越大。据估计，现在有超过五千万华人和华裔生活在中国境外，可以说，华人的足迹遍及世界各地。[3]

多种机制将散居海外的华人与祖籍地联系在一起，如社团、投资、

1 1955年，海外华人总数约1 145.6万，其中有1 107.4万人居住在亚洲（主要是东南亚），约占96.7%。Li, Peter and Eva Li. 2013. “The Chinese Overseas Population.” In Tan Chee-Beng, ed., *Routledge Handbook of the Chinese Diaspora*. London: Routledge, pp.20–21.

2 McKeown, Adam. 1999. “Conceptualizing Chinese Diasporas, 1842 to 1949.” *Journal of Asian Studies* 58(2): 306–337; Wang, Gungwu. 2000. *The Chinese Overseas: From Earth-Bound China to the Quest for Autonomy*. Cambridge: Harvard University Press; Liu, Hong. 2006. “Introduction: Toward a Multi-dimensional Exploration of the Chinese Overseas.” In Liu Hong, ed., *The Chinese Overseas*, vol.1. London: Routledge, pp.1–30; Kuhn, Philip A. 2008. *Chinese among Others: Migration in Modern Times*. Lanham: Roman and Littlefield.

3 Thunø, Mette, ed., 2007. *Beyond Chinatown: New Chinese Migration and the Global Expansion of China*. Copenhagen: Nordic Institute of Asian Studies; Liu, Hong. 2011. “An Emerging China and Diasporic Chinese: Historicity, the State, and International Relations.” *Journal of Contemporary China* 20(71): 856–876.

贸易和商业网络、参与中国政治以及侨汇等。[1]对现代中国跨国主义的研究有助于我们理解全球华人移民及其在祖籍国和居住国的角色。然而，对于不同政治制度下和跨国社会文化空间中，家庭纽带是如何构建和维持的，我们知之甚少。这个问题关注的重点不仅在于华人的国际迁移（这使得他们的家庭发生地理空间上的分隔），而且也关系到整个中国近代史的发展。刘海铭在其美国华人家庭关系的研究中指出："family"和"home"在中文里都是"家"。家庭（family）可以分离，住家（home）可以搬迁，但"家"却完好无缺。因为"家"象征着一个彼此有义务的责任体系和相同的文化价值观。[2]在现代中国，家庭与中国社会的另一个重要单位——"村庄"紧密相连。人类学家费孝通称"村庄是中国农村社会的基本单位"，建立在家庭和亲属关系之上。[3]因此，社会学家黄绍

1 有关华人社团的研究，参考Li, Minghuan. 2010. *We Need Two Worlds: Chinese Immigrant Associations in a Western Society.* Amsterdam: Amsterdam University; Benton, Gregor, and Edmund Terence Gomez, eds. 2015. *Belonging to the Nation: Generational Change, Identity and the Chinese Diaspora.* London: Routledge。有关投资、贸易和商业网络的研究，参考Godley, Michael. 2002. *The Mandarin-Capitalists from Nanyang: Overseas Chinese Enterprise in the Modernization of China, 1893–1911.* Cambridge: Cambridge University Press; McKeown, Adam. 2002. *Chinese Migrant Networks and Cultural Change: Peru, Chicago, and Hawaii 1900–1936.* Chicago: University of Chicago Press; Hicks, George, ed. 1993. *Overseas Chinese Remittances from Southeast Asia, 1910–1940.* Singapore: Select Books; Liu, Hong. 2012. "Beyond a Revisionist Turn: Networks, State, and the Changing Dynamics of Diasporic Chinese Entrepreneurship." *China: An International Journal* 10(3): 20–41; Peterson, Glen. 2012. *Overseas Chinese in the People's Republic of China.* Abingdon: Routledge。海外华人参与中国政治的研究，参考Liu, Hong. 2006. "Introduction: Toward a Multi-dimensional Exploration of the Chinese Overseas." In Liu Hong, ed., *The Chinese Overseas*, vol.1. London: Routledge, pp.1–30; Yow, Cheun Hoe. 2013. *Guangdong and Chinese Diaspora: The Changing Landscape of Qiaoxiang.* London: Routledge。有关侨汇研究可参看Fukuda, Shozo. 1995. *With Sweat and Abacus: Economic Roles of Southeast Asian Chinese on the Eve of World War II.* Translated by Les Oates. Edited by George Hicks. Singapore: Select Books; Hamashita, Takeshi. 2001. "Overseas Chinese Financial Networks and Korea." In S. Sugiyama and Linda Grove, eds., *Commercial Networks in Modern Asia.* Richmond: Curzon, pp.55–70; Hamashita, Takeshi. 2013. *Kakyokajin to choukamou: yimin-koueki-soukin nettwoaku no kouzou to tenka* (*Huaqiao, Ethnic Chinese, and Chinese Networks: Migration, Trade, and the Structure and Development of the Remittance Network*). Tokyo: Iwanami Shoten; Cheok, Cheong Kee, Lee Kam Hing, and Poh Ping Lee. 2013. "Chinese Overseas Remittances to China: The Perspective from Southeast Asia." *Journal of Contemporary Asia* 43(1): 75–101; Harris, Lane Jeremy. 2015. "Overseas Chinese Remittance Firms: The Limits of State Sovereignty, and Transnational Capitalism in East and Southeast Asia, 1850s–1930s." *Journal of Asian Studies* 74(1): 129–151。

2 Liu, Haiming. 2005. *Transnational History of a Chinese Family: Immigrant Letters, Family Business, and Reverse Migration.* Piscataway, NJ: Rutgers University Press, p.1.

3 Fei, Xiaotong. 1992. *From the Soil, the Foundation of Chinese Society.* Translated by Gary Hamilton and Zheng Wang. Berkeley: University of California Press, p.41.

伦指出，“华人经济组织的本质是家族主义”。[1]

鉴于家庭对中国国际移民的重要性，最近的一些研究侧重于全球化和互联网时代下跨国家族的策略与联系，特别是华人家族企业。[2]然而，在英文学界，除了一些主要的例外，甚少有人研究在20世纪下半叶交通和通信技术落后的情况下，华人移民（特别是至今仍有85%以上华人移民居住的东南亚）、华人家庭与中国侨乡的联系，当时也是大多数华人的认同从祖籍地转移到出生地或居住地的时期。[3]

侨批是自19世纪20年代以来海外华人移民寄回侨乡，附带家书或简单留言的汇款（在某些地区有不同的名称）。家乡亲人收到汇款后寄回海外的书信则称为“回批”。侨批是华人连接家庭与侨乡的重要纽带。本书着眼于侨批的社会环境和时代背景，从共时性和历时性两个方面讨论与侨批相关的一系列问题。

据了解，中国现存的私人收藏和公共档案中大约有16万封侨批。[4]这些资料时间跨度长达一个多世纪，主要从中国几大侨乡收集而来，也有一些来自移民所在的东南亚地区、美洲和太平洋地区。由于回批的收信人及其后代的分布范围更为广泛，这使得仅有很少数的回批留存下来。侨批体现了中国现代历史和国际移民史上一段关键的、决定性的历史时期，是全球社会和经济发展的主要动力之一。

---

1 Wong, Siu-lun. 1985. “The Chinese Family Firm: A Model.” *British Journal of Sociology* 36(1): 58–72. references 267.

2 相关研究，如：Chan, Kwok Bun. 1997. “A Family Affair: Migration, Dispersal, and the Emigrant Identity of the Chinese Cosmopolitan.” *Diaspora* 6(2): 195–214; Waters, Johanna. 2005. “Transnational Family Strategies and Education in the Contemporary Chinese Diaspora.” *Global Networks* 4(4): 359–377; Faure, David. 2006. *China and Capitalism: A History of Business Enterprise in Modern China*. Hong Kong: Hong Kong University Press。

3 关注于侨乡研究：陈达（1938）:《南洋华侨与闽粤社会》，长沙：商务印书馆。关注于美国华人研究：Liu, Haiming. 2005. *Transnational History of a Chinese Family: Immigrant Letters, Family Business, and Reverse Migration*. Piscataway, NJ: Rutgers University Press; Leo Douw, Cen Huang, and Michael R. Godley, eds. 1999. *Qiaoxiang Ties: Interdisciplinary Approaches to "Cultural Capitalism" in South China*. London: Kegan Paul。

4 邓达宏（2013）:《福建侨批多元文化价值探略》，中国侨批世界记忆工程国际研讨会组委会编：《中国侨批世界记忆工程国际研讨会论文集》，北京，第94页；金文坚（2016）:《让侨批资料在数字化世界实现真正的团聚——侨批全文数据库建设实践》，陈荆淮主编，中国历史文献研究会、潮汕历史文化研究中心编：《海邦剩馥——侨批档案研究》，广州：暨南大学出版社，第170-185页。保守估计，仅潮汕地区就有约20万件侨批。

2013年，中国侨批档案正式入选《世界记忆名录》。《世界记忆名录》于1992年由联合国教科文组织设立，源自世界各地对于文献遗产保存的意识日益增强。[1]侨批项目的申请受同样与东南沿海移民历史相关的“开平碉楼与村落项目”所启发，该项目于2007年成功成为《世界记忆名录》，侨批项目紧随其后申请成功。[2]《世界记忆名录》的设立，部分是为了将那些通常被边缘化的群体的历史文献记录遗产纳入历史的视野。侨批项目的发起人称华人移民是这类边缘群体的典型，因为迄今为止他们的生活记录仅仅是作为外行人了解这一群体的资料。

“侨批”或“整批”的定义特征是它包括书信和汇款（侨汇），而“回批”最初是作为给汇款人的收据证明。[3]这是侨批和大多数其他非华人移民的不包含汇款的信件之间的一个主要区别。学者们已经意识到侨汇是国际移民意识产生的关键因素以及中国经济发展的催化剂，也是移民研究的重要研究对象。而与侨汇相比，往来通信受到的重视则远远不够。因此，书信（及其社会文化意义）成为本书研究的一个重点。然而，可以说，汇款和书信是密切联系、不可分割的一个整体，两者共同绘制了连接侨乡和海外华侨社会的复杂、持久的跨国网络。因此，本书也探讨了侨汇以及运营侨批和回批的组织机构。

本研究旨在全面描述侨批的收藏和侨批现象出现的历史和制度背景；机构的演变；书信的主题、风格、类型和目的；各类汇款接收地的范围；侨批的管理和交付；它们在维护亲属关系和祖籍地联系方面的作用；以及通过侨批所传承的传统道德和文化价值。本书还将探讨中国各省和部分省份之间的侨批贸易的差异；因写信者在中国和侨居地（通常指北美或东南亚）的地理差异而产生的书信主题的变化；随着时间的推移，侨批贸易所产生的变化，并最终消亡的过程。这项研究部分是基于

1 http://www.unesco.org/new/en/communication-and-information/flagship-project-activities/memory-of-the-world/homepage/

2 有关开平村保护和发展项目的研究，参看Batto, Patricia R. S. 2006. “The *Diaolou* of Kaiping (1842–1937): Buildings for Dangerous Times.” *China Perspectives* 66: 2–17。

3 苏文菁、黄清海（2013）：《全球化视野下的侨批业——兼论侨批文化的海洋文明属性》，《闽商文化研究》第7卷第1期，第33–47页。

在中国和其他地方收集的档案材料，但也借鉴了广东、福建和其他地方的侨批学者所撰写的数十篇论文和专著的观点及参考资料，以及在东南亚、北美和澳大利亚收集的一手材料。

作为国际学界有关侨批的第一部英文专著，本书不仅关注侨批本身，也关注更广泛的相关问题，这些问题增加了我们对近现代中国和海外华人的理解。这些书信是中国和海外华人之间的重要纽带，他们在情感、社会和经济上都与一个正在朝着现代化国家和社会进行根本性变革的中国联系在一起。海外华侨华人的汇款不仅帮助移民家庭摆脱贫困，也是中国经济现代化的源泉。从晚清到民国，再到中华人民共和国，侨批贸易，银行和邮局等现代金融和通信机制，在一定程度上成为现代中国的基石。

本书认为，侨批是联系华人移民、家庭、家乡和中国的一种不可或缺的机制。这反过来又成为现代中国跨国主义产生和发展的关键基础，而这种跨国主义维度在已有研究中常常被忽视。[1]

因此，侨批为我们了解现代中国提供了一个独特的窗口。它们阐明了我们对海外华人的理解，以及它对不断变化的中国本土的影响和联系，并从边缘侨乡和基层社会的新角度展示了中国的变迁。总的来说，移民是没有受过任何正规教育的贫农。大部分来自广东和福建，而这两个省在20世纪70年代末开始的改革开放之前，在中国现代历史和政治中相对边缘。这些书信记录了一个与北京、南京和上海的精英们的作品中描述的完全不同的中国。与之前那些成为观察者们关注重点的侨生、外交官和华商不同，他们是庞大的移民群体，是代表“跨界中国”的真实声音，他们的形成可以追溯到19世纪初，当时的亚洲正被卷入全球化的进程中。

本书旨在从跨国视角来理解当代中国。自费正清（John Fairbank）以来，学者们从贸易、外交、商业文化和离散群体的角度关注外部环境

1 Ong, Aihwa and Donald Nonini, eds. 1997. *Ungrounded Empires: The Cultural Politics of Modern Chinese Transnationalism.* London: Routledge; McKeown, Adam. 2010. “Chinese Emigration in Global Context, 1850–1940.” *Journal of Global History* 5(1): 95–124; Chan, Shelley. 2015. “The Case for Diaspora: A Temporal Approach to the Chinese Experience.” *Journal of Asian Studies* 74(1): 107–128.

和力量是如何推动中国内部演变的。[1]学者们也开始从跨国视角审视中国。例如，人类学家杨美惠（Mei-hui Yang）将“跨界中国”定义为地理上包括“中国大陆、台湾、香港、澳门和世界各地的海外华人社区”，她进一步指出：

“我想用‘跨界中国’这个术语来描述中国文化跨越国家和政治边界在空间和地理上的延伸，并考虑到这些文化分支彼此之间以及它们与‘祖国’之间持续的相互联系。这种联系既体现在人员、商品和文化的跨境流动，也体现在对‘华人身份认同’的保持上。尽管‘华人身份认同’因地而异，但仍被定义为单一的。在当今世界，‘跨界中国’可以被视为一个组织非常松散的实体（与其说是一个社会有机体，不如说是一个网络），这既是因为它是一个传承自传统文化的产物，也是因为它通过跨政治边界的文化和物质流动，不断维护、更新和重塑文化联系和华人身份认同。”[2]

现有的关于“跨界中国”的研究主要是从文化研究的角度切入的，重点是全球化和技术进步时期的当代中国。[3]但是，从历史和制度的角度来理解“跨界中国”，考察人员、文化、思想和资本的交叉流动是很重要的。本研究通过分析跨国联系的物质和精神维度，并从侨批及其发送者和接收者以及相关代理人的视角切入，探讨了侨批和侨批贸易如何从不同领域促使“跨界中国”的形成，从而为这一问题的讨论提供了一个迄

1 相关研究如下：贸易，请参阅John King Fairbank. 1953. *Trade and Diplomacy on the China Coast: The Opening of the Treaty Ports, 1842–1854*. Cambridge: Harvard University Press; Andre Gunder Frank. 1998. *ReOrient: Global Economy in the Asian Age*. Berkeley and Los Angeles: University of California Press; Hamashita, Takeshi. 2008. *China, East Asia and the Global Economy: Regional and Historical Perspectives*. London: Routledge。外交，请参阅Kirby, William. 1984. *Germany and Republican China*. Stanford, CA: Stanford University Press。商业文化，请参阅Cochran, Sherman. 2000. *Encountering Chinese Networks: Western, Japanese, and Chinese Corporations in China, 1880–1937*. Bekerley: University of California Press; Cochran, Sherman. 2006. *Chinese Medicine Men: Consumer Culture in China and Southeast Asia*. Cambridge: Harvard University Press。有关华人离散群体，请参阅Duara, Prasenjit. 1997. “Transnationalism and the Predicament of Sovereignty: China, 1900–1945.” *American Historical Review* 102(4): 1030–1051; Benton, Gregor, and Edmund Terence Gomez, eds. 2015. *Belonging to the Nation: Generational Change, Identity and the Chinese Diaspora*. London: Routledge。

2 Yang, Mei-hui Mayfair. 1999. “Introduction.” In Mei-hui Mayfair Yang, ed., *Spaces of Their Own: Women's Public Sphere in Transnational China*. Minneapolis: University of Minnesota Press, p.7.

3 Yang, Guobin. 2003. “The Internet and the Rise of a Transnational Chinese Cultural Sphere.” *Media, Culture & Society* 25(4): 469–490.

今为止被忽视但同样重要的层面。

从历史和比较的角度对侨汇进行研究，也将有助于理解侨汇在发展中国家的持续重要性。据世界银行（World Bank）估计，2012年流向发展中国家的正式汇款记录为4 010亿美元。汇款仍然是一项至关重要的资源流动，其数量远远超过官方发展援助以及私人债务和证券投资。2010年，中国收到了510亿美元的汇款，仅次于印度的550亿美元。[1] 2015年，中国再次成为第二大汇款接收国，流入金额为640亿美元。[2]尽管通信方式已经日新月异，电话、社交媒体和互联网取代了通过汇款机构寄回家的手写信件，但汇款的实质（将移民与家庭和家园联系起来）及其所依托的各种形式（正式和非正式）仍然是当代移民和海外定居的一个关键特征。[3]汇款也继续影响着改革开放后中国的政治、经济和社会文化行为。[4]

侨批

侨批是指海外华人移民通过民间渠道寄回侨乡，附带家书或简单留言的汇款。侨批一般包括侨汇与侨信，其起始时期不晚于18世纪。当时，移民为了与家乡亲人联系，请返乡的亲属向家乡亲人捎回口头或书面的信息，有些会同时附上银钱，有些则只是单纯的信息。一些研究将这一联系方法的起源追溯到更早的明嘉靖年间（1522—1566）。据记载，当时在菲律宾的两个福建兄弟定期寄回“全家赖以为生”的款项。而其

1 Yang, Dean. 2011. “Migrant Remittances.” *Journal of Economic Perspectives* 25(3): 129–151.

2 https://www.worldbank.org/en/research/brief/migration-and-remittances

3 Vertovec, Steven. 2004. “Migrant Transnationalism and Modes of Transformation.” *International Migration Review* 38: 970–1001; McKeown, Adam. 1999. “Conceptualizing Chinese Diasporas, 1842 to 1949.” *Journal of Asian Studies* 58(2): 306–337.

4 Tsai, Kellee Sing. 2010. “Friends, Family or Foreigners? The Political Economy of Diasporic FDI and Remittances in China and India.” *China Report* 46(4): 387–429; Zhou, Min, and Li Xiangyi. 2016. “Remittances for Collective Consumption and Social Status Compensation: Variations on Transnational Practices among Chinese International Migrants.” *International Migration Review* (April). https://doi.org/10.1111/imre.12268

他海外商人则寄回“银和信”。[1]另有人声称第一份侨批是在明朝以前从泰国寄回。[2]据说早在1810年，荷属东印度群岛（今天的印度尼西亚）的华侨就寄回相当于170万银元的汇款。[3]然而，早期的汇款很难被追踪。因为朝廷在大部分时间里都实行海禁，移民是非法的，官方也并未记录移民汇款。1860年清廷与英、法、俄三国签订《北京条约》，承认出洋务工的合法性，侨批大幅增长。清廷新政以后，规定驻外使节“有保护工商之务，华民出洋贸易工作，均归出使大臣保护，随时约束”。[4]至于侨批贸易的最终消亡，有人将其追溯到1973年，理由是当年国务院下达文件，指示“侨批业应归口银行”。但大多数人认为要到1979年侨批贸易完全融入国家金融系统，成为中国银行业务的一部分为止。[5]本书以1820年为侨批的起点，自此侨批作为书信和汇款的集合体连接中国和海外华侨，成为一种独特的机制；并以同样略估、非官方的日期1980年为终点。

正如我们所看到的，侨批的主要特征是，它由批信和批款组成。汇款人通常运用复杂且多变的计数形式在信封上和书信内记录汇款金额，以防止数额被篡改。除了信件和汇款之外，侨批可能还包括交易票据、

1 邓达宏（2009）:《闽南侨批——中华儒文化缩影》，陈小钢主编 :《回望闽南侨批——首届闽南侨批研讨会论文集》，北京 : 华艺出版社，第45页 ; 陈新绿（2009）:《浅谈泉州侨批业与中国银行泉州支行》，陈小钢编 :《回望闽南侨批——首届闽南侨批研讨会论文集》，北京 : 华艺出版社，第113–114页 ; 陈骅（2010）:《对侨批研究设计的几个问题的讨论》，王炜中主编 :《第三届侨批文化研讨会论文选》，香港 : 天马出版有限公司，第193页。

2 洪林（2004）:《试论和平后（1945–1955）侨批史演变》，王炜中主编 :《首届侨批文化研讨会论文集》，汕头 : 潮汕历史文化研究中心，第22页。

3 吴鸿丽（2008）:《初析闽南侨批文化》，王炜中主编 :《第二届侨批文化研讨会论文选》，香港 : 公元出版有限公司，第359页。

4 张国雄（2010）:《广东侨批的遗产价值》，王炜中主编 :《第三届侨批文化研讨会论文选》，香港 : 天马出版有限公司，第70页。

5 陈骅（2010）:《对侨批研究设计的几个问题的讨论》，王炜中主编 :《第三届侨批文化研讨会论文选》，香港 : 天马出版有限公司，第194页 ; 黄清海（2016）:《菲华黄开物侨批——世界记忆财富（1907–1922）》，福州 : 海峡出版发行集团鹭江出版社，第53页。需要特别指出的是，由台北控制的金门侨批贸易一直持续到2001年。1949年以前金门批局是厦门侨批网络的一部分，1949年以后金门通过台北接收侨批。[江柏炜，蔡明松（2008）:《金门民信局（批局）经营模式之探讨》，王炜中主编 :《第二届侨批文化研讨会论文选》，香港 : 公元出版有限公司，第266–268页 ; 唐存放（2008）:《末代侨批走入历史》，王炜中主编 :《第二届侨批文化研讨会论文选》，香港 : 公元出版有限公司，第323–330页。]

单据和其他官方文件。[1]除了汇款金额之外，封皮上还登记了寄件人的姓名和预期收件人的姓名（通常为“父亲”“祖母”“母亲”等）和地址（通常只是村庄）。[2]许多批局在批封印有宣传口号、吉祥用语，或者——在战争期间——呼吁抵制日本帝国主义和保卫中国。对大多数人来说，侨批的到来就相当于亲人的拜访，是一种强烈的心理安慰。

并非所有的侨批都包含书信与汇款。例如讣告通常只有信。但是其他情况下，一封白信（未附汇款的书信）是不太可能的；至少，会附上几元钱作为尊重和对未来的承诺。也并不是每一封都包含书信，正如后文所描述的，书信的缺席通常都有特殊的原因。所以，“有信必有财；有钱必有信”的说法并不是完全准确的。[3]

汇款的形式有几种，最常见的三种是信汇、票汇和电汇。信汇通常是小额汇款。汇款人在附带寄出的信件封套上注有“外付大洋 × 元”等字样，故又称“外付”。此类汇款一般是移民用于赡养家庭的，中国方面的批局在接到信件后要连同现款派信差直接送交收款人，因此收费较高。票汇则是汇款人向批局购买汇票，随信寄出，故又称“内汇”。此类汇款一般金额较大。收款人在收到汇票后，可以到指定的批局领款。此类汇款收费远低于信汇。至于电汇，则是为了满足汇寄急用款的移民而安排的。东南亚批局按汇款人的要求用电报通知中国方面的联号，该联号立即按额将汇款支付给收款人。此类汇款交付时间最短，但收费也最高。[4]

东南亚的批局，在该地区的现代银行和邮政系统整合之后，开始分别处理信件和钱款。信件通常是邮寄给批局在中国的分支机构或代理人，

1 张国雄（2010）：《广东侨批的遗产价值》，王炜中主编：《第三届侨批文化研讨会论文选》，香港：天马出版有限公司，第73-74页。

2 曾旭波（2010）：《东南亚潮帮批信局的经营方式》，王炜中主编：《第三届侨批文化研讨会论文选》，香港：天马出版有限公司，第421页。

3 焦建华（2005）：《制度创新与文化传统——试析近代批信局的经营制度》，《中国社会经济史研究》第2期，第66页。

4 中国人民政治协商会议福建省厦门市委员会文史资料研究委员会编（2004）：《厦门文史资料》，厦门：中国人民政治协商会议福建省厦门市委员会文史资料研究委员会，第428页；林沙（2008）：《厦门侨批业的产生和发展》，王炜中主编：《第二届侨批文化研讨会论文选》，香港：公元出版有限公司，第355页；李文海编（2009）：《民国时期社会调查丛编（二编）·华侨卷》，福州：福建教育出版社，第801页。

而钱款则变成了汇票，可以在香港兑换（香港几乎是所有侨批交易的转口港）。汇票要么被寄给香港的中介处，由其将钱款兑换成可以在中国内地使用的货币，或者直接邮寄到批局在中国内地的分行或代理机构，可将其出售给当地银行或钱庄。

冼玉仪（Elizabeth Sinn）在她关于香港在海外华人中的角色的研究中指出，对于中国移民来说，与家乡保持联系的两种最有意义的方式：往家乡寄钱和在他们还活着的时候就安排好把尸骨运回家乡重新安葬。[1] 她总结说，香港在华人社会占有特殊的地位。对许多离开中国的移民来说，香港是他们离开中国内地的第一站，但矛盾的是，香港也是他们回内地路程中的第一站。香港提供的舒适区可能有助于树立其作为海外华人第二故乡的声誉。[2]

在收取和发送之间的间隔期，侨批有时会经历几次货币兑换，从收取的最初兑换开始，每次兑换通常都对批局有利。批局更感兴趣的是在外汇市场上制定有利的交易模式和适当的策略，而不是向汇款人收取汇款费用，因此有时汇款是免费的。[3]

批局在收到侨批后会签发一张票根，并在票根、批封和回批上使用同样的编号，造册登记。用回批在登记册上销号，力求万无一失。这种编号有时以“花码”（中国早期民间的商业数字）开头，前面通常加有“列字”作为号头，各地略有不同。泰国和相关国家以及马来亚的批局通常采用《千字文》“列字”。每发一次批，用《千字文》的一个顺序字作号头（如天、地、元、黄）。在新加坡和菲律宾，则是用批局名称或吉祥语中的一个字轮换作字头。[4]通过查阅附有“列字”的编号，很容易区分是哪家公司办理的汇款。编号中的另一组成部分是以罗马数字或（不太

1 Sinn, Elizabeth. 2013. *Pacific Crossing: California Gold, Chinese Migration, and the Making of Hong Kong*. Hong Kong: Hong Kong University Press, p.176.

2 Sinn, Elizabeth. 2013. *Pacific Crossing: California Gold, Chinese Migration, and the Making of Hong Kong*. Hong Kong: Hong Kong University Press, p.301.

3 陈春声（2000）:《近代华侨汇款与侨批业的经营——以潮汕地区的研究为中心》,《中国社会经济史研究》第4期，第61-62页。

4《千字文》，中国传统启蒙读物，一千个汉字组成的韵文，每四字一句，字不重复，易诵、易记。

常见的）阿拉伯数字呈现，以“帮”或“船帮”批次为基础的“帮号”。通过“帮号”可以确定侨批的最初收集地点。因此，水客多年来对汇款进行的简单编号发展成为一种复杂的编号制度。[1]

编号制度连接汇款的整个过程，每个阶段都可以被所处理的批局分号和负责人追踪。某些情况下，在连续的航行中，与交货相关的装运单据被分两次发送，以防第一次发送由于某种原因丢失或错放。“销号”是编号制度的关键，通常有三次，分别是：收件人收到侨批以后，回批到港口以后，回批到达汇款原发送地点时。一封未收批信、未兑现的汇款在失效之前，通常由批局保存长达十年。[2]

华侨通常会将自己的第一封侨批，连同一两元的象征性金额（通常由会馆或同乡经营的汇款机构预付）从上岸的港口寄出，让家人知道他们已经到达。这封最初的特殊侨批被称为“平安批”。[3]

从金融的角度看，大多数侨批主要有两个功能，一是养家糊口，二是偿还债务，包括移民过程中产生的债务。[4]侨批通常用于支付衣食住行、教育和修缮房屋；借钱给亲戚；缴纳地方税；为婚礼、葬礼和其他家庭活动提供资金。[5]因此，除了一般的祝福之外，大多数信件都包含这样一句话：儿在外稍有获利，自当多寄。[6]将汇款分发给血统亲属、姻亲系列和乡邻朋友（偶尔）的指示，几乎总是严格按照资历和亲缘关系远

---

1 邹金盛（2010）:《澄海人开设的侨批局》，王炜中主编：《第三届侨批文化研讨会论文选》，香港：天马出版有限公司，第404页；曾旭波（2010）:《东南亚潮帮批信局的经营方式》，王炜中主编：《第三届侨批文化研讨会论文选》，香港：天马出版有限公司，第420页；贾俊英（2012）:《侨批史研究——以天一信局为个案的考察》（硕士毕业论文），厦门：华侨大学，第91–93页。

2 贾俊英（2012）:《侨批史研究——以天一信局为个案的考察》（硕士毕业论文），厦门：华侨大学，第13页；焦建华（2005）:《制度创新与文化传统——试析近代批信局的经营制度》，《中国社会经济史研究》第2期，第65–66页。

3 杨群熙主编（2004）:《潮汕地区侨批业资料》，汕头：潮汕历史文化研究中心、汕头市文化局、汕头市图书馆，第53页。

4 福建省档案馆编（2013）:《百年跨国两地书》，厦门：鹭江出版社，第103页。

5 陈友义、薛灿（2010）:《试论潮汕侨批的青少年情感教育价值》，王炜中主编：《第三届侨批文化研讨会论文选》，香港：天马出版有限公司，第362页。

6 陈晓杰等（2008）:《风格独特的潮汕侨批》，王炜中主编：《第二届侨批文化研讨会论文选》，香港：公元出版有限公司，第442–443页。请参阅本书附录的信件。

近的顺序排列。[1]

在中国，大额汇款通常是预付，再凭收据付款。[2]侨批贸易中的汇款数额有时是巨大的。例如，在战争年代的1941年，有一笔侨汇包括1 000万元（国家货币）和另外的60万美元。[3]

批信几乎总是写给一家之主和长辈，以礼貌用语表达谦卑的问候，仿佛写信人就毕恭毕敬地跪在收信人面前。大约60%以上的收批人是祖父母和双亲，并以男性为主。女性作为收批人也是上下有别，严格按照尊卑长幼、宗法血缘层层分级，祖母在，即不寄母亲；母亲在，即不寄妻子，甚至年幼的儿子都比母亲更享有收批的权利。在《萃编》第一辑的500多封侨批中，仅有10封是直接以妻子为收批人的；而其他寄给兄嫂、弟妇、胞妹、姻妹的更是见少。[4]

批信本质上是汇款的附属物，大多数比较潦草，且内容简单，诸多套语，除了刻板问候和一两句关于如何分配汇款的交代，无甚交流。且纸张往往由批局提供，规格受限，比普通信纸小得多。[5]只有少数信件涉及细节。

大多数汇款人是文盲或半文盲，只会填写金额和日期，所以他们的侨批通常是在职业写信人员的帮助下，或者由某些批局里的助理免费代书。[6]在新加坡，职业写信人坐在路边的小摊上，“小摊上有一张简陋的小桌子，上面放有纸、笔、墨，另有一张专供凳子”。这些摊位通常位于公共走廊上、树下或墙下。写信人每封信收费3 ~ 6分，一般取决于所

1 万冬青（2010）:《透过闽粤边区侨批看侨乡传统文化》，王炜中主编 :《第三届侨批文化研讨会论文选》，香港：天马出版有限公司，第296页。

2 邹金盛（2010）:《澄海人开设的侨批局》，王炜中主编 :《第三届侨批文化研讨会论文选》，香港：天马出版有限公司，第404页。

3 黄子坚（2013）:《马来西亚侨批——社会史及侨汇史史料》，中国侨批世界记忆工程国际研讨会组委会编 :《中国侨批世界记忆工程国际研讨会论文集》，北京，第138页。

4 杜式敏（2004）:《潮汕侨批的妇女观初探》，王炜中主编 :《首届侨批文化研讨会论文集》，汕头：潮汕历史文化研究中心，第286页。

5 吴宝国（2014）:《侨批与邮政》，中国历史文献研究会、汕头市潮汕历史文化研究中心编：《世界记忆遗产——侨批档案研讨会论文集》，汕头，第201页。

6 李文海编（2009）:《民国时期社会调查丛编（二编）· 华侨卷》，福州：福建教育出版社，第801页。

写内容的长度。[1]一位收费的写信人在回忆录中解释要理解寄批者用方言表述的信息包括姓名和地址是十分困难的，他写的东西大部分是基于猜测的。

有些书信带有浓厚的地方语言色彩，充满方言表述，还有的是文言文或白话文，或者半文半白。[2]许多是批局预先印制的标准信件，以方便汇款人，他们担心如果他们自己写的信没有遵守惯例，当他们的信被邮递员大声朗读时，他们会在村里被嘲笑。在预先打印的信纸上也会留出空间，供那些有文化的人书写私人信息。[3]

这些信件的笔迹往往很潦草，字体杂乱，错别字很多。[4]然而，一些早期的信件用传统毛笔书写，显示出相当高的书法技巧。[5]为了使总的重量和成本降到最低，批局提供的信纸通常又薄又小，大多数写信者选择行书或楷书这两种相对规则和紧凑的字体，以便容纳更多的字符。[6]

书法在旧中国有很高的地位，比其他艺术形式更受重视和尊敬。在以前，它只是作为统治阶级及其权威的象征，与受过教育的精英主要是文人相联系。[7]然而，到20世纪，它成为中国各阶层各界流行的一种爱好和自我表达的艺术形式（被称为“民间书法”）。侨批书法是这场艺术革命的一部分。书法在1898年前后作为中国城镇和乡村开办的小学堂课程的一部分，许多从广东和福建出国的移民都有书法基础。即使在海外出

1 “The Earliest Remittance Centres: Letters with Money.” Bukit Brown Cemetery blog, 2013. 本书中王赓武的序言中同样有关于二战前东南亚的书信写作的介绍。

2 张明汕（2006）:《侨批经营者肩负历史使命》，洪林、黎道纲编：《泰国侨批文化》，曼谷：泰中学会，第101页。

3 万冬青（2010）:《透过闽粤边区侨批看侨乡传统文化》，王炜中主编：《第三届侨批文化研讨会论文选》，香港：天马出版有限公司，第295页；陈创义（2004）:《侨批——风格独特的群体书信》，王炜中主编：《首届侨批文化研讨会论文集》，汕头：潮汕历史文化研究中心，第303页。

4 潘美珠编：《华工书信》，未出版，第3页。

5 张国雄（2010）:《广东侨批的遗产价值》，王炜中主编：《第三届侨批文化研讨会论文选》，香港：天马出版有限公司，第79页。

6 谢娇兰（2014）:《论述侨批对潮汕经济、文化发展的意义》，中国历史文献研究会、汕头市潮汕历史文化研究中心编：《世界记忆遗产——侨批档案研讨会论文集》，汕头，第274页。

7 Kraus, Richard Curt. 1991. *Brushes with Power: Modern Politics and the Chinese Art of Calligraphy*. Berkeley: University of California Press.

生，或早年被带到国外的移民子女也能在唐人街开设的华文学校接触到书法教育，因为这些学校大部分使用中国国内通用的教材。近20年来，中国人的书法越来越成为研究的对象，一些学者也对侨批书法展开研究。

与名家书法相比，侨批书法存在着较大的审美差异，而正是这些差异性，使我们领略到了民间书法散发出的独特艺术魅力。侨批书法不像高级、端庄的名家书法，它非常凝重质朴，或轻松自然，或草率急就，流露出“创作”的本真一面，并不在乎是否符合书写法度规范。侨批书法在这些民间写手的笔下，显然没有对点画、造型、章法等书法元素的自觉的审美追求，率性、天真、质朴是他们“作品”中流露出来的“非功利”意识，给人们带来了另一种迥异于名家笔下严整俊美的视觉审美效果，那便是质朴古拙。而文人书法家在追求精巧布局、妍美造型的同时，以韵相胜，在理性中流露出自身的人格之美。力求与他人迥异，笔底流露出飘逸自然的艺术风貌，就达到极致之美，名家在追求线条弹性、力度的基础上，注重了外在形态的美观，无论从用笔、结体、章法还是风韵角度来审视，都是妙不可言。侨批书法虽不及名家书迹那般俊逸清雅，却在质朴的点画和率真的造型中显示出古拙之美，具有一种自然而然、水到渠成的天然之趣。[1]

如后面几章所示，汇款人和执行交易的信使或批局经营者之间的关系是基于信任，但这并不意味着他们没有警戒心。大多数汇款人，尤其是不识字的人，能够敏锐地察觉到被敲诈的可能性。有许多关于不识字的汇款人使用预先安排好的密码（例如，用狗和寺庙的图画来代表数字）来智胜潜在的骗子的民间故事。[2]

并非所有的侨批都遵循“银加信”的模式。一些汇款人也寄送货物。莱佛士在1817年的报告中说，中国人从新加坡寄送了燕窝、樟脑、

1 陈嘉顺（2014）：《艺术史视野下的潮汕侨批书法》，中国历史文献研究会、汕头市潮汕历史文化研究中心编：《世界记忆遗产——侨批档案研讨会论文集》，汕头，第323–328页。

2 万冬青（2009）：《清末泉州批信局及其侨批》，陈小钢主编：《回望闽南侨批——首届闽南侨批研讨会论文集》，北京：华艺出版社，第88页。

海参、锡、鸦片、胡椒、兽皮、靛蓝和贵金属。[1]另有典型的货物包括布、皮带、钢笔、运动衫、治头痛的药和肥皂等，[2]像万金油这样的药品和保健品是主要商品。在20世纪50年代，尤其是在饥荒年代，华侨华人用板条箱或钢制容器运送谷物、面粉、猪油和化肥。[3]

在早期侨批贸易专业化之前，或者在战争期间，或者为了躲避当局的窥探，汇款有时伴随着"口批"，即口口相传的口头信息而不是书面信息。例如，在1937—1945年的中日战争期间，款项以口头形式交给可靠的发送人，他们记下了金额和地址，最多只拿回一个简单的签名以证明汇款已收到。一些侨批经营者为数以百计的客户记下了几十条或几百条这样的信息。[4]

通信的主要目的通常是传达如何分配汇款的准确指示。其他常见的话题包括子女教育、子女或其他亲属移民的事情、子女婚姻计划、保持睦邻友好关系以及其他家庭或社区事务。很多信件也描述了不同国家的移民政策，以及应对策略。[5]由于《排华法案》(1882年签署成为法律，1943年废除)，那些来往于中国和北美的信件大多聚焦在外来移民如何应对入关时移民官员的讯问以及如何寻找工作等方面。[6]

一部分信件展示了某家庭如何通过亲属关系建构起一张强大的移民网络以帮助家庭成员实现到北美、东南亚等地的梦想，主要方式有提供

---

1 Kuhn, Philip A. 2008. *Chinese among Others: Migration in Modern Times*. Lanham: Roman and Littlefield, p.96.

2 福建省档案馆编(2013):《百年跨国两地书》，厦门：鹭江出版社，第187页。

3 陈晓杰等(2008):《风格独特的潮汕侨批》，王炜中主编:《第二届侨批文化研讨会论文选》，香港：公元出版有限公司，第442-443页；黄家祥(2008):《侨批业初探》，王炜中主编:《第二届侨批文化研讨会论文选》，香港：公元出版有限公司，第342页。

4 陈晓杰等(2008):《风格独特的潮汕侨批》，王炜中主编:《第二届侨批文化研讨会论文选》，香港：公元出版有限公司，第448页；陈训先(2006):《一份华侨抗战重要文献的发现与一条"口批"历史资料的钩沉》，洪林、黎道纲编:《泰国侨批文化》，曼谷：泰中学会，第95页；许汉钧(2006):《谈昔日批路概况》，洪林、黎道纲编:《泰国侨批文化》，曼谷：泰中学会，第99页。

5 刘进(2013):《家族书信与华南侨乡的国际移民》，中国侨批世界记忆工程国际研讨会组委会编:《中国侨批世界记忆工程国际研讨会论文集》，北京，第143-149页；王汉武(2010):《侨批文化生态意识初探》，王炜中主编:《第三届侨批文化研讨会论文选》，香港：天马出版有限公司，第244页。

6 潘美珠编:《华工书信》，未出版。

必要的信息和资源（如出生证明、申请表格、证人口供等）来规避目的国的禁令。[1]一个来自五邑的关氏家族，就借助家书在美国、加拿大和古巴等地构建起了一个强大的由诸多分支机构和移民前哨站组成的移民网络。[2]

部分信件已经摆脱了以往的陈词滥调转而关注一些重大的议题，诸如世界各国、中国以及写信者自己家乡和移居地的政治事务。[3]大多数华人无一例外地都将勤奋工作视作是脱贫致富的有效方式，但也有一些人关心政治，他们不仅同情新锐的政治观点，而且还会在家书中与家人分享这些心得。在侨批集成中，发现了一些诸如此类的内容，而海外华人和他们的家属的政治化从中国国内那些粉刷在“侨眷”或“归侨”的房屋上面的文字就可以看出来。现代中国和海外华人发展历史中每一个重要的政治节点，在海外华人的侨批以及家人所写的回批中都有所反映，他们也讨论了如何应对这些政治变化。这一点在1898年的百日维新，以及后来所出现的保皇运动、振兴商业运动、抵制日货/日本人运动、民族救亡运动、抗日战争、朝鲜战争、“文化大革命”以及粉碎“四人帮”等各项历史运动中表现得尤为明显。侨批有时也描述了侨居国（地）的习俗、社会以及文化现状，提供了以民间眼光观察世界政治、经济、社会和文化的视角，并与那些留学生、政府官员在信件中所展示的有很大不同。[4]

大多数写信的人很少谈论他们自己，更多的是谈论那些留守的家人。[5]只有少数人传达强烈的个人或情感信息，表达情爱的信件极其罕见

1 石坚平：（2013）：《四邑银信中的乡族纽带与海外移民网络》，《广东华侨史》编纂委员会编：《“比较、借鉴与前瞻——国际移民书信研究”国际学术会议论文集》，江门，第308页。

2 刘进（2013）：《民国时期北美华侨与华南乡村社会转型》，《广东华侨史》编纂委员会编：《“比较、借鉴与前瞻——国际移民书信研究”国际学术会议论文集》，江门，第319-372页。

3 陈晓杰等（2008）：《风格独特的潮汕侨批》，王炜中主编：《第二届侨批文化研讨会论文选》，香港：公元出版有限公司，第446-447页。

4 张国雄（2010）：《广东侨批的遗产价值》，王炜中主编：《第三届侨批文化研讨会论文选》，香港：天马出版有限公司，第74-78页。

5 王汉武（2010）：《侨批文化生态意识初探》，王炜中主编：《第三届侨批文化研讨会论文选》，香港：天马出版有限公司，第127页。

（虽然不是完全没有）。[1]大多数更重要的批信仍然执着于对农耕的关注、对山水土地神的崇拜和对自然环境的亲和，当然还有他们自己对先祖的怀念祭拜及相关仪式。[2]

由侨批所引发的丰富的大众文化在海内外逐渐流行起来。故事、奇闻轶事和传说都推崇著名的水客、批脚和汇款商店。[3]1949年后，对侨批经营者的赞誉仍在继续。当时关于侨批英雄的故事成为共产党在移民区域宣传的主要内容，旨在促进汇款，从而推动更广泛的经济发展。斯达汉诺夫式的批脚也在各种大会上受到表彰。[4]

侨乡盛产侨批歌曲和诗歌。包括“过番谣”“思乡诉”和“回乡调”等，有文雅、庸俗多种风格，采取民歌、歌谣、小调、方言歌、手布诗、自由诗、潮汕歌册、客家山歌，到律诗、词、曲、联的古典诗歌形式。许多都是方言，最初的作者多是无名诗人。然而后来，移民、侨眷、民间歌手、歌册传人、学者、社会贤达等，以及1949年后的“文化干部”，都声称自己是作者。[5]

回批

回批最初是由汇款机构设计，作为已收款的凭证，以便让汇款人安心。批局考虑到华侨的家乡大多处于穷乡僻壤，不易购买信纸、信封，于是在批封后“附小封及笺，使收信人在收到时，就笺、封即复”，并

1 陈骅（2010）:《对侨批研究设计的几个问题的讨论》，王炜中主编 :《第三届侨批文化研讨会论文选》，香港：天马出版有限公司，第196页；廖耘、吴二持（2010）:《侨批与中国传统的道德观念》，王炜中主编 :《第三届侨批文化研讨会论文选》，香港：天马出版有限公司，第263页。

2 王汉武（2010）:《侨批文化生态意识初探》，王炜中主编 :《第三届侨批文化研讨会论文选》，香港：天马出版有限公司，第236–248页。

3 陈海忠（2013）:《历史记忆中的潮汕侨批与乡村社会》，中国侨批世界记忆工程国际研讨会组委会编 :《中国侨批世界记忆工程国际研讨会论文集》，北京，第296–307页。

4 王炜中（2007）:《潮汕侨批》，广州：广东人民出版社，第55页。

5 罗则扬（2008）:《略论侨批歌吟》，王炜中主编 :《第二届侨批文化研讨会论文选》，香港：公元出版有限公司，第429–437页；徐光华、蔡金河（2010）:《略论侨批对口头民俗文化的影响》，王炜中主编 :《第三届侨批文化研讨会论文选》，香港：天马出版有限公司，第229–235页。

开始将一个小的“回批”信封附着于大的侨批信封里，并随附一张薄纸片，宽至多两三英寸，长至多三四英寸——甚至比随信附送的纸小且不结实（如果该回批单未包括在内，那在中国口岸的侨批分局可能会插入一份）。回批信封上的编号应与原来的侨批相同。通常，收款人需要签署两份回批存根，一份给汇款人，另一份给公司。一些公司在侨批上盖章，督促收批人为免汇款人担心，“迅速简短回复”。在侨批贸易的某一段时期里，邮局监管侨批流转的中间环节（从最初的收批到回批的最后投递），要求一个信封内只能有一封书信，若夹杂其他回批可能会被罚款。[1]

若汇款是由批局垫付，则待国内连号将汇款送交收款人，取得回批后，批局才凭回批向汇款人收账。目前尚不清楚这种垫款的做法从何时开始形成一种制度。但它最初是从水客开始，尤其是在水客与商店和其他机构联系起来之后，这些机构利用贷款吸引顾客。最终，垫款的做法逐渐流行，并形成一种制度，特别是在菲律宾。[2]侨批业者有一整套系统来检查潜在的垫款收款人的信誉。然而，与提供贷款的现代银行不同，这种垫款通常不需要担保人。[3]

“封后附小封及笺”，以便回批，这是其他帮批局所没有的，是潮帮批局的一个创举。但它很快被其他地区的批局所效仿，并在很多地方成为侨批贸易过程中的关键环节。[4]在潮汕人很少居住的美洲和澳大利亚，侨批的收付过程更为简便。这两个大洲的侨批主要寄送到五邑地区，很少提供回批信封，且回批通常不是交付给汇款的移民个人，而是交付给华人商店，并在商店橱窗的货架上展示给

1 李文海编（2009）:《民国时期社会调查丛编（二编）· 华侨卷》，福州：福建教育出版社，第801页；吴宝国（2014）:《侨批与邮政》，中国历史文献研究会、汕头市潮汕历史文化研究中心编：《世界记忆遗产——侨批档案研讨会论文集》，汕头，第201页。

2 戴一峰（2003）:《网络化企业与嵌入性——近代侨批局的制度建构（1850s–1940s）》，《中国社会经济史研究》第1期，第75页。

3 焦建华（2005）:《制度创新与文化传统——试析近代批信局的经营制度》，《中国社会经济史研究》第2期，第67页。

4 陈汉初（2010）:《潮汕侨批的档案文献价值》，王炜中主编：《第三届侨批文化研讨会论文选》，香港：天马出版有限公司，第88页。

移民。[1]

典型的回批内容包括索取金钱以满足家庭所需、抱怨汇款丢失以及陈述收件人应该回家的缘由（妻子的艰苦生活、父亲对儿子的思念、父亲或兄弟的商业计划、孩子对父亲健康的担忧等）。母亲会催促儿子回家结婚；父母会嘱咐他节俭和努力工作；其他人会向国外的亲戚询问如何移民。[2]

侨批的收件人甚少会读写信件，所以批脚经常帮收件人代写回信。随后，回批通常扎捆在一起寄出，也有收件人会自己邮寄回批。新中国成立后，在国内专门成立了写回批的专业小组，这些人写了许多封信，并且帮助数百名失散的亲人团聚。这项工作需要策略、知识和技巧。1949年后，一些华侨居住地完全禁止侨批，汇款更成为禁忌。然而，在中华人民共和国成立初期，汇款对中国的经济发展至关重要，因此必须保持汇款路线畅通。[3]秘密代码成为掩盖侨汇的方式。同时，留守妻子们也被鼓励读书识字，这样她们就可以自己写信了，从而使自己也使国家获益。[4]

至今仍存留下来的回批远远少于侨批。这是因为大多数早期华侨居无定所，时常迁移。然而，如果没有回批，侨批的记录将是片面的、不完整的，因为留守侨乡的大部分是妇女。[5]因此，海内外的中国学者强调有必要尽可能地追踪和保护回批。

1 Williams, Michael. 1999. “Chinese Settlement in NSW: A Thematic History.” A Report for the NSW Heritage Office. Parramatta, N.S.W. : NSW Heritage Office, p.22; 刘进（2009）:《五邑银信》，广州：广东人民出版社，第51页。

2 City of Vancouver Archives，n.d.

3 邹求栋、苏通海（2009）:《说回批》，陈小钢主编：《回望闽南侨批——首届闽南侨批研讨会论文集》，北京：华艺出版社，第71–74页。

4 Shen, Huifen. 2012. *China's Left-Behind Wives: Families of Migrants from Fujian to Southeast Asia, 1930s–1950s.* Singapore: National University of Singapore Press, p.90.

5 柯木林（2013）:《“云中谁寄锦书来”——侨批：从家书到文化遗产》，《闽商文化研究》第7卷第1期，第56–59页。即使是在1939年，也只有15%的福建籍移民是女性。（Shen Huifen. 2012. *China's Left-Behind Wives: Families of Migrants from Fujian to Southeast Asia, 1930s–1950s.* Singapore: National University of Singapore Press, pp.5–6.）

侨批术语

侨批贸易成为侨乡和海外华人社会经济中的一股重要力量，数十个新造的或根据旧用法改编的术语丰富了汉语词汇。这些术语本身是复杂而广泛的，它因方言、地点和时间的不同而有很大差异。

中国的海外移民有多种不同的称呼，一般普遍被称为“华侨”。他们在中国东南部也被称为“新客”或“新唐”。“唐人”在广东和福建人中都适用。“华侨”一词可追溯到19世纪，但直到1918年，“华侨”才被北洋政府国务院正式纳入官方命名，并设立侨工事务局，1922年升级为侨务局。但其虽有侨务之名，而无侨务之实，更无所谓侨务行政。1927—1928年，南京国民政府建立了具有实权和影响力的侨务机构，并在随后的几年中不断深化。[1]

至于华侨的目的地，东南亚在中国被称为“南洋”，有时也被称为“番”，因此有“番客”（海外移民）和“番银”（汇款）的说法。北美地区被称为“金山”，在澳大利亚的西部发现黄金并被称为“新金山”后，改称“旧金山”（也指今天的三藩市）。[2]在北美的中国劳工被称为“金山客”或“金山伯”，他们的妻子被称为“金山婆”，他们的孩子被称为“金山少”。[3]

在侨批贸易制度化之前，早期提供侨批寄送服务的人员被称为“水客”，也有其他不太常见的称呼，如“南洋客”“走水客”“洋水客”。[4]“水客”一词可追溯到西晋（265—317）或唐朝（618—907），当时指的是船夫；之后，在其成为现代意义上的“水客”之前，它也指小

1 Wang, Gungwu. 2000. *The Chinese Overseas: From Earth-Bound China to the Quest for Autonomy.* Cambridge: Harvard University Press; 袁丁、陈丽园、钟运荣（2014）:《民国政府对侨汇的管制》，广州：广东人民出版社，第23–24页。

2 林南中（2010）:《闽南“番批”与“番银”》，王炜中主编：《第三届侨批文化研讨会论文选》，香港：天马出版有限公司，第492页。

3 刘进（2009）:《五邑银信》，广州：广东人民出版社，第12页。

4 吴鸿丽（2008）:《初析闽南侨批文化》，王炜中主编：《第二届侨批文化研讨会论文选》，香港：公元出版有限公司，第361页。

的流动商贩。[1]潮汕一带称国内的"水客"为"吃淡水"，他们往来于国内的城乡之间，国外水客则被称为"溜粗水"。[2]在广东广府地区，水客被称为"巡城马"，如果他们专门运送货物，则被称为"走单帮"。将移民在最近的港口集合后，同时（或专门）护送移民往返海外的信使被称为"客头"（水客的领头人），[3]也称"大头"。[4]信使住在海外的地方被称为"行馆"或者"批馆"，移民住的旅馆被称为"客栈"。[5]

"侨批"一词就是侨居海外及"批信"的组合词，其中"侨"即为"华侨"的简称。严格地说，"侨"仅仅指的是移居海外，仍然保有中国国籍的人。而"华人"是指非中国国籍，而与中国有血统和种族联系的人。随着世代的延伸，华人在汇款人中所占的比例越来越大，在1955年后尤其如此。当时中国取消了双重国籍，要求境外的中国人选择中国籍或者居住国的国籍。[6]同样，在台湾、香港和澳门的中国人并不是"侨"，但也大量汇款。尽管在某些情况下"侨"的使用并不准确，但"侨批"一词在行政管理和学术研究中仍然被长期使用。[7]

至于"批"这个词，一直是侨批学者们激烈争论的话题，尤其是潮汕和闽南侨乡的学者们，这两地属于两大方言群。一些学者认为，在闽南语中，"批"的意思是信件，但也有人对此提出质疑。有

---

1 贾俊英（2012）:《侨批史研究——以天一信局为个案的考察》（硕士毕业论文），厦门：华侨大学，第53页；王炜中（2007）:《潮汕侨批》，广州：广东人民出版社，第15-16页。

2 杨群熙主编（2004）:《潮汕地区侨批业资料》，汕头：潮汕历史文化研究中心、汕头市文化局、汕头市图书馆，第57-62、481页。

3 Yen, Ching-hwang. 2013. "Chinese Coolie Emigration,1845-1874." In Chee Beng Tan, ed., *Routledge Handbook of the Chinese Diaspora.* London: Routledge, p.75.

4 王炜中（2007）:《潮汕侨批》，广州：广东人民出版社，第16-17页。

5 杨群熙主编（2004）:《潮汕地区侨批业资料》，汕头：潮汕历史文化研究中心、汕头市文化局、汕头市图书馆，第57、62、481-483页。

6 海外华人离散群体的研究，参见 Wang, Gungwu. 2000. *The Chinese Overseas: From Earth-Bound China to the Quest for Autonomy.* Cambridge: Harvard University Press; Liu, Hong. 2006. "Introduction: Toward a Multi-dimensional Exploration of the Chinese Overseas." In Liu Hong, ed., *The Chinese Overseas*, vol.1. London: Routledge, pp.1-30; Kuhn, Philip A. 2008. *Chinese among Others: Migration in Modern Times*. Lanham: Roman and Littlefield; Benton, Gregor, and Edmund Terence Gomez, eds. 2015. *Belonging to the Nation: Generational Change, Identity and the Chinese Diaspora*. London: Routledge。

7 曾旭波（2014）:《试论侨批定义的界定》，中国历史文献研究会、汕头市潮汕历史文化研究中心编：《世界记忆遗产——侨批档案研讨会论文集》，汕头，第175页。

些人认为“批”是一个与福建用法无关的潮汕词汇，在潮汕方言中，“批”不是指信件，而是指附有款项的记录，甚至是汇款本身，即“银”。事实上，自唐代以来就有将书信称为“批”的典籍（如“批子”，随后在潮州方言中被略称为“批”）。由此而言，“批”来自潮汕方言的看法，一方面是因为潮汕人在中国的海外移民（以及建立侨批贸易）中发挥了主导作用，另一方面是因为侨批的“批”并非福建闽南方言的“批”，不能将这一词在潮汕方言和在闽南方言中的含义混淆。[1]

潮汕学者曾旭波在分析“批”是“银”还是“信”，是以银为主连带家信，还是以信为主附带银时，引用了清代的邮驿信件。信封上的“银批”一词显然专指由官方邮政站传递公文、书信时所附带的“银”。这是中国境内江苏北部两淮地区的邮驿现象，与华人移民汇款无关。根据这一证据，他得出结论说“批”这个词在潮汕方言和海外潮汕人中非常普遍，在中国其他地方的文献中也可以找到。

为了加强他的论点，即“批”不是指信，而是指汇款或汇款票据，曾旭波指出，许多“批”均没有附信，甚至连简单附言也没有。他认为，这并不奇怪，因为绝大多数移民汇款人是文盲或半文盲。虽然一些文盲汇款人在朋友、汇款商店的员工或专业写信人的帮助下写信，但这往往是不可能的，特别是当年许多劳工不是身处埠市，而是身处荒山僻壤的矿山、农场、新垦区。寄批时，批款常常由批局派揽收业务人员到农场、矿山或垦区揽收。批局业务员虽然可为寄批者代写书信，但每到一处，寄批的劳工少说几十人，多则成百上千，一个业务员又能替几位劳工写批信呢？最实在可行的办法，就是每位劳工先把自己的家庭、住址、姓名等基本情况报给批局的业务员，登记在册。每次寄批，除了有事非写信不可者，一般只要把银交给批局业务员，数额登记并发给收据，其余的便由批局打理了。曾旭波总结道，无信汇款比大多数学者想象的要普遍得多，但有证据表明，由于明显的原因，无信

---

1 林庆熙（2010）：《潮汕侨批再认识》，王炜中主编：《第三届侨批文化研讨会论文选》，香港：天马出版有限公司，第207–217页；郭马风（2004）：《何为批？》，王炜中主编：《首届侨批文化研讨会论文集》，汕头：潮汕历史文化研究中心，第215–218页。

汇款比有信汇款存留的可能性要小得多。因此，这种现象被最小化或忽略了。[1]

“批”在汉语中也可以是量词，指“成批，成捆”，这使得其他学者认为“批”应该还有“成批到达收埠”的意义。[2]然而，曾旭波认为这失之牵强。因为在潮汕方言或是闽南方言中，作量词解的“批”，并不常用，通常是使用“帮”。[3]

不管它的起源和确切含义是什么，潮汕人似乎在新的语境中首次使用了“批”，用于指1829年至1835年间来自新加坡的侨汇。并在附近的客家人聚居的广东梅县传播。[4]其他用来表示侨批的名字包括“番批”，以及在广府地区称“银信”或“信银”（书信银两的简称）。侨批的另一些形式是前面提到的在贸易早期或战时通过口口相传的“口批”；暗批是为逃避海外政府的审查，以代码形式发送的汇款，尤其流传于1945年和1949年以后；广府地区是北美华人的侨乡，常使用“银信”和“金山信”。[5]当然，“侨批”必须与“侨汇”区分开来，后者意义更广。

侨批作为一个带有地域特色并反映地域现象的名称，在1928年至1931年期间，经由民国政府的一系列的决策之后，最终被确立成为官方用语。一开始，南京邮政总署，以“批”字不典，拒绝使用，而推崇使用侨汇；但在大部分地区，仍沿旧说，使用侨批。1931年，一项修订后的议决正式批准了这一流行术语，尽管其没有前缀“华”。[6]

1 曾旭波（2014）:《试论侨批定义的界定》，中国历史文献研究会、汕头市潮汕历史文化研究中心编 :《世界记忆遗产——侨批档案研讨会论文集》，汕头，第168–175页。

2 陈汉初（2010）:《潮汕侨批的档案文献价值》，王炜中主编 :《第三届侨批文化研讨会论文选》，香港：天马出版有限公司，第83页。

3 曾旭波（2014）:《试论侨批定义的界定》，中国历史文献研究会、汕头市潮汕历史文化研究中心编 :《世界记忆遗产——侨批档案研讨会论文集》，汕头，第172页。

4 林庆熙（2010）:《潮汕侨批再认识》，王炜中主编 :《第三届侨批文化研讨会论文选》，香港：天马出版有限公司，第207–217页；郭马风（2004）:《何为批?》，王炜中主编 :《首届侨批文化研讨会论文集》，汕头：潮汕历史文化研究中心，第215–218页。

5 刘进（2009）:《五邑银信》（广东人民出版社）称，他在五邑地区的调研中从来没有听到“侨批”的称法。

6 曾旭波（2014）:《试论侨批定义的界定》，中国历史文献研究会、汕头市潮汕历史文化研究中心编 :《世界记忆遗产——侨批档案研讨会论文集》，汕头，第168–169页。

经营侨汇业务的机构至少有十几个名字，包括侨批局、批信局、银信局、信局和汇兑庄。有些名字与地域相关。在福建南部，这些机构被称为“民信局”或“批局”；在粤东潮汕地区被称为“批馆”；在广府被称为“汇兑局”。[1]尽管东南亚的大陆（相对于海上）贸易已经形成了统一体，在泰国称“银信局”而法属印度支那则称“批信局”。众所周知，“民信局”最初是指国内的邮局，在清朝，民信局是福建海内外汇款机构的通称，一些地方甚至沿用至20世纪50年代。潮汕地区则更倾向于使用“批局”和“批馆”。[2]在1931年的全国工商业组织工业公会上，官方改“批信局”为“侨批局”。因为“批局”，缺少“侨”的前缀，可能会导致其与国内邮政服务混淆。[3]在这项研究中，我们坚持使用“批局”一词来标记它们的特殊功能，因为它是最短的名称。1949年后，“侨汇业”和“侨汇庄”这两个术语被正式使用，侨批行业的雇员被称为“批工”。[4]

起初，寄送侨批是随机且不定期的，后来发展为定期而正规的。将银和信送到侨乡的人（通常是一个男人）被称为“批脚”“带批人”“批伴”，装批的袋子则被称为“批包”或“批袋”。一大笔汇款被称为“大批”。在住所周围分发汇款和信件被称为“分批”。写“回批”的信笺被称为“批仔”，是批局为方便收件人而粘在侨批信封背面的一张小纸。在一些地方，村里的商店代收回批，以节省批脚的时间，这一过程被称为“收批”。“盼批”和“靠批”则表达了侨批对侨眷生活的意义。在抗日战争中，一些地方的侨批贸易被迫灾难性中断时，产生了新的名词：

1 江柏炜、蔡明松（2008）:《金门民信局（批局）经营模式之探讨》，王炜中主编：《第二届侨批文化研讨会论文选》，香港：公元出版有限公司，第267页。

2 陈训先（2010）:《论“银信合封”——兼谈粤闽民信和侨批的演变》，王炜中主编：《第三届侨批文化研讨会论文选》，香港：天马出版有限公司，第184–185页。

3 杨群熙主编（2004）:《潮汕地区侨批业资料》，汕头：潮汕历史文化研究中心、汕头市文化局、汕头市图书馆，第60页。

4 中国人民政治协商会议福建省厦门市委员会文史资料研究委员会编（2004）:《厦门文史资料》，厦门：中国人民政治协商会议福建省厦门市委员会文史资料研究委员会，第428页；杨群熙主编（2004）:《潮汕地区侨批业资料》，汕头：潮汕历史文化研究中心、汕头市文化局、汕头市图书馆，第360页。

批断。[1]

涉及侨批的复杂而多样的术语突出了三个关键主题，这三个主题与侨批研究本身有关，也与“跨界中国”背景下的华侨华人历史密切相关。首先，侨批贸易机制将散居海外的华侨华人与他们各自的家乡以及当时正在崛起为民族国家的中国联系在一起。尽管在本书涵盖的160年间，侨批的来源和目的地都发生了变化，但其中持久的联系和运作模式是本书研究的核心。其次，侨批贸易中使用的术语的差异反映了地域、方言、社团以及中国和侨居地不同的政治制度之间的联系和多样性。本书着重于分析这种多样性及其对理解“跨界中国”的意义。第三，侨批与外部社会政治环境的相互作用塑造了侨批的性质和特征，这也是我们分析的一个重要主题。

1 卢永光（2006）:《我靠侨批长大》，洪林、黎道纲编 :《泰国侨批文化》，曼谷 : 泰中学会，第156页 ; 林庆熙（2010）:《潮汕侨批再认识》，王炜中主编 :《第三届侨批文化研讨会论文选》，香港 : 天马出版有限公司，第216页 ; 陈胜生（2016）:《潮汕侨批“申遗”始末》，陈荆淮主编，中国历史文献研究会、潮汕历史文化研究中心编 :《海邦剩馥——侨批档案研究》，广州 : 暨南大学出版社，第226-234页 ; 黄少雄（2010）:《侨批——侨乡人民的命根子》，王炜中主编 :《第三届侨批文化研讨会论文选》，香港 : 天马出版有限公司，第489页。

第一章
侨批研究溯源

1

近年来对于移民和海外定居者的历史研究越来越多地借助于通信资料。将移民信件编辑出版成为一种流行的做法，尤其在美国和澳大利亚。然而，在某些种族群体（尤其是非白人群体）中的往来信件数量很少。大多数比较知名的书信选集和研究对象都着重于富裕、受过良好教育的白人移民。[1]但是，让人惊奇的是，在中国有很多收集者搜集了大量的移民往来信件，无论在数量上还是质量上，都超越世界其他地方的收藏。他们所付出的努力让外国资料收集者，包括在过去几百年里为全球白人移民提供资金的欧洲国家都相形见绌。而中国收集者让人惊讶的原因之

1 例如：Fitzpatrick, David. 1994. *Oceans of Consolation: Personal Accounts of Irish Migration to Australia*. Ithaca, NY: Cornell University Press; Jones, Bill. 2005. "Writing Back: Welsh Emigrants and their Correspondence in the Nineteenth Century." *North American Journal of Welsh Studies* 5(1): 23–46; Kamphoefner, Walter D. 2007. "The Uses of Immigrant Letters." *Bulletin of the German Historical Institute* 41: 137–140; Kamphoefner, Walter D., and Wolfgang Johannes Helbich, eds. 2006. *Germans in the Civil War: The Letters They Wrote Home*. Chapel Hill: University of North Carolina Press; Martyn Lyons, ed., 2007. *Ordinary Writings, Personal Narratives: Writing Practices in 19th and early 20th-Century Europe*. Berne: Peter Lang; Reynolds, Kathrine M. 2009. *The Frauenstein Letters: Aspects of Nineteenth Century Emigration from the Duchy of Nassau to Australia*. Berne: Peter Lang; Richards, Eric. 2005. "Running Home from Australia: Intercontinental Mobility and Migrant Expectations." In Harper, ed., *Emigrant Homecomings: The Return Movements of Emigrants, 1600–2000*. Manchester: Manchester University Press, pp.77–104; Schrier, Arnold. 1958. *Ireland and the American Immigration, 1850–1900*. Minneapolis: University of Minnesota Press。与此不同的一个主要例子是：Liu, Haiming. 2005. *Transnational History of a Chinese Family: Immigrant Letters, Family Business, and Reverse Migration*. Piscataway, NJ: Rutgers University Press，但它也同时涉及一个较富裕、受过良好教育的美国华裔家庭的信件。

一在于：中国直到近年来才摘掉贫穷的帽子，现在仍然是一个发展中国家。除了中国，没有任何发展中国家能收集到如此之多的书信，即使从相对意义上来讲也没有。

白人移民信件在收集数量上比华人信件要少，代表性小，也不够广泛。而中国又是如何做到的？这种差异部分是由于中国档案工作者在收集和保存这些资料方面所作的努力，以及在现代历史进程中，中国的移民外流数量远超大多数其他国家。[1]然而，从比较和跨文化的角度来看，还有其他一些值得探讨的假设因素，这些因素使得中国在这一领域处于领先地位，这些假设可能会更普遍地揭示中国社会科学和数据收集的特殊特征。这些假设如下：

海外华人在某一段时期内可能比其他国家移民更频繁地向母国寄信。从1947年到1949年，仅汕头一地收到的信件就超过500万封，其中包括1947年12月的14万封。[2] 1955年，中国处于高度孤立状态，官方估计每月来往于海外华人和中国南方地区家人之间的信件多达50万封。从相对数量上讲，比大多数作为比较对象的国家都多。[3]这一发现出人意料，因为当时的中国移民中，没有书写能力（文盲）或者没有写信习惯

1 Rogler, L. H. 1994. "International migrations: A Framework for Directing Research." *American Psychologist,* 49(8): 701–708; McKeown, Adam. 2004. "Global Migration, 1846–1940." *Journal of World History*, 15(2): 155–189.

2 饶敏（2010）:《寻找他乡的记忆》，王炜中主编：《第三届侨批文化研讨会论文选》，香港：天马出版有限公司，第482页。

3 Oyen, Meredith Leigh. 2007. "Allies, Enemies and Aliens: Migration and U.S. Chinese Relations, 1940–1965." 2 vols. PhD dissertation, Georgetown University, p.320; 大约1900年，370万澳大利亚人（他们人均写信和收信的数量是加拿大人的两倍，也比美国人的还多）每年只向国外发送100万封信。(Richards, Eric. 2006. "Australian Colonial Mentalities in Emigrant Letters." Paper presented at the biennial conference of the British Australian Studies Association, University of Exeter, September 7; Richards, Eric. 2006. "The Limits of the Australian Emigrant Letter." In Elliott, Gerber, and Suzanne Sinke, eds., *Letters Across Borders: The Epistolary Practices of International Migrants*. Houndmills: Palgrave, pp.56–74.）相比之下，1955年中国南方的往来信件达600万，而当时的海外华人为1 100万（即是澳大利亚的两倍）。1854年，在美国的英国移民寄回家的信件超过200万封，而到1874年，这个数字已经超过了600万封。[Schrier, Arnold. 1958. *Ireland and the American Immigration, 1850–1900*. Minneapolis: University of Minnesota Press, p.22. 引自 Jones, Bill. 2005. "Writing Back: Welsh Emigrants and their Correspondence in the Nineteenth Century." *North American Journal of Welsh Studies* 5(1): 25.] 1955年中国的数字可能部分反映了当时国际邮政服务的改善，但这也被澳大利亚和美国识字率的提升以及20世纪50年代中期西方对中国的封锁所带来的影响相抵消。

的劳工所占比例远远大于其他国家移民人口中同类移民所占比例。[1]寄往中国的信件如此之多，一个可能的原因是：中国人在海外遭受的歧视和排挤比其他国家移民都要多，所以中国移民与母国之间的联系比其他国家的移民要活跃。在北美的中国人尤其如此，正如徐元音（Madeline Hsu）所说，“他们对侨乡同胞的注视目光给予热切的回馈，部分原因是他们在海外生活中面临如此严重的排斥”。[2]对其他移民群体的研究表明，常给家里写信的移民可能表现出“比其他人更可能回国”的倾向，而那些已经在异国扎根的移民则很少写信，甚至不再写信。[3]中国海外华侨在国外也一样经历着本土化的过程，但是速度却比其他移民群体缓慢很多，一个很重要的原因就是最初移民的中国人中绝大部分都是男性，女性数量和其他移民群体相比要少很多。

这些中国移民的亲属很可能更加重视这些信件的保存。这是由于中国传统文化非常珍视书面文字。而中国传统家庭敬重那些为族群作出有益贡献的亲人，包括那些为了留守亲人毅然漂洋过海的家族儿女。中国家庭也同样重视保存与他们之间联系的记录，这又进一步加深了中国人内心对相关书面文字所怀有的神圣情结。

中国人浓厚的家庭观念，密集的宗亲组织及宗族协会，以及近年来地方政府体制的相对渗入，使得他们更善于调动所需资源以实施像侨批项目这样的计划。倾向于“群众史”的马克思主义意识形态也促使中国地方官员竞相说服移民家属将他们的侨批转交给地方机构，或劝说那些侨批收集者将侨批捐赠给在村子里进行田野调查的研究人员或让他们可

1 19世纪中后期，由于“苦力”贸易的影响，在美国的华人移民的识字率一直在下降（Chen, Zhongping. 2011. *Modern China's Network Revolution: Chambers of Commerce and Sociopolitical Change in the Early Twentieth Century*. Stanford, CA: Stanford University Press）。

2 Hsu, Madeline Y. 2000. “Migration and Native Place: Qiaokan and the Imagined Community of Taishan County, Guangdong, 1893–1993.” *Journal of Asian Studies* 59(2): 310.

3 Richards, Eric. 2005. “Running Home from Australia: Intercontinental Mobility and Migrant Expectations.” In Harper, ed., *Emigrant Homecomings: The Return Movements of Emigrants, 1600–2000*. Manchester: Manchester University Press, p.103; Martyn Lyons, ed., 2007. *Ordinary Writings, Personal Narratives: Writing Practices in 19th and early 20th–Century Europe*. Berne: Peter Lang, p.197.

以进行复制。[1]在中国，更容易找到拥有海外来往信件的移民家属。今天的中国移民来自全国各地，但过去的中国移民绝大部分来自几个“移民县”。这种地域集中性和其他国家来源地分散式的移民模式有显著不同。中国移民家庭所在社会群体比其他国家更为稳定，所以相较于其他流动性社会，他们的往来信件更易被保存。在中国，海外华侨家属，还有曾经侨居海外但后来回国定居的华人，这一类人群被官方定义为“华侨”，这个称号会记录在个人档案里，所以更容易找到他们。[2]因此，移民群体在地理位置上的集中，以及相关记录的明确可见，或许是中国华侨往来信件更易收集的另外一个原因。

中国的一个特殊因素是自“文革”结束后，集邮开始流行。今天，中国有2 000万集邮爱好者，占世界总数的1/3以上，还有5万个由政府赞助的集邮团体。[3]集邮爱好者在中国和国外都举办过展览，在那里，侨批的价格在拍卖中飙升。[4]集邮爱好者收集的不仅仅是邮票，还有“批封”（贴有邮票的信封）和它们所包含的信件。侨乡是一座收藏着具历史意义“批封”的宝库，“批封”的收藏者被视为是档案工作者找寻移民信件过程中的特殊盟友。这一发展可被视为是中国共产党“群众史”调查传统的一种特殊效应。“群众史”调查传统是中国官方史学的一个“本土”分支，在收集“侨批”的过程中被充分使用。当地侨联的官员和村里的老人被动员去探访家属，并劝导集邮者，促使他们将收藏品公开提供给适合的档案馆。[5]

如果没有市场力量和官方宣传的结合，侨批作为一种重要的历史资源是否会幸存下来是值得怀疑的。过去，在侨批变得可以销售之前，并

1 金文坚（2016）:《让侨批资料在数字化世界实现真正的团聚——侨批全文数据库建设实践》，陈荆淮主编，中国历史文献研究会、潮汕历史文化研究中心编：《海邦剩馥——侨批档案研究》，广州：暨南大学出版社，第170–185页。

2 Peterson, Glen. 2012. *Overseas Chinese in the People's Republic of China.* Abingdon: Routledge.

3 Kollewe, Julia. 2010. "Stanley Gibbons to Put Stamp on China." *The Guardian*, March 26.

4 常增书（2010）:《侨批是国家级史料》，王炜中主编：《第三届侨批文化研讨会论文选》，香港：天马出版有限公司，第67页；陈汉初（2010）:《潮汕侨批的档案文献价值》，王炜中主编：《第三届侨批文化研讨会论文选》，香港：天马出版有限公司，第84页。

5 王炜中主编（2010）:《第三届侨批文化研讨会论文选》，香港：天马出版有限公司，第44、48页。

不是每个人都给予它们同等的尊重。一些侨批并没有被很好地保存，它们或腐烂或破碎，或成为蟑螬和白蚁的食物。虽然很少有移民的直系亲属或后代会忽视侨批，但相对而言，代际深度的影响在某些阶层和家庭中更为明显。尽管有“无源之溪”的谚语和对祖先的自豪感，但中国家庭（区别于血统的延续）很少尊崇祖先超过四代。[1]多年来，中国接收了数百万封侨批，但只有小部分幸存下来。我们可以推测，其余的应是在寄件人死后被扔掉，或可能是在某个新年期间的春季大扫除里被清除。甚至有报道说，在1959年至1961年的饥荒期间木柴短缺，侨批也被用来生火。[2]

2013年之前中国的侨批研究与社会区域史研究的兴起

越来越多的人对侨批收藏感兴趣，这反映出近年来学术趋势的变化，尤其是在中国，但也包括东南亚的部分地区。对国内外离散移民群体的关注，是自20世纪70年代以来中国史学和社会学研究的一个可喜的转变，它摆脱了一度统治这些学科的僵化的阶级方法，转向实证研究而非阐明一般原理的学术。

侨批项目反映了过去几年中国和中国侨乡的重要变化。从1949年到20世纪80年代鲜有针对海外华人或留守人士的研究，这在一定程度上是因为“文革”时期对于所谓有“海外关系”人士的迫害。很长一段时期以来，对中国移居海外的华人群体进行研究的都是非中国学者（包括一些华裔），而且在数量上要远远少于对19 世纪、20世纪移民潮中白人所发挥的作用的研究。[3]

1 Freedman, Maurice. 1967. “Ancestor Worship: Two Facets of the Chinese Case.” In Maurice Freedman, ed., *Social Organization and Peasant Societies: Festschrift in Honor of Raymond Firth*. London: Frank Cass, p.87.

2 张美生（2014）:《试论侨批档案的保护与研究》，中国历史文献研究会、汕头市潮汕历史文化研究中心编 :《世界记忆遗产——侨批档案研讨会论文集》，汕头，第294页。

3 有关侨乡的英文研究，可参见Chen, Ta. 1940. *Emigrant Communities in South China*. New York: Institute for Pacific Relations; Leo Douw, Cen Huang, and Michael R. Godley, eds., 1999. *Qiaoxiang Ties: Interdisciplinary Approaches to “Cultural Capitalism” in South China*. London: Kegan Paul; Peterson, Glen.2012. *Overseas Chinese in the People's Republic of China*. Abingdon: Routledge; Candela, Ana Maria. 2013. “Qiaoxiang on the Silk Road.” *Critical Asian Studies* 45(3): 431–458; Yow, Cheun Hoe. 2013. *Guangdong and Chinese Diaspora: The Changing Landscape of Qiaoxiang*. London: Routledge。

20世纪70年代后，华侨华人研究在中国的兴起是影响该研究领域在全球范围内发生转变的因素之一。中国学者们将更多的注意力放在了对侨乡的研究上，更多地采取了“由下到上”而非“由上到下”的研究方法，主要从当地社团、宗族着手进行研究。这也是中国式历史地理学研究的遗产，即以群众为基础的、实地调查的传统研究方式。[1]中国学者与外国学者相比较而言，更容易接触到中国的地方性资料，在语言技能方面也更胜一筹。西方学者把中国移民群体作为研究对象，是从局外人的角度审视他们，而中国学者的研究则受“本族人类学”的影响，以主体为中心，对研究对象产生“共情”，以研究与本身有关联的、说同一种语言、有着共同兴趣的“本族”人群。这些因素综合起来，使他们第一次将研究目光聚集在移民族群的自身资料上，这些资料包括出版物、宗族记录，也包括海外族群与母国之间的书信交往联系。

20世纪80年代，新的研究态度和研究方法陆续涌现。学术研究不仅更加多元化，而且注重地方性研究，各个学科领域大一统式的研究方式逐渐衰落。这种地方性研究与中国经济发展中“地域性概念”的增强相互作用。侨乡经济的发展以及与海外华人之间政治联系的增强，为地方性研究提供了物质基础。在这一过程中，海外华人扮演了重要角色。这为国际移民问题研究的新思路作了铺垫，即超越阶级的观念，转而关注国际移民动机中的心理因素。这也有助于将关注移民的学者的注意力从民族国家和省份转移到其最深刻和最基本的层面，即村庄、宗族和家庭。[2]

这些新的研究思路与西方学界的族群和移民研究领域的新研究思路不谋而合。20世纪70年代，学者们否定了种族是一种映射文化传承的封闭的、静态的产物这一观念，而将其定义为时代背景和种族交流互动的结果。在这种交流互动中，移民和当地人在每天的跨文化（跨种族、跨

1 20世纪70年代以来，“社会史”在中国的兴起有时被描述为西方舶来品，包含从“精英史”到“大众史”的转变［Wang, Shuo. 2006. “The ‘New Social History’ in China: The Development of Women’s History.” *The History Teacher* 39(3): 315］，但“大众史”在中国的实践时间远比这个论点所设想的要长。

2 Williams, Michael. 2003. “In the Tang Mountains We Have a Big House.” *East Asian History* 25(6): 86.

民族）交流中越发意识到自身的族群身份。而族群身份不再被认为是静态的，而是动态的；族群之间的界限不再是既定的，而是构建而成的。所以探讨的焦点由文化转向身份，并引发了对在一定的语境和想象中构建出这一主体的媒介的兴趣。20世纪90年代，跨国主义研究萌芽，其注意力不再集中在孤立的移民群体，而是该群体与侨居地及母国之间的联系和互动。[1]这些新的研究趋势也被引入中国，这主要归功于"海归"和20世纪80、90年代以后越来越多来到中国的外国学者。当时，中国学术界在看待族群及海外华人时也有了新的视角，认为他们不再是静止的、客观无感情的研究对象，而是自己命运的创造者。上述两种现象与中国学术研究的转向是一致的。

中国研究的新趋势不仅使得以前未探索的问题成为焦点，而且将丰富自20世纪90年代以来在西方涌现的大量关于跨国华人移民的文献。这些文献大多缺乏国际性和比较性的视角，因为中国的这些研究大多是基于中国的档案。西方许多关于中国移民和海外定居群体（华侨华人）的研究则是基于官方的统计数据（主要是经济和人口统计数据），从外部的、上层的角度看待移民。中国研究的新方向是自下而上的"基层史学"，采用"历史缺失"的"草根"的局内人视角，同时它超越了传统的民族国家范式，关注跨国和内部网络，这也有助于推动在族群和移民研究中采用"中间性"这一新理念，即移民塑造身份认同和追寻生存方式的进程是多点运行的。侨批研究就是这种方法的典范。只有少数关于侨批的研究是用非中文进行的，这种研究在中国以外的地域鲜为人知，除

1 Portes, Alejandro, Luis E. Guarnizo, and Patricia Landolt. 1999. "The Study of Transnationalism: Pitfalls and Promise of an Emergent Research Field." *Ethnic and Racial Studies* 22: 217–237. 越来越多的关于跨国主义及对其批判性研究以及它与华人移民社群的关系的文献涌现，参见Vertovec, Steven. 2004. "Migrant Transnationalism and Modes of Transformation." *International Migration Review* 38: 970–1001； Ong, Aihwa and Donald Nonini, eds. 2003. *Ungrounded Empires: The Cultural Politics of Modern Chinese Transnationalism.* London: Routledge; Liu Hong, and Els van Dongen. 2013. "The Chinese Overseas." Oxford Bibliographies. DOI: 10.1093/OBO/9780199920082-0070.http://www.oxfordbibliographies.com/view/document/obo-9780199920082/obo-9780199920082-0070.xml?rskey=yaZ8EQ&result=1&q=Chinese+diaspora#firstMatch; Tan Chee Beng, ed. 2013. *Routledge Handbook of the Chinese Diaspora.* London: Routledge。

了东南亚的部分地区。[1]因此，本研究的一个目的是促使这一研究领域的非中国学者对于侨批档案的关注，以及（在对其研究进行批判性分析的同时）推介中国学界有关研究的新成果。

饶宗颐在推动侨批研究成为一个研究领域的过程中发挥了重要作用。[2]作为一名来自广东潮安的历史学家，他在2000年11月在潮汕历史文化研究中心的一次演讲中强调了侨批研究的重要性（潮汕是侨批贸易的主要地区，拥有迄今为止最大的侨批档案，[3]这批档案由来自官方和私人收藏者的大约20万封侨批以及大量相关资料组成。[4]）饶宗颐在演讲中解释了侨批作为历史文献的重要性，并指出它们作为官方文献的补充价值。饶宗颐还创立了潮学研究，其基地设立于由香港著名潮籍企业家李嘉诚资助创办的汕头大学。潮学研究成为近年来许多国际研讨会的主题。[5]这种联系说明了中国区域研究的兴起和摆脱单一阶级分析法之间的密切关联。像饶宗颐这样从区域角度研究中国的学者，还包括科大卫、萧凤霞，以及来自广州、香港和厦门的陈春声、刘志伟、程美宝、蔡志祥和郑振满。后者在华南研究方面开展合作，将广东和福建的跨学科探索与田野调查以及档案研究（包括侨批）相结合。

在19世纪中后期以前关于侨批贸易的文献非常少，在中国几乎没有。在很长一段时期内，移民被官方机构所忽视，没有被记录。在几百年里，对于官方机构而言，移民是一种犯罪，也是一种关乎边界重要性

1 例如，徐元音关于跨国华人移民的著作（Hsu, Madeline Y. 2000. *Dreaming of Gold, Dreaming of Home: Transnationalism and Migration between the United States and South China, 1882–1943*. Stanford, CA: Stanford University Press）部分关注了侨批及其用途。

2 饶宗颐（1917.8–2018.2），汉学家，曾在中国香港、印度、新加坡、美国和日本任教。1962年，获得有西方汉学诺贝尔奖之称的法兰西学院汉学儒莲奖。他的主要出版物和对汉学的贡献，收藏在香港大学饶宗颐学术馆 http://www.jaotipe.hku.hk/jaoti/ao_intro。有关饶宗颐对侨批研究的学术贡献，参见：刘进（2015）：《饶宗颐先生对弘扬侨批价值的贡献》，《八桂侨刊》第4期，第11–16页。

3 在两个主要地点设立。

4 王炜中（2007）：《潮汕侨批》，广州：广东人民出版社，第1页；金文坚（2016）：《让侨批资料在数字化世界实现真正的团聚——侨批全文数据库建设实践》，陈荆淮主编，中国历史文献研究会、潮汕历史文化研究中心编：《海邦剩馥——侨批档案研究》，广州：暨南大学出版社，第170–185页。

5 马楚坚（2010）：《文物与侨批文化学术研究之发展为"侨批学"议》，王炜中主编：《第三届侨批文化研讨会论文选》，香港：天马出版有限公司，第21、26页。

的外围因素。直到1860年，清廷才取消了对移民的限制，逐渐开始认识到保护海外华侨华人的必要性（虽然最初没有达到很大的效果），并开始正式记录海外贸易，包括汇款。[1]

对于侨汇的关注和调查，最早是由西方国家尤其是北美的政府机构、官员和学者所开始，当时移居海外的华侨汇款引发了他们的注意。有关侨汇的记录在19世纪末和20世纪初西方的国家报告、政治辩论、新闻报道和学术研究中占有重要地位。[2]在两次世界大战期间，日本调查人员收集了大量关于汇款的数据。[3]在中国，第一次公开关注这一现象的可能是谢雪影，他在1934年编著的《汕头指南》中描述了侨汇贸易。1937年，陈达的《南洋华侨与闽粤社会》中文版将汇款业的分布分为五种地域类型（福建、广东、潮汕、客家和海南）；[4]1940年，郑林宽出版了《福建华侨汇款》一书。1943年，姚曾荫出版了《广东侨汇研究》。1947年，饶宗颐编纂了开创性著作《潮州志》，在关于交通和海外贸易的论述中分析了侨批贸易。[5]

在中华人民共和国成立后的前30年里，侨批研究转入沉寂期。直到20世纪80年代末才开始重新兴起，当时汕头被宣布为经济特区，有关侨批的新成果开始出现。特别是到了20世纪90年代，其中有一些成果来自集邮爱好者。在邓小平改革开放政策的指引下，在饶宗颐学术热情和爱国主义思想的启发下，侨乡开始展开国内和海外华人侨批学者之间的相互交流，与此同时，系统性的侨批研究和专业的侨批机构开始建立。

1 袁丁、陈丽园、钟运荣（2014）:《民国政府对侨汇的管制》，广州：广东人民出版社，第2、22页。

2 Morse, H. B. 1904. An Inquiry into the Commercial Liabilities and Assets of China in International Trade. Shanghai: Chinese Maritime Customs; Albert C. Muhse.1916. "Trade Organization and Trade Control in China." *The American Economic Review* 6(2): 309–323.

3 Fukuda Shozo.1939. *Economic Significance of Chinese Immigrants and Their Descendents All Over the World*. Tokyo: Ganshodo Book Co; Hicks, George, ed. 1993. *Overseas Chinese Remittances from Southeast Asia, 1910–1940*. Singapore: Select Books.

4 英文版*Emigrant Communities in South China: A Study of Overseas Migration and its Influence on Standards of Living and Social Change* 于1940年出版。

5 有关早期中文研究成果，参见袁丁、陈丽园、钟运荣（2014）:《民国政府对侨汇的管制》，广州：广东人民出版社，第3–4页。

2003年，饶宗颐呼吁建立侨批博物馆，并于2004年成立。2010年汕头侨批文物馆正式挂牌成立，随后在广东的梅州和江门以及福建也相继建立了侨批博物馆。[1]

新中国最早的侨批研究产生于1965年。1965年（"文化大革命"前夕）至1990年是侨批研究的中断期，但自1990年以来，侨批研究重新发展，在学术和其他期刊上有超过100篇关于侨批的文章发表，其中2003年至2012年间共发表97篇。随着这一研究领域的成熟，越来越多的跨学科和多作者的合作成果应运而生，形成了一支核心的研究队伍。[2]中国的侨批研究学者在几次会议（国内外）上以及包括在专业期刊和论文集在内的大量出版物上详细讨论了这些材料的特点和潜在用途。历史学家称赞侨批是"当地社会的百科全书"，内容丰富多样。档案工作者出版了大量侨批摹本，并将信件数字化，建立博物馆，举办展览。[3]为了将侨批研究确立为一个特殊的研究分支，学者和地方名人将它们定义为众多学科和特殊领域的组成要素，包括移民研究、传播学、经济学、建筑学（由于这些建筑风格反映了汇款的侨胞、接受侨汇的侨眷、归侨以及投资者的喜好）、国际政治、电讯、银行和汇兑研究、现代文化研究和文化交流研究，并将它们与地方和区域研究相结合。[4]然而，到目前为止，大多数研究都集中在历史研究上；侨批在文化、习俗上的意义和侨批贸易的社

1 陈胜生（2016）:《潮汕侨批"申遗"始末》，陈荆淮主编，中国历史文献研究会、潮汕历史文化研究中心编:《海邦剩馥——侨批档案研究》，广州：暨南大学出版社，第226–234页。20世纪80年代，厦门大学的学者进行实地调查，收集了海外华人在福建和广东投资的数据。一些数据虽然不是直接相关，但也涉及侨批。参见林金枝（1983）:《近代华侨投资国内企业史研究》，福州：福建人民出版社；林金枝、庄为玑（1985）:《近代华侨投资国内企业史资料选辑——福建卷》，福州：福建人民出版社；林金枝、庄为玑（1989）:《近代华侨投资国内企业史资料选辑——广东卷》，福州：福建人民出版社。

2 陈胜生（2016）:《潮汕侨批"申遗"始末》，陈荆淮主编，中国历史文献研究会、潮汕历史文化研究中心编:《海邦剩馥——侨批档案研究》，广州：暨南大学出版社，第226–234页。

3 王炜中（2010）:《侨批文献的征集与整理》，王炜中主编:《第三届侨批文化研讨会论文选》，香港：天马出版有限公司，第43–53页。王炜中（2010）:《为提高侨批文化研究水平而不懈努力（代序）》，《第三届侨批文化研讨会论文选》，香港：天马出版有限公司，第1–2页。

4 马楚坚（2010）:《文物与侨批文化学术研究之发展为"侨批学"·议》，王炜中主编:《第三届侨批文化研讨会论文选》，香港：天马出版有限公司，第21–26页。

会影响被相对忽视。[1]

2013年以来中国和全球的侨批学术研究

自2013年侨批进入联合国教科文组织《世界记忆名录》以来，人们对侨批的兴趣大幅增加，无论是将它们作为收藏对象还是研究对象。这反映在越来越多的关于侨批的出版物的出现（包括书信集、专著和会议论文集）以及致力于收集和研究侨批的机构和项目的持续发展中。

在过去的几年里，致力于侨批研究的新出版物如雨后春笋般涌现。知网数据库（CNKI）的关键词搜索显示，在225篇关于侨批的文章中，有103篇（约46%）是在2013年至2016年间发表的（其余的是在1965年至2012年间发表的）。新近的两项研究值得特别关注。袁丁、陈丽园、钟运荣将侨汇置于国家与社会关系的大背景下，着重论述了民国政府在1929年至1949年间对侨汇政策的转变。[2]黄清海以中国的国际移民和金融网络为背景，对侨汇贸易进行了有益的概述。[3]

始于2000年的"侨批档案汇编"自2013年以来已出版了多卷本。例如，2015年出版了《潮汕侨批集成》(第3辑)，[4]与之前出版的二辑一样，这一辑共36卷，涵盖了20世纪30年代至80年代潮汕地区约2万件侨批。《闽南侨批大全》共15卷，[5]包括了1884年至1992年间闽南地区所收集到的6 000多张侨批、回批、汇票和汇款收据。另外一些专门针对不同的历史时期（如晚清和抗日战争）以及个别家庭的侨批藏品，展示了

1 陈水生（2014）:《侨批（银信）研究文献计量分析》,《五邑大学学报》第16卷第2期，第9页。

2 袁丁、陈丽园、钟运荣（2014）:《民国政府对侨汇的管制》，广州：广东人民出版社。

3 黄清海（2016）:《海洋移民、贸易与金融网络——以侨批业为中心》，北京：社会科学文献出版社。

4 第一卷于2007年出版，第二卷于2011年出版，由广西师范大学出版社出版。

5 黄清海、苏通海、林南中主编（2016）:《闽南侨批大全》，福州：福建人民出版社。

侨批在不同时间和空间的丰富性和多样性。[1]

加入世界教科文组织的《世界记忆名录》，促进了对侨批收藏和研究机构的组织性支持和资助。五邑大学"广东侨乡文化研究中心"在这一发展中发挥了关键作用。在申遗过程中所提交的16万份侨批中有5万份来自五邑大学所在的江门。同时，五邑大学也在侨批领域开展了许多雄心勃勃的项目，其中包括编纂70卷来自江门和五邑地区的侨批档案，并组织了一系列侨批国际会议，出版了一系列双语的会议论文集。[2]在五邑大学副校长张国雄的领导下，该中心于2014年出版了《中国侨乡研究》创刊号。[3]在前言中，张国雄敦促"将侨乡转变为一个新的研究领域"，并将侨批研究从地方层面提升到国家和国际层面。[4]

侨批研究机构的发展得到了地方政府的慷慨资助。2013年，广东省政府资助5 000万元人民币，成立以时任广东省省长朱小丹为主席的编委会，编写一系列关于广东华侨历史的多卷本研究报告，其中包括一些关于侨批的报告。

中国境外的侨批研究成就在范围和数量上比较有限。在为数不多的关于侨批的英文学术文章中，有一篇着眼于侨批贸易背后的文化信仰，另一篇则着眼于国家和现代邮政服务在侨批贸易体系中所扮演的

1 潮汕历史文化研究中心、侨批档案馆编著（2017）:《馆藏晚清侨批选读》，广州：暨南大学出版社；罗达全、张秀明、刘进（2016）:《华侨书信抗战史料选编（五邑侨乡卷）》（上下卷），广州：广东人民出版社；黄清海、沈建华（2015）:《抗战家书》，福州：福建人民出版社；黄清海（2016）:《海洋移民、贸易与金融网络——以侨批业为中心》，北京：社会科学文献出版社。

2 2013年12月，由五邑大学广东侨乡文化研究中心、《广东华侨史》编纂委员会、中国华侨华人历史研究所和美国明尼苏达大学移民史研究中心联合主办的"比较、借鉴与前瞻：国际移民书信研究"国际学术会议在五邑大学召开。会后，由刘进主编的《比较、借鉴与前瞻：国际移民书信研究》一书，于2014年由广东人民出版社出版。第二次"国际移民书信研究"国际学术会议于2016年6月举行，会议论文集在2018年时尚未出版。

3《中国侨乡研究》由广东侨乡文化研究中心主编，并由中国华侨出版社出版。有关近期广东关于侨乡（包括侨批）的研究回顾，请参阅黎志刚、袁子贤（2013）:《地方文献与华侨史研究——从地方史料看五邑地区的"侨乡文化"》,《南方华裔研究杂志》第6卷，第155-164页。

4 张国雄（2014）:《侨乡文化研究之路》,《中国侨乡研究》（第一辑），北京：中国华侨出版社，第1-12页。

角色。[1]

上文提到，日本帝国组织（特别是南满铁路公司）收集了大量关于东南亚的侨汇数据，主要目的是切断中国移民与中国之间的联系。[2]最近，日本学者开始从跨国网络和亚洲现代化变革的角度来考察现代中国。例如，山岸猛考察了中国改革开放、汇款对于侨乡经济尤其是福建侨乡的作用。[3]自20世纪80年代以来，滨下武志一直处于这一研究取向的前沿。他认为，中国汇款网络构成了现代亚洲贸易网络的一个组成部分。他对这一网络的探索，以及对过去两个世纪里占主导地位的区域秩序（朝贡贸易、帝国与殖民地的关系、民族国家和国际关系、冷战期间的国际关系以及全球化）的变动性互动关系的深入考察，有助于我们深入理解侨批以及侨批贸易在现代中国和东亚形成过程中所起的作用。[4]

我们必须在中国经济崛起的大背景下去理解过去20年来学术界关于侨批研究的演变。就研究人员、出版物和机构设置而言，侨批研究已经越来越全球化，而侨批申遗成功无疑加速了这一进程。因此，侨批研究不仅仅是有关侨批历史的研究，也是更广泛的文化和政治研究的一部分。

1 Hu, S. and S. Chen. 2013. "The Co-evolution between Remittance Business for Overseas Chinese and Institutions: The Case of Chaoshan Region during 1860–1949." *Frontiers of Business Research in China* 7(1): 138–164; Hu, Shao-Dong, and Si-Yan Chen. 2015. "Cultural Beliefs, Agency Relationship, and Network Governance: Study on the Teochew Remittance Network." *Chinese Management Studies* 9(2): 176–196.; Harris, Lane Jeremy. 2015. "Overseas Chinese Remittance Firms: The Limits of State Sovereignty, and Transnational Capitalism in East and Southeast Asia, 1850s–1930s." *Journal of Asian Studies* 74(1): 129–151. 该书的第三章详细介绍了Harris与侨批相关的研究并与之展开学术对话。

2 Young, John. 1966. *The Research Activities of the South Manchurian Railway Company, 1907–1945: A History and Bibliography.* New York: Columbia University Press; Hamashita, Takeshi. 2013. *Kakyokajin to choukamou: yimin-koueki-soukin nettwoaku no kouzou to tenka* (*Huaqiao, Ethnic Chinese, and Chinese Networks: Migration, Trade, and the Structure and Development of the Remittance Network*). Tokyo: Iwanami Shoten.[译者注：该书中文版为：滨下武志（2021）:《资本的旅行——华侨、侨汇与中华网》，北京：社会科学文献出版社。]

3〔日〕山岸猛著，刘晓民译（2013）:《侨汇——现代中国经济分析》，厦门：厦门大学出版社。

4 Hamashita, Takeshi. 2013. *Kakyokajin to choukamou: yimin-koueki-soukin nettwoaku no kouzou to tenka (Huaqiao, Ethnic Chinese, and Chinese Networks: Migration, Trade, and the Structure and Development of the Remittance Network)*. Tokyo: Iwanami Shoten; Hamashita, Takeshi. 2008. *China, East Asia and the Global Economy: Regional and Historical Perspectives*. London: Routledge.

解读侨批：方法论的考量

侨批研究领域的学者呼吁对新的理念持开放态度，并建议在编目、整理、保存和数字化方面采取科学的途径和系统的方法，并借鉴一些成熟领域如文献研究方面的经验。一些需要被关注的事项开始引起人们的重视，其中最重要的是确定批信的日期。同时必须指导侨批的收藏者保留封面和内容，包括任何内件（例如回批）。为了避免错误，也必须咨询知识渊博的当地人、民族学家、历史学家和文献学家，并且须对批局和银行或邮局在信封上所加盖的戳印进行认真考证。鉴于重要批局发行的批封所具备的高额市场价值，伪造日期和戳印并不少见；在可能的情况下，也必须对这些资料进行鉴别。

集邮在中国的兴起对侨批学者来说是喜忧参半。尽管他们感谢集邮者在许多情况下将侨批保存完好并将其公之于众，但集邮热已导致许多家庭只关注邮票的可销售性，而忽略了其中的信件。因此，这些信件不仅脱离了信封也失去了上下文背景，甚至是被永久撕毁或丢失。集邮者中的侨批收藏者已经被动员起来，为他们的收藏品拍摄数码照片，并把这些照片提供给侨批档案工作者和学者。

侨批档案馆的策展人和研究人员面临的一个大问题是如何准确地确定侨批的日期。考虑到侨批中采用三种不同的历法：阳历、阴历和佛历，这比乍看起来要困难得多。[1]当信件和信封缺少日期时（这种情况经常发生），有时可以通过核对汇款所使用的《千字文》中的汉字来确定日期。批局使用《千字文》为连续的信件批次进行编码。假设平均每周有一批，它所包含的1 000个字符就需要用19年多的时间才能用完，这样每个字符所代表的日期就可以从该批局开始营业的那一年大致计算出来。[2]

不同的地区，以及在区域内不同的侨批经营者（水客）或侨批组织

1 王炜中主编（2010）:《第三届侨批文化研讨会论文选》，香港：天马出版有限公司，第47页。

2 杨群熙主编（2004）:《潮汕地区侨批业资料》，汕头：潮汕历史文化研究中心、汕头市文化局、汕头市图书馆，第206页。

（批局）会在批封上使用不同的日期系统，这在某种程度上反映了区域文化的差异性。例如，早期的潮汕侨批经营者倾向于使用基于10天干和12地支的旧的干支纪年法。干支顺序相配，正好60年为固定周期，周而复始，循环记录。在少数情况下，使用干支纪年法所显示的日期可能不清楚，因为周期重复，没有额外的资料就不能指定确切的年份，有时必须进行猜测。然而，在这种情况下，通常会有额外的信息，特别是在记录了汇款货币名称的情况下（货币随着时间的推移而频繁变化）。另外，还可以在附信的内容中找到线索。更令人困惑的是，一些侨批记录了天干而没有地支。部分地区的侨批，同样是受文化的影响，或者使用年号纪年法，这种由统治名称指定的年份与公历中的对应年份是明确无误的，或者采用两种混合的纪年方式，或者使用西方的公元纪年法。然而，许多人只记录了日期和月份，而没有记录年份，在可能的情况下，年份必须从侨批的内容或其他现有信息中猜测或重建。[1]

另一个主要困难是，由于收信人或者信件拥有者在存放信件时的疏忽，有些信封与书信内容无法匹配；另一种是没有信封的信件和没有信件的信封。在一些情况下（可能不是很多），侨批里的批信从一开始就并不存在，一些学者似乎忽略了这种可能性。[2]

还有一种可能性是，收件人在银行或商店兑现“侨批”之前，会移除或销毁信件，以防止包括地址在内的私人信息泄露给第三方。在20世纪后期，当人们意识到侨批的市场价值时，一些人故意把批封和批信分开，以分别出售，获得双倍的利润。明智的是，档案管理员通常的做法是将有疑问的侨批留待以后处理。当侨批档案数字化后，侨批材料的匹配就更加容易。

1 关于侨批断代的问题，参见杨剑（2014）：《试析潮汕侨批断代的意义及方法》，中国历史文献研究会、汕头市潮汕历史文化研究中心编：《世界记忆遗产——侨批档案研讨会论文集》，汕头，第253–260页；康业丰（2014）：《应跨地区跨国度研究侨批文化》，中国历史文献研究会、汕头市潮汕历史文化研究中心编：《世界记忆遗产——侨批档案研讨会论文集》，汕头，第264页。

2 有关该理论，参见曾旭波（2014）：《试论侨批定义的界定》，中国历史文献研究会、汕头市潮汕历史文化研究中心编：《世界记忆遗产——侨批档案研讨会论文集》，汕头，第168–175页。

数字化对于侨批和回批的保存来说尤其紧迫，它们大多使用20世纪由机器生产的纸张书写。与过去用于官方文件的高质量宣纸不同，这些纸张容易变质。几十年来，它们一直被放在抽屉或盒子里，很可能已经发霉（尤其是在一些海洋气候的侨乡中）或者成为食纸昆虫的食物。结果，许多侨批和回批破碎或腐烂，它们包含的信息也已丢失。

数字化将解决侨批研究中存在的许多问题，并为它的新发展创造机会。未数字化的文件只能通过物理方式查阅，增加了它们的损耗。数字化不仅可以保护侨批不被过度处理，还可以根据发送者、接收者、发送地点、接收地点、日期和汇款金额方便地存储，快速准确地传输、复制和搜索。这种数字分析为将这些资料按家庭分类铺平了道路，这反过来也使研究人员能够检查和确认模糊晦涩的段落和细节。

因此，很多人都在思考如何最好地将侨批数字化，并克服这项工作带来的许多可预见和不可预见的问题。很多考量都与数字化的标准有关——需要确保不同的档案采用统一的编目和保存方法。中国缺乏关于个人通信隐私权的明确立法，其中包括通讯隐私权何时到期的法律，隐私和保密问题在过去一直都不被重视。因此，对于计划将家庭私人信件放到网上的档案工作者来说，这也是一个潜在的问题。[1]

一些侨批学者的观点是，收集侨批应该被视为一种技艺，像“收集稀有的散落的古典著作”一样受到尊重：它们是珍贵的文物，必须作为一种乡贤历史文献档案加以珍惜。[2]据此观点，同样的准则也适用于收集与批局相关的物品，包括用来吸引顾客注意的店铺招牌、侨批工具（印章、邮票、账本）、信差袋、批篮、长柄雨伞和秤（用于在标准化前称量黄金和硬币）、批局和批局员工的照片、汇款服务的广告和公告、公司股票和合同。在可能的情况下，对批局仍然健在的雇员和幸存的批局店铺

1 金文坚（2016）：《让侨批资料在数字化世界实现真正的团聚——侨批全文数据库建设实践》，陈荆淮主编，中国历史文献研究会、潮汕历史文化研究中心编：《海邦剩馥——侨批档案研究》，广州：暨南大学出版社，第170–185页。

2 同上。

进行录音、录像。[1]

对侨批研究的新关注，与中国学术界对口述历史学术兴趣的不断加深相吻合。口述历史一直是中国共产党史学的特色，但它主要是用来阐释或证明一般的马克思主义理论，与西方的口述史有很大的差异。然而，近几十年来，有关中国境外华人社区的原始资料都是用口述历史的方法编纂的，这种方法在中国越来越流行。[2]这种方法与侨批研究的密切关系显而易见，因为这两个领域都关注普通人的生活。口述史弥补了侨批研究的空白和不足。与主流历史学家用作证据的"高质量书信体"相对丰富、充实、透明和可对话不同，大多数侨批书信缺乏相关细节。侨批的序列通常是不完整的，批信内容与文学作品相比大概率是晦涩难懂的。口述历史学家可以通过咨询书信的书写者、收信者、他们的后代和当地的专家来帮助恢复完整的记录。[3]

学者们把侨批档案比作敦煌文书[4]和徽州文书[5]。两者和侨批一样都是民间有关普通大众的区域性文字，也是自然产生和发展的。因此，在许多方面，它们与中国其他闻名的、官方性质的档案有着根本的不同。徽州文书来源于私人家庭档案，大约有两万份文件，跨越7个世纪（但主要是在明清时期）且代代相传，涉及的不是官员的事务，而是普通人及其生活和组织。敦煌文献（有几个）是世界上最大的早期档案，包括数万份手稿、印刷文本和艺术品，展示了宗教主题以及日常生活、经济和

1 许建平（2010）:《应以历史文献学来加强侨批的收集与研究》，王炜中主编:《第三届侨批文化研讨会论文选》，香港：天马出版有限公司，第64页；黄少雄（2004）:《潮籍侨批历史探源》，王炜中主编:《首届侨批文化研讨会论文集》，汕头：潮汕历史文化研究中心，第108页。在2013年，有关侨批局的工人和经营者的采访录制或者记录只有数小时。[叶芳蓉，杨惠嫦（2013）:《收藏界的新贵——侨批》,《源》第2期，第8页。]

2 Zheng, Songhui. 2008. "Developing Oral History in Chinese Libraries." *Journal of Academic Librarianship* 34(1): 74–78.

3 吴榕青、李利鹏、王丽莎（2014）:《潮安东凤张捷谦家族的侨批与口述史研究（1906–1986年）》，中国历史文献研究会、汕头市潮汕历史文化研究中心编:《世界记忆遗产——侨批档案研讨会论文集》，汕头，第338–352页，他们的研究是用口述历史访谈来补充侨批研究的一种尝试和呼吁。

4 有关敦煌文书的研究，参见Rong, Xinjiang. 2013. *Eighteen Lectures on Dunhuang.* Leiden: Brill。

5 有关徽州文书的研究，参见McDermott, Joseph P. 2013. *The Making of a New Rural Order in South China. Vol. 1 of Village, Land, and Lineage in Huizhou, 900–1600.* Cambridge: Cambridge University Press。

制度的方方面面。

学者们指出，侨批也涵盖了相对较长的一段时间（虽然比敦煌文书和徽州文书所涵盖的时间要短得多），是相对完整和系统的，数量甚至更多，而且涉及的主题也同样广泛，从家族到国家，涉及经济、政治和文化问题，以及个人隐私问题和家庭内部事务。侨批与更广泛、抽象的官方文件不同，更为详细而具体。侨批的特点是丰富的主题和多样的人际关系。同时，侨批还有一个额外的维度：它们自身的海外关系和跨国联系。它们不仅在时间上是完整的（可能记录了几十年甚至几代人的家庭关系），而且比其他两个收藏有更大的空间宽度。[1]换句话说，它们是“百科全书式的”。[2]

作为一种历史资源，侨批还被用来与另外两种资料——地方志和文史资料进行比较。这两种资料经常被中国的经济、社会和政治历史学家引用。过去，地方志提供有关当地历史、地理、社会和经济的信息，旨在帮助地方政府管理和促进地方认同。与金融机构、货币流通和政府金融管理相比，它们对当地市场、金融和企业活动的发言权更少，所包含的信息往往是粗略的或概括性的；在民国时期之前，许多地方没有财务报告。[3]自1950年代末以来，省、市、县各级党组织出版的“文史资料”系列（最初是为了国内发行，而不是国际发行），在很大程度上基于口述历史和1949年以来收集的第一手资料，是关于当地社会和经济的详细信息的有用来源。出于政治原因，它们有时过于保守或扭曲，但仍然能从另一个角度说明其他资料所遗漏的问题。至于官方高层机构的统计报告，虽然是分析中国金融和经济的一个重要来源，但因为现代统计机构直到20世纪20年代和30年代才在地方一级形成，并在20世纪30年代末和40

1 黄清海（2009）:《从闽南侨批看侨乡经济与侨缘关系》，陈小钢主编:《回望闽南侨批——首届闽南侨批研讨会论文集》，北京：华艺出版社，第64页；王炜中主编（2008）:《第二届侨批文化研讨会论文选》，香港：公元出版有限公司，第198-201页；张国雄（2010）:《广东侨批的遗产价值》，王炜中主编:《第三届侨批文化研讨会论文选》，香港：天马出版有限公司，第75-79页。

2 王炜中主编（2010）:《第三届侨批文化研讨会论文选》，香港：天马出版有限公司，第45页。

3 有关地名索引，参见Zurndorfer, Harriet Thelma. 1995. *Chinese Bibliography: A Research Guide to Reference Works about China Past and Present.* Amsterdam: Brill, pp.187-195。

年代的战争和危机中被削弱，因此在侨批贸易时期，区域和地方一级的报告普遍不足。

与这些资料来源相比，侨批对于中国金融史研究有广泛的使用价值。不像典型的移民或其他的通信，侨批本质上是金融性质的，它们数量庞大，涵盖了一个多世纪的时间。它们比其他来源更可靠，因为在侨批中通常没有什么隐瞒的信息（除了在战争和危机期间），也没有什么需要夸大其词。侨批非常具体，提供未经编辑的、基本上不存在虚假和欺骗的第一手资料。侨批包含有关家庭金融以及县以下金融市场和机构的信息，这些信息是其他来源无法提供的。同时，侨批也传达了有关区域间、国际和跨国金融交易、网络、货币和汇率的信息。因此，在许多方面，侨批是一个独特的资料来源，它集中反映了中国东南沿海地区在微观和国际两个层面上的金融和经济的共时和历时情况。[1]

侨批研究在海外移民最多的广东省和福建省最为活跃，虽然它们也出现在其他移民较少的地方，特别是海南（在侨批贸易时是广东的一部分）和容县（广西）。[2]大陆的集中性可以解释为什么在中国有大量可供研究的侨批藏品，而海外的回批则更为分散且易于丢失。在海外，侨批研究促进了东南亚华人的寻根活动，并使得人们收集侨批和相关物品的兴趣高涨。[3]在中国境外，迄今为止大多数研究都是在泰国进行的，这可以从历史上和现在泰国华人人口的规模更大以及记录更丰富来解释，还

1 张林友（2014）:《侨批档案与闽粤近代金融史研究——基于史料比较的分析框架》，中国历史文献研究会、汕头市潮汕历史文化研究中心编：《世界记忆遗产——侨批档案研讨会论文集》，汕头，第223–224页。

2 有关海南部分，参见张朔人（2013）:《民国时期侨汇与海南地方经济》，海南文化研究中心编：《海南移民论文集》，新加坡海南文化中心；杨群熙主编（2004）:《潮汕地区侨批业资料》，汕头：潮汕历史文化研究中心、汕头市文化局、汕头市图书馆，第490页；林家劲等著（1999）:《近代广东侨汇研究》，广州：中山大学出版社，第17页；李文海编（2009）:《民国时期社会调查丛编（二编）·华侨卷》，福州：福建教育出版社，第855页。有关天门部分，参见天门人旅居海外史编纂委员会编（2001）:《天门人旅居海外史》，湖北省新华印务有限公司。年容县部分，参见郑一省（2013）:《广西容县侨汇庄的经营模式及网络初探》，《华侨华人历史研究》第1期，第31–39页。

3 常增书（2010）:《侨批是国家级史料》，王炜中主编：《第三届侨批文化研讨会论文选》，香港：天马出版有限公司，第67页。

有部分原因是泰国政府的限制和监视。[1]无须赘言，如果中国的研究人员在海外发掘出大量的回批，将加深我们对华人群体对祖籍地所产生的影响以及离散网络的本质的理解。[2]

侨批在性质上具有强烈的地方特色，它们分散在广东、福建和海南的不同地方的档案中，这使得项目协调难以实现。然而，侨批学者认识到有必要对研究领域采取全面和比较的方法，并指出侨批入选《世界记忆名录》证实了其潜在的价值。[3]数字化将部分解决这一问题，使得这三个省的所有材料都能得到普遍使用。

这一章回顾了过去八十年左右的侨批研究的脉络，以及其所处的不断变化的社会政治背景。自21世纪初以来，我们注意到中国学界对侨批研究的兴趣越来越大，这反映在大量有关侨批的中文出版物上——与此形成鲜明对比的是，除了少数的几个，几乎没有关于侨批的英文学术研究成果。这表明中国的侨批学者通过英文媒介与从事华人移民和离散群体研究的同行展开建设性对话是非常有必要的。

现有的中文研究主要集中探讨了汇款在中国经济和更广泛的侨乡发展中的作用。本书在从经济、金融和物质的角度审视侨批的同时，也认为侨批是整合和巩固家庭、宗族和当地社区的情感和精神纽带的一种手段。从这个意义上说，本书希望能为正在兴起的关于侨批的全球学术研究贡献新的视角。

结合对中国、东南亚和北美所收藏的侨批信件的广泛研究和对中国学界已有的研究成果的批判性分析，本研究认为侨批不仅是维持中国与世界联系的关键要素，同时也构筑了一个包括资本、贸易、人力、思想和社会文化习俗的跨国流动网络。因此，它有助于我们从全球的角度来理解当代中国及其跨国联系的历史，这是一个在过去20年中日益突出的

1 黎道纲（2006）:《泰国侨批研究的若干问题》，洪林、黎道纲编 :《泰国侨批文化》，曼谷 : 泰中学会，第58–59页。Santasombat, Yos, ed. 2015. *Impact of China's Rise on the Mekong Region*. New York: Palgrave Macmillan.

2 刘进（2013）:《家族书信与华南侨乡的国际移民》，中国侨批世界记忆工程国际研讨会组委会编 :《中国侨批世界记忆工程国际研讨会论文集》，北京，第150页。

3 陈水生（2014）:《侨批（银信）研究文献计量分析》，《五邑大学学报》第16卷第2期，第9页。

主题。[1]

不同于以往关于这一主题的大多数研究，本研究从比较的角度来考察侨批现象。移民汇款和书信是世界各地移民和离散群体形成的重要组成部分。我们将中国在这方面的移民经验与欧洲移民群体的经验进行了比较，以进一步阐明在移民过程中，侨批对于发送地或接收地的发展所扮演的角色。

1 Iriye, A., and Saunier, P, eds. 2009. *The Palgrave Dictionary of Transnational History: From the Mid-19th Century to The Present Day*. UK: Palgrave Macmillan; Lake, Marilyn, and Ann Curthoys. 2013. *Connected Worlds: History in Transnational Perspective.* Canbera: ANU Press.

第二章 侨批贸易组织与跨国网络

2

侨批贸易经历了几个阶段的发展，然而不同阶段之间的变化不一定是线性或单向的。侨批贸易最初始于18、19世纪的水客，西方入侵后，通商口岸（根据1842年和1860年的不平等条约对外国人开放的港口城市）在中国的开放，以及蒸汽航运的发展，批局（汇款商店）随之兴起，标志着第二阶段的开始。最后一个阶段始于19世纪晚期中国开始建立的电报和现代邮政机构以及现代银行系统，并在20世纪上半叶达到顶峰。本章从水客现象开始，以批局组织演进及功能变化的角度，分析批局的产生及其与水客持续不断的关系。

水客与早期的侨批贸易

在移民的早期阶段，在专业机构出现以适应新的全球化时代之前，汇款方式是相当随机的，或多或少是随着机会的出现而发展。信使是主要的方法。几乎从一开始，它就采取了从临时到专业的多种形式。如果有人要回家，他可能会代亲戚带回钱和消息。[1]这种机会主义的信使服务

1 邹金盛（2010）:《澄海人开设的侨批局》，王炜中主编 :《第三届侨批文化研讨会论文选》，香港 ：天马出版有限公司，第403页。

甚至在后来的贸易专业化之后仍在继续。[1]在一些地方和特定时期，许多中国人进行临时季节性移民，以配合东南亚的收割季节期，这些人回到中国后，可能会为在海外长期工作的其他人带回信息和金钱。华商加强在东南亚的贸易后，为了方便自己和雇员，每年数次雇用信使将资金运送到中国。另外的一些水客最初是从事中外小型跨国贸易，经营两地的土特产或当船工，并逐渐从以侨批为副业转向以此为主要职业。[2]

水客几乎都是第一代移民，他们与家乡仍然保持密切联系，与汇款人有亲属关系或地缘关系，或者认识有这种关系并能为他们担保的人。[3]就信任而言，这种关系至关重要：至少在最初，很少有水客敢于行为不端或违约从而危及自己或家族的声誉。[4]他们的业务完全是用方言进行的。在所有这些方面，水客都与另一群早期的国内信使或信客十分相似。这些民间信使在中国境内相对邻近的地方之间传递书面或口头信息，通常收取少量的年费，这种民信服务在20世纪初邮政文化诞生后被政府明令禁止。[5]

起初，水客以各种形式存在于几乎所有主要的移民目的地——东南亚、美洲和大洋洲开展业务。[6]根据1847年的一份报告，信件和金钱要么委托给一位来自中国同一地区，已经获取一定财力从而可以重回故土的同伴；或者交付给汇款人可能认识的旅客；最后托付给那些专门从事汇款业务的人，这些人几乎可以在所有的船只中都能找到。[7]在快递业成为

1 李志贤（2014）:《19-20世纪期间新加坡各帮民信局的营运与同业组织》，中国历史文献研究会、汕头市潮汕历史文化研究中心编：《世界记忆遗产——侨批档案研讨会论文集》，汕头，第6页。

2 马明达、黄泽纯（2004）:《潮汕侨批局的经营网络》,《暨南大学学报》第1期，第124页。

3 黄子坚（2013）:《马来西亚侨批——社会史及侨汇史史料》，中国侨批世界记忆工程国际研讨会组委会编：《中国侨批世界记忆工程国际研讨会论文集》，北京，第134页。

4 廖耘、吴二持（2010）:《侨批与中国传统的道德观念》，王炜中主编：《第三届侨批文化研讨会论文选》，香港：天马出版有限公司，第266页。

5 Harris, Lane Jeremy. 2012. "The Post Office and State Formation in Modern China, 1896–1949." PhD dissertation, University of Illinois at Urbana-Champaign, pp.148–153.

6 张国雄（2010）:《广东侨批的遗产价值》，王炜中主编：《第三届侨批文化研讨会论文选》，香港：天马出版有限公司，第72页。

7 "The Earliest Remittance Centres: Letters with Money." Bukit Brown Cemetery blog, 2013.

一种职业之前，船长是最受欢迎的。因为他们通常有经济保障，一旦出现问题，可以追回汇款。船员也被用作信使，这种方法一直延续到20世纪。例如，在英国，长期驻扎在利物浦的一小群海员让航行于中国航线的船员拿回汇款，同时在他们的口袋里塞满附带的信息。[1]信使的性质具有强烈的“封建性”：路线、客户和关系都是家族世代相传的，由父亲传给儿子、兄长传给弟弟。[2]

水客的吸引力在于他与汇款人之间密切又多重的家庭、宗族、友谊和地域联系。有些水客签发收据，邮寄回给汇款人，有些甚至指定了担保人。然而，水客的业务通常是基于信任，交易大多记录在分类账本中。水客不仅仅是信件和汇款的信使，也是带回新闻和流言的中间人。基于对信任的需求，大多数水客被认为是正直、诚实和有信誉的人，他们信守诺言，没有明显的恶习。同时他们也受到了更好的教育，更有教养和见识，更为自信；而且水客在很多方面比其他移民更有能力，因为他们必须能识字，会算数，巧言善辩，有企业家精神，同时擅长学习语言。他们还需要可靠的人际网络，并善于建立信任、友谊纽带以及个人和团体关系。如果他们有清白的名声和令人信服的人品，他们甚至可能赢得本族群以外的顾客。[3]

在距离遥远、缺乏足够的潜在信使或通过亲友汇款变得困难的情况

1 王炜中主编（2008）:《第二届侨批文化研讨会论文选》，香港：公元出版有限公司，第210页；刘伯孳（2010）:《二十世纪上半叶菲律宾华侨与侨批业的发展》，王炜中主编：《第三届侨批文化研讨会论文选》，香港：天马出版有限公司，第282页；Benton, Gregor, and E. T. Gomez. 2008. *Chinese in Britain, 1800–2000: Economy, Transnationalism, Identity*. Basingstoke: Palgrave, p.208. 有些在航运公司的帮助下汇出，移民付钱给其他归国移民，让他们从国外把东西带回中国，这种做法在全世界都存在。在西班牙，如果移民的行李中有可用空间，他们会在华人电子商务网站上做广告，甚至在马德里机场提供接送服务。（Masdeu Torruella, Irene. 2014. “Mobilities and Embodied Transnational Practices: An Ethnography of Return(s) and Other Intersections Between China and Spain.” PhD dissertation, Universitat Autònoma de Barcelona, p.123.）

2 杨群熙主编（2004）:《潮汕地区侨批业资料》，汕头：潮汕历史文化研究中心、汕头市文化局、汕头市图书馆，第58页。

3 张朔人（2013）:《民国时期侨汇与海南地方经济》，海南文化研究中心编：《海南移民论文集》，新加坡海南文化中心，第205页；肖文评（2004）:《粤东客家山村的水客、侨批与侨乡社会——以民国时期大埔县百侯村为个案》，王炜中主编：《首届侨批文化研讨会论文集》，汕头：潮汕历史文化研究中心，第255页；杨群熙主编（2004）:《潮汕地区侨批业资料》，汕头：潮汕历史文化研究中心、汕头市文化局、汕头市图书馆，第57–59页；吴鸿丽（2008）:《初析闽南侨批文化》，王炜中主编：《第二届侨批文化研讨会论文选》，香港：公元出版有限公司，第362、366页。

下，其他一些可信的渠道也会被使用。在新西兰，当地中国人认识并信任的一名白人传教士充当了他们的信使。[1]在英国，在到访的中国船只数下降后，受雇于“蓝烟囱轮船公司”（Alfred Holt & Co.）的上海人中有三分之一的人对于公司将他们的汇款汇回家表示欢迎，并与公司建立了基于信任的集体关系。[2]

水客贸易被认为始于17世纪的东南亚，一直持续到18世纪，并在清朝光绪年间（1875—1908）达到顶峰，当时在厦门有1 200多名水客和客头，在汕头有800名。[3]然而，一些学者认为，暹罗的水客贸易早在明朝之前就存在，同时也有数百名早期的水客往返于福州和西贡之间。在明朝以前，菲律宾的汇款就进入中国。[4]现代意义上的水客最早被提及是在1786年巴达维亚（现在的雅加达）华人公馆的记录中。[5]在北美，由于美国与中国的距离和现代银行业的兴起，这种贸易在19世纪就消失了。但是在其他地方，尽管存在竞争，这种贸易仍然蓬勃发展。[6]新加坡是近代早期贸易的主要中心，早在19世纪30年代就有稳定的汇款流。[7]在1849年，仅新加坡就有大约200名水客，到19世纪中叶，闽南活跃的水客就有1 000多名，19世纪后期汕头有800名水客，香港有200名（一些

1 Chan, H. D. 2007. “Qiaoxiang and the Diversity of Chinese Settlements in Australia and New Zealand.” In Tan Chee Beng, ed., *Routledge Handbook of the Chinese Diaspora.* London: Routledge, p.158, 163.

2 Benton, Gregor, and E. T. Gomez. 2008. *Chinese in Britain, 1800–2000: Economy, Transnationalism, Identity*. Basingstoke: Palgrave, p.208.

3 黄清海（2009）:《从闽南侨批看侨乡经济与侨缘关系》，陈小钢主编 :《回望闽南侨批——首届闽南侨批研讨会论文集》，北京：华艺出版社，第60页；戴一峰（2003）:《网络化企业与嵌入性——近代侨批局的制度建构（1850s–1940s）》，《中国社会经济史研究》第1期，第71页。

4 洪林（2004）:《试论和平后（1945–1955）侨批史演变》，王炜中主编 :《首届侨批文化研讨会论文集》，汕头：潮汕历史文化研究中心，第22页；王朱唇（2004）:《划代侨批的研究方法》，王炜中主编 :《首届侨批文化研讨会论文集》，汕头：潮汕历史文化研究中心，第153页；杨群熙主编（2004）:《潮汕地区侨批业资料》，汕头：潮汕历史文化研究中心、汕头市文化局、汕头市图书馆，第61页。

5 黄挺（2008）:《〈公案簿〉缩减早期侨批运营业的一些问题》，王炜中主编 :《第二届侨批文化研讨会论文选》，香港：公元出版有限公司，第209页。

6 杨群熙主编（2004）:《潮汕地区侨批业资料》，汕头：潮汕历史文化研究中心、汕头市文化局，汕头市图书馆，第55、56、66页。

7 张国雄（2010）:《广东侨批的遗产价值》，王炜中主编 :《第三届侨批文化研讨会论文选》，香港：天马出版有限公司，第71页。

当代的看法声称20世纪20年代“成千上万”的水客活跃在潮汕地区，则未免夸大其词）。[1]类似的数字一直持续到20世纪30年代，当时中国水客每年汇款2 000万元，相当于中国汇款总额的5.2%。[2]

在早期，水客是一般移民中自由流动、没有固定住所的一部分。当快递成为一种固定的行业，而不是一种随机或自发的行为时，水客就会定期去中国移民工作的矿山、农场和种植园，走访偏远农村最贫穷的定居点，以寻找需要委托寄送银信的群体。随着时间的推移，为了获得信任并给潜在客户留下稳定的印象，一些人开始寻求与小商店或公司建立联系。[3]水客拿着汇款赌博或者潜逃的故事比比皆是，而水客与公司或商店建立联系则会增加潜在客户的信心。[4]众所周知，在马来亚，水客会在特定的时间在杂货店、餐馆、金店、药店和其他地方出现及召集人群，并通过这种方式向华人社会宣传自己的信使业务。[5]其他水客在船上或在移民聚居地接待客户或他们的代表（通常是亲属）。[6]在高峰期，例如春节前，大量的中国移民蜂拥到城市，将他们按惯例每年都寄出的银信委托给水客。[7]

信任通常是假设的，尤其是在早期。但随着时间的推移，相关保障措施逐步完善。[8]在18世纪的巴达维亚，汇款人可以要求一个hantar（马

1 王炜中（2007）:《潮汕侨批》，广州：广东人民出版社，第18页；杨群熙主编（2004）:《潮汕地区侨批业资料》，汕头：潮汕历史文化研究中心、汕头市文化局、汕头市图书馆，第61、443页。

2 马楚坚（2008）:《潮帮批信局与侨汇流通之发展初探》，王炜中主编：《第二届侨批文化研讨会论文选》，香港：公元出版有限公司，第25页；李文海编（2009）:《民国时期社会调查丛编（二编）· 华侨卷》，福州：福建教育出版社，第854页。

3 杨群熙主编（2004）:《潮汕地区侨批业资料》，汕头：潮汕历史文化研究中心、汕头市文化局、汕头市图书馆，第56–57页。

4 李志贤（2014）:《19–20世纪期间新加坡各帮民信局的营运与同业组织》，中国历史文献研究会、汕头市潮汕历史文化研究中心编：《世界记忆遗产——侨批档案研讨会论文集》，汕头，第6页。

5 黄子坚（2013）:《马来西亚侨批——社会史及侨汇史史料》，中国侨批世界记忆工程国际研讨会组委会编：《中国侨批世界记忆工程国际研讨会论文集》，北京，第133页。

6 福建省档案馆编（2013）:《百年跨国两地书》，厦门：鹭江出版社，第41页。

7 “The Earliest Remittance Centres: Letters with Money.” Bukit Brown Cemetery blog, 2013.

8 王炜中（2007）:《潮汕侨批》，广州：广东人民出版社，第16页。

来语的“发货人”，在这里指“担保人”，中文翻译为“安咀”）和一张收据，如果有必要，不管有没有“安咀”，都可以在当地华人公馆由华人甲必丹、雷珍兰等组成的民事法庭上对水客提出控告。[1]

一些早期的水客免费为家人或朋友提供寄送银信的服务，但这种汇款方式不能准时并且也不便利，因此附加银钱奖励的方式成为标准模式。[2]最初，佣金是以可变的小费形式支付的，但后来这种佣金支付变成了固定费用，从传统的10%到高达20%不等。[3]受高额的佣金吸引，大量的人进入水客行业。这使得之后佣金的比率就下降到3%左右，即使佣金根据汇款额和水客的行程而有所不同。[4]一些水客通过投机汇率获利，这有时是一项风险很大的生意。还有一些人用汇款在海外购买商品，然后在中国销售，用收入支付给收款人，剩余的利润则在中国购买商品到国外贩卖。[5]这种人被称为“商业水客”，他们不一定收取佣金。[6]

许多早期的汇款是以金条或硬币的形式绑在水客身上或缝在他的衣服里。[7]水客要么将少量的金条或货币直接兑换成中国内地或香港的货币，要么按收到的方式直接交付。然而，在后来的几年里，水客将收到的汇款兑成了银行或邮局的汇票，而数额巨大的汇款则通常通过银行进

---

1 黄挺（2008）:《〈公案簿〉缩减早期侨批运营业的一些问题》，王炜中主编:《第二届侨批文化研讨会论文选》，香港：公元出版有限公司，第213–214页。

2 李文海编（2009）:《民国时期社会调查丛编（二编）·华侨卷》，福州：福建教育出版社，第794页。

3 夏远鸣（2008）:《梅州客属地区的水客与侨批业述略》，王炜中主编:《第二届侨批文化研讨会论文选》，香港：公元出版有限公司，第374页。

4 焦建华、徐翠红（2004）:《近代批信局特色探源》，王炜中主编:《首届侨批文化研讨会论文集》，汕头：潮汕历史文化研究中心，第167–168页；杨群熙主编（2004）:《潮汕地区侨批业资料》，汕头：潮汕历史文化研究中心、汕头市文化局、汕头市图书馆，第58–59页。

5 中国人民政治协商会议福建省厦门市委员会文史资料研究委员会编（2004）:《厦门文史资料》，厦门：中国人民政治协商会议福建省厦门市委员会文史资料研究委员会，第426页。

6 袁丁、陈丽园、钟运荣（2014）:《民国政府对侨汇的管制》，广州：广东人民出版社，第16页。

7 马祯辉（2008）:《浅谈侨批与金融的关系》，王炜中主编:《第二届侨批文化研讨会论文选》，香港：公元出版有限公司，第91页；张明汕（2006）:《侨批经营者肩负历史使命》，洪林、黎道纲编:《泰国侨批文化》，曼谷：泰中学会，第103页。

行电汇。[1]

起初，水客亲自送货。有些水客不定期地回到中国，一年一次或每隔几年一次。贸易频繁期，大多数来自马来亚、新加坡和印度尼西亚的水客每年会返回2到4次，在菲律宾则平均达5到6次。渐渐地，汇款变得节令化，以配合特别需要和等待汇款的重要节日。[2]因此，收款人将通过该网络以获知何时收到汇款，以及何时何地去接收汇款。[3]

传递和接收侨批的过程中饱含期待又充满焦虑：收款方在水客到来时喜极而泣，甚至会拥抱他，同时也会有一个集体庆祝活动。[4]年终的大额汇款通常安排在农历十月，并促成春节更大规模的庆祝活动，比如参观寺庙、燃放红灯笼、放鞭炮、看戏剧、扫墓以及豪饮。那些在分发过程中被忽略的家属羡慕地观望，猜测他们被遗忘的原因，也害怕出现最坏的情况。[5]水客会停下来聊天，了解村里发生了什么，传递来自国外的消息，并帮助写回批。[6]后来，交付过程变得更加复杂。一些水客要求收件人到便利的地方领取侨批，或交由国内水客即“吃淡水”或“巡城马”转送。[7]

早期的水客大都是能干、自信且独立的承办人，并且特立独行不与

---

1 马楚坚（2008）:《潮帮批信局与侨汇流通之发展初探》，王炜中主编：《第二届侨批文化研讨会论文选》，香港：公元出版有限公司，第24–25页；袁丁、陈丽园、钟运荣（2014）:《民国政府对侨汇的管制》，广州：广东人民出版社，第15页。

2 杨群熙主编（2004）:《潮汕地区侨批业资料》，汕头：潮汕历史文化研究中心、汕头市文化局、汕头市图书馆，第58页；焦建华（2005）:《制度创新与文化传统——试析近代批信局的经营制度》，《中国社会经济史研究》第2期，第64页。

3 李文海编（2009）:《民国时期社会调查丛编（二编）· 华侨卷》，福州：福建教育出版社，第855页。

4 王炜中（2007）:《潮汕侨批》，广州：广东人民出版社，第17页。

5 黄少雄（2010）:《侨批——侨乡人民的命根子》，王炜中主编：《第三届侨批文化研讨会论文选》，香港：天马出版有限公司，第489页；陈海忠（2013）:《历史记忆中的潮汕侨批与乡村社会》，中国侨批世界记忆工程国际研讨会组委会编：《中国侨批世界记忆工程国际研讨会论文集》，北京，第296–307页。

6 邹求栋、苏通海（2009）:《说回批》，陈小钢主编：《回望闽南侨批——首届闽南侨批研讨会论文集》，北京：华艺出版社，第70–71页。

7 杨群熙主编（2004）:《潮汕地区侨批业资料》，汕头：潮汕历史文化研究中心、汕头市文化局、汕头市图书馆，第58页。

他人合作。[1]然而，在国外工作的水客之后在许多情况下也会依赖于国内合作者的网络。他们还在必要时与银行和汇款公司合作，并利用邮局的一些便利。1933年，潮汕和梅州地区的水客们联合起来组建了“南洋水客联合会”，该组织有将近1 000名会员（大多都是客家人，潮汕人和梅州人不谙彼此的方言，所以还不清楚他们如何交流）。[2]

“水客”在汇寄过程中所扮演的角色，以及他们和侨批经营者已经建立起来的关系，与普通的批局雇员以及递送侨批上门的“批脚”有所不同。有些水客本身就是批局的成员，但是也有很多属于独立的递送员，通过贸易活动与批局建立关系。水客组织水客公会来保护自己并对抗来自官府的欺压，他们也可能在必要时依托这些组织与批局协商他们之间的关系，这是另外一个值得研究的话题。

随着时间的推移，水客的形象逐渐变得更加复杂、职业和专业化。在许多地方，出现了国内和海外水客的区分，单一的水客转变为水客和客头的结合，且两者之间越来越密不可分。[3]水客的三个主要功能是运送汇款、货物，有时也兼营招收和运送华工。但是随着水客越来越多地利用他们对路线、语言和流程的认知来进行货币的流动，运送人力的功能逐渐被分离出去，产生了专门护送移民进出国的“客头”，这些人有时也递送信件和货物。

“客头”这个名字来自它护送的功能——起初是安排移民到国外的目的地，后来是安排移民的子女即华裔从他们父母于国外定居的地方回到他们在中国的祖父母或亲属的住所，以及为归侨、返乡的移民进行安排。这种做法看似新颖，其实很古老，可以追溯到明朝的广东和福建。水客和客头还带着移民回去找结婚对象，帮他们买地和房产，代他们探

1 肖文评（2004）:《粤东客家山村的水客、侨批与侨乡社会——以民国时期大埔县百侯村为个案》，王炜中主编 :《首届侨批文化研讨会论文集》，汕头 : 潮汕历史文化研究中心，第256页。

2 杨群熙主编（2004）:《潮汕地区侨批业资料》，汕头 : 潮汕历史文化研究中心、汕头市文化局、汕头市图书馆，第63、443页 ; 李小燕（2004）:《客家地区的水客与侨批局》，王炜中主编 :《首届侨批文化研讨会论文集》，汕头 : 潮汕历史文化研究中心，第52页。

3 焦建华、徐翠红（2004）:《近代批信局特色探源》，王炜中主编 :《首届侨批文化研讨会论文集》，汕头 : 潮汕历史文化研究中心，第166页。

亲、查田，为他们扫墓，据说这些做法在客家地区特别普遍。[1]有商业头脑的水客发现了一个新的商机，为那些可能移民却无法付费的人垫付出洋费用，把一群等待出洋的人聚集在港口边的旅馆里等待出航。[2]一旦到了海外，水客帮助这些未付款的人寻找他们在当地的亲属，并将他们介绍给新朋友，帮助他们找到与他们的技能相称的工作。客头通常情况下会为他们提供一个财务缓冲期，直到他们获取薪资，这一过程被称为“做客”。[3]随着贸易迅速增长，客头开始在海外华人报刊上宣传他们的服务。光是在光绪年间，仅在闽南就有大约一千个客头，据说这些人控制着区域经济的重要动脉。[4]

侨批业有利可图，但也充满风险。水客在航行途中遇到许多危险，明清时期施行并到第二次鸦片战争后才取消的“禁海令”，也意味着充当移民或水客都是死罪，株连“九代”。[5]在近代，中外政府对贸易的限制使水客容易受到干涉、敲诈、勒索、禁令、罚款、警察突袭、没收、征用和逮捕。水客还受到非官方的压力，要他们为侨乡的慈善事业和非慈善事业捐款，这在某种程度上是一种敲诈。[6]航行本身就很艰难，而且有潜在的危险，在往返中国的漫长的海上旅途中尤其如此。一些水客尸沉大

1 杨群熙主编（2004）：《潮汕地区侨批业资料》，汕头：潮汕历史文化研究中心、汕头市文化局、汕头市图书馆，第62页；夏远鸣（2008）：《梅州客属地区的水客与侨批业述略》，王炜中主编：《第二届侨批文化研讨会论文选》，香港：公元出版有限公司，第388页。

2 林沙（2008）：《厦门侨批业的产生与发展》，王炜中主编：《第二届侨批文化研讨会论文选》，香港：公元出版有限公司，第355页；杨群熙主编（2004）：《潮汕地区侨批业资料》，汕头：潮汕历史文化研究中心、汕头市文化局、汕头市图书馆，第62页。

3 王炜中（2007）：《潮汕侨批》，广州：广东人民出版社，第16–17页；吴鸿丽（2008）：《初析闽南侨批文化》，王炜中主编：《第二届侨批文化研讨会论文选》，香港：公元出版有限公司，第366页。

4 黄清海（2009）：《从闽南侨批看侨乡经济与侨缘关系》，陈小钢主编：《回望闽南侨批——首届闽南侨批研讨会论文集》，北京：华艺出版社，第60页。

5 陈列（2008）：《关于潮汕侨批文化若干问题的浅议——兼评粤东、闽南两地侨批的历史贡献》，王炜中主编：《第二届侨批文化研讨会论文选》，香港：公元出版有限公司，第228页。

6 洪林（2004）：《试论和平后（1945–1955）侨批史演变》，王炜中主编：《首届侨批文化研讨会论文集》，汕头：潮汕历史文化研究中心，第28页；黄家祥（2010）：《诏安侨批业流变》，王炜中主编：《第三届侨批文化研讨会论文选》，香港：天马出版有限公司，第503–504页；中国人民政治协商会议福建省厦门市委员会文史资料研究委员会编（2004）：《厦门文史资料》，厦门：中国人民政治协商会议福建省厦门市委员会文史资料研究委员会，第433页。

海，一些则被海盗抢劫。[1]同时，侨批贸易也会受到冲击，容易受汇率波动和水客经营货物的市场价格所影响，这也是水客必须承担的风险。[2]最后，水客的汇款和货物，包括金条和外国商品，成为小偷和强盗的目标。这就是为什么许多水客练习武术，并在途中随身携带一把结实的油纸太阳雨伞，不仅是为了保持干燥或凉爽，也是为了抵御袭击者（还有狗，以及迷信中可能出现的恶灵）。[3]

因为地理和经济的差异，"水客现象"并不具有一致性。与越南隔着东京湾的海南岛的水客比其他地方少得多，这主要是因为海南的移民往往每隔几年就渡海回家一次，在这一情况下他们的收入要比其他籍贯的移民少。[4]相比之下，广东东北部梅州地区的客家人就不一样，他们地处难以到达的偏远山区，且比其他地方更晚建立银行和邮局，因此比其他地区拥有更多的水客，并且持续的时间更长。[5]

水客作为英雄人物在侨批民间传说中占有突出地位。闽南永春的宋质被侨民编歌传颂，并被写进了《永春县志》。根据传说，宋质在一次搭帆船回国途中，被惊涛骇浪漂至孤岛，但忠诚地保护着他所携带的侨批，并在获救以后分发（据说永春有30个著名的水客）。郭有品（1853—1901）也遭遇海难，随船运送的侨批漂落大海。作为当时为数不多的幸存者之一，郭有品在回家以后，卖掉了自家的土地，根据他口袋里单独携带的一份清单按约定发送侨批。接着郭有品创立了著名的"天一局"，

1 肖文评（2004）：《粤东客家山村的水客、侨批与侨乡社会——以民国时期大埔县百侯村为个案》，王炜中主编：《首届侨批文化研讨会论文集》，汕头：潮汕历史文化研究中心，第256页。

2 吴奎信（2004）：《侨批传递管道的梗阻与疏通》，王炜中主编：《首届侨批文化研讨会论文集》，汕头：潮汕历史文化研究中心，第200-201页。

3 王炜中（2007）：《潮汕侨批》，广州：广东人民出版社，第17-18页；黄少雄（2004）：《潮籍侨批历史探源》，王炜中主编：《首届侨批文化研讨会论文集》，汕头：潮汕历史文化研究中心，第108页。李小燕（2004）：《客家地区的水客与侨批局》，王炜中主编：《首届侨批文化研讨会论文集》，汕头：潮汕历史文化研究中心，第51页。

4 张朔人（2013）：《民国时期侨汇与海南地方经济》，海南文化研究中心编：《海南移民论文集》，新加坡海南文化中心，第205-206页；李文海编（2009）：《民国时期社会调查丛编（二编）·华侨卷》，福州：福建教育出版社，第855页。

5 李小燕（2004）：《客家地区的水客与侨批局》，王炜中主编：《首届侨批文化研讨会论文集》，汕头：潮汕历史文化研究中心，第51-52页。

该公司主导了侨批贸易几十年。[1]

水客制度存在诸多缺陷，最终导致了批局或侨汇商店的兴起，这代表了侨批贸易发展的更高阶段。然而，正如我们所看到的，水客并没有被取代，而是被大量在水客基础上而创建的批局所填补。新系统没有发展出新的方式，批局正式出现时，他们复制并延续了早期水客所采用的方法，只是将以前由水客执行的所有任务分离出来，实行更为复杂和专业的分工。

水客递送的问题在于他们大多花了太长的时间来交付侨批，通常超过一个月，甚至几个月，因为他们习惯用侨批从事贸易活动，这种做法可能会出错。对许多汇款人来说，他们很少且不定期地返回中国，特别是在汇款业务全面展开之后。[2]由于规模不够，水客的服务价格昂贵，收费通常介于汇款的1/10到1/5。虽然水客的生意建立在声誉上，但不是所有的水客都一样诚实，带着赃款潜逃的诱惑是巨大的，特别是在侨批热潮把一些不良品行的人带进这个行业之后。[3]信任之所以被侵蚀部分是由于移民和汇款的繁荣，这使水客系统处于极大的压力之下，并最终破坏了已有的人际关系。[4]

几个因素加速了从水客向批局的过渡。一个是顾客对水客混乱、渎职和不可靠产生了意见。另一个趋势是水客们自己组织起来，一方面为了抵御当局要求他们注册的规定，另一方面为了整顿行业，促进合作。随着贸易的日益复杂，它越来越依赖于如树枝交错般且像星星一样分布于各处的网络……这一网络从任何一个方面看都不逊色于现代邮政

1 苏文菁编著（2013）:《闽商发展史总论卷（近代部分）》，厦门：厦门大学出版社，第254页；苏文菁、黄清海（2013）:《闽商与侨批业》，《闽商文化研究》第7卷第1期，第20页；苏文菁、黄清海（2013）:《全球化视野下的侨批业——兼论侨批文化的海洋文明属性》，《闽商文化研究》第7卷第1期，第41页。

2 马楚坚（2008）:《潮帮批信局与侨汇流通之发展初探》，王炜中主编：《第二届侨批文化研讨会论文选》，香港：公元出版有限公司，第26页；邹金盛（2010）:《澄海人开设的侨批局》，王炜中主编《第三届侨批文化研讨会论文选》，香港：天马出版有限公司，第403页。

3 杨群熙主编（2004）:《潮汕地区侨批业资料》，汕头：潮汕历史文化研究中心、汕头市文化局、汕头市图书馆，第443页。

4 廖耘、吴二持（2010）:《侨批与中国传统的道德观念》，王炜中主编：《第三届侨批文化研讨会论文选》，香港：天马出版有限公司，第267页。

网络。[1]这些代理人和合作者所形成的网络早在18世纪就出现在巴达维亚。在那里，水客贸易还受到当地华人公馆法律制度的约束。水客也在中国与国内的民信局（现代邮局的前身）建立了网络联系。水客联合会的最终出现，标志着该行业向更有组织的贸易形式过渡。[2]一些批局业兴起是因为个别水客所彰显出的企业家才能，他们勇于建立企业，并雇佣亲属为其工作（曾经的船工王世碑1898年创建的“王顺兴信局”一直持续到20世纪30年代，每年处理来自菲律宾的价值100万银元的汇款）。[3]水客承载着越来越多的侨批，操作速度也越来越快；到了20世纪初，在现代交通和通讯的辅助下，专业的水客可以在一个月内完成交付。[4]尽管水客在某些时期和地方仍保持着旺盛的生命力，并继续主导着侨批贸易，但这些方面以及其他方面的发展为批局的兴起铺平了道路。

批局与侨批贸易的制度化

一些研究表明，侨批贸易在某种意义上形成一个机构而不是松散的个体集合，可追溯到清乾隆年间的1757年陈臣留在马六甲成立的兼营侨批的陈丰兴商号。其后是李侃于乾隆四十三年（1778）在新加坡成立的李振裕商号。[5]另有人认为，现代意义上的批局最早形成于19世纪初至中

1 袁丁、陈丽园、钟运荣（2014）：《民国政府对侨汇的管制》，广州：广东人民出版社，第18页。

2 李小燕（2004）：《客家地区的水客与侨批局》，王炜中主编：《首届侨批文化研讨会论文集》，汕头：潮汕历史文化研究中心，第52页；黄挺（2008）：《〈公案簿〉缩减早期侨批运营业的一些问题》，王炜中主编：《第二届侨批文化研讨会论文选》，香港：公元出版有限公司，第215页。

3 刘伯孳（2010）：《二十世纪上半叶菲律宾华侨与侨批业的发展》，王炜中主编：《第三届侨批文化研讨会论文选》，香港：天马出版有限公司，第282页。

4 袁丁、陈丽园、钟运荣（2014）：《民国政府对侨汇的管制》，广州：广东人民出版社，第16页。

5 陈新绿（2009）：《浅谈泉州侨批业与中国银行泉州支行》，陈小钢编：《回望闽南侨批——首届闽南侨批研讨会论文集》，北京：华艺出版社，第113页。

期的漳州（1827）、潮汕（1829）、新加坡（1829）和曼谷（1861）。[1]它们的出现是源于中国移民的爆炸式增长。19世纪30年代，特别是19世纪50年代清廷放弃对出洋的控制，以及1860年《北京条约》使华工出国合法化之后，中国移民快速增长。水客贸易无法应对如此快速增长的移民所带来的侨批业务。而中国80个新通商口岸的开放及中国和世界范围内蒸汽运输的兴起，则进一步加剧了中国移民的增长速度。蒸汽船比帆船更有规律、更可靠，从而促进了更专业、更大规模的商业贸易，推动了批局的兴起和发展。早在1845年，新加坡就有一艘蒸汽驱动的普通邮轮。1867年，汕头有了第一艘蒸汽船。此后，机器轮船逐渐替代了旧式红头船。[2]

从另一个角度来看，从水客到批局的转变是行业内自然演变的结果，尽管这种演变并不均衡。随着路线越来越固定，专门为它们服务的机构越来越多，侨批越来越少成为一种单独的贸易。水客与商店有着长期的联系，这让他们看起来是附属于某个商店，这些商店为他们提供住宿，并且也为那些主要从事人力运输的水客提供所需费用。

水客与商店的联系，如印度尼西亚的“瓦弄店”（warung）、菲律宾的“街角店”（sari-sari）和越南的“菜仔店”（guanzai）等，店主以不同的方式从中受益。[3]水客的顾客在汇款的同时也购买商品。[4]除了向水客

1 请分别参考王朱唇（2004）：《划代侨批的研究方法》，王炜中主编：《首届侨批文化研讨会论文集》，汕头：潮汕历史文化研究中心，第154页；杨群熙主编（2004）：《潮汕地区侨批业资料》，汕头：潮汕历史文化研究中心、汕头市文化局、汕头市图书馆，第80页。[黄少雄（2004）：《潮籍侨批历史探源》，王炜中主编：《首届侨批文化研讨会论文集》，汕头：潮汕历史文化研究中心，第107页，认为是1835年]；张国雄（2010）：《广东侨批的遗产价值》，王炜中主编：《第三届侨批文化研讨会论文选》，香港：天马出版有限公司，第71页；黄少雄（2004）：《潮籍侨批历史探源》，王炜中主编：《首届侨批文化研讨会论文集》，汕头：潮汕历史文化研究中心，第109页；杨群熙主编（2004）：《潮汕地区侨批业资料》，汕头：潮汕历史文化研究中心、汕头市文化局、汕头市图书馆，第200页。

2 杨群熙主编（2004）：《潮汕地区侨批业资料》，汕头：潮汕历史文化研究中心、汕头市文化局、汕头市图书馆，第68页；吴奎信（2004）：《侨批传递管道的梗阻与疏通》，王炜中主编：《首届侨批文化研讨会论文集》，汕头：潮汕历史文化研究中心，第201页；李志贤（2014）：《19–20世纪期间新加坡各帮民信局的营运与同业组织》，中国历史文献研究会、汕头市潮汕历史文化研究中心编：《世界记忆遗产——侨批档案研讨会论文集》，汕头，第6–7页。

3 贾俊英（2012）：《侨批史研究——以天一信局为个案的考察》（硕士毕业论文），厦门：华侨大学，第25页。

4 曾旭波（2010）：《东南亚潮帮批信局的经营方式》，王炜中主编：《第三届侨批文化研讨会论文选》，香港：天马出版有限公司，第423页。

及其客户收取费用之外，店主还可以利用其业务协调资金的流动，一举两得。[1]店主最终可能会利用他的企业家技能，接管侨批的收集工作，也许也会与水客一起，并最终通过设在中国港口的公司来负责汇款。[2]因此，商店变成了一家兼营批局的店铺。这就是为什么后来许多批局的经营者和经理在经营其他领域的同时也兼任侨批交易员。批局可以进行多样化经营的领域包括货币兑换、大米贸易、茶叶贸易、金银贸易、旅馆、旅游业以及进出口。[3]

在已有研究的52个新加坡批局中，只有21个是只经营汇款业务，而其余的则同时也是一般的商店、药店、自行车店等，或从事其他形式的业务，包括采矿、航运和橡胶。另一项研究发现，90%以上的潮汕批局除了侨批以外，还经营其他业务，模式相当复杂。有些公司把大部分精力投入到汇款以外的贸易中，有些则是各占一半，有些主要从事汇款业务，还有少数专门从事汇款业务。[4]有些公司最初是汇款商店，后来再转为多样化经营，他们要么是为了在竞争激烈的行业中实现利润最大化，要么是为了在所积累的汇款被分发出去之前，将它们作为资金进行更好地利用。[5]至于顾客，他们了解并信任店主，在他或她的商店里交换小道消息，并到那里寻求帮助和建议。对于顾客来说，这家商店也是一家银行，既安全又方便，他们可以把积蓄存在这里，待积累到一定金额后，

1 李志贤（2014）：《19–20世纪期间新加坡各帮民信局的营运与同业组织》，中国历史文献研究会、汕头市潮汕历史文化研究中心编：《世界记忆遗产——侨批档案研讨会论文集》，汕头，第6页。

2 焦建华、徐翠红（2004）：《近代批信局特色探源》，王炜中主编：《首届侨批文化研讨会论文集》，汕头：潮汕历史文化研究中心，第167页。

3 杨群熙主编（2004）：《潮汕地区侨批业资料》，汕头：潮汕历史文化研究中心、汕头市文化局、汕头市图书馆，第198、337页。

4 李志贤（2014）：《19–20世纪期间新加坡各帮民信局的营运与同业组织》，中国历史文献研究会、汕头市潮汕历史文化研究中心编：《世界记忆遗产——侨批档案研讨会论文集》，汕头，第13页。

5 曾旭波（2010）：《东南亚潮帮批信局的经营方式》，王炜中主编：《第三届侨批文化研讨会论文选》，香港：天马出版有限公司，第423页；杨群熙主编（2004）：《潮汕地区侨批业资料》，汕头：潮汕历史文化研究中心、汕头市文化局、汕头市图书馆，第60、198页。

就可以全部或部分汇出。[1]必要时，他们还可以向店主借钱。如果现金以垫款的形式汇出，批局之后可以出示收据以收回垫款。[2]

批局的跨国经营和本地经营都是多样化的，既包括货物，也包括汇款，因此可以说他们从事的是初始的对外贸易。他们充当信使，传递信息和金钱，已有研究称其为“多功能民间金融机构”。[3]

批局经营多样化的主要原因是汇款贸易的竞争激烈，利润微薄，这也是它和邮局相比之下一个重要的优势。从某种意义上说，多样化是水客模式的延续，即同样依赖于多管齐下的交易方式。与此同时，它解决了一个现代问题：如何向管控越来越严格的政府提供所需的担保。[4]

旅馆也遵循类似的经营模式，只是它们大多是由水客和客头创建。为了解决他们在港口等待上船时的住宿问题，水客通常会联合起来建立“行馆”，也称为“栈”。水客在那里聚集，向新客收费，招募亲戚、乡亲和讲同样方言的人充当华工。[5]到20世纪初，厦门有184家这样的旅馆，汕头有60家。[6]旅馆负责准备新客的船票和其他手续。必要时还借钱给他们，之后再从他们在移居地的收入中以略高于平均水平的利率收取利

1 杨群熙主编（2004）:《潮汕地区侨批业资料》，汕头：潮汕历史文化研究中心、汕头市文化局、汕头市图书馆，第50页；贾俊英（2012）:《侨批史研究——以天一信局为个案的考察》（硕士毕业论文），厦门：华侨大学，第26页。

2 焦建华、徐翠红（2004）:《近代批信局特色探源》，王炜中主编:《首届侨批文化研讨会论文集》，汕头：潮汕历史文化研究中心，第167页；焦建华（2005）:《制度创新与文化传统——试析近代批信局的经营制度》，《中国社会经济史研究》第2期，第65页。

3 袁丁、陈丽园、钟运荣（2014）:《民国政府对侨汇的管制》，广州：广东人民出版社，第22页。

4 李志贤（2014）:《19–20世纪期间新加坡各帮民信局的营运与同业组织》，中国历史文献研究会、汕头市潮汕历史文化研究中心编:《世界记忆遗产——侨批档案研讨会论文集》，汕头，第13页。

5 林庆熙（2010）:《潮汕侨批再认识》，王炜中主编:《第三届侨批文化研讨会论文选》，香港：天马出版有限公司，第213页。

6 焦建华、徐翠红（2004）:《近代批信局特色探源》，王炜中主编:《首届侨批文化研讨会论文集》，汕头：潮汕历史文化研究中心，第167页；戴一峰（2003）:《网络化企业与嵌入性——近代侨批局的制度建构（1850s–1940s）》，《中国社会经济史研究》第1期，第71页。

息。[1]从19世纪90年代开始，原本专门服务人员出入境的旅馆开始多样化经营侨批。[2]水客鼓励顾客去旅馆寄批，这样他们就不用在大街上和乡村里招徕顾客了，而最终转向了“定点收集侨批和分发回批”。[3]这些旅馆在国际上被称为寄宿公寓，由寄宿船长经营，在很多情况下，他们同时为航运公司雇佣中国海员，也通常与运送移民到东南亚的航运公司有联系。[4]许多旅馆逐渐发展成批局。

像他们之前的水客一样，批局深深植根于血缘和地域。他们为自己所提供的人性化和个性化的服务感到自豪，他们还具有如财务安全和固定的工作场所等额外的吸引力。[5]侨批贸易的主要特点是其在中国和海外的网络系统。在侨乡和外国港口之间形成的代理机构、分支机构以及与其他办事处的联系是复杂而广泛的，但它们几乎都是基于宗族、姓氏、方言或地域形成的。经营者、顾客和雇员几乎总是来自同一个地方，或者至少说同一种方言。例如，泰国和汕头的振盛兴批馆由澄海的曾仰梅创建，其所有雇员都是曾氏；新加坡的致诚批馆由澄海另一个村庄东湖村的黄继英创建，工作人员都是黄氏家族的成员。[6]在某些情况下，代际

---

1 杨群熙主编（2004）:《潮汕地区侨批业资料》，汕头：潮汕历史文化研究中心、汕头市文化局、汕头市图书馆，第483页；贾俊英（2012）:《侨批史研究——以天一信局为个案的考察》（硕士毕业论文），厦门：华侨大学，第26页；中国人民政治协商会议福建省厦门市委员会文史资料研究委员会编（2004）:《厦门文史资料》，厦门：中国人民政治协商会议福建省厦门市委员会文史资料研究委员会，第431页。

2 陈列（2008）:《关于潮汕侨批文化若干问题的浅议——兼评粤东、闽南两地侨批的历史贡献》，王炜中主编：《第二届侨批文化研讨会论文选》，香港：公元出版有限公司，第228页；苏文菁、黄清海（2013）:《闽商与侨批业》，《闽商文化研究》第7卷第1期，第21页。

3 杨群熙主编（2004）:《潮汕地区侨批业资料》，汕头：潮汕历史文化研究中心、汕头市文化局、汕头市图书馆，第68页；陈列（2008）:《关于潮汕侨批文化若干问题的浅议——兼评粤东、闽南两地侨批的历史贡献》，王炜中主编：《第二届侨批文化研讨会论文选》，香港：公元出版有限公司，第228页。

4 苏文菁编著（2013）:《闽商发展史总论卷（近代部分）》，厦门：厦门大学出版社，第255页；杨群熙主编（2004）:《潮汕地区侨批业资料》，汕头：潮汕历史文化研究中心、汕头市文化局、汕头市图书馆，第59页。

5 李志贤（2014）:《19–20世纪期间新加坡各帮民信局的营运与同业组织》，中国历史文献研究会、汕头市潮汕历史文化研究中心编：《世界记忆遗产——侨批档案研讨会论文集》，汕头，第7页。

6 杨群熙主编（2004）:《潮汕地区侨批业资料》，汕头：潮汕历史文化研究中心、汕头市文化局、汕头市图书馆，第197–198页。

关系与宗族关系相连接，批局不同分支的管理者来自同一代人。[1]

批局形成于海外的主要港口城市、中国的口岸和乡村。由于其血缘关系，以村庄为基础的批局业与宗族组织如祠堂（供奉祖先的地方）有着密切的联系，一些人最初就是从那里经营生意的。[2]一些海外批局是国内批局的分支，反之亦然。[3]然而，除了少数几个案例外，海外批局成为主流。只有三家福建批局，即“天一”“悦仁”和“再和成”在南洋广泛设立分店。[4]

许多客户更乐意看到侨批贸易从个人递送转化为在既定场所经营的机构，因为这样的机构更可靠、更便宜（有更好的管理和经济规模），也更有信誉并值得信任。客户可以到一个具有店名的固定场所进行咨询，这样的机构也较少会轻易倒闭。[5]随着汇款额的增长，这些考量因素显得更为重要。[6]批局还有其他优势。他们的业务在地理范围和功能上比同行的水客更广泛。虽然水客也有多种功能，但他们缺乏此类优势，如联系范围广泛，网络制度化、专业化，不仅对汇款，而且对货币兑换、储蓄、信贷等都可进行有序管理。

然而，水客贸易一直持续到20世纪60年代，主要集中在缺乏现代化道路和设施的地区。[7]与批局相比，水客的优势在于他们更加个人化并且更私密，他们深谙当地的地理、文化和社群（包括海外和中国），也可

1 陈春声（2000）:《近代华侨汇款与侨批业的经营——以潮汕地区的研究为中心》,《中国社会经济史研究》第4期，第60页。

2 陈海忠（2013）:《历史记忆中的潮汕侨批与乡村社会》，中国侨批世界记忆工程国际研讨会组委会编：《中国侨批世界记忆工程国际研讨会论文集》，北京，第299页。Shen, Huifen. 2012. *China's Left-Behind Wives: Families of Migrants from Fujian to Southeast Asia, 1930s–1950s*. Singapore: National University of Singapore Press, p.3.

3 李文海编（2009）:《民国时期社会调查丛编（二编）·华侨卷》，福州：福建教育出版社，第802页。

4 焦建华、徐翠红（2004）:《近代批信局特色探源》，王炜中主编：《首届侨批文化研讨会论文集》，汕头：潮汕历史文化研究中心，第165–166页。

5 杨群熙主编（2004）:《潮汕地区侨批业资料》，汕头：潮汕历史文化研究中心、汕头市文化局、汕头市图书馆，第56页。

6 王炜中（2007）:《潮汕侨批》，广州：广东人民出版社，第18–25页。

7 黄家祥（2010）:《诏安侨批业流变》，王炜中主编：《第三届侨批文化研讨会论文选》，香港：天马出版有限公司，第503–504页。

以发挥收集和传递侨批之外更为广泛的功能。此外，水客与批局的共存也为客户提供了灵活性和市场选择，迎合了客户们千差万别、时常多变的需求。[1]

批局机构的另外两个起源是中国民间递送信件和物品的民信局，以及钱庄。这两类机构都采用了适合其运营的方法和网络。银庄有资本，既可用于投资，也可作为偿付能力的保证。[2]批局的出现与这两个机构密不可分。[3]

中国历史学家往往以为，中国传统的"民信局"在遥远的过去就有先例，可以追溯到商朝（公元前16世纪至公元前11世纪）和汉朝（彝族邮政系统建立之时）。其前身当然包括宋代的十里邮亭和唐代的"飞钱"模式（唐宪宗时期，商人采用互开证券的汇兑形式进行贸易，称为"飞钱"）。[4]这些早期的邮政系统是国营的，主要传递公文、公告、指令和军事通信。据说民间信件的邮政系统始于1400年左右，明朝永乐年间（1403—1424），当时中国经济开始强劲增长。民信局沿着河流和海岸传播，特别是在中国东南部，在那里它与强大的宁波商人集团联系在一起。民信局处理的私人物品不符合帝国邮政系统的运输条件。到了晚清，邮驿体系变得越来越腐败，而在17世纪晚期首次在江南地区建立，被认为更值得信赖和可靠的民信局，此时已经传遍了整个中国。[5]然而，正如哈里斯所指出的，在某些方面，最好将民信局理解为近代的产物，尽管它的前身很粗略，但它早于西方入侵之前就已存在。[6]与侨批机构一样，民

1 杨群熙主编（2004）:《潮汕地区侨批业资料》，汕头：潮汕历史文化研究中心、汕头市文化局、汕头市图书馆，第57页。

2 王炜中（2007）:《潮汕侨批》，广州：广东人民出版社，第25页；福建省档案馆编（2013）:《百年跨国两地书》，厦门：鹭江出版社，第47页。

3 曾旭波（2010）:《东南亚潮帮批信局的经营方式》，王炜中主编：《第三届侨批文化研讨会论文选》，香港：天马出版有限公司，第419页。

4 袁丁、陈丽园、钟运荣（2014）:《民国政府对侨汇的管制》，广州：广东人民出版社，第33-34页。

5 杨群熙主编（2004）:《潮汕地区侨批业资料》，汕头：潮汕历史文化研究中心、汕头市文化局、汕头市图书馆，第442页；焦建华（2007）:《竞争与垄断——近代中国邮政业研究》，《学术月刊》第39卷第1期，第142页。

6 陈训先（2010）:《论"银信合封"——兼谈粤闽民信和侨批的演变》，王炜中主编：《第三届侨批文化研讨会论文选》，香港：天马出版有限公司，第183页。

信局与传统银行（钱庄和票号）有着密切的联系。他们也携带（国内）汇款和护送旅客，彼此之间构筑起网络联系，并同样受益于用来运输信件、货物和货币的内河及沿海轮船的兴起和普及。[1]

民信局利用邮船或内河轮船上的买办网络，几乎可以到达中国所有的城市和县城。大多数人携带汇款以及信件和包裹，收取1%至3%的佣金，这与批局机构没有什么不同，他们也像客头一样护送旅行者。海外批局的创始人似乎有意识地复制了这种模式，使之适应他们的新需求和环境（例如，发明"列表字符"）。[2]

民信局在19世纪20年代达到顶峰，数量达几千个，其中有些与亚洲和太平洋有联系。[3]民信局在中国的邮政局兴起之后逐渐衰落了，尤其是在1933年之后官方对民信局和批局业进行了区分，而且当局对批局业的监管力度较小。[4]然而，考虑到国际移民在东南部的重要性，大多数民信局，尤其是福建民信局，可能早在道光统治时期（1821—1850）就已经部分参与到侨批业，并与水客展开竞争或合作（这也许是福建的汇款公司继续被称为"民信局"的原因之一，而在粤东地区则使用"批局"和相关术语）。[5]

批局的内部组织结构与更为久远的民信局之间具有相似性，它们在外部运作模式上同样具有惊人的相似之处。民信局只有少数员工在老板兼经理和一些快递员的领导下工作，他们也很可能是合伙经营的。较大

---

1 马楚坚（2003）:《潮帮批信局之创生及其功能的探索》，李志贤主编 :《海外潮人的移民经验》，新加坡 : 新加坡潮州八邑会馆，第58-61页。

2 Harris, Lane Jeremy. 2012. "The Post Office and State Formation in Modern China, 1896–1949." PhD dissertation, University of Illinois at Urbana-Champaign, pp.129–136 ; 曾旭波（2010）:《东南亚潮帮批信局的经营方式》，王炜中主编 :《第三届侨批文化研讨会论文选》，香港 : 天马出版有限公司，第419页。

3 江柏炜、蔡明松（2008）:《金门民信局（批局）经营模式之探讨》，王炜中主编 :《第二届侨批文化研讨会论文选》，香港 : 公元出版有限公司，第266-267页。Harris, Lane Jeremy. 2012. "The Post Office and State Formation in Modern China, 1896–1949." PhD dissertation, University of Illinois at Urbana-Champaign, pp.135–138.

4 福建省档案馆编（1990）:《福建华侨档案史料》，北京 : 档案出版社，第311-312页。

5 陈训先（2010）:《论"银信合封"——兼谈粤闽民信和侨批的演变》，王炜中主编 :《第三届侨批文化研讨会论文选》，香港 : 天马出版有限公司，第183-185页 ; 杨群熙主编（2004）:《潮汕地区侨批业资料》，汕头 : 潮汕历史文化研究中心、汕头市文化局、汕头市图书馆，第69页。

的公司则有几名助理，包括一名旧式簿记员、接待员、搬运工、厨师、临时工和快递员。像批局一样，他们优先考虑客户服务，组织逾期收款，并提供保险和担保。[1]

这些相似之处并非偶然，而是源于共同的环境和功能，以至于邮局最初试图根据同一条例同时禁止这两种组织。即使在那些没有民信局作为前身的地方，经营国内外侨汇贸易的商人也纷纷效仿民信局的模式，并使之适应他们的新需求。[2]甚至据说，就连帝国中继系统的雇员也加入了侨汇贸易，例如在福州（福建省的首府，也是最古老的邮驿的所在地），他们把自己的旧技术应用在了新的地方[3]。

主要作为汇款贸易的产物，传统的银行，如银庄、钱庄、银号、票号、钱店等，在福建和广东尤为多见。仅泉州就有数百家这样的银行。移民家庭通过它们兑现汇款、兑换货币和储蓄存款。[4]许多这样的小型私人银行利用从水客到批局的过渡，将业务多样化，利用他们众多的关系和金融资源，加入批局贸易。而其他许多银行则是批局贸易的直接结果。特别是在现代银行业出现之前的年代里，在较为偏远的客家人聚居区，[5]银号和批局贸易经常是同时进行的。[6]特别是在五邑和广府，许多移民的家属和归国移民投资商店（出售大米、糖、油、盐、药品和其他日常必需品），这些商店有时兼作兑换店和储蓄处。一些商店后来成了银号（广

---

1 Harris, Lane Jeremy. 2012. “The Post Office and State Formation in Modern China, 1896–1949.” PhD dissertation, University of Illinois at Urbana-Champaign, pp.132–136；曾旭波（2010）:《东南亚潮帮批信局的经营方式》，王炜中主编 :《第三届侨批文化研讨会论文选》，香港：天马出版有限公司，第419页。

2 曾旭波（2010）:《东南亚潮帮批信局的经营方式》，王炜中主编 :《第三届侨批文化研讨会论文选》，香港：天马出版有限公司，第419–420页；杨群熙主编（2004）:《潮汕地区侨批业资料》，汕头：潮汕历史文化研究中心、汕头市文化局、汕头市图书馆，第54–56页。

3 贾俊英（2012）:《侨批史研究——以天一信局为个案的考察》（硕士毕业论文），厦门：华侨大学，第37页；王东旭（2009）:《福建侨批四大地域体系初探》，陈小钢主编 :《回望闽南侨批——首届闽南侨批研讨会论文集》，北京：华艺出版社，第105页。

4 吴宝国（2008）:《侨批与钱庄及金铺银楼》，王炜中主编 :《第二届侨批文化研讨会论文选》，香港：公元出版有限公司，第62–65页。

5 杨群熙主编（2004）:《潮汕地区侨批业资料》，汕头：潮汕历史文化研究中心、汕头市文化局、汕头市图书馆，第53页；邓锐（2010）:《浅谈侨批的重要作用及开发利用》，王炜中主编 :《第三届侨批文化研讨会论文选》，香港：天马出版有限公司，第114页。

6 林家劲等著（1999）:《近代广东侨汇研究》，广州：中山大学出版社，第13页。

府地区倾向使用的术语），并通过进入移民网络和扩张开始专攻金融[1]。许多这样的银行充当着“批局”的角色，要么作为副业，要么作为主业[2]。这再次显示批局与银号、票号的相似之处并非偶然[3]。

20世纪，批局面临着来自银行和邮局的激烈竞争，那么它们是如何生存的呢？一方面是因为它们悠久的历史，可以追溯自民信局和传统银行的发源地，另一方面还因为它们在许多方面可以提供更好的服务，并触及中国和海外更遥远的地方。它们几乎全天营业，甚至在休息日也是如此——这就是所谓的门市贸易——有些会留下一个守夜人来接待迟来的侨批。通过在交易的各个阶段进行细致的分工，大多数批局能够确保它们的程序快捷简单。它们的员工会说方言，为中国和海外不识字的顾客读写信件。它们灵活地应对客户的紧急情况和困境，提供贷款和垫款。[4]相比之下，银行和邮局覆盖的地方要少得多（主要是城市）；它们的员工不一定懂得相应的方言；它们的程序极其复杂；从工人或小商贩的角度来看，它们时间不便；它们的交付相对缓慢；它们缺乏人性化如读写方面的服务。[5]

批局收费便宜，而且运营利润微薄。它们采取了各种措施将成本保持在最低水平，这样可以降低甚至完全免除费用（在这种情况下，利润来自汇率投机）。批局的员工，包括老板在内，通常都有一种极致的自我剥削精神，不管利润有多小，他们会利用一切可能的机会赚取利润，并且工作到深夜，必要时甚至通宵工作。批局贸易不同层次之间的关系会以实现最大利益化为考量进行微调。员工的规模被保持在绝对的最低水平，经营者和员工不断地在不同的业务部门之间转换，这些部门通常处

1 刘进（2009）:《五邑银信》，广州：广东人民出版社，第22–31页。

2 王炜中（2007）:《潮汕侨批》，广州：广东人民出版社，第88页。

3 侯伟雄（2009）:《鼓浪屿与闽南侨批业遗址》，陈小钢主编：《回望闽南侨批——首届闽南侨批研讨会论文集》，北京：华艺出版社，第140页。

4 黄家祥（2008）:《侨批业初探》，王炜中主编：《第二届侨批文化研讨会论文选》，香港：公元出版有限公司，第343页；焦建华（2005）:《制度创新与文化传统——试析近代批信局的经营制度》，《中国社会经济史研究》第2期，第65页。

5 林沙（2008）:《厦门侨批业的产生与发展》，王炜中主编：《第二届侨批文化研讨会论文选》，香港：公元出版有限公司，第356页。

理不同的贸易形式，而不仅仅是侨批。理想情况下，没有人可以有片刻的清闲时间，为了满足不断变化的需求，批局会按天招聘临时工并通常支付很低的工资，这些临时工有时由两个或更多的合作者甚至竞争者共同雇佣。在这些情况下，批局与邮局的区别是令人惊讶的，在邮局，邮递员总是会围坐在一起聊天和喝茶。[1]

批局也会尽量节省资源。例如，在侨批贸易中必不可少的回批附件会被制作成很小件——据说25个回批与一封普通信件一样重——许多批局省去了信封，只提供信纸，以减轻整体重量，从而降低携带它们所需的袋子和篮子的成本，并让批脚将尽可能多的回批装在一个信封里发回。1923年，新加坡当局禁止捆扎侨批，并出台了一项新规定，要求每个信封都要单独贴上邮票。在这种情况下，工作人员可能会贿赂邮政工作人员以及中国港口的海关官员，让他们再次隐瞒侨批的总重量或数量，以将成本降至最低。他们还通过中国的侨批接收站走私成袋的侨批，以逃避日益增加的邮政费用。独创性和随机应变是侨批贸易在激烈竞争的世界中求生存所必不可少的。[2]

批局在客头的帮助下，给初来乍到的移民登记，将他们记录在案，并给他们分配了一个号码，以匹配他们在中国和国外的姓名、工作和地址信息，或许还借给他们一点钱让他们在第一个发薪日之前可以生活。这是一个非常重要的时刻，在可预见的未来，大部分汇款人都与批局联系在一起，批局保存了他的详细资料以备将来参考，从而能够迅速有效地处理他的信件。他的详细资料的副本被送到设在其原籍港口的批局。汇款时，他只需要提供收款人的姓名。[3]

多年来银行经常对微不足道的汇款金额嗤之以鼻，但如果有的话，批局的经理们很少拒绝这一生意及佣金，这是因为他们着眼于长远。尽

1 焦建华（2005）：《制度创新与文化传统——试析近代批信局的经营制度》，《中国社会经济史研究》第2期，第68页。

2 吴宝国（2014）：《侨批与邮政》，中国历史文献研究会、汕头市潮汕历史文化研究中心编：《世界记忆遗产——侨批档案研讨会论文集》，汕头，第201-202页。

3 陈瑛珣（2010）：《广东侨批收集及新货币种类的地域社会分析》，王炜中主编：《第三届侨批文化研讨会论文选》，香港：天马出版有限公司，第135页；焦建华（2005）：《制度创新与文化传统——试析近代批信局的经营制度》，《中国社会经济史研究》第2期，第66页。

管每一笔汇款都很少，但从定义上来说，作为维系家族联系的侨批在很大程度上是正常的、持续的，而且经过多年积累，可以形成大规模的资金转移，尤其是那些成功建立商店或企业的移民。

批局利用同胞感情来巩固经济纽带。[1]他们之间所表现出的信任是非凡的。侨批交易者通常只有在收到回批时才从贫穷的汇款人那里取钱。在某个人的回忆录中声称，从来没有人不偿还贷款；即使汇款人死了，也会有人代表他或她这么做。[2]

早年，许多移民分散居住在农村、山上或丛林里。为了取得他们的侨批，批局的员工沿着水客已经开辟的道路前进，在轮船将要启航驶往中国时，围绕着矿山、农场和工厂收取侨批。后来，一种更简单、劳动强度更低的招揽生意的方法出现了：批局让当地的店主充当代理，或者付钱给矿山、工厂或种植园经理分发登记表。[3]

蒸汽航运开始后，汇款过程大大加快。在帆船时代，从汇款到收到收件人的回执可能需要几个月甚至两三年的时间，这主要是因为船次太少。[4] 1851年，往返菲律宾吕宋岛的旅程可能需要20多天，台风来袭时可能需要一两个月甚至更长时间。[5]新加坡和汕头之间的侨批-回批流程耗时约40天，但到了20世纪30年代，时间缩短了一半，仅比现代航空邮件的时间长一点，在电信开始后，时间缩短至一周到十天。[6]在新的条

---

1 李文海编（2009）:《民国时期社会调查丛编（二编）· 华侨卷》，福州：福建教育出版社，第846页。

2 谷子（2006）:《优良中国传统文化孕育笃诚守信侨批业》，洪林、黎道纲编：《泰国侨批文化》，曼谷：泰中学会，第128–129页。

3 曾旭波（2010）:《东南亚潮帮批信局的经营方式》，王炜中主编：《第三届侨批文化研讨会论文选》，香港：天马出版有限公司，第422–423页；李文海编（2009）:《民国时期社会调查丛编（二编）· 华侨卷》，福州：福建教育出版社，第846–847页。

4 杨群熙主编（2004）:《潮汕地区侨批业资料》，汕头：潮汕历史文化研究中心、汕头市文化局、汕头市图书馆，第481页。

5 苏文菁编著（2013）:《闽商发展史总论卷（近代部分）》，厦门：厦门大学出版社，第260页。

6 黄家祥（2008）:《侨批业初探》，王炜中主编：《第二届侨批文化研讨会论文选》，香港：公元出版有限公司，第341页；陈汉初（2010）:《潮汕侨批的档案文献价值》，王炜中主编：《第三届侨批文化研讨会论文选》，香港：天马出版有限公司，第87–88页；马楚坚（2008）:《潮帮批信局与侨汇流通之发展初探》，王炜中主编：《第二届侨批文化研讨会论文选》，香港：公元出版有限公司，第28–29页。

件下，有些人开始不仅按月汇款，甚至按周汇款。[1]

批局的组织文化带有强烈的家长式作风。它的核心人员是以亲属关系为由招聘的，每个批局都由“家长”掌管，他担任财务管理员和柜台主管，工作是将批局按路线分类，核对数量，并将每一条的汇款金额分发给跑腿者。[2]为了保持员工的忠诚度并激励他们，批局经营者在一年中的适当时候支付佣金和补贴，并分发礼物。一些批局实行利润分成制——70%给经营者，20%给经理，10%给邮递员、厨师和其他底层员工。有些批局为邮递员设立了赔偿计划，如果邮递员在工作中死亡或丧失工作能力，他们的家庭可以得到一定的金额（也分为三个等级）。[3]

世界各地的工会在组织邮政工人方面通常收效甚微。19世纪中期，英国工会的组织者就曾从邮政职员中招募新成员，相应地在中国，陆京士于20世纪30年代早期发起成立了全国邮务总工会。[4]尽管存在低工资和工作条件恶劣等情况，但是从历史上来看，大多数的邮政工会与那些有着较好组织性的产业工会相比缺少了谈判实力。尽管通常意义上大量的邮政行业劳工都会有一个共同的雇主，但是太过分散且活动过于多元的特点致使他们无法组成一个团结而有凝聚力的实体。侨批工人缺少阶级意识，更不要说会以同一个阶级的身份来争取权益了。普通工人的薪水不高且仅有较少的保障，即使他们在政治上产生了不满情绪和阶级意识，也鲜有渠道帮助他们维权。更何况他们通常还会被嵌入在家族网络中，以致更倾向于诉诸恳求而非抗议。

典型的批局规模相当小，平均约有10名员工。它所在的建筑有一个房间用来整理侨批，一个房间用来居住，还有一个或多个宿舍。较大的批局有20名工人，较小的只有三四名。很少有人拥有大量资本，他们主

1 王炜中（2007）:《潮汕侨批》，广州：广东人民出版社，第62页。

2 陈海忠（2013）:《历史记忆中的潮汕侨批与乡村社会》，中国侨批世界记忆工程国际研讨会组委会编：《中国侨批世界记忆工程国际研讨会论文集》，北京，第296–307页。

3 焦建华（2005）:《制度创新与文化传统——试析近代批信局的经营制度》，《中国社会经济史研究》第2期，第68页。

4 Porter, Robin. 1993. *Industrial Reformers in Republican China*. Armonk, NY: M. E. Sharpe, p.160.

要依靠汇款带来的现金流。[1]他们的需求很少：仅仅需要食物、自行车、一部电话和一张桌子。[2]

批局“内部”的员工是业主的近亲或朋友，因为在他们的工作中，信任是最重要的。对于在村庄中提供服务的“外来”员工来说，信任仍然是最为重要的，以致他们也不太可能由外来人员充当。内部员工的薪酬通常高于普通员工，以鼓励他们保持态度良好、诚实和忠诚。某个批局每月付给他们18元，外加每1 000元汇款可以提成0.1%。[3]另外，付给经理（业者合伙人）30元，付给簿记员和快递员24元。外来员工主要是农民，尽管当中也有一些是流动小贩。这些人在船靠岸之后就开始工作，其他时间则继续耕作或进行小买卖。他们有的拿固定工资，有的充当临时工，通常一天挣一元钱。[4]在某些时期，公司甚至向外部员工收取侨批的1%作为费用，所以他们别无选择，只能向收批者索要“小费”。[5]

只有一小部分批局是个体经营的。大多数是由两个或更多的人共同拥有的。在福建，82%的批局是合伙企业，这一情况在海南同样存在（合伙制比单独经营更能赢得消费者的信任，单独经营的批局破产或潜逃的可能性更大）。大多数公司的资本化程度较低。1933年，汕头市55家批局的平均资本额为两万元。20世纪30年代初，内陆一些更小的批局，

1 在海南，一百或两百元是足够的。[杨群熙主编（2004）:《潮汕地区侨批业资料》，汕头：潮汕历史文化研究中心、汕头市文化局、汕头市图书馆，第493页。]

2 杨群熙主编（2004）:《潮汕地区侨批业资料》，汕头：潮汕历史文化研究中心、汕头市文化局、汕头市图书馆，第419页。

3 黄家祥（2010）:《诏安侨批业流变》，王炜中主编：《第三届侨批文化研讨会论文选》，香港：天马出版有限公司，第507页。

4 李文海编（2009）:《民国时期社会调查丛编（二编）·华侨卷》，福州：福建教育出版社，第796、848页。有关民信局的薪酬，参考Harris, Lane Jeremy. 2012. “The Post Office and State Formation in Modern China, 1896–1949.” PhD dissertation, University of Illinois at Urbana-Champaign, p.133。

5 中国人民政治协商会议福建省厦门市委员会文史资料研究委员会编（2004）:《厦门文史资料》，厦门：中国人民政治协商会议福建省厦门市委员会文史资料研究委员会，第432页。

平均资本约为870元。[1]

汇款手续费根据汇款金额，汇款人与收款人之间的距离，港口的汇率不同，以及根据汇款的性质如现金、信用卡或者是从储蓄中提取而有所不同。起初，水客和一些批局经营者会回避使用“小费”这个词，因为这个词暗指一种非友好的非个人和商业关系，他们通常用“茶钱”来代替，金额由汇款人自定。[2]在竞争激烈和资金流（在收到和交付汇款之间的时间间隔内可用的钱）可获盈利的情况下，一些批局不向汇款人收费，甚至向汇款人付款。操纵汇率是批局另一个收入来源。若是收取费用，通常按汇款的百分比计算，在汇款时或收到汇款交付的回执（以回批的形式）时支付。费用的多少取决于整体或当地的经济环境、汇款人与公司的关系以及其他因素。[3]随着时间的推移，一些公司联合起来统一费用。当贸易越来越大时，获利越来越可观，许多当地商人和掌权者，本身也是汇款人和收款人的近亲，利用他们的地位压榨他们的贫穷和较疏远且反抗力量有限的亲戚。[4]

侨批贸易的运作模式被称为“三盘”，它包括三个阶段：① 移民居住地的头盘局收揽侨批，并将其编号，登记造册，抄底传送，分拣发运，寄递回国。② 中国港口的二盘局接收和分拣到港的成千上万的侨批。③ 村或县城级侨乡的三盘局从港口取回本区域的侨批，派批脚将侨批交付到接收人手中，并收取回批。到了20世纪20年代和30年代，第三阶段大约费时5天左右，如果是运送到更远的地方，则需要一周。这三个阶段分别对应头盘、二盘和三盘。回批的路线相反，侨乡的三盘局在接

1 杨群熙主编（2004）:《潮汕地区侨批业资料》，汕头：潮汕历史文化研究中心、汕头市文化局、汕头市图书馆，第462、493页；焦建华、徐翠红（2004）:《近代批信局特色探源》，王炜中主编：《首届侨批文化研讨会论文集》，汕头：潮汕历史文化研究中心，第165页；戴一峰（2003）:《网络化企业与嵌入性——近代侨批局的制度建构（1850s–1940s）》，《中国社会经济史研究》第1期，第72页。

2 刘进（2010）:《在情与理之间》，王炜中主编：《第三届侨批文化研讨会论文选》，香港：天马出版有限公司，第301–302页。

3 杨群熙主编（2004）:《潮汕地区侨批业资料》，汕头：潮汕历史文化研究中心、汕头市文化局、汕头市图书馆，第332页；刘进（2010）:《在情与理之间》，王炜中主编：《第三届侨批文化研讨会论文选》，香港：天马出版有限公司，第300–302页。

4 刘进（2010）:《在情与理之间》，王炜中主编：《第三届侨批文化研讨会论文选》，香港：天马出版有限公司，第303、308页。

收到回批后将其传送到港口二盘局，同时销号。二盘局将各地的回批按照海外帮号销号整理后再汇总寄到头盘局。海外头盘局将回批送交汇款人，并销号。[1]

批局有两种主要的运营模式。规模大一点的批局在移民聚居地家喻户晓，在中国有注册的分支机构或代理机构。规模较小的批局则没有跨国关系，业务也不像大批局的那样繁忙，他们有时会把侨批托付给较大的批局。根据台湾银行1914年委托进行的一项研究，80%到90%的小商人兼营侨批，作为副业。[2]有些人甚至在唐人街的路边摆桌子从事侨批工作。[3]

还有少数规模更大、资本更雄厚的批局，通常采用"一条鞭"模式，拥有自己的直向组织体系，控制着从收批到送批的所有三个阶段。在厦门，据说只有两家批局采用"一条鞭"模式。大多数批局都是利用整个侨批系统的网络相互合作，而不是包揽侨批贸易的所有阶段。一条鞭的模式在运作过程中，纵向发展，每一个环节都由自己的分公司负责，省去了与其他商家沟通的麻烦，提高了批局的运营效率，但同时维持运用过程需要大量资本，且树大招风，容易受到官方掠夺，特别是在缺乏当地足够认知和关系网络的区域。同时，这种模式也更容易滋生内部腐败。[4]

以东南亚为据点的批局中只有大约10%在中国东南沿海设立分局，其余90%以上均是与各地代理局形成合作关系。这种代理关系大致可分

1 贾俊英（2012）:《侨批史研究——以天一信局为个案的考察》（硕士毕业论文），厦门：华侨大学，第60–61、89–91页；焦建华（2005）:《制度创新与文化传统——试析近代批信局的经营制度》,《中国社会经济史研究》第2期，第65–66页。

2 黄子坚（2013）:《马来西亚侨批——社会史及侨汇史史料》，中国侨批世界记忆工程国际研讨会组委会编：《中国侨批世界记忆工程国际研讨会论文集》，北京，第134页；陈春声（2000）:《近代华侨汇款与侨批业的经营——以潮汕地区的研究为中心》,《中国社会经济史研究》第4期，第59页。

3 洪林（2010）:《从家批看侨批及其背景》，王炜中主编：《第三届侨批文化研讨会论文选》，香港：天马出版有限公司，第118–119页；杨群熙主编（2004）:《潮汕地区侨批业资料》，汕头：潮汕历史文化研究中心、汕头市文化局、汕头市图书馆，第269页。

4 贾俊英（2012）:《侨批史研究——以天一信局为个案的考察》（硕士毕业论文），厦门：华侨大学，第60页；贾俊英（2014）:《近代闽南侨批局信用的嬗变——以天一信局为个案的考察》，中国历史文献研究会、汕头市潮汕历史文化研究中心编：《世界记忆遗产——侨批档案研讨会论文集》，汕头，第149页。

为三类：第一类，代理局由双方共同出资经营，每年结算一次，利益均分；第二类，由代理局经营者单独承担一切经营费用，委托方向代理局业主支付1%到1.7%的佣金；第三类，由委托方承担代理局的一切经营费用（实报实销），同时支付代理局经营者0.2%到0.4%的佣金。[1]在上诉三类代理局中，以第二和第三类代理局最为普遍。代理人与批局的关系通常是建立在血缘地缘关系基础上。[2] 1948年领有执照的70家汕头批局，一方面代理中国香港和国外441家批局的侨批，另一方面又委托汕头市以外的141家国内批局代理分发批信款。1934年国民政府实行的限制批局政策，进一步强化了这一经营模式，许多国外批局不得不委托国内批局为代理机构。[3]批局的服务组织从港口辐射到内陆城镇和村庄，跨越平原和山脉，形成一个复杂而强大的系统。[4]银号和钱庄同样在海外建立起网络。在泰国，潮州银号甚至已经在乡村有分支，且已经坚持运营了100多年。[5]

批局的二盘局和三盘局之间，以及它们与头盘局之间都有复杂关系。头盘局系指可以直接在东南亚收取华人移民信款的批局，它们或系在东南亚设有分局的国内批局总局或系东南亚总局在国内的分局；二盘局指接受东南亚批局委托，办理传驳内地信款的批局；三盘局则指负责将东南亚华人移民信款最后派送到国内收信款人手上的批局。不过在实际经营中部分头盘局也同时接受东南亚批局的委托，办理传驳内地信款，即兼有二盘局的功能，侨批业界称其为头二盘。甚至有头盘局同时兼二、三盘局功能的，则称为透局。此外，也有部分二盘局同时兼做三盘，

1 贾俊英（2012）:《侨批史研究——以天一信局为个案的考察》（硕士毕业论文），厦门：华侨大学，第91页；焦建华、徐翠红（2004）:《近代批信局特色探源》，王炜中主编：《首届侨批文化研讨会论文集》，汕头：潮汕历史文化研究中心，第166页。

2 陈丽园（2008）:《侨批经营网络的组织形态研究》，王炜中主编：《第二届侨批文化研讨会论文选》，香港：公元出版有限公司，第188页。

3 杨群熙主编（2004）:《潮汕地区侨批业资料》，汕头：潮汕历史文化研究中心、汕头市文化局、汕头市图书馆，第335–336页。

4 陈骅（2010）:《对侨批研究设计的几个问题的讨论》，王炜中主编：《第三届侨批文化研讨会论文选》，香港：天马出版有限公司，第195页。

5 李文海编（2009）:《民国时期社会调查丛编（二编）·华侨卷》，福州：福建教育出版社，第849页。

即直接向国内收信款人派送来自东南亚华人移民的信款，业界称为二三盘。[1]

三盘局又分为三类，负责最终交货。第一种称为甲种投递局，是二盘、三盘局设于各地农村的分局，或南洋批局设于家乡的分局。甲种批局跟南洋各批局有直接业务，通常是大中型批局的直属机构。第二种是只在所在地设独立的投递局，所服务的区域比甲种投递局狭窄，与南洋没有直接业务往来，只是二盘局的直接代理投递侨批，称为乙种投递局；第三种其实不算投递局，只是一些自雇的"批脚"（或可称为投递个体户），他们松散地依附于一盘局或二盘局。"批脚"各自在自己熟悉的范围内投送侨批，他们多数由农民在农闲时兼任，也有少数城镇工人和小商贩，通常每周一次协助分发侨批。

批局以大小和功能为区分。大批局在本行业拥有良好的信用和名声，具有稳定的批信来源，平均月收批量一般在5 000件上下，最高峰时可达到上万件（参见下一节对天一批局的描述）。中型批局也处理相对较多的侨批，它的月侨批量一般在1 000到4 000件之间浮动。独立的小型批局通常只在一地设立批局，只拥有单一功能的业务，它们有三种不同的类型：其一通常位于侨乡地区，收集侨批并将它们交给其他批局进行进一步的递送或派往潮汕地区。其二，位于中国香港或中国内地的某个城市，是纯粹的中介型批局。其三，通常设在经营者家乡附近的乡镇，只进行投递业务。这类小型批局为数不少，但在侨批经营中所占份额不大（大多数每月处理不到1 000件批局），而且大部分只能维持营业一二十年。[2]

在某些地方和时期，批局建立了由受薪邮递员提供服务的分发制度。这种方法通常被认为效果很好，能有效节省费用，降低成本。邮递员从不止一个方面获利。他们既可向收款人讨取小费，又可在分发汇款时通过兑换货币的汇率获取收益。这种分发制在批局中逐渐推广，甚至

1 戴一峰（2003）：《网络化企业与嵌入性——近代侨批局的制度建构（1850s–1940s）》，《中国社会经济史研究》第1期，第73页。

2 马明达、黄泽纯（2004）：《潮汕侨批局的经营网络》，《暨南大学学报》第1期，第125–127页。

中国银行厦门分行在20世纪30年代也开始仿效它。[1]

“一条鞭”制度能自由控制资金的流动，又可赚取两方的利润。但为何大部分批局却选择和其他批局合作，建立联号或代理关系，而不是用自己的资源来控制整个过程呢？主要有几个原因：首先，设立分号的开销成本较大，从经济效益的角度看并非首选；其次，对当地社会环境不熟悉，人脉不足，尤其是与当地官员的关系往往不如当地批局那么密切，难以竞争；再次，当地治安不好或是政治局势不稳定与社会动荡不安乃至战争环境下，投资风险相对较大。考虑到这些因素，委托当地的批局为代理或建立联号关系自然成为大多数批局所采用的经营策略了。[2]

批局在侨乡地区及整个国民经济中发挥了关键作用。以潮汕为例，19世纪最后的25年，151万移民离开汕头前往东南亚；今天，数百万潮汕人及其后裔生活在海外。[3]在鼎盛时期，潮汕批局办理每年达200多万的侨汇，占海外侨汇的80%。[4] 1919年，每艘抵达汕头的船上约有6万侨汇。1921年以前，潮汕侨汇一年达数千万元，1921年以后达到一亿甚至两亿元。[5] 1947年，潮汕收到侨汇199万侨批，价值近1.2亿港元。[6]这些侨汇通过家属支出和批局用以作为现金流动的杠杆作用，流入当地和区域经济。批局专业人士利用它们来投机货币市场，而非专业人士则可以借此发放贷款或投资或买卖其他行业（土地、房地产、进出口等）的

---

1 焦建华（2005）：《制度创新与文化传统——试析近代批信局的经营制度》，《中国社会经济史研究》第2期，第67页。

2 李志贤（2014）：《19–20世纪期间新加坡各帮民信局的营运与同业组织》，中国历史文献研究会、汕头市潮汕历史文化研究中心编：《世界记忆遗产——侨批档案研讨会论文集》，汕头，第14页。

3 曾旭波（2010）：《东南亚潮帮批信局的经营方式》，王炜中主编：《第三届侨批文化研讨会论文选》，香港：天马出版有限公司，第418页；王炜中（2007）：《潮汕侨批》，广州：广东人民出版社，第9页。

4 刘猷远（2008）：《浅析侨批与金融》，王炜中主编：《第二届侨批文化研讨会论文选》，香港：公元出版有限公司，第54页；陈骅（2010）：《对侨批研究设计的几个问题的讨论》，王炜中主编：《第三届侨批文化研讨会论文选》，香港：天马出版有限公司，第194–195页。

5 杨群熙主编（2004）：《潮汕地区侨批业资料》，汕头：潮汕历史文化研究中心、汕头市文化局、汕头市图书馆，第10、96、100、101页。

6 陈训先（2010）：《论“银信合封”——兼谈粤闽民信和侨批的演变》，王炜中主编：《第三届侨批文化研讨会论文选》，香港：天马出版有限公司，第187页。

商品。[1]

批局不仅深深扎根于移民地区，也植根于在外国港口和城镇形成的商业和华人社会。批局是以家族或宗族为基础的企业，正如它们的起源水客一样，几乎完全按照地缘或方言行事。1936年，汕头批局中有近70%是家族企业，还有更多的基于地缘关系，构建起其他类型的特殊联系。[2]批局在所有地区和时代都同样植根于家庭或更广泛的亲属关系网络。

由于侨批的客户主要来自农村，批局贸易的日期与中国农村社会的日历及其节日和相应的活动完全一致。在贸易的早期，侨批的交付是季节性的，与每年的大小节日联系在一起：在农历的一月、五月和九月（分别对应于春节、端午节和重阳节），这被称为"走大帮"，在二月、七月和十月交付的侨批被称为"走小帮"。[3]汇款额在春节前夕达到顶峰之后开始回落，并在下一轮节日来临之前再一次暴涨。这种波动模式甚至在20世纪初贸易巩固之后仍在继续。汕头振盛兴批局经手的侨批金额的波动就说明了这一点。在1946年的淡月（1月至3月），侨汇金额是 100 000银元；"普通月"（4月至9月）为150 000银元；旺月（10月至11月）是300 000银元。[4]与正统经济系统中的正规机构不同，批局完全适合这种不断变化的节奏，它们习惯于弹性地调整自己的劳动力和工作比率。

除了血缘、宗族和地缘关系，贸易关系是许多这类网络中的重要一环。因为大多数批局除了侨批还从事其他贸易，所以它们与其他贸易商建立了不一定基于血缘或地缘的信任关系。在适当的情况下，它们可以

1 陈骅（2010）:《对侨批研究设计的几个问题的讨论》，王炜中主编：《第三届侨批文化研讨会论文选》，香港：天马出版有限公司，第197页。

2 陈丽园（2008）:《侨批经营网络的组织形态研究》，王炜中主编：《第二届侨批文化研讨会论文选》，香港：公元出版有限公司，第185-194页。

3 杨群熙主编（2004）:《潮汕地区侨批业资料》，汕头：潮汕历史文化研究中心、汕头市文化局、汕头市图书馆，第58、64页；莫震等编（2013）:《海邦剩馥——广东侨批档案》，广州：岭南美术出版社，第32页。

4 陈春声（2000）:《近代华侨汇款与侨批业的经营——以潮汕地区的研究为中心》，《中国社会经济史研究》第4期，第58页。

依靠这些人的支持，或利用他们作为侨批的代理人。[1]

这种所有制和管理方式具经济效益且灵活并有利可图，但它主要依靠信任，缺乏有效的客观性和系统的监督控制机制。侨批交易的主要成本是劳动力，门槛（从所需资本的数量来看）很低，回报很高，所以大批新手蜂拥而至，当中并非所有人都具诚实人品。腐败在各级贸易包括高层中盛行。1928年，由于管理者的不负责任和投机取巧，天一批局倒闭，引发了侨批行业的普遍危机（这场危机将在后文中描述）。

20世纪40年代末，同样的事情再次发生，规模甚至更大。当时，中国飞速增长的通货膨胀和海外当局的骚扰迫使大部分侨批贸易转向非法或地下经营。货币投机是汇款过程中的一个关键时刻，也是贸易利润的主要来源，但有时也会失控，如：汇款被侨批代理人赌博输掉。这种腐败有时会导致公众对该行业失去信心。[2]

在一个缺乏法律保障和战乱的时代，侨批贸易很容易受到小偷尤其是海盗的攻击。例如，1923年，海盗在厦门附近登上一艘轮船，偷走了天一局价值50万元的汇款。[3]地方和国家当局热衷于染指侨批利润，地方豪强和士绅领导人也一样，他们要求侨批商人“捐款”。[4]只有像天一局这样非常富有的公司，可以弥补抢劫和勒索造成的损失，但大多数资本有限的批局则无法承受。

这些做法和一系列意外事件使得越来越多地区的移民丧失了对批局的信任，并在一段时间内转而依赖邮局和银行。然而，这种转变永远不

1 Jia, Junying, The Evolution of Trust in Modern Southern Fujian's Qiaopi Offices: An Investigation Using the Tianyi Office as a Case-Study. Working paper, pp.9–14；陈丽园（2008）:《侨批经营网络的组织形态研究》，王炜中主编：《第二届侨批文化研讨会论文选》，香港：公元出版有限公司，第186–187页。

2 杨群熙主编（2004）:《潮汕地区侨批业资料》，汕头：潮汕历史文化研究中心、汕头市文化局、汕头市图书馆，第332、463、464页；焦建华、徐翠红（2004）:《近代批信局特色探源》，王炜中主编：《首届侨批文化研讨会论文集》，汕头：潮汕历史文化研究中心，第166页。

3 Jia, Junying, The Evolution of Trust in Modern Southern Fujian's Qiaopi Offices: An Investigation Using the Tianyi Office as a Case-Study. Working paper, p.24.

4 黄家祥（2008）:《侨批业初探》，王炜中主编：《第二届侨批文化研讨会论文选》，香港：公元出版有限公司，第339页；焦建华、徐翠红（2004）:《近代批信局特色探源》，王炜中主编：《首届侨批文化研讨会论文集》，汕头：潮汕历史文化研究中心，第168–169页。

足以推翻批局在汇款贸易中的优势。这在一定程度上是因为批局与现代机构相比，更能满足汇款人的需求，但更为主要的是在战后中国的金融危机期间，通货膨胀严重，移民若使用后者这一按部就班的汇款方式，只会蒙受损失（见第5章）。

军阀统治时期以及抗日战争和解放战争时期，各类违法行为迫使许多批局在被土匪或官方掠夺的地区采取一种特殊的合作形式。批局的经营者和经理们竞相招募当地的名人和掌权者（实力派）成为他们付费的挂名"合作伙伴"，通过这种联系，他们能够追回被罪犯窃取或被当地恶霸（土豪）或腐败官员侵吞的大量汇款。出于同样的目的，其他官员也被邀请成为股东。1911年清政府垮台后，偏远地方匪患频仍，抢劫批款之事屡屡发生。为避免现金被劫，批局在山区或偏僻区域多数不携带现金，改送自己印发的票券或信用票据，称为"山票""小票"或"山单"，可在汇款店铺或当地商店兑现。该系统很快也被闽东福州附近地区采用，他们使用的是钱庄发行的一种台伏票。山票很快成为一种替代货币，面额一般介于1 ~ 50元。山票由一套每天传送给接收者的秘密密码系统管理，较为安全。若被盗取，即使票单被转手几次，仍可以举报并由担保人弥补损失。然而，该系统并没有被很好地管控乃至在某些时候会被滥用。一些批局经营者将其视为印刷钞票的许可证，市场上也时不时有假的票券流行。[1]晋南一家仅有2 000元资本的批局就发行近10万面值的山票。[2]如果批局破产或店主违约，移民家属很可能会失去他们所有的积蓄。[3] 1920—1936年间，侨批业因滥发山票，套用侨汇投机倒把而倒闭和改组的至少在24家以上。天一银信汇兑局在投机失败倒闭时，无法兑

1 杨群熙主编（2004）:《潮汕地区侨批业资料》，汕头：潮汕历史文化研究中心、汕头市文化局、汕头市图书馆，第487页；焦建华（2005）:《制度创新与文化传统——试析近代批信局的经营制度》，《中国社会经济史研究》第2期，第67–68页。

2 焦建华、徐翠红（2004）:《近代批信局特色探源》，王炜中主编：《首届侨批文化研讨会论文集》，汕头：潮汕历史文化研究中心，第168–169页。

3 中国人民政治协商会议福建省厦门市委员会文史资料研究委员会编（2004）:《厦门文史资料》，厦门：中国人民政治协商会议福建省厦门市委员会文史资料研究委员会，第431–432页。

现的山票估计达50万元。[1]

尽管侨批业的一些特征可能是独一无二的，但其并不是中国独有的。其他国家的移民也发展了本土汇款系统。最著名的例子是“哈瓦拉”，也被称为“汉地”，主要流传于来自中东和南亚的移民。哈瓦拉制度（仍在蓬勃发展）在其历史渊源、运作特点以及与官方现代机构的联系，与现在已经不复存在的侨批业有着很大的相似之处。它产生于传统银行业普及之前，快捷、便宜，且能随时使用；它在文化上符合当地的制度和价值观；具有多种功能；从事“批量加工”；与银行不同的是，它甚至能在通信最差的村庄中提供服务。因为在正规系统之外进行，它的交易通常可以逃税，也可以匿名进行，因此在当局看来，它在当代的运作与犯罪包括洗钱和恐怖主义（这是在大多数描述它的书籍中的主题）有着密切的联系。它在很大程度上过度依赖于人际信任，这种信任是由哈瓦拉经营者、经纪商（或信使）之间的家庭网络或频繁联系所巩固。与侨批业一样，汇款往往是在确认收到后才支付给哈瓦拉。[2]与侨批业的主要区别是，信件似乎不是哈瓦拉制度的可能组成部分。然而，有时信件也会转发给收款人，收款人以回信的形式确认收到汇款。[3]

天一批局

尽管侨批机构在中国的国家和地区经济以及国际贸易中具有重要意义，若干年来建立的成千上万个批局中，却很少有被详细研究过。除

1 Jia, Junying, The Evolution of Trust in Modern Southern Fujian's Qiaopi Offices: An Investigation Using the Tianyi Office as a Case-Study. Working paper, pp.24–25；贾俊英（2012）:《侨批史研究——以天一信局为个案的考察》（硕士毕业论文），厦门：华侨大学，第84页。

2 El Qorchi, Mohammed, Samuel Munzele Maimbo, and John F. Wilson. 2003. *Informal Funds Transfer Systems: An Analysis of the Informal Hawala System*. Occasional Paper no. 222. Washington, DC: International Monetary Fund; Jost, Patrick M., and Harjit Singh Sandhu. n.d. *The Hawala Alternative Remittance System and Its Role in Money Laundering*. Prepared by the Financial Crimes Enforcement Network in cooperation with Interpol/FOPAC. 有关“哈瓦拉”和“汉地”并非历史偶然的论述，参见Martin, Marina. 2009. “Hundi/Hawala: The Problem of Definition.” *Modern Asian Studies* 43(4): 909–937。

3 Gulshan, S. S., and G. K. Kapoor. 2003. *Business Law, Including Company Law*. New Delhi: New Age International, p.271.

了几本已出版的回忆录外，关于它们的出版物很少。相比于对中国银行体系的大量研究，包括对个别银行的研究，对侨批机构的研究则少之又少。[1]

在这些被忽略的批局研究中，天一批局是个例外，它是中国最大的、联系最紧密的、最广泛的、最具创新性的、最有影响力的和持续时间最长的批局。学界已有很多关于天一批局的研究，[2]天一批局在中国邮政和金融业的发展中发挥了重要作用。它贯穿并体现了侨批贸易的三个主要阶段——个人汇款（水客）、成立汇款商店（批局），以及最终向成熟专业的全球商业链的转变。相关研究主要来自贾俊英、郭伯龄和陈训先等几位侨批史学者。在这一节中，我们借用这三位学者的研究成果来说明侨批贸易的性质，包括它的优势和劣势以及1928年天一批局的戏剧性倒闭。[3]

天一是由传说中的郭有品——一位前水客于1880年创建的。郭有品在1874年开始将侨批带回中国，每年在中国和菲律宾之间往返数次，进行侨批贸易。[4]最初，他亲自押运，但后来他开始雇用信使运送侨批。郭有品在1880年建立了自己的批局（当时称“批馆”）。其批局最初规模很小，后来发展得很快，其总部设在郭有品的家乡——福建南

1 张林友（2014）:《侨批档案与闽粤近代金融史研究——基于史料比较的分析框架》，中国历史文献研究会、汕头市潮汕历史文化研究中心编 :《世界记忆遗产——侨批档案研讨会论文集》，汕头，第225–226页。

2 有关潮汕批局的研究个案，参考陈春声（2000）:《近代华侨汇款与侨批业的经营——以潮汕地区的研究为中心》,《中国社会经济史研究》第4期，第57–66页。

3 除另有说明外，本节基于以下研究：Jia, Junying, The Evolution of Trust in Modern Southern Fujian's Qiaopi Offices: An Investigation Using the Tianyi Office as a Case-Study. Working paper；贾俊英（2012）:《侨批史研究——以天一信局为个案的考察》（硕士毕业论文），厦门：华侨大学。贾俊英（2014）:《近代闽南侨批局信用的嬗变——以天一信局为个案的考察》，中国历史文献研究会、汕头市潮汕历史文化研究中心编 :《世界记忆遗产——侨批档案研讨会论文集》，汕头，第138–156页；郭伯龄（2009）:《天一批馆的历史浮沉》，陈小钢主编 :《回望闽南侨批——首届闽南侨批研讨会论文集》，北京：华艺出版社，第123–131页；郭伯龄（2014）:《天一侨批局是倒闭还是关闭》，中国历史文献研究会、汕头市潮汕历史文化研究中心编 :《世界记忆遗产——侨批档案研讨会论文集》，汕头，第157–160页；陈训先（2010）:《论“银信合封”——兼谈粤闽民信和侨批的演变》，王炜中主编 :《第三届侨批文化研讨会论文选》，香港：天马出版有限公司，第181–189页。

4 有关郭友品的家世与生平，参见贾俊英（2012）:《侨批史研究——以天一信局为个案的考察》（硕士毕业论文），厦门：华侨大学，第34–36页。

部龙溪县二十八都流传社，由其亲自管理，并在厦门和马尼拉设有分支机构。

郭有品在公司里只任用亲信，实行家长式的铁腕统治，使公司保持清廉，避免腐败现象。1901年他去世后，公司传给了他的长子郭用忠。郭用忠也是一个精力充沛、勇于创新的领导者。天一批局各大分支的领头都是郭有品的儿子，或者是郭姓家族的亲戚，他们之间有着深厚的血缘和姻亲关系。

1892年，郭有品先后在厦门和泉州附近的晋江设立办事处，后来扩展到香港。他的公司先在马尼拉将侨批打包，在厦门兑换成现金，然后再分发和运送到各个村庄。回批在厦门也有类似的捆绑运输。在19世纪90年代末，邮局试图干预这种方式，但最终默认接受，部分原因是邮局缺乏有经验的邮递员，并很难覆盖所有区域。

郭有品在19世纪晚期率先提出了许多措施，使侨批贸易现代化。他规范程序，加强管理，引入严格的检查，制作标准化的分类账，并建立了一个错综复杂且相互联系的运转系统（三盘），将收集、传输、分配和交付的整个过程编织成一个无缝的整体，从而为高端的侨批贸易创造了一个模板。他还制定收费标准，设定可预测的汇率，雇佣值得信赖的批脚，并给予他们合理的待遇，同时严禁批脚索取“茶钱”，以及代表客户写回批，避免批脚敲诈或作弊（目前还不清楚这项禁令的效果如何）。在船未到岸就会安排小船行驶并登上大船接应邮件，分拣侨批。通过简化程序，他加快了交货速度这一客户最为关心的事项。1920年，天一购买三艘小轮船把侨批从厦门运到侨乡附近的港口，进一步缩短了交货时间。郭有品和他的继任者想出了各种办法，使侨批的运输更容易方便。例如，每当新到的侨批货物到达流转村的总部时，他们会升起天一批局的旗帜，又如，为从偏远村庄来到流转村的收款人提供暂时休息的场所。到1901年为止，几乎到达厦门的批信中有一半经由天一批局处理。到1911年，天一批局已经在国内外建立了共28个分局。天一批局变得越来越专业化，并将业务扩展到信贷和汇兑业。同时，公司也采取措施，坚决反对竞争对手的批局和投机取巧的新入行者冒用天一商标。

在1911年以后的全盛时期，天一局有33个分支机构，其中24个在中国，其余的在其他7个国家。[1]它有556名员工，其中393人在海外，并已成为行业的典范。它在整个东南亚都有分支机构，是真正的跨国经营。在1920年到1926年间，它每年汇寄大约1 000万到1 500万银元。

贾俊英通过不同类型的信用——个人信用、关系信用和制度信用来分析天一局的变迁，认为它们之间的变迁既不是线性的，也不是单向的。郭有品在作为水客时就赢得了人们的信任，他真诚的个性和诚实的态度提高了公司的信誉和声誉，特别是他在沉船事故中幸存后，坚持通过变卖家产来偿还事故中损失的汇款。而其他公司往往是通过破产来应对类似的危机和灾难，让汇款人无计可施。郭有品截然不同的做法，使其在华侨和侨眷中声名远播。[2]

天一批局最开始建立在血缘与地缘基础之上，这种基础与信托制度出现之前的移民链相关。郭有品最初亲自负责天一的所有汇款。随着印戳、账本及流程的细化，天一的运营逐步向制度化的信用过渡。这一转变与20世纪初海外华人经济向各个方向发展且日益繁荣的变化相吻合，也与现代银行业和邮政业在中国和海外的兴起相关。天一局在视其为威胁的同时，更视其为机遇。

第一次世界大战之前和期间，天一批局在东南亚迈向繁荣发展的过渡阶段表现出色，并辐射到包括中国在内的整个区域，其投资范围覆盖从航运到橡胶等各个领域。天一批局回避现代管理、审查和责任制度，坚持家族企业模式（所有的联系和运营都由创始家族郭氏家族严格管理），以减少交易成本，实现简单有效的管理并且迅速累积起巨额资金。然而，随着时间的推移，腐败行为悄然而至，以“和谐默契”为特征的公司模式不能解决由此产生的问题，这种模式也就成了一种隐患而

1 苏文菁编著（2013）:《闽商发展史总论卷（近代部分）》，厦门：厦门大学出版社，第261页。吴鸿丽认为，天一局曾一度在二十多个国家设有分支机构。吴鸿丽（2008）:《初析闽南侨批文化》，王炜中主编：《第二届侨批文化研讨会论文选》，香港：公元出版有限公司，第366页。

2 贾俊英（2014）:《近代闽南侨批局信用的嬗变——以天一信局为个案的考察》，中国历史文献研究会、汕头市潮汕历史文化研究中心编：《世界记忆遗产——侨批档案研讨会论文集》，汕头，第140页。

不再是福利。由于内部监督得不到充分实施，天一批局（像其他几家这样的公司一样）成了贪污、盲目投机以及不同分公司之间竞争的温床。1928年，投机活动造成天一被挤兑，最后导致破产并欠债50万。此次危机恰逢发生在春节前夕，使之更为加剧。春节期间，大量客户提款，流动资金短缺，无法提供足够的贷款和临时转账来拯救天一。天一批局倒闭后，另外24家批局公司随之倒闭，并由此引发了区域性的金融恐慌。

1921年至1928年间，由于整体经济的通货膨胀、批局业之间以及来自中国银行和邮政系统的日益激烈的竞争，加上中国国内和国外限制批局业活动的政府措施（部分是为了应对批局业的渎职和破产），导致了几年来批局业的普遍衰落，而天一批局的倒闭正是这一阶段的终点。同时，20世纪20年代福建和广东的政治动荡以及军阀的掠夺，包括侨乡内外的掠夺，导致了更大的不稳定和混乱。

天一的消亡有时被描述成破产，但更好的描述是公司主动决定停业的结果。这一决定是为了应对日益激烈的竞争造成的损失、中国政治和军事不稳定对侨批贸易的影响以及天一的终端内部危机。然而，这种恐慌相对来说是短暂的。在1929年的经济危机后，白银价格下跌，导致汇往中国的汇款大幅增加，整个侨批贸易日趋兴盛。

郭有品不仅是一位杰出的企业家，也是侨批行业最突出的教育慈善家。他以及继承他公司和慈善捐助事业的儿子们，是凸显侨批和慈善结合的最佳例子。郭有品的慈善事业深深植根于儒家思想之中。他从汉代哲学家的格言中取了“天一”这个名字。董仲舒（公元前179—前104）的“天人合一”是他信仰的儒家主张，他认为道德是社会秩序的基本支撑。有关郭有品的慈善活动在第六章中有更详细的描述。

批脚作为侨批贸易的最后一环

在批局时代，批脚是侨批贸易链的最后一环。正如其名字所暗示的那样，他们是通过脚力担任民信局的信差，故称“批脚”。他们也做了一些和水客一样的工作，这至少体现在国内运送侨批方面。[1]大多数批脚是农民，但也有少数是城镇人。作为短工，他们通常一周送一次货。在侨批贸易中，批脚工作最辛苦，黎明即起，不畏寒暑，常常工作到深夜或第二天才回家。他们需要警觉性、高智商、体力和耐力，以及在偏僻的小道上无所畏惧地独行，穿越被土匪、民兵和军阀势力所控制的区域。一般情况下，沿着小路到偏远的村庄和偏僻的农舍往返一趟约50公里。批脚所承载的侨批量一般一天之内可以完成派送，但有时他们无法按时完成任务，最后只能借宿于沿途某个村子里的某户人家。有时一趟会持续两到三天，特别是在繁忙时期。[2] 1949年后，有些批脚使用自行车运送侨批。[3]

一个普通的批脚每天挣一元钱，相当于两磅糙米，外加少许的食物和偶尔获取的小费。[4]这些批脚一般都是男性，穿戴一套配有许多口袋，外带一把结实的遮阳伞和一双草鞋的特殊装备。他们用布袋或带有保护竹盖的管状竹篮运送侨批，并用高带子将竹篮系在背上。[5]在早期的贸易中，他们经常运送很重的银条或硬币。在高峰时期，比如在重要节日之前，他们每天要送100多封、价值1千元至2千元的侨批。这是许多较小汇款的总和；大额资金通常通过银行转送。在20世纪40年代末通货膨胀高涨期间，批脚的袋子和篮子鼓鼓囊囊地装满了一大堆重达数磅的纸

1 Harris, Lane Jeremy. 2012. "The Post Office and State Formation in Modern China, 1896–1949." PhD dissertation, University of Illinois at Urbana-Champaign, p.133；曾旭波（2010）：《东南亚潮帮批信局的经营方式》，王炜中主编：《第三届侨批文化研讨会论文选》，香港：天马出版有限公司，第419–420页。批脚几乎都是男性，也有一些研究指出偶尔会有女性批脚。例如：王炜中（2007）：《潮汕侨批》，广州：广东人民出版社，第51页。

2 有关批脚的研究，参见王炜中主编（2008）：《第二届侨批文化研讨会论文选》，香港：公元出版有限公司，第204–205页；黄家祥（2010）：《诏安侨批业流变》，王炜中主编：《第三届侨批文化研讨会论文选》，香港：天马出版有限公司，第508页；杨群熙主编（2004）：《潮汕地区侨批业资料》，汕头：潮汕历史文化研究中心、汕头市文化局、汕头市图书馆，第360页。Jia, Junying, The Evolution of Trust in Modern Southern Fujian's Qiaopi Offices: An Investigation Using the Tianyi Office as a Case-Study. Working paper, pp.5–6.

3 王炜中（2007）：《潮汕侨批》，广州：广东人民出版社，第51页。

4 王炜中（2007）：《潮汕侨批》，广州：广东人民出版社，第51页；王炜中主编（2008）：《第二届侨批文化研讨会论文选》，香港：公元出版有限公司，第205页。

5 黄家祥（2010）：《诏安侨批业流变》，王炜中主编：《第三届侨批文化研讨会论文选》，香港：天马出版有限公司，第508页。Jia, Junying, The Evolution of Trust in Modern Southern Fujian's Qiaopi Offices: An Investigation Using the Tianyi Office as a Case-Study. Working paper, p.6.

币。[1]据说一笔2亿元的汇款需要一辆手推车运送。[2]

批脚一般都是当地人，非常熟悉该地的地形。由于他们与村民的密切联系，他们甚至可以投递那些没有街道名称，只有粗略的地址，且接收人的名字通常只是乳名、尊称或家父、家母的侨批。[3]同时，村庄的名字有时也不是固定不变的；写信的人用不同的名字，书面的或口语的，来称呼他们的祖籍地。[4]人们希望批脚熟悉移民链两端的中国和海外客户的事务、行踪和家谱。如果他们不知道收件人的身份或地址，他们可以在当地查询。[5]这份工作（像水客的工作）往往是世代传承的（一个家庭中三代人都是批脚的现象并不少见），而且通常是终身的。[6]

批脚贸易被细分为"批头"或"差头"（老板和信差老板）、"批仔"，"批头"和"差头"从批局获取侨批，再分发给"批仔"。[7]一些批局只雇佣差头服务于一些主要路线，并期望他们招募和支付自己的"批仔"服务于更次要的路线。[8]

在早期，许多批脚的收益并不是由雇主支付，而是来自送批过程中的小费和收费，一般是介于汇款的0.5%到10%或20%不等。然而，这种

1 王炜中主编（2008）:《第二届侨批文化研讨会论文选》，香港：公元出版有限公司，第204–205页；杨群熙主编（2004）:《潮汕地区侨批业资料》，汕头：潮汕历史文化研究中心、汕头市文化局、汕头市图书馆，第360页。Jia, Junying, The Evolution of Trust in Modern Southern Fujian's Qiaopi Offices: An Investigation Using the Tianyi Office as a Case-Study. Working paper, p.24.

2 莫震等编（2013）:《海邦剩馥——广东侨批档案》，广州：岭南美术出版社，第51页。

3 Jia, Junying, The Evolution of Trust in Modern Southern Fujian's Qiaopi Offices: An Investigation Using the Tianyi Office as a Case-Study. Working paper, p.18.

4 王炜中主编（2010）:《第三届侨批文化研讨会论文选》，香港：天马出版有限公司，第47–48页。

5 袁丁、陈丽园、钟运荣（2014）:《民国政府对侨汇的管制》，广州：广东人民出版社，第121页。

6 批脚往往是子承父业（三代批脚的家庭并不少见），也是终身职业。王炜中主编（2008）:《第二届侨批文化研讨会论文选》，香港：公元出版有限公司，第204页；李小燕（2004）:《客家地区的水客与侨批局》，王炜中主编：《首届侨批文化研讨会论文集》，汕头：潮汕历史文化研究中心，第53页。

7 杨群熙主编（2004）:《潮汕地区侨批业资料》，汕头：潮汕历史文化研究中心、汕头市文化局、汕头市图书馆，第467页。

8 焦建华（2010）:《中国近代的垄断与"规制"》，王炜中主编：《第三届侨批文化研讨会论文选》，香港：天马出版有限公司，第314页。

做法后来被批局所放弃，以避免疏远潜在的顾客。[1]批脚在村子里成了受欢迎的人物，通常也会参加侨眷迎接侨批而准备的庆祝活动。[2]即使不再给小费，他们也常常会得到一碗汤或鸡蛋作为奖励。[3]

批脚和水客一样，相比其他村民有更好的教育水平，也更有能力。他们必须会算术，以便能够检查钱数和计算金额，并且还要识字，能为不识字的顾客们识别地址和写回信。在一个没有法律保障的社会里，即使是一点点财富也会引起嫉妒，所以收款人经常会隐瞒收到的汇款。而批脚需要像水客一样诚实、谨慎，能够保守顾客的秘密并尊重他们的隐私。[4]

在侨批贸易受到更严格的监管后，批脚在收回批时嘱咐收件人不要封口，等候验明后再封口，以免内带有不同姓名的信件而被邮局按夹带处罚。若侨眷不识字，批脚马上代写回信并带走。若侨眷托熟人代书，批脚就要确保此人按要求书写回批。批脚将所有回批集中之后带回批局，再以散包或总包的形式寄回国外。若侨眷没有提供回批，批局就会用存根作为收据。若回批迟交并需要单独被寄出，侨眷则需支付额外的邮费。[5]

侨批的传说里有关批脚帮助失散的华人家庭重聚的故事很普遍。[6]

---

1 郭伯龄（2009）:《天一批馆的历史浮沉》，陈小钢主编 :《回望闽南侨批——首届闽南侨批研讨会论文集》，北京：华艺出版社，第124页；李文海编（2009）:《民国时期社会调查丛编（二编）· 华侨卷》，福州：福建教育出版社，第848页。

2 黄家祥（2010）:《诏安侨批业流变》，王炜中主编 :《第三届侨批文化研讨会论文选》，香港：天马出版有限公司，第508页。

3 陈海忠（2013）:《历史记忆中的潮汕侨批与乡村社会》，中国侨批世界记忆工程国际研讨会组委会编 :《中国侨批世界记忆工程国际研讨会论文集》，北京，第296–307页。

4 Jia, Junying, The Evolution of Trust in Modern Southern Fujian's Qiaopi Offices: An Investigation Using the Tianyi Office as a Case-Study. Working paper, p.6；陈海忠（2013）:《历史记忆中的潮汕侨批与乡村社会》，中国侨批世界记忆工程国际研讨会组委会编 :《中国侨批世界记忆工程国际研讨会论文集》，北京，第296–307页。

5 焦建华（2005）:《制度创新与文化传统——试析近代批信局的经营制度》，《中国社会经济史研究》第2期，第66页。

6 万冬青（2009）:《清末泉州批信局及其侨批》，陈小钢主编 :《回望闽南侨批——首届闽南侨批研讨会论文集》，北京：华艺出版社，第89页；万冬青（2010）:《透过闽粤边区侨批看侨乡传统文化》，王炜中主编 :《第三届侨批文化研讨会论文选》，香港：天马出版有限公司，第294页。

20世纪60年代，一名批脚帮助马来西亚槟城的一个中国移民在侨乡找到了他分离17年之久的母亲。这个人以在侨乡搜寻收款人而闻名，他也曾经帮助那些计划退休后回到中国的移民通过银行存钱。1963年，他还因游说移民们汇寄总数超过74万港元的款项而受到称赞，这一壮举被形容为“爱国”，因为这笔款项虽然不大，但也对中国经济发展作出了贡献。作为对他努力的肯定，他应邀参加了一次全国侨批会议。[1]

在军阀统治、抗日战争和20世纪40年代末的解放战争时期，一些批脚在交付侨批的过程中遇难。[2]在国民党统治时期，当地社团动员起来打击侨乡的土匪，当局迫于华侨和侨眷的压力，同意在土匪被抓和被杀时，不会起诉参与者，同时承诺调查抢劫案件。华侨村庄实行连坐性的保甲制度，当地乡长和保甲共同为批脚作保。在保甲体系下，批脚若在某个村庄被劫，该村庄必须向受害者支付赔偿，并承担六个月内侨批不被允许运送至该村庄的风险。侨批协会悬赏劫匪信息，并承诺将在袭击中受伤的批脚和任何因帮助他们而受伤的人送往医院，并在有批脚牺牲的时候向他的家人支付一大笔补偿费。据说这些法律和秩序措施得到了严格的执行，因此，尽管侨乡发生了许多动乱，对侨批业和经营侨批的商店产生冲击，但总体来说，因为有民众情感、社会控制、自治组织和官方庇护相结合，抢劫对侨批贸易来说并不是一个严重的问题。[3]

批脚之所以能保持诚实的品质，不仅仅出自他们根深蒂固的责任感，同时还与舆论以及当地基于道德规范所建立的经济模式有关。对于那些背叛当地社会信任的人，很可能会遭受排斥甚至更极端的体罚，因

1 王炜中（2007）:《潮汕侨批》，广州：广东人民出版社，第55页。

2 万冬青（2010）:《透过闽粤边区侨批看侨乡传统文化》，王炜中主编：《第三届侨批文化研讨会论文选》，香港：天马出版有限公司，第294页。

3 有关“批脚”安全性的研究，参考黄家祥（2010）:《诏安侨批业流变》，王炜中主编：《第三届侨批文化研讨会论文选》，香港：天马出版有限公司，第508页；杨群熙主编（2004）:《潮汕地区侨批业资料》，汕头：潮汕历史文化研究中心、汕头市文化局、汕头市图书馆，第360页；中国人民政治协商会议福建省厦门市委员会文史资料研究委员会编（2004）:《厦门文史资料》，厦门：中国人民政治协商会议福建省厦门市委员会文史资料研究委员会，第432页；Jia, Junying, The Evolution of Trust in Modern Southern Fujian’s Qiaopi Offices: An Investigation Using the Tianyi Office as a Case-Study. Working paper, p.24；陈海忠（2013）:《历史记忆中的潮汕侨批与乡村社会》，中国侨批世界记忆工程国际研讨会组委会编：《中国侨批世界记忆工程国际研讨会论文集》，北京，第296–307页。

此很少有人敢于就此冒险。

侨批网络和网络组织

侨批贸易是建立在网络上，而不是市场联系和法律规定的商业计划上。网络在过去和现在都仍然是跨国贸易和移民迁移链的一个基本特征，也是中国移民流动的基本纽带，以及他们赖以生存的信息和资源。至少对于移民一代来说，网络的存在，使那些聚集于海外某一特定地区的亲属和近邻所构成的社群，成为侨乡的延伸。

基于亲属关系（家族或宗族）、共同地域（村庄）、姓氏和方言的网络，在客户和侨批经营者之间以及后者在构建伙伴关系时产生了信任感。在商业协议不一定能依法执行的社会里，这种信任是对腐败和欺诈的一种遏制。在18、19世纪和20世纪初，华侨受到居住地社会的排斥和虐待，几乎对移居国政府控制他们的企图束手无策，也很少会受到大使馆或领事馆的保护。虽然国民政府在1924年宣布将保护海外华侨华人及侨眷，但在实践中，无论是在中国还是海外，都没有起到多大作用。[1]在这种情况下，血缘关系或地缘关系提供了相互帮助的可能性，并至少提供了一些实际的保护。

网络也解释了为何侨批运输可以如此快速和便捷，这是贸易的一个基本要求。网络的灵活性和大众性使其极具安全，同时，网络使人们能够准确地了解移民链两端的情况，并及时在任何需要的地方建立联系。通过网络，人们可以用最短的时间对这些地方进行调查，并快速采取行动。在侨批经营者看来，利用血缘、语言和地缘的纽带是保持竞争领先的最可靠的方式。

在海外华人社会，以同一语言或地域为特征聚集在一起的群体称为"帮"。在新加坡，以福建帮为主，其下分为厦门、福州、兴化和龙岩为中心的四个主要体系。到1937年，新加坡共有42家福建帮批局，潮州帮

1 Shen, Huifen. 2012. *China's Left-Behind Wives: Families of Migrants from Fujian to Southeast Asia, 1930s–1950s.* Singapore: National University of Singapore Press, pp.51–66.

略小，控制着少量的批局，两派的人数都超过了海南帮，而海南帮又超过了客家帮（以梅县和大埠为基础分为两派）和更小的广东帮。[1]

网络机制运用于整个侨批贸易过程。批局的总部（通常在海外）与中国分公司或代理商之间的复杂关系几乎总是基于特殊的亲缘或地缘关系。批局与其他代理商或其他经营者所有的批局机构之间的联系也是如此。[2]

相应地，侨批网络不仅将中国与世界联系起来，并且逐渐覆盖了中国以外更广的国家。例如，泰国的侨批业就借助特殊的渠道与越南、柬埔寨、老挝等邻国建立了日益密切的联系。[3]新加坡作为一个重要的枢纽，在20世纪40年代后期所处理的业务占据了该行业所有业务中的近18%。几乎是从一开始它就扮演着涵盖婆罗洲和印尼在内的更广区域的中转站的角色，这也是为了规避新加坡之外的那些地区邮费过高的弊端。[4]信任关系不仅对批局的高层产生制约，也对底层以及负责最终交货并收取收据的批脚产生制约，在所有情况下，它都与移民及其家族的亲戚或朋友密切相关。

随着时间的推移，基于贸易和商业关系的网络已经变得足够紧密，值得信任。另一部分网络则基于友谊而建立。[5]虽然，为同一地方的客户进行同类服务的批局之间存在竞争，但他们在必要时会进行合作。如果批局在某一个地方没有分支机构或代理机构，它们就可以通过竞争对手，

1 李志贤（2014）：《19–20世纪期间新加坡各帮民信局的营运与同业组织》，中国历史文献研究会、汕头市潮汕历史文化研究中心编：《世界记忆遗产——侨批档案研讨会论文集》，汕头，第10–11页。

2 贾俊英（2012）：《侨批史研究——以天一信局为个案的考察》（硕士毕业论文），厦门：华侨大学，第93页。

3 陈列（2008）：《关于潮汕侨批文化若干问题的浅议——兼评粤东、闽南两地侨批的历史贡献》，王炜中主编：《第二届侨批文化研讨会论文选》，香港：公元出版有限公司，第227页；沈建华（2014）：《探索寮国批信局的经营范式》，中国历史文献研究会、汕头市潮汕历史文化研究中心编：《世界记忆遗产——侨批档案研讨会论文集》，汕头，第162–167页。

4 黄清海、刘伯孳（2010）：《浅谈新加坡侨批中心》，王炜中主编：《第三届侨批文化研讨会论文选》，香港：天马出版有限公司，第396–397页；江宁（2010）：《不同政治统治下的侨批》，王炜中主编：《第三届侨批文化研讨会论文选》，香港：天马出版有限公司，第328–329页。

5 郑一省（2013）：《广西容县侨汇庄的经营模式及网络初探》，《华侨华人历史研究》第1期，第31–39页。

以一种非正式的邮政联盟的方式将货物运送到某个地方。[1]这类交易通常只需小额费用，相当于汇款的1%或2%。[2]

网络有时是固定不变的，有时是临时易变的。它们的大小和范围不同；有些很大，有些很小。它们持续的时间上也不同；一些是长久存在，似乎坚不可摧，另一些是短暂的。这些网络采取的多种形式体现了它们的灵活性和适应能力。[3]

尽管每一家批局的业务联系可能都带有地域的乡族组织的色彩，但总体看来，这些网络跨越及联系的范围，覆盖了大量的村庄和遥远的距离。例如，近千家潮汕批局所构成的多重叠合的营运网络，覆盖了潮汕地区的每一个乡村，当中包括4 488个没有邮政服务的乡村。其错综复杂的网络几乎覆盖了整个沿线的城镇、环南中国海周边地区以及移民在海外所形成的大大小小的社区。[4]

对于汇款人及其侨眷来说，这种信任关系往往是移民汇款或存款的唯一保证，在移民进行贷款和需要批局垫款的情况下，它们也为批局经营者提供了一种保证。当批局破产时，这种信任关系变得尤为明显。那些与之关系密切的群体最先要求偿还债务；其他人只能排在后面。[5]

在侨批贸易后期，除了血缘或地缘关系之外，另一种基于共同目的的关系也发展起来。这种关系产生的时间远比人们设想的更早，这在很大程度上影响了人们对侨批现象的理解。例如，在巴达维亚，正如我们前面所论述的，早在18世纪，水客已经被当地的华人组织（华人公馆）所问责。然而，总体来说，直到20世纪以后，侨批贸易才朝着共同的政治或专业目标发展。

1 蔡少明（2008）:《泰国侨批局一局委托基地的侨批》，王炜中主编：《第二届侨批文化研讨会论文选》，香港：公元出版有限公司，第478–486页。

2 中国人民政治协商会议福建省厦门市委员会文史资料研究委员会编（2004）:《厦门文史资料》，厦门：中国人民政治协商会议福建省厦门市委员会文史资料研究委员会，第430页。

3 马明达、黄泽纯（2004）:《潮汕侨批局的经营网络》，《暨南大学学报》第1期，第127页。

4 陈春声（2000）:《近代华侨汇款与侨批业的经营——以潮汕地区的研究为中心》，《中国社会经济史研究》第4期，第60–61页。

5 Jia, Junying, The Evolution of Trust in Modern Southern Fujian's Qiaopi Offices: An Investigation Using the Tianyi Office as a Case-Study. Working paper, pp.8–9.

侨批贸易得以整合的推动力来自两个方面。在内部，侨批代理出现以后在经济方面推动了各方和衷共济，设法尽量减少不良竞争，并制定共同的行业行为标准，这一切都有助于赢得那些意料之中会对他们经常存疑的客户的信任。对外而言，侨批业需要统一应对各国当局的不利举动。

中国第一家侨批业公会是光绪年间（1875—1908）在汕头成立的南侨批业公所。[1]揭阳和潮阳也步其后尘相继成立了公会，不过汕头公会发挥着引领作用，它不仅规范了侨批业界的安保设施建设，而且还完善了业务中的调查程序。[2]相似的机构在海外也迅速组织起来，并由最初的带有明显的亚族群属性而迅速发展为超越这些限制的覆盖整个华人社会的组织机构。

1876年，部分海外侨民聚集在一起，抗议新加坡政府希望建立华人小邮局而介入侨批业的决定。新加坡官员此举是为了强行加入利润丰厚的侨民汇款业务，这一行动也让当地政府暴露了其腐败和低效能的弊端。不过，这一导致严重骚乱和商店罢工的抗议活动仅局限于潮汕帮的范围之内。[3]另一方面，泰国政府特别恩准为处理侨批而设立、大部分由讲潮州话的职员所组成的第八邮政局（亦称为华人邮政局）取得了巨大成功。[4]

在泰国，据说在1907年到1912年之间的某个时候，侨批业开始建立联合组织。1932年，当政府试图对侨批贸易加以限制时，侨批业者成立了银信局公所，但有证据表明，它早在1926年就已经存在。该公会的名称意味着它是一个跨越血缘与地域的行业公会，但其他形式的联合团体（客家和海南籍的公会）继续存在，而且有人认为该银信局公所实际上是由潮汕人控制。不管具体情况如何，到20世纪40年代末，为应对侨

---

1 1926年改名为“汕头侨批同业公会”。

2 王炜中（2007）:《潮汕侨批》，广州：广东人民出版社，第30–33页。

3 李志贤（2013）:《共同记忆、跨域网络——二十世纪新加坡潮人侨批局的特色》，中国侨批世界记忆工程国际研讨会组委会编：《中国侨批世界记忆工程国际研讨会论文集》，北京，第252–253页。Harris, Lane Jeremy. 2013. “The 1876 Post Office Riot in Singapore.” *The IIAS Newsletter*, No. 63.

4 杨群熙主编（2004）:《潮汕地区侨批业资料》，汕头：潮汕历史文化研究中心、汕头市文化局、汕头市图书馆，第212页。

批业所面临的压力，一个与此名称相同的同业组织最终出现。[1]

据说，在菲律宾，侨批贸易比东南亚其他地方更具凝聚力和团结性，这也许是因为它在地理上更为密集。[2] 1931年的双十节，菲律宾的几十个批局在中华商会的支持下成立了“马尼拉华侨侨信局联合会”，它的目的是团结起来抵御外部压力，保护共同利益。[3]

时局让各地业界在不同场合下团结起来应对来自政府的干预。1918年，汕头针对政府打算废除民信局和批局的计划爆发了抗议活动，并且蔓延到了北京，最终政府出于对侨批业巨大作用的考虑作出了让步。1923年、1928年、1934年和1946年，业界再次联合起来，在中国国内外以不同程度的抗议来反对更深层次的控制，主要针对政府出台的关于“总包制度”（大宗快递捆装侨批）以及许可证制度的相关管理规定。这些运动不仅把侨批业界团结起来，而且也帮助海外华人社会和众多商会走到了一起，就如同中国国内商界以统一身份与海外华人联系一样。[4]

在1935年中国货币改革之前，侨批经营者试图统一的另一个问题是汇款的货币单位。晚清时期，流通的银钱种类繁多，大小和质量各不相同，这就意味着不同口岸的汇款不一定统一，造成了核算和分配问题。

1 黎道纲（2008）:《泰国全侨兴银信局组织的成立》，王炜中主编 :《第二届侨批文化研讨会论文选》，香港：公元出版有限公司，第172–184页；洪林（2006）:《泰国侨批与银信局刍议》，洪林、黎道纲编 :《泰国侨批文化》，曼谷：泰中学会，第30页；洪林（2006）:《暹罗华侨银信公会》，洪林、黎道纲编 :《泰国侨批文化》，曼谷：泰中学会，第221页；杨群熙主编（2004）:《潮汕地区侨批业资料》，汕头：潮汕历史文化研究中心、汕头市文化局、汕头市图书馆，第214页。

2 杨群熙主编（2004）:《潮汕地区侨批业资料》，汕头：潮汕历史文化研究中心、汕头市文化局、汕头市图书馆，第467–468页。

3 刘伯孳（2009）:《20世纪上半叶菲律宾华人与侨批业的发展》，陈小钢主编 :《回望闽南侨批——首届闽南侨批研讨会论文集》，北京：华艺出版社，第77页；刘伯孳（2010）:《二十世纪上半叶菲律宾华侨与侨批业的发展》，王炜中主编 :《第三届侨批文化研讨会论文选》，香港：天马出版有限公司，第282–283页。

4 有关统一侨批贸易的部分，参见陈丽园（2003）:《近代海外华人的跨国主义研究》，李志贤主编 :《海外潮人的移民经验》，新加坡：新加坡潮州八邑会馆，第98–99页；杨群熙主编（2004）:《潮汕地区侨批业资料》，汕头：潮汕历史文化研究中心、汕头市文化局、汕头市图书馆，第91–96页；贾俊英（2012）:《侨批史研究——以天一信局为个案的考察》（硕士毕业论文），厦门：华侨大学，第66页；吴奎信（2004）:《侨批传递管道的梗阻与疏通》，王炜中主编 :《首届侨批文化研讨会论文集》，汕头：潮汕历史文化研究中心，第206–207页；焦建华（2007）:《竞争与垄断——近代中国邮政业研究》，《学术月刊》第39卷第1期，第143页。

新加坡的潮州批局因此建议使用“洋银”，这导致了更大程度的标准化。[1]

新加坡是这些活动组织起来的主要地点，估计与其所处的地缘中心位置有关，而且新加坡还是除了中国大陆和中国台湾地区以外华人最集中的区域。[2]1929年5月，新加坡中华总商会开始采取行动支持侨批业发展，与蒋介石及其领导下的南京政府以及东南亚殖民政府进行针锋相对的斗争。此举在推动侨批业发展的同时还创造了新的跨国网络和力量，而且其范围从新加坡一直扩展到了东南亚的整个华人圈。在第一波的抗议活动还未完全消退的时候，新一轮的活动又在1930年兴起，这次是反对官方所采取的邮资涨价政策，众多支持者再次通过运动来表达海内外华人的普遍意愿。最终，1935年中国政府在海外华人为了侨批业发展而给予的巨大压力下作出了重大让步。[3]

在这两场运动结束之后，新加坡华侨华人社会的三大帮派（福建帮、潮州帮、海南帮）都分别强化了各自的公会组织。1946年3月，一个有着更广泛群众基础的“南洋中华汇业总会”在林树彦的领导下得以成立，总会旨在为整个马来半岛提供相关领域的服务。[4]此举是对新加坡政府企图再次掌控侨批业的回应。总会确立了三个主要目标：促进各帮派之间的团结；发展实业；推动创新和改革。总会明确要求要像代表批局老板利益那样来代表工人，并要进一步提升福利和推动教育发展。[5]然

1 陈汉初（2014）:《侨批投递——独特的“海上丝绸之路”》，中国历史文献研究会、汕头市潮汕历史文化研究中心编：《世界记忆遗产——侨批档案研讨会论文集》，汕头，第120页。

2 有关新加坡在亚洲华人社会和华人商业网络中的枢纽地位，参见Liu, Hong. 1999. “Organized Chinese Transnationalism and the Institutionalization of Business Networks: Singapore Chinese Chamber of Commerce and Industry as a Case Analysis.” *Tonan Ajia Kenkyu* (*Southeast Asian Studies*) 37(3): 391–416; Liu, Hong, and S. K. Wong. 2004. *Singapore Chinese Society in Transition: Business, Politics and Socio-economic Change. 1945–1965*. New York: Peter Lang Publishing。

3 陈丽园（2010）:《侨批与跨国华人社会的建构》，王炜中主编：《第三届侨批文化研讨会论文选》，香港：天马出版有限公司，第166–179页。

4 黄清海、刘伯孳（2010）:《浅谈新加坡侨批中心》，王炜中主编：《第三届侨批文化研讨会论文选》，香港：天马出版有限公司，第396页；柯木林（2008）:《新加坡民信业领袖林树彦》，王炜中主编：《第二届侨批文化研讨会论文选》，香港：公元出版有限公司，第470–474页；黄清海（2016）:《海洋移民、贸易与金融网络——以侨批业为中心》，北京：社会科学文献出版社，第162–174页。

5 李志贤（2014）:《19–20世纪期间新加坡各帮民信局的营运与同业组织》，中国历史文献研究会、汕头市潮汕历史文化研究中心编：《世界记忆遗产——侨批档案研讨会论文集》，汕头，第11–12页。

而，原先所预设的控制力度在殖民政府与新组织谈判之后有所松懈，因为前者在诸多领域作出了一定的让步。[1]鉴于此，新加坡深厚的华人文化和人口或许可以解释华人社群所具有的特殊凝聚力。[2]

新加坡和其他地方（尤其是泰国）通过侨批业发起的运动标志着海外华人的民族认同与跨国（或离散）意识的觉醒。尽管这些运动首先发生在经济领域，但是它们有着巨大的政治潜能，就如同与故土之间所存在的深厚情感联系那样。它们不仅强化了华人的国家认同，而且创造出一种新的离散群体的整体情感，世界各地的华人在某些议题的调和下开始逐渐整合起来。这种活力和广度，只有20世纪30年代华人在东南亚的抗日动员活动才能与之匹敌。而且，早期支持侨批业的诸多运动作为彼时跨国联系和认同建立的前提与借鉴为20世纪30年代到20世纪40年代东南亚华人跨国抗日爱国运动的发展奠定了良好的基础。[3]

本章详细描述了侨批贸易的演变、结构和人事运作，这些因素使得书信和汇款的跨国流动成为可能，并进一步探讨了侨批贸易的制度化，以及批局在这种基于地域、方言和亲属关系的“跨界中国”社会和商业网络的制度化中所扮演的角色。跨国侨批网络不仅推动侨乡及整个中国社会和经济发展，而且在重建被分隔于海洋两岸的家庭联系方面也发挥了关键作用。这些跨国网络先于现代邮局等机构出现，并与在祖籍国和居住国逐渐兴起的、以现代邮局等机制和其他监管制度为基础的新兴国家共存。然而，这是一种不平衡、不稳定的共存。侨批机构和现代组织如邮局、现代银行之间的竞争，以及越来越强大的民族国家之间的竞争最终导致了侨批贸易在70年代末的消亡。

1 吴奎信（2004）：《侨批传递管道的梗阻与疏通》，王炜中主编：《首届侨批文化研讨会论文集》，汕头：潮汕历史文化研究中心，第202–203页。

2 柯木林（2008）：《新加坡民信业领袖林树彦》，王炜中主编：《第二届侨批文化研讨会论文选》，香港：公元出版有限公司，第470–477页。

3 陈丽园（2010）：《侨批与跨国华人社会的建构》，王炜中主编：《第三届侨批文化研讨会论文选》，香港：天马出版有限公司，第164–180页。

第三章
作为华侨贸易独特形式的侨批

3

本章提出了如何根据贸易特点来定义侨批贸易的问题。它是一种"跨国资本主义"的现代形式，依赖于对非个人化规则体系的信任？还是一种依靠文化和家族血缘关系的"'华人资本主义'的独特形式"？笔者认同后一种观点。而在本章中，笔者主要是希望回应莱恩·哈里斯（Lane J. Harris）2015年在《亚洲研究杂志》的文章《19世纪50年代到20世纪30年代海外华人的侨批公司：国家主权的限制与东亚及东南亚的跨国资本主义》，特别是对他的结论提出异议。[1]国内外的许多学者都希望对于现代资本主义作出另外一些解释，他们希望"现代性"可以通过这些世界主义的解释展现出多元而非模式化的样态。

侨批贸易及其商业模式

族群及身份认同对海外华人商业文化有重大影响，是华人企业家适

1 Harris, Lane Jeremy. 2012. "The Post Office and State Formation in Modern China, 1896–1949." PhD dissertation, University of Illinois at Urbana-Champaign; 2013, and Harris, Lane Jeremy. 2015. "Overseas Chinese Remittance Firms: The Limits of State Sovereignty, and Transnational Capitalism in East and Southeast Asia, 1850s–1930s." *Journal of Asian Studies* 74(1): 129–151. 本章部分材料和论述已在笔者2016年的文章中有所论述，参见Liu, Hong, and Gregor Benton. 2016. "The Qiaopi Trade and Its Role in Modern China and the Chinese Diaspora: Toward an Alternative Explanation of 'Transnational Capitalism'." *Journal of Asian Studies* 75(3): 575–594。

应能力和创造力的来源，尤其在海外华人社会形成的早期阶段，即对中国没有强烈的个人和文化认同的土生华人力量崛起以前。[1]商业家族主义、社会网络和与之相关的文化价值并不会成为经济增长和技术创新的阻碍。相反，至少在一些时期和环境中，这些因素通过促进社会流动、发展家族利益、建立合作关系、促进合同的签订以及其他适应现代市场经济的行为，帮助华人在中国和海外实现经济发展。

支撑侨批贸易的商业文化是建立在亚族群而非广义的中华民族基础之上的。[2]这种商业文化顺应了对本地族群的依赖，也是对于族群内部差异的一种回应，而这种差异是伴随着移民链从中国带来的。除了在面对战争和政治危机的情况下，这种文化很少采用泛华人的形式。即使是为了抵制国家干预而成立的行业协会，也无法取代以"方言"为基础的协会，它们只是作为补充或仅仅充当门面。我们认为，哈里斯高估了他们对于非法"传统"部分的重建，尽管他承认他们内部的结构"仍旧显示出一些基于籍贯社群的差异"。

哈里斯意识到了侨批贸易的独特性，值得称赞的是他对其中本质主义的减少进行了批判。他拒绝将其描述为"传统中国的"，并认为这是一个属于东方研究学者的错误论述。他指出，尽管批局最初建立在相互信任和"地缘、血缘关系"的基础上，但是到了19世纪70年代，由于出现新的通信手段、运输方式和银行设施，这些批局已经发生变化，并逐渐发展成现代商业模式[3]。根据哈里斯的观点，这种模式代表着文化主义商业实践与资本主义盈利策略的融合。

哈里斯将侨批贸易定义为一种特殊类型的现代资本主义，对此，我

1 这里我们不考虑更宽泛的种族和身份认同所扮演的角色问题，这种角色是随着族群的繁衍而在成熟的海外华人商业文化之中愈加巩固的。

2 Gomez 和 Benton 在 2004 年对华人种族身份中的亚族群进行了讨论，参见 Gomez, Edmund, Terence and Gregor Benton. "Introduction: De-essentializing Capitalism: Chinese Enterprise, Transnationalism, and Identity." In Edmund Terence Gomez and Michael Hsiao, eds., *Chinese Enterprise, Transnationalism, and Identity*. London: Routledge Curzon, 2004, pp.1–19。亚族群概念源于一种人类学的观点，Honig曾在1992年提出疑问，此处仅是为了方便解释而使用，参见Honig，Emily. 1992. *Creating Chinese Ethnicity: Subei People in Shanghai, 1850–1980,* New Haven.: Yale University Press. p.10。

3 Harris, Lane Jeremy. 2012. "The Post Office and State Formation in Modern China, 1896–1949." PhD dissertation, University of Illinois at Urbana-Champaign, pp.32–33.

们认为可以在几个方面再做商榷。其中最值得质疑的一点是他提出的，这种贸易在19 世纪70年代出现了一个与过去的断裂，而由于出现新的通信手段、运输方式和银行设施，这种断裂随之产生了一种新的商业模式。

从方法论的角度来看，这种主张似乎意味着现代技术与“传统的”结构和价值观是不相容的。这种技术决定论观点认为技术发展推动并决定着社会和经济结构的变化。但是，与哈里斯所否定的文化决定论相比，技术决定论同样是一种本质主义。

为了印证他的理论，哈里斯将早年处理汇款的水客与后来更有组织且更复杂的批局划分开来。然而，正如他所暗示的那样，这两种商业形式之间的区别并不是绝对的或者是定性的。从一个到另一个的过程事实上应该是渐进的、累积的以及双向的。在从水客到批局的过渡中，顾客的信任与否是一个重要的环节，不过水客也明白顾客的担忧，并竭尽全力去解决问题。在巴达维亚，水客由当地的担保制度监管问责。[1]这种担保制度由殖民地的华人社团代表其客户来监管。在批局出现以前，很多水客已经开始给客户开具收据了。黄挺对巴达维亚华人公馆《公案簿》的研究（2008）显示，侨批贸易在1787年至1846 年间已经相当成熟，这些贸易主要依赖于水客。实际上，批局采用的——收集侨批，发展关系网，利用代理商、侨批分局甚至邮局，开具收据，同时参与交付侨批及其他形式的贸易和金融，利用汇水差价等，所有这些旧方法都是从水客那里继承下来的。[2]

此外，不管在时间或空间上，从水客到批局的转变从来没有彻底完成。相反，两者在数十年中一直有着明显的连续性。在偏远地区，水客自始至终都是侨批贸易的核心。水客曾在20世纪30年代因为中国和东南亚政府试图建立一个更为强大的政权而失去一些据点，但是这些据点在

1 马来语的“发货人”，在这里是“担保人”。

2 黄挺（2008）：《〈公案簿〉缩减早期侨批运营业的一些问题》，王炜中主编：《第二届侨批文化研讨会论文选》，香港：公元出版有限公司，第211–216页；陈列（2008）：《关于潮汕侨批文化若干问题的浅议——兼评粤东、闽南两地侨批的历史贡献》，王炜中主编：《第二届侨批文化研讨会论文选》，香港：公元出版有限公司，第229页。

战争期间又惊人地复苏了。[1]当东南亚和其他海外社会中的华人社群，尚未完全建立起信任机制和对私有财产的法律保护体制时，水客及其客户依赖于传统的信任方式（对人）而非某种制度性模式（对物）。由批局雇用的批脚扮演了与水客类似的角色，他们将信件和汇款送到村庄，甚至成为侨批贸易中更持久且不可或缺的一部分。当批局正式出现时，他们复制并延续了早期水客所采用的方法。被哈里斯称作“文化主义客户服务”的程序，对一个原本在本质上是现代的企业而言，是核心而不仅是“色彩”或点缀。批局的所有人和管理人员依据“传统”路线经营他们的店铺和业务，仅仅雇用他们自己的亲属和与其有关系的同乡或相同方言群的人。即使在企业技术实现现代化之后，他们与客户的关系仍旧依赖于血缘和地缘关系。例如在新加坡，海南人通常都会到海南人所经营的批局寄送侨批，而海南人所经营的批局也集中于同一个地方。同样，他们与其他批局、与中国或海外的代理人和雇员的关系也是如此。在极少数情况下，这种关系才会建立在贸易之上，而即便是这种贸易关系也会采取一种特殊的形式。这就是为什么我们对哈里斯提出的传统与现代之间有很明确界限的假设提出怀疑。相反，我们认为这两种模式是共存且互相交叉的。

事实上，批局从未能完全取代水客。批局和水客并存的时间很长，直到 1949 年中国共产党全面执政后才结束了这种局面（金门的汇款店是当时唯一的例外）。此后，水客贸易持续存在，尽管主要集中在缺乏现代道路和机构的地区。[2]与批局相比，水客的优势在于他们更加个人化并且私密，他们更熟悉当地的地理、文化和社群（包括海外和中国），也可以发挥更为广泛的功能。此外，水客与批局的共存也为客户提供了灵活性和市场选择，迎合了客户们千差万别的、时常多变的需求。

正如水客与批局之间没有不可逾越的障碍，不同种类的批局之间

1 廖耘、吴二持（2010）：《侨批与中国传统的道德观念》，王炜中主编：《第三届侨批文化研讨会论文选》，香港：天马出版有限公司，第268页；杨群熙主编（2004）：《潮汕地区侨批业资料》，汕头：潮汕历史文化研究中心、汕头市文化局、汕头市图书馆，第102–103页。

2 黄家祥（2010）：《诏安侨批业流变》，王炜中主编：《第三届侨批文化研讨会论文选》，香港：天马出版有限公司，第503–504页。

也是一样，尽管它们代表了不同程度的复杂性及技术水平，但都属于一个统一的连续体。相对少见的纵向组织和看似更为现代的批局控制了侨批派遣的三个阶段（海外接收、汇至中国、国内接收——所谓的三盘系统），都是基于更为简单的横向联系，而这一发展路径并非不可逆转。经过一段时间的蓬勃发展后，大型的批局可能会分裂或缩小，然后根据具体情况再一次发展壮大。规模较小且更为“传统”的批局则组成了通过血缘、地缘和方言来维系的密集店铺网络。

这难道正是哈里斯所认为的，侨批贸易的跨国性通过“工具性的经济实践”使得“文化特征”压倒一切？[1]这一推论意味着跨国组织不能建立在“相互联系”的基础上。但是，近代中国国内的行会和会馆确实有能力横向发展甚至建立跨国的组织，尤其是在面对国内政府和（后来）外国人插手的情况下。就这一点而言，批局在 20 世纪初开始建立商会，也踏上了这样一条老路。[2]例如，在新加坡，就有潮侨汇兑公会、琼侨汇兑公会、南洋中华汇业总会等组织，其中部分汇兑公会也是新加坡中华总商会的商团会员。尽管，“传统”元素几乎存在于这些横向和跨国组织行会的各个方面，但同时它们又是复杂的、具有多种功能的，并且是以贸易而不是宗乡纽带为联结基础的。[3]这些横向和跨国组织的早期例子推翻了那种认为在正式贸易协会中的批局组织，必然不被视为“传统”的观点。

---

1 Harris, Lane Jeremy. 2015. “Overseas Chinese Remittance Firms: The Limits of State Sovereignty, and Transnational Capitalism in East and Southeast Asia, 1850s–1930s.” *Journal of Asian Studies* 74(1): 129–151.

2 Cooke Johnson, Linda. 1993. “Shanghai: An Emerging Jiangnan Port, 1683–1840.” In Linda Cooke Johnson, ed., *Cities of Jiangnan in Late Imperial China*. Albany: State University of New York Press, pp.164–165. 陈忠平和王迪指出行会和会馆的相互作用及互换性，参见 Chen, Zhongping. 2011. *Modern China's Network Revolution: Chambers of Commerce and Sociopolitical Change in the Early Twentieth Century*. Stanford, CA: Stanford University Press. p.20; Wang, Di. 2008. *The Teahouse: Small Business, Everyday Culture, and Public Politics in Chengdu*, 1900–1950, Stanford, CA: Stanford University Press, p.59。刘宏认为，“华人不得不依靠不同种类的正式或非正式的网络来克服这种制度性障碍。正是在这种条件下，华人通过不断地改进他们的网络，使其实践与价值观和全球化的世界保持紧密相关”。他还指出，“我们有必要在国家与社会之间配置网络并将其概念化为一种联结，这种联结在空间上处于国家内部，但同时也横穿整个区域”。［Liu Hong. 2012. “Beyond a Revisionist Turn: Networks, State, and the Changing Dynamics of Diasporic Chinese Entrepreneurship.” *China: An International Journal* 10(3): 27, 30–31.］

3 张明汕（2006）:《侨批业者肩负历史使命》，洪林、黎道纲编 :《泰国侨批文化》，曼谷 : 泰中学会，第 100 页。

既然侨批贸易极具适应力和弹性，那为什么它最终会衰落呢？哈里斯对这个问题没有作出令人信服的解答。他认为贸易是“灵活的、分散的、如植物根茎一般有组织的网络”，它的“开拓精神和对跨国自由资本主义的推崇”，使其能够抵御住国家及殖民者将其纳入监管之下、搞垮它的企图。他接着将1949年之后贸易的萎缩以及最终的消亡归咎于政治原因——东南亚的殖民当局和独立政权对中国采取的孤立措施，以及20世纪60年代末和70年代初中国“文化大革命”带来的混乱。

不过，中国和东南亚都在试图通过控制邮局和银行来取代侨批贸易，侨批贸易在这种企图面前不堪一击，特别是在20世纪30年代。主要原因在于侨批贸易无力与由中国政府和其他国家特许、支持或控制的组织和公司、资本主义或国家资本主义进行竞争。但是，他们还是企图通过行业公会这一传统性组织来与国家的现代机构进行抗争。例如1929年，南京国民政府通知新加坡邮政总监，要求增加侨批的邮费。新加坡潮侨汇兑公会就同新加坡各华侨团体一起，举行减轻邮费的大会，为侨批汇兑业者请命，迫使政府作出妥协。此外，20世纪30年代末和40年代初期的中日战争和战后的通货膨胀在一定时期内挽救了侨批贸易，水客和批局在与现代银行（主要是外资银行）的联合下卷土重来。通货膨胀的影响尤为重要，因为通过中国官方渠道进行贸易对收件人和汇款人都极其不利。虽然，一度出现这种激增，侨批贸易最终还是在1949年之后彻底失败了。这种失败不只是在中国大陆发生，侨批贸易屈服于强大的政府以及变化中的侨乡和海外华人经济；在金门岛也是如此，它被现代化的银行和邮政服务击败。批局与中国银行及邮政系统发生不可避免的冲突的根本原因在于，前者是传统主义的，并在根本上具有跨国取向，而后者是在资本主义框架和民族国家疆界内运作的现代制度。

侨批贸易与侨刊现象

侨批贸易与现代资本主义两者间的关系，可通过对侨刊现象的分析得到阐明。侨刊意为“海外华人的杂志”，其有助于海外华人维持对于祖籍国的想象及从未离开家乡的感觉，从而把海外华人和家乡联结成一个虽分属不同空间却有相同生活体验的共同体。侨刊与侨批贸易相伴出现，某种程度上甚至可以说是侨批文化的产物，如果说侨批是在私人领域流通的信息来源，侨刊则是在公共领域流通的信息来源，相对于侨批的私人家书的性质，侨刊则被称为集体家书。侨刊现象在1910年至20世纪30年代初期达到顶峰。在这一部分中，邮政文化与印刷文化两个概念将是讨论的中心。

“邮政文化”这个术语，是2013年加布里埃尔·罗马尼（Gabriella Romani）在研究意大利统一后书信情况的著述中提出的。“邮政文化”描述了19世纪通过信件而产生的沟通交流，这些活动重塑了大众的生活并扩大了他们的视野，同时也将文字带到了乡村。“邮政文化”创造了“一种民族认同的新地理空间，基于……对一个群体的归属感的增强，（和）……对个人经历的理想化的延伸”。

当然，这种新文化也是村民向外移民的结果——通常农民视野局限——他们居住到一个更广阔的环境之后，基本上都会扮演一个新的社会角色，例如小商贩或城市工商业的工人、矿工或种植园的工人。在海外，男性移民（偶尔女性也会）参加一些新的社会活动，表达政治观点。就以华人为例，东南亚殖民社会以及北美、澳洲和欧洲白人社会中存在的制度性种族主义使得他们更倾向于同情新民族主义与共和政治，因而唐人街成为这两股势力最强有力的支持者。

根据罗马尼的论述，邮政文化有着更为强烈的政治优势：其主要作用是让亲友保持联系，但同时它也创造了一个信息网络，这种信息网络消除了距离，增强了彼此联系，并使人们接触到“新的思想和习俗（以及）一个比他们居住地更为广大的世界”。[1]“邮政文化”一词后来被戴维·亨金（David Henkin）运用至美国，他认为美国人越来越意识到他们进入了一个环绕着整个国家的交际网络。[2]然而，这一词却没有在其他国家得到广泛应用。哈里斯在他关于1896—1949年间邮政系统与现代中

1 Romani, Gabriella. 2013. *Postal Culture: Reading and Writing Letters in Post-unifi cation Italy*. Toronto: University of Toronto Press, p.4.

2 Henkin, David M. 2006. *The Postal Age: The Emergence of Modern Communications in Nineteenth-Century America*. Chicago: University of Chicago Press, pp.6, 93.

国的建立的研究中，曾经简要地提过该词而未作详细分析，这可能是由于他主要探讨的是邮政系统对于现代国家建立的贡献，而非其在更广阔社会中起到的相反的政治作用。然而，它在其他国家的环境中却没有被广泛使用。哈里斯在他关于1896年至1949年间现代中国邮局和国家形成的研究中曾简短地提到过这个术语，但他并没有对其进行任何详细的分析，可能是因为他的主要关注点是邮局对现代中国国家形成的贡献，而不是它在更广泛的社会中的政治作用。[1]

由本尼迪特·安德森（Benedict Anderson）首先提出的“印刷文化”则是一个更为出名并且得到了更加广泛探索和运用的概念。我们从安德森的著作和受他著作启发的其他研究中得知，民族主义和国家认同的高涨与由工业革命引发的印刷及印刷资本主义的发展密切相关。[2]

邮政和印刷这两种文化紧密联系在一起，并因托克维尔（Tocqueville）对现代邮政服务的定义而得到进一步阐释。托克维尔认为现代邮政系统是“思想间的伟大联系”，是现代通信革命的支柱，同时也是每个国家现代制度、意识形态、经济、社会、文化和政治变革的核心。[3]现代邮政系统覆盖了以前几乎没有被政府和主流经济所触及的地方以及阶层，除军队以外，它比政府任何其他部门都更深入地渗透到社会。因此，它们与报纸一起比大多数“塑造日常生活模式”的机构发挥了更大的作用，使“持续的关于公共事务的信息流”进入城镇和村庄，并使平民百姓能够“参与国家政治”。[4]

在移民和侨批制度的背景下，侨乡的邮政文化和印刷文化得以蓬勃

1 Harris, Lane Jeremy. 2012. “The Post Office and State Formation in Modern China, 1896–1949.” PhD dissertation, University of Illinois at Urbana-Champaign, p.181.

2 Benedict Richard O’Gorman Anderson.1991. *Imagined Communities: Reflections on the Origin and Spread of Nationalism.* London: Verso.

3 Romani, Gabriella. 2013. *Postal Culture: Reading and Writing Letters in Post-unifi cation Italy*. Toronto: University of Toronto Press, p.4; Quoted in John, Richard R. 1995. *Spreading the News: The American Postal System from Franklin to Morse.* Cambridge: Harvard University Press, p.3; Maclachen, Patricia L. 2011. *The People's Post Office: The History and Politics of the Japanese Postal System, 1871–2010.* Cambridge: Harvard University Asia Center.

4 John, Richard R. 1995. *Spreading the News:The American Postal System from Franklin to Morse.* Cambridge: Harvard University Press, pp.4–13.

发展。然而，其性质与罗马尼及安德森提出的理论不同，亦难以达到两位所提出的社会实践模式。

在邮政文化方面，侨批贸易在维护家庭情感联系方面起到了一定的作用，提高了下层阶级的识字率，也使得移民及其家属（包括男性移民之后留下的女性）更多地参与了国家及当地社会的事务。在这个意义上而言，它符合罗马尼等人提出的邮政文化的条件。然而，侨批贸易缺乏现代邮政系统的基本特征，现代邮政系统在多数国家形成了国家垄断，并根据统一规则进行调整和运作。事实上，侨批贸易制度恰恰相反：它是私人的，并且多样且不受管制。邮政系统确实试图挤进侨批贸易，但通常以失败告终。同时，邮政系统对于国内邮政服务的管理也是间歇性的并且受到限制。自始至终，侨批贸易都以“方言”和地区划分，并且现今会在区域和方言上再进一步细分。侨批经营者不仅没有发展出全国性的规模，相反，他们积极（并且大部分成功地）抵制发展这种规模，国有化意味着汇款业务转变为政府垄断，这在中国和华人的居住国都有可能存在。不过，这也并不意味着侨批贸易在政治上甚至经济上与国家没有关系，或者没有被卷入19世纪末至20世纪的巨大政治动员中，但结果是仍旧没有产生通常意义上的邮政文化。就如同尽管侨批贸易商人有着一致的经济利益以及政治上的共性，他们也未能完全克服其在社群（sub-ethnic）界线上深深的割裂，做到长久的行业团结。

关于印刷文化，侨乡经验向安德森的理论提出了一些有意思的挑战。帕沙·查特吉（Partha Chatterjee）曾对安德森理论提出批评，认为其暗示欧洲和美洲是历史上唯一真正的主角，殖民地人民即便连想象的内容也“必须永远被殖民”。[1]拉狄卡·德塞（Radhika Desai）也批评说：殖民地和半殖民地（以下称为第三世界）国家不需要民族主义的社会学，因为他们只是在模仿或“盗版”一些预先制造的西方模式下的民族性；德塞（在新一版本的论文中）还认为“这些模式最直接的谱系应该追溯到对殖民地国家的想象”。无论哪种批评，安德森的理论都

1 Chatterjee, Partha. 1993. *The Nation and Its Fragments: Colonial and Postcolonial Histories*. Princeton: Princeton University Press, p.5.

被认为是对第三世界民族主义的研究带去了欧洲中心论和一种西方的概念。[1]

这场讨论让我们注意到，一种本土的印刷文化得以在移民和侨批体系的背景下在侨乡蓬勃发展。移民和侨乡所在的县级和村级的社区领袖刊发了大量的侨刊，并将其寄给世界各地的侨民，告知其家乡的重要事件并鼓励他们为家乡事业捐款。[2]虽然，其他侨乡也有，但广东五邑是侨刊出版的主要中心。[3] 1949年以前，仅五邑地区就出版了超过200种侨刊。许多是月刊，有些是每两周甚至每周一刊，这些侨刊几乎全部都是由侨民资助出版的。[4]

这些侨刊包括“由个人、家族、学校、村庄和政府机关出版的新闻通讯、报纸和杂志”。据一份早期的报道，这些侨刊中五分之四是寄送至国外的。[5] 1908年，第一份侨刊《新宁杂志》在广东台山出版。它通过维持或重建联系、交换信息，特别是有关台山的信息——存在的问题、发展情况、综合性的新闻和历史（特指“传统习俗”），来满足移民及其家庭和社区的需求。

侨刊现象在20世纪10—30年代初期达到顶峰。30年代后期，出现了新的、政治性更明显的侨刊，它们支持抗日运动，并募集捐款以支持国防。1945年开始，大部分侨刊逐渐恢复出版，但只有少数侨刊幸存下来。20世纪50年代到60年代初期，这些侨刊在号召捐粮、捐物和吸引侨汇方面发挥了作用，随后它们在“文革”期间陆续消失。1978年侨刊开始复兴，每年印制数百万册，但政府也介入了此次复兴，主要是希望

1 Desai, Radhika. 2009. “The Inadvertence of Benedict Anderson: Engaging Imagined Communities.” *The Asia-Pacific Journal* 7 (March 16).

2 Williams, Michael. 2003. “In the Tang Mountains We Have a Big House.” *East Asian History* 25(6): 104.

3 刘进（2007）:《民国时期五邑侨刊中的银信广告》,《五邑大学学报》第1刊第9期，第33页。

4 刘进（2009）:《五邑银信》，广州：广东人民出版社，第75、85页；梅伟强、梅雪（2007）:《“集体家书”连五洲——五邑侨刊乡讯研究（1978-2005）》，香港：社会科学出版社，第6页。

5 刘进（2007）:《民国时期五邑侨刊中的银信广告》,《五邑大学学报》第1刊第9期，第33页。

吸引外资。[1]

“侨刊”展示了侨乡当地充满活力的印刷文化，它强有力地补充了由侨批贸易开启的区域邮政文化。侨刊是与侨批相对应的公共产物，它是社区性质而非私人的，因而它们被海外华人称为“集体家书”。[2]事实上，侨批和其他通信是侨刊及乡村新闻报道的主要内容。[3]“侨刊”以当地或该区域为重点，尽管有少数侨刊（如《新宁杂志》）是县级性的，它们更多的是服务于乡镇或宗族。

通过捐款和广告，侨批商人向侨刊提供经费支持。《新宁杂志》中约70%的广告是批局以及其他汇款公司刊登的。[4]银号、批局、商号以及其他与侨批贸易相关的公司则负责海外侨刊的发行，并担任出版商的代理人。[5]

这些侨刊是否说明了这是中国人在侨乡对西方印刷文化进行了借鉴，就像从19世纪开始，现代报纸在中国以及海外的唐人街扩散那样？基本可以肯定它们不是。与定期公开发行的报纸不同，大多数侨刊都是私下且不定期发行的。对它们来说，一个更有可能的模式是中国数百年来书写本地和家族记录的习惯，即所谓的家谱、族谱、宗谱，以及提供县级及其以上地区关于当地历史、地理、社会和经济信息的方志或地方志（当地的地名录），这些记录旨在帮助当地政府管理并且促进地方认

1 Huang, Cen, and Michael R. Godley. 1999. “A Note on the Study of Qiaoxiang Ties.” In Leo Douw, Cen Huang, and Michael R. Godley, eds., *Qiaoxiang Ties: Interdisciplinary Approaches to “Cultural Capitalism” in South China*. London: Kegan Paul, pp.313–319；姚婷、梅伟强（2009）:《百年侨刊〈新宁杂志〉历史文化论》,《侨乡研究丛书》第10期，北京：中国华侨出版社，第270页。

2 Huang, Cen, and Michael R. Godley. 1999. “A Note on the Study of Qiaoxiang Ties.” In Leo Douw, Cen Huang, and Michael R. Godley, eds., *Qiaoxiang Ties: Interdisciplinary Approaches to “Cultural Capitalism” in South China*. London: Kegan Paul, pp.317；刘进（2009）:《五邑银信》，广州：广东人民出版社，第75、85页。

3 黄安年的博客2014。http://blog.sciencenet.cn/blog-415-788201.html

4 Hsu, Madeline Y. 2000. *Dreaming of Gold, Dreaming of Home: Transnationalism and Migration between the United States and South China, 1882–1943*. Stanford, CA: Stanford University Press, p.139.

5 刘进（2007）:《民国时期五邑侨刊中的银信广告》,《五邑大学学报》第1刊第9期，第33–34页；姚婷（2011）:《侨刊中的侨乡社会与“侨”“乡”网络——基于1949年前〈新宁杂志〉“告白”栏目的分析》,《华侨华人历史研究》第4期，第24页。

同。[1]侨刊复制了这些存在于宗亲组织，以及宗亲社团与县之间的出版物的分类方式。传统上来说，大多数家谱产生于社会中最富有的一部分人，因为他们能够承担印刷费用。家谱展示并象征着一个属于强大家庭或亲属团体的资格，它们的出现往往标志着正式血缘关系组织在一段时间的减少后的重新恢复。在某些情况下，家谱"创造了有组织的亲属团体"，而非相反的情况。家谱具有排他的私人性：它们的作用是向后代传递家庭或宗族历史、家庭或宗族的祖训、为后代设立道德礼仪标准，并记录家庭或宗族事务中的辉煌事件。城市化和内部迁移并没有削弱家谱的书写，而是强化了它的存在。[2]

侨刊与家谱、族谱、方志之间的类比，具有明显的局限性。根据定义，家谱和族谱是由单一的家族或分支控制，而许多方志则是由与地方政府或更广泛的社区有关系的团体出版。这些出版物与侨刊的融资和制作方式不同，也不一定履行相同的职能。然而，侨刊现象是多种多样的，它能够在侨乡的几个层级兴办，从县向下到村、到宗族，同时它们的某些分层与当地更早的宗亲出版物相对应。

上述的联结、共性以及部分等同性，反映在用于描述一些较早的移民相关出版物的术语中。一方面，一些刊物的名称反映了其角色和起源，包括乡刊、族刊和乡讯；有些名称结合了"现代"和"传统"（例如，"乡刊乡讯"和"侨刊乡讯"）两个变量。[3]

另一方面，侨刊的捐助者也认识到侨刊、侨批和族谱的亲密关系。如前文所言，侨刊有时被称为"集体家书"。1926年，《颍川月刊》上刊登的一首诗将侨刊比喻为"家书"或"族谱"。[4]因此，这两种出版传统

1 Zurndorfer, Harriet Thelma. 1995. *Chinese Bibliography: A Research Guide to Reference Works about China Past and Present.* Amsterdam: Brill, pp.187–195. 关于宗谱的记录，参见Meskill, Johanna M. 1970. "The Chinese Genealogy as a Research Source." In Ai-li S. Chin and Maurice Freedman, eds., *Family and Kinship in Chinese Society.* Stanford, CA: Stanford University Press, pp.139–161。

2 Meskill, Johanna M. 1970. "The Chinese Genealogy as a Research Source." In Ai-li S. Chin and Maurice Freedman, eds., *Family and Kinship in Chinese Society.* Stanford, CA: Stanford University Press, pp.141–143.

3 姚婷、梅伟强（2009）：《百年侨刊〈新宁杂志〉历史文化论》，《侨乡研究丛书》第10期，北京：中国华侨出版社，第1–5页。

4 梅伟强、关泽峰（2010）：《广东台山华侨史》，北京：中国华侨出版社，第289页。

不仅相互联系，同时也获得了实践者的亲身体验，两者之间的关系也继续被研究侨批现象的中国历史学家和专家所认同。

为了理解这种关系，有必要回顾中国在前现代社会时期大量记载法律和制度的传统，这种传统深深扎根于乡村。[1]地方社区会在家谱和方志中记录他们的活动和组织章程。几个世纪以来，中国东南沿海地区被打上海洋贸易和海外移民历史的烙印，对海外汇款的依赖塑造了当地的移民文化。虽然侨刊在某些方面与家谱和方志不同，但它仍然是当地文化和社会的一部分。家谱记录了家族或宗族的起源、排名、分支和名人及其传播和发展的历史。地方志按年代记录了当地社会的历史和情况，包括地方政治、经济、社会和文化。移民寄回家的侨批创造并孕育了一个包含了移民者和国内亲属的综合跨国领域，并帮助保留了两个群体的日常生活的传统方式。

传统上，编纂家谱和本地历史是当地士绅成员的工作，他们拥有必要的技能以及经济和社会资源来完成这项工作。在侨乡，跨国移民企业家在许多方面扮演着与过去从事地方事务和公共管理的传统士绅相同的角色，无论是通过海外远程控制，还是在这些人再移民之后。[2]他们还协助编纂出版“侨刊”，对华侨华人社会和侨乡的社会事务表达书面的看法。

有些侨刊在中国出版（如《新宁杂志》），有些在国外出版。[3]侨刊的一个主要内容是报道移民链两端的华人社会、政治和文化相关的事务，这被认为是个单独的部分。侨批反映了家庭和宗族事务，包括买房或建房、婚礼和婚姻，宗族财务和其他的相关利益；侨刊反映了地方和国家事务，包括政治形势和国家法令的变化。

像家谱和方志一样，侨刊反映了中国传统社会中国家、地方、宗族

1 陈春声（2004）:《历史的内在脉络与区域社会经济史研究》,《史学月刊》第8期，第8–9页。

2 陈春声（2005）:《海外移民与地方社会的转型——论清末潮州社会向“侨乡”的转变》,发表于“第三届人类学高级论坛”论文集，第334–348页。

3 吴以湘编（1949）:《潮州乡讯》第2期，新加坡：潮州乡讯社；新加坡顺德同乡会（1948）:《顺德侨刊》第2期，新加坡：顺德侨刊社。

和家庭之间的关系。由于移民潮，东南沿海地区的地方社会变成了跨国的：它跨越了侨乡和海外华人定居地区，所以它的文化传统既反映在侨批和侨刊，也反映在家谱和方志中。例如，饶宗颐编纂的《潮州志》中有专门关于侨批贸易的部分。[1]侨乡的大多数家谱也都列出了海外家族或宗族成员的名字。如新加坡著名潮汕贸易商林义顺的次子出生于新加坡，但在广东澄海祖籍地的家谱中亦对其有详细的记载。[2]

在侨乡，普通人的日常事务虽可延伸到海外，但始终扎根于本土。对于移民那代及其家属而言，海外和本地亲属是一个不可分割的整体的两个部分。这个整体仍然（至少在一段时间内）保持原有的社会秩序和传统，侨批和侨刊在这种动态中发挥关键的作用。一方面，侨批巩固了家族与宗族之间的纽带，确保了亲属关系和当地社区的维系（即使当男性移民海外，他们依然能够行使父权。通过海外汇款的方式，他们能够执行家庭和宗族的工作任务并且参与对于宗族组织的管理）。另一方面，侨刊协助维护国家机构和地方政权，其内容反映了国家或地方的政治、经济和社会事务。通过侨刊，移民对侨乡当地和全国的形势保持密切的关注，并能够参与到中国及家乡社会秩序的建设和维护当中去。

中国学者希望探索横跨侨乡和移民社区的跨国社会，因此使用了各种资料和出版物。许多学者在研究移民家庭和宗族时，使用族谱和侨刊作为补充材料，以获得对于亲属关系更加全面的认识。[3]家谱、族谱、地方志、侨批、侨刊都是相似社会历史条件下的产物。所以，在探索海外华人与家乡之间的联系及其出版物时，是无法将“传统”与“现代”两者割裂的。

因此，20世纪初期侨刊的出现与现有的地方出版传统是一脉相承的。创办侨刊，彰显了家族、宗族或社区在移民的特殊环境下所获得

1 饶宗颐编（1965）:《潮州志汇编》，香港：龙门书店，第870–871页。

2 柯木林（1991）:《〈澄邑马西乡林氏族谱〉的发现及其史料价值》,《南洋问题研究》第1期，第70–76页。

3 袁兴言、邬迪嘉（2012）:《侨乡的经济活动与空间营造——以1928–1937年间金门珠山〈显影〉侨刊为例》,《台湾大学建筑与城乡研究学报》第19期，第65–100页；袁兴言（2011）:《由移民聚落到跨海宗族社会——一九四九年以前的金门珠山侨乡》（博士毕业论文），台北：台湾大学，第5章。

的财富和权力，或是显示了侨乡因为移民和海外汇款而获得的更高的地位。与旧式家谱相似，侨刊可以标志或者加速对新的宗族支系（因为侨批而致富）的进一步吸收。他们向任何有资格获取侨刊的人免费分发，对于海外的对象，则使用邮寄的方式。[1]这是对移民的回应，也是防止移民与家乡之间的联系被切断的机制。就像侨批贸易一样，20世纪初期侨刊的出现代表了固有的传统在海外新环境下的一种创造性适应。

在国外，侨批贸易与其同时发展的新式现代报业密切相关，这种新式现代报业与侨团、侨校一起，是海外华人社会的“三大支柱”。1815年，据说华人报纸第一次出现在国外（马六甲），到了1996年，至少有4 000种华人期刊在52个国家和地区以中文和其他语言出版，并且至少还有200本由华人用中文以外的语言出版。[2]在泰国，第一份中文日报创建于1903年，后来又有65家成立。这个日报在全盛时期与批局系统或多或少地联手，批局所有者通过在报纸上刊登广告来招募客户，而记者也对贸易进行报道，两者互相为推动对方发挥了巨大的作用。业主利用媒体宣布其店铺搬迁至新址（由于扩张和商店火灾而频繁发生）、特别优惠、中国或泰国当局实施的新法规、新货币政策、结业或者开业。在抗日战争初期，他们用报纸提醒中国人，日本企图控制利润丰厚的汇款贸易。[3]

一些19世纪末20世纪初发行的侨刊，如《新宁杂志》，是对1895年中国战败于日本以及1898年改革运动失败的回应。一开始，他们支持一个共同的国家话语，从这个意义上，至少在一些时期证实了“印刷资本主义”理论。在政治危机期间，“侨刊”超越了特殊性而为国家进行宣传。因此，侨刊、侨批文化之间与国家导向之间并没有一条明确而永久

1 姚婷、梅伟强（2009）:《百年侨刊〈新宁杂志〉历史文化论》,《侨乡研究丛书》第10期，北京：中国华侨出版社，第6页。

2 Benton, Gregor, and E. T. Gomez. 2008. *Chinese in Britain, 1800–2000: Economy, Transnationalism, Identity*. Basingstoke: Palgrave, pp.192–193.

3 蔡金河、徐光华（2014）:《试论泰国华文报对泰国侨批业的贡献》，中国历史文献研究会、汕头市潮汕历史文化研究中心编：《世界记忆遗产——侨批档案研讨会论文集》，汕头，第365–370页。

的分界线。然而，侨刊的主要目的仍然是通过保持联系和交流本地信息来满足移民及其家庭和社区的需求。它们使移民、返乡移民和回乡的人在回到中国后，可以互相交流见闻，“正如他们曾经在同一场合时所做的那样”。[1]

徐元音在对“侨刊”的研究中曾提及安德森的“印刷资本主义”理论，并在一个脚注里评论道，安德森提出关于“印刷资本主义”在使“‘思考’国家成为可能”的过程中所扮演的角色，阐明了侨刊在分散的台山社区中的作用。然而，她的研究表明，这个比喻有明显的局限性。尽管，安德森将第三世界视为西方国家模式的复制品，但徐元音得出的结论认为，这个据称是印刷媒体建构的“想象社区”比建立在效忠基础上的社区更加难以成熟起来。“就像由籍贯地定义的社区一样”。[2]多数侨刊都是以地方或区域为重点的单一出版物。如《新宁杂志》的主要关注点是建立一个“更好的台山”，尽管这个目标与希望建设一个更美好的中国并没有冲突，国家政治仍旧不是这种出版物存在的理由或者甚至一个持久的关注点。

《新宁杂志》最初比多数侨刊更加致力于建设一个强大的中国，但在清政府倒台后，它的政治倾向明显降低，并被进一步纳入县级政治中去。它作为“乡村新闻报纸”继续存在了一段时间，直到后来被国民党控制，迫使其宣传国民党的政策和计划。这种政治欺凌使得美国的台山侨民逐渐疏远，他们选择“忠于他们的家乡要甚于国民党对民族主义的呼吁”。只有当日本侵华的威胁日益严重时，才重新唤起了他们对祖国政治的关注。20世纪30年代后期，出现了一些新的、政治倾向更明显的侨刊来支持抗日运动，并募集捐款以支持国防。然而，移民对祖国事务的关注度，最终还是随着他们及其后代的关注焦点转移到海外而再次减弱。随着时间的推移和战争的破坏，即使是与籍贯地的联结也会被逐渐

1 Hsu, Madeline Y. 2000. “Migration and Native Place: Qiaokan and the Imagined Community of Taishan County, Guangdong, 1893–1993.” *Journal of Asian Studies* 59(2): 313–314.

2 Hsu, Madeline Y. 2000. “Migration and Native Place: Qiaokan and the Imagined Community of Taishan County, Guangdong, 1893–1993.” *Journal of Asian Studies* 59(2): 312，326.

磨损。[1]

侨批贸易与海洋文化

哈里斯认为，侨批贸易不是“中国资本主义的一种独特形式”，而是一种“自由放任的跨国资本主义”，它奉行资本主义的盈利战略，并且开创了“一系列新的客户服务文化”，而这些服务模式是其国营竞争对手无法复制的。他同样认为，这种贸易更多地依赖于一种非个人的规则体系，而不是文化或家庭的密切关系，侨批经营者利用工具性的经济实践将他们的企业跨国化。[2]

另一方面，在福建和广东地区的侨批研究学者对于侨批贸易的性质和特点有不同的理解。他们就本地区与中国其他地区之间联系的旧理论框架，从始于唐朝（618—907）发展起来的中国东南沿海地区商业经济的背景下进行审视，这一发展也与该地区海上移民的增长同步。地区差异和政治文化从未完全被1949年前的一系列革命所消灭，一些新的差异和文化却因此产生，尤其是在拥有自己革命派别和传统的东南省份。在后毛泽东时代的改革中，由于国家经济和政治体制的权力日益下放，地区差异化也加深了。现在，地方和区域的核心特色被强烈地展现，而非继续隐藏起来。不同的地区以不同的方式呈现，而东南部的一个明显特色是其移民史。

在中国正在向外开拓更多海外市场的时代下，这是一个特别有用的特征，地方领导人可以利用其来加强他们在国家中的地位。20世纪90年代初以来兴起的侨批研究，必须放在这种史学区域化以及政治经济学语境中去理解。

让侨乡广东和福建的历史学家引以为豪的是，他们声称的数百年来海外航行和移民历史作为特殊符号已经被刻在了两省的文化中。根据他

1 Hsu, Madeline Y. 2000. “Migration and Native Place: Qiaokan and the Imagined Community of Taishan County, Guangdong, 1893–1993.” *Journal of Asian Studies* 59(2): 315–316，324–328.

2 Harris, Lane Jeremy. 2015. “Overseas Chinese Remittance Firms: The Limits of State Sovereignty, and Transnational Capitalism in East and Southeast Asia, 1850s–1930s.” *Journal of Asian Studies* 74(1): 129–151.

们的分析，与世界上其他有大量人口离家奔向海外的地区和国家一样，在国外冒险谋生的传统使得广东和福建人以及他们的文化更为外向，而不是狭隘地着眼于内陆。侨批历史学家将黑格尔对世界的分类方法复兴，黑格尔将世界分为河流的（河流）、内海的（内陆海洋）和海洋的（他从卡尔·施米特的哲学地理学中借鉴了这些类别），以此来对应亚洲、欧洲、英格兰和美国（或古代、中世纪、现代）。根据黑格尔的说法，不从事航海的国家不了解自由并且陷入停滞和迷信，而海洋人民则富有无穷的创造力和勤劳，像海洋一般是一个“自由的元素”。[1]他们是明智的、勇敢的、超越的而不是封闭的和保守的。

侨批历史学家将这一划分延伸到中国的沿海和非沿海文化之中。黑格尔认为中国是“神权专制王国”，而追随黑格尔理论的历史学家认为中国过去有海洋文化，现在必须重新恢复它，他们暗示面对海洋的那些地区从未失去过这种文化。[2]一项研究将中国南方人民描述为“具有海洋特征的民族”，充满着“海洋文明”。[3]在使用这些标签时，这些历史学家暗指东南沿海相较于其他地方的优越性，特别是福建，没有通道与内地相连，这个地区直到最近才结束因为高山而与中国内陆的隔绝。还有广东，一个离中国内陆中心地区文化最远的地方之一。

根据刚刚复兴的区域学，闽南人无畏而英勇，这种性格几百年前曾使福建的汉族先驱们攀越许多危险的山峰而到达该地区。他们的精神是“无惧而勇于冒险……有着深厚的海洋文化”。[4]闽南人有时被称为“中国”或亚洲的“犹太人”，福建学者自豪地接受了这一绰号。[5]至于侨批

1 Hegel, G. W. F. 1991. *Elements of the Philosophy of Right.* Translated by H. B. Nisbet. Edited by Allen Wood. Cambridge: Cambridge University Press, pp.268–269.

2 郑有国（2013）:《海格尔“海洋文化阐释”》,《闽商文化研究》第7卷第1期，第60–69页。

3 苏文菁、黄清海（2013）:《全球化视野下的侨批业——兼论侨批文化的海洋文明属性》,《闽商文化研究》第7卷第1期，第40页。

4 吴鸿丽（2008）:《初析闽南侨批文化》，王炜中主编 :《第二届侨批文化研讨会论文选》，香港 : 公元出版有限公司，第367页。

5 黄清海（2009）:《从泉州侨乡经济发展轨迹看闽南侨批保护的意义》,《海外传真》第2期，第55页。这一绰号同样用于形容温州人，他们是东南沿海另一个因为贸易而在国内出名的群体。

管理者，他们是“鲁滨逊漂流记式的海洋英雄”。[1]这种对企业和向外开拓的关注与中国当前所提出的建设“新丝绸之路经济带”和“21世纪海上丝绸之路”合作倡议相一致，而侨批贸易是海上丝绸之路必不可少的一部分。[2]

这些历史学家也认为，福建和广东的海洋传统不只是外国模式的复制品，而是具有自己的中国特色，它是一个综合体，包括由一些由（汉族）先驱带往南方的中原文化，以及他们来福建前就有的本土文化和海洋文化。在世界航行并在海外建立华侨华人社会的闯劲打破了中国文化的一个主要禁忌："父母在，不远游。"但它并没有导致华人切断与故土的纽带。在这方面，中国的英雄与“英国海洋英雄”非常不同。他们在实现了征服大自然这一人类“永恒的愿望”的同时，也看重他们对祖先、亲属和朋友的责任。事实上，一开始作为家庭的代表离开故土出海的行为，正是出于他们对家庭的忠诚。由于宗族制度、中国人的家乡观念以及长辈对移民的控制（将女性留在家中），中国向国外的探索反倒加强了而非削弱了他们与家庭的联系。侨批是这个链条的一个主要联结。[3]

这种海洋的属性植根于东南省份不寻常的历史之中，早在唐代时当地人就已经在海外进行贸易和定居了，在南宋（1127—1279）中国经济南移之后更是如此。[4]在明清的大部分时间里，海禁（“禁海令”）禁止海上活动，以遏制海盗活动并防止出现自给自足的区域经济。沿海贸易和航运被宣布为非法，沿海人口被迫向内陆迁移。尽管贸易商人和移民确实向家人寄回了汇款，但在禁令期间返回中国是非法和危险的。汇款一经发现就会被没收，其潜在收款人可能会受到严厉处罚。在明清时期的某些时候，福建南部和广东东部的港口有时正式向菲律宾和泰国开放私

1 苏文菁、黄清海（2013）:《全球化视野下的侨批业——兼论侨批文化的海洋文明属性》,《闽商文化研究》第7卷第1期，第40页。

2 Rana, Pradumna B., and Wai-Mun Chia. 2014. “The Revival of the Silk Roads (Land Connectivity) in Asia.” Singapore: RSIS Working Paper, No. 274.

3 苏文菁、黄清海（2013）:《全球化视野下的侨批业——兼论侨批文化的海洋文明属性》,《闽商文化研究》第7卷第1期，第40-41页。

4 王炜中（2007）:《潮汕侨批》，广州：广东人民出版社，第4页。

人以及公共贸易。当地商人在整个东南亚航行，在整个地区建立了一个不断扩大并且更为多元化的跨国运营网络。[1]当政府实施“海禁”时，这些商人对此不屑一顾，于是“四大洋成了他们的家”。[2]“海洋经济”在前现代时期，即13—18世纪蓬勃发展，中国商人仍然成功地与欧洲商人在东南亚竞争，即便当时中国朝廷否定他们。然而，直到现代，它仍然继续影响着中国南方商人的思想和眼界。[3]

今天，据称世界上有多达一千万的移民或移民的后裔来自广东东部（主要是潮汕）[4]以及更多的移民来自闽南，福建当局估计为1 200万，如果把中国本身包括在内，则是4 000万人。[5]据说有600多万华人和华裔是泉州移民或移民的后代，有300多万归国移民或移民的家属和后代居住在泉州。[6]来自这两个省份的移民及其后代在各大洲和大多数国家建立了社区，他们是新全球时代的重要经济动力。

研究侨批贸易的历史学家称，该地区私营贸易发展的程度导致了一种新的文化的产生，这种文化并没有将商人贬低到传统社会分类中被鄙视的第四类，即士、农、工、商，相反，本地人甚至会钦佩这些商人。[7]作为支持东南地区具有独特性的主要代表，饶宗颐教授认为潮州的商业文化“指引”了该地区的海外探险历史，这种文化同时也是“海运洋务

1 陈训先（2010）:《论“银信合封”——兼谈粤闽民信和侨批的演变》，王炜中主编 :《第三届侨批文化研讨会论文选》，香港 : 天马出版有限公司，第183–186页。

2 罗则扬（2004）:《侨批文化与海洋文化》，王炜中主编 :《首届侨批文化研讨会论文集》，汕头 : 潮汕历史文化研究中心，第208–210页。

3 张林友（2014）:《侨批档案与闽粤近代金融史研究——基于史料比较的分析框架》，中国历史文献研究会、汕头市潮汕历史文化研究中心编 :《世界记忆遗产——侨批档案研讨会论文集》，汕头，第226–227页。

4 王炜中（2007）:《潮汕侨批》，广州 : 广东人民出版社，第9页。马楚坚（2008）:《潮帮批信局与侨汇流通之发展初探》，王炜中主编 :《第二届侨批文化研讨会论文选》，香港 : 公元出版有限公司，第23页。

5 黄清海（2009）:《从泉州侨乡经济发展轨迹看闽南侨批保护的意义》，《海外传真》第2期，第55页。

6 叶芳蓉、杨惠嫦（2013）:《收藏界的新贵——侨批》，《源》第2期，第7页。

7 吴鸿丽（2008）:《初析闽南侨批文化》，王炜中主编 :《第二届侨批文化研讨会论文选》，香港 : 公元出版有限公司，第362页。

文化的产物”。[1]

因此，研究侨批的学者为侨批贸易提供了一个不同的谱系，而不是一个由技术发展导致的向现代资本主义横向同化的结果。相反，它的根基和力量来自数百年来在福建、广东、东南亚和太平洋活跃的中国企业之中，这些移民商人以及某些情况下他们在当地出生的后代，调动了他们的文化资本以及在祖籍地的文化和家庭亲缘关系来经营业务。尽管有着明显的“传统主义”，侨批现象揭示中国企业家能够在一个多世纪的时间里获得成功，与中国和海外的现代化国有银行和邮政服务机构竞争。在面对政府对其在中国、新加坡、泰国和其他地方贸易的打压，动员支持侨批机构可以看作是全国和跨国（或海外的）华人移民觉醒的一部分表现。虽然主要是经济，他们同时也有很大的政治潜力，以及与故乡保持纽带的深厚情感内涵。他们不仅强化了移民的国家认同，而且通过使在各地的中国移民聚焦于同一个问题，在海外华人社会创造了新的团结的意识。这种活力和广度，只有20世纪30年代华人在东南亚的抗日动员活动才能与之匹敌。而且，他们创建的跨国联系和身份认同也为跨国抗日运动提供了基础和样板，这种运动在20世纪30—40年代遍及东南亚的华人群体。[2]侨民通过侨批和侨批贸易与中国保持的联系，表明“与故乡发生联系是由众多瞬间构成的”，这从方法论上再次确认了接触海外华人的重要性。[3]

1 陈训先（2008）:《侨批业与潮商文化源》，王炜中主编 :《第二届侨批文化研讨会论文选》，香港 : 公元出版有限公司，第168页。

2 陈丽园（2010）:《侨批与跨国华人社会的建构》，王炜中主编 :《第三届侨批文化研讨会论文选》，香港 : 天马出版有限公司，第164-180页。

3 Chan, Shelley. 2015. “The Case for Diaspora: A Temporal Approach to the Chinese Experience.” *Journal of Asian Studies* 74(1): 107-128.

第四章 侨批地域分布

4

本章将探讨侨批贸易所存在的地域差异性及其原因和后果。侨批贸易在世界各地不同的区域、在相似的背景下以相同的服务目的而设立。侨批业的准入门槛很低，且容易学习，因此这些跨国侨批业者不断地相互借鉴彼此最好的经营理念。从事侨批业，最低要求只是一张桌子，良好的声誉，努力工作的态度，以及与华侨华人及侨眷的必要性接触。其贸易过程相对简单，所需的启动资金也很少。由于这些原因，尽管侨批贸易在地理上分布广泛，但在中国和国外不同地区的贸易过程却惊人地一致。[1]

这种一致性在汕头、厦门等的贸易中心，以及新加坡、曼谷、马尼拉等的主要海外中心最为明显。在这里，侨批贸易符合前一章所描述的类型和华人研究中关于这一主题的论述，因此本章没有必要就其地理差异性对其进行论述。

然而，一些较小的或更外围的侨乡，以及深处腹地的侨乡却有其特殊性，这一现象并不让人意外。侨批贸易从华侨底层兴起，沿着几代移民人走过的路线传播。大多数侨乡相对偏远，有些比其他地方更偏

1 海外华人企业往往建立在由创建者延伸出的亲属或亚种族联系的亲缘网络的单一理念上。参见 Benton, Gregor, and E. T. Gomez. 2008. *Chinese in Britain, 1800–2000: Economy, Transnationalism, Identity*. Basingstoke: Palgrave, p.101。

僻，毕竟，偏僻的地方常是贫穷、落后的，这也成为移民产生的主要推动力。尽管侨批贸易在大的发展方向上没有产生很大的改变，但也不可避免地会受到当地环境和经验的影响，相比于其他一般的移民祖籍地的侨批贸易与经济和文化主流的差异较小，在最偏远的侨乡，侨批贸易更有可能呈现出特殊的形式。无论是在中国还是在国外，地理环境都影响着移民链的两端。在中国或国外的部分地区，侨批贸易的形式呈现出一定的差异性。在后一种情况下，海外华人聚居区与中国家乡之间的距离，以及移居地的社会和经济特征决定了侨批贸易的形式。本章主要就许多现有研究中经常被忽略的侨批贸易的地域差异性进行讨论。[1]

侨批贸易的特殊性表现最明显的地方包括广东和福建的客家聚居区、海南以及广东的广府和五邑地区。其他地区如浙江（青田）、湖北（天门）、福建中部（福州）和广西（容县）周边侨乡也沿着不同的路线发展，但有关这四个地方的侨批贸易的研究相对较少，所以我们暂时不作深入说明。[2]在中国境外，北美和大洋洲的侨批贸易发展比较有特色，其经济和行政结构比较发达，随着时间的推移，沿着不同于其他地区的路线发展，并与侨乡相互影响。汇款的其他来源地如古巴、南非、印度和欧洲，也可能存在同样的情况，但由于对它们的了解太少，在此不进行说明。[3]

1 肖文评（2004）:《粤东客家山村的水客、侨批与侨乡社会——以民国时期大埔县百侯村为个案》，王炜中主编：《首届侨批文化研讨会论文集》，汕头：潮汕历史文化研究中心，第253页。

2 有关日本和美国华人的福州侨批贸易研究，参见王东旭（2009）:《福建侨批四大地域体系初探》，陈小钢主编：《回望闽南侨批——首届闽南侨批研讨会论文集》，北京：华艺出版社，第104-105页；有关荣县侨批贸易，参见郑一省（2013）:《广西容县侨汇庄的经营模式及网络初探》，《华侨华人历史研究》第1期，第31-39页。而客家聚居的闽西侨批贸易则鲜有研究。[王东旭（2009）:《福建侨批四大地域体系初探》，陈小钢主编：《回望闽南侨批——首届闽南侨批研讨会论文集》，北京：华艺出版社，第106页]。福建侨批贸易分为四个独立环节，每个环节都有自己的特点。[王东旭（2009）:《福建侨批四大地域体系初探》，陈小钢主编：《回望闽南侨批——首届闽南侨批研讨会论文集》，北京：华艺出版社，第103页。]

3 古巴部分，参见李柏达（2013）:《古巴华侨书信与侨汇》，广东：广东华侨史编委会编，第227-238页。福建省档案馆编（2013）:《百年跨国两地书》，厦门：鹭江出版社，第34-35页，介绍了南美洲的侨批。

客家地区与水客的角色

梅州与邻近的梅县和大埔一起，是客家人的主要故乡，也是一个重要的侨乡。由于其动荡的历史和崎岖的地形以及偏远的地理位置，梅州比周边地区更加贫穷。[1]梅州所收到的侨汇总额比其他侨乡更少，面额也更小，主要来自东南亚，许多汇款首先通过汕头运往南方。[2]（在20世纪30年代，据说每年有价值1 500万至2 000万元的外国汇款流入梅县，1940年增至3 000万元。[3]）

在客家地区，批局贸易发展较晚，水客在其中发挥了更为突出的作用。因此，在客家地区的批信中，只发现了较少与批局有密切联系的。[4]客家村落中的水客贸易规模巨大：据说在某些地方，水客的就业率高达人口的5%。[5]这一现象很容易与客家地区极高的教育水平联系起来。水客既要有文化，又要有教养，这样才能受人尊敬。在一些客家社区，晚清时期持有学位的人数比非客家人高40%。[6]

客家批局比其他地方少，且规模也更小，平均有2.5名工作人员。[7]

---

1 夏远鸣（2008）：《梅州客属地区的水客与侨批业述略》，王炜中主编：《第二届侨批文化研讨会论文选》，香港：公元出版有限公司，第370–372页。

2 张国雄（2010）：《广东侨批的遗产价值》，王炜中主编：《第三届侨批文化研讨会论文选》，香港：天马出版有限公司，第72页。

3 邓锐（2010）：《浅谈侨批的重要作用及开发利用》，王炜中主编：《第三届侨批文化研讨会论文选》，香港：天马出版有限公司，第107页。

4 黎道纲（2006）：《泰国侨批研究的若干问题》，洪林、黎道纲编：《泰国侨批文化》，曼谷：泰中学会，第59页。

5 李小燕（2004）：《客家地区的水客与侨批局》，王炜中主编：《首届侨批文化研讨会论文集》，汕头：潮汕历史文化研究中心，第52–53页。

6 肖文评（2004）：《粤东客家山村的水客、侨批与侨乡社会——以民国时期大埔县百侯村为个案》，王炜中主编：《首届侨批文化研讨会论文集》，汕头：潮汕历史文化研究中心，第254–256页。

7 夏远鸣（2008）：《梅州客属地区的水客与侨批业述略》，王炜中主编：《第二届侨批文化研讨会论文选》，香港：公元出版有限公司，第380页；邓锐（2004）：《从梅州市侨汇的发展过程看侨批局兴衰》，王炜中主编：《首届侨批文化研讨会论文集》，汕头：潮汕历史文化研究中心，第61–62页。

只有极少数的批局是由客家人开设的，大部分是汕头批局的分支。[1]客家人的批局分为两个系统，分别集中在梅县和大埔，但他们之间很少是相通的或存在地域连接，彼此联系也很少。[2]因为这些地区贫穷，地理偏僻，缺乏直接的出海口，也是由于潮汕在许多东南亚华侨华人中的人口数量和财富优势所造成的。[3]客家帮的批局往往与其他帮的批局遵循不同的贸易程序。有些批局在收到汇款后，会出具汇款单，由汇款人自己寄给侨乡的收款人。在其他大规模的批局改用其他方式的时候，这些批局仍然使用批脚或水客。[4]

水客在客家地区发挥巨大作用的一个原因是土匪经常进行袭击，使得当地人在路上和过河时容易受到伤害。因此，冒险去城镇上的批局取汇款是不可取的，由水客递送变为他们的首选。客家水客以武艺闻名，但他们也不可避免地采取了预防措施。从汕头取款时，他们喜欢拿的不是现金，而是货物。这种策略一举两得。因为金钱更容易携带，也就更容易遭偷窃，货物则没有诱惑力，不容易成为目标。而且此举还为那些与水客有关联的乡村商店提供了货品库存，并得以获得额外收入。[5]

1 肖文评（2004）:《粤东客家山村的水客、侨批与侨乡社会——以民国时期大埔县百侯村为个案》，王炜中主编:《首届侨批文化研讨会论文集》，汕头：潮汕历史文化研究中心，第257页。

2 陈汉初（2014）:《侨批投递——独特的“海上丝绸之路”》，中国历史文献研究会、汕头市潮汕历史文化研究中心编:《世界记忆遗产——侨批档案研讨会论文集》，汕头，第115页。

3 有关潮汕和梅州地区侨批贸易的关系，参见夏远鸣（2008）:《梅州客属地区的水客与侨批业述略》，王炜中主编:《第二届侨批文化研讨会论文选》，香港：公元出版有限公司，第384-385页；林腾云（2008）:《从侨批和批局收据谈梅州华侨与汕头帮的关系》，王炜中主编:《第二届侨批文化研讨会论文选》，香港：公元出版有限公司，第411-416页；林庆熙（2010）:《潮汕侨批再认识》，王炜中主编:《第三届侨批文化研讨会论文选》，香港：天马出版有限公司，第215页。110家曼谷的批局中，仅有少数属于客家人。[夏水平、房学嘉（2004）:《梅州客属地区的水客业述略》，王炜中主编:《首届侨批文化研讨会论文集》，汕头：潮汕历史文化研究中心，第183页；林家劲等著（1999）:《近代广东侨汇研究》，广州：中山大学出版社，第14页。]

4 李志贤（2014）:《19-20世纪期间新加坡各帮民信局的营运与同业组织》，中国历史文献研究会、汕头市潮汕历史文化研究中心编:《世界记忆遗产——侨批档案研讨会论文集》，汕头，第10-11页。

5 肖文评（2004）:《粤东客家山村的水客、侨批与侨乡社会——以民国时期大埔县百侯村为个案》，王炜中主编:《首届侨批文化研讨会论文集》，汕头：潮汕历史文化研究中心，第257-258页。

1911年，梅州据说有822名水客。[1] 1941年，在中日战争最激烈的时候，数百个水客继续为该地区服务。[2]现代银行业也姗姗来迟，直到1937年该地区仅有不到20%的村庄拥有现代邮政服务。[3]但即使该地区设立银行之后，水客仍继续分担该地区1/3的汇款，同时他们也为银行工作。[4]甚至到了1950年，在梅州和梅县注册的水客有1 000多个，并成立了行业组织，许多水客继续从事贸易直到20世纪60年代。[5]

海南与海外华人在侨批贸易中的主导地位

海南是广东南部和越南东部的一个大岛，有着独特的侨批传统。从历史上看，海南的侨批贸易落后于广东（1988年以前海南是其一部分）和福建。直到1882年，海南都是由水客而不是批局从事侨批业，甚至水客数量也比其他地方少得多。这是因为海南移民的收入往往比其他移民少得多，而且在任何情况下，他们大多每隔几年就会带着收入回家一次。海南移民能够负担往返费用，是因为海口作为海南的主要港口，距离越南最近的大港口——海防市之间的距离不到250英里，这里是大多数海南移民的聚居地。而相比之下，厦门和新加坡之间的距离接近2 000英

1 邓锐（2008）:《世界侨批业与梅州侨批金融业的关系》，王炜中主编:《第二届侨批文化研讨会论文选》，香港：公元出版有限公司，第85页。

2 有关战争早期客家水客的研究，参见夏远鸣（2008）:《梅州客属地区的水客与侨批业述略》，王炜中主编:《第二届侨批文化研讨会论文选》，香港：公元出版有限公司，第375页；邓锐（2010）:《浅谈侨批的重要作用及开发利用》，王炜中主编:《第三届侨批文化研讨会论文选》，香港：天马出版有限公司，第114页；夏水平、房学嘉（2004）:《梅州客属地区的水客业述略》，王炜中主编:《首届侨批文化研讨会论文集》，汕头：潮汕历史文化研究中心，第180页。

3 邓锐（2008）:《世界侨批业与梅州侨批金融业的关系》，王炜中主编:《第二届侨批文化研讨会论文选》，香港：公元出版有限公司，第88页；夏远鸣（2008）:《梅州客属地区的水客与侨批业述略》，王炜中主编:《第二届侨批文化研讨会论文选》，香港：公元出版有限公司，第386页。

4 夏水平、房学嘉（2004）:《梅州客属地区的水客业述略》，王炜中主编:《首届侨批文化研讨会论文集》，汕头：潮汕历史文化研究中心，第182页。

5 夏远鸣（2008）:《梅州客属地区的水客与侨批业述略》，王炜中主编:《第二届侨批文化研讨会论文选》，香港：公元出版有限公司，第374–376、383–384页；李小燕（2004）:《客家地区的水客与侨批局》，王炜中主编:《首届侨批文化研讨会论文集》，汕头：潮汕历史文化研究中心，第52页。

里。即使在1900年到1938年之间，海南的省会海口市的批局数量也从未超过12个。

20世纪上半叶，大部分到海口的汇款都要经过香港转汇。海南的侨批贸易几乎完全由华侨经营。这是因为当地的企业资本规模较小，很难获得信任。由于缺乏统计资料，很难对海南汇款进行量化，但一般认为，在1927年至1938年期间，海南的汇款量达数亿元。[1]收款人收到的汇款通常是越南币——不像在其他侨乡，汇款首先被兑换成人民币或港币。这是因为越南货币在海南岛广泛流传，它们由夏天期间在越南逗留的大批季节性工人送来或亲自带回。[2]

五邑和北美

五邑是广东珠江三角洲以江门为中心的五个县（即恩平、鹤山、开平、台山和新会）的总称。它有时与广府地区联系在一起，广府地区包括中山和其他粤语系侨乡，这些地区与五邑存在一些共同的特点。[3]五邑的侨批贸易在某些方面也不同于其他侨乡。五邑大部分早期移民没有到东南亚，而是受19世纪中叶的淘金热吸引去了美国、加拿大和澳大利亚，有些人则去了拉丁美洲和加勒比海。[4]少数人去了欧洲，并在那里开设洗衣店。因此，五邑地区的汇款和书信称为“银信”，而不是“侨批”，其来源也不同于其他地区，并且比其他地区更加多样化。五邑的银信大多数来自北美，其次是澳大利亚，少数来自东南亚、古巴和秘鲁。[5]

美国的官方人员和学者并没有忽视加州的华侨华人和银信贸易，他

1 张朔人（2013）:《民国时期侨汇与海南地方经济》，海南文化研究中心编:《海南移民论文集》，新加坡海南文化中心。

2 李文海编（2009）:《民国时期社会调查丛编（二编）· 华侨卷》，福州：福建教育出版社，第855页。

3 Olson, James Stuart. 1998. *An Ethnohistorical Dictionary of China*. Westport, CT: Greenwood Press, p.86.

4 张国雄、赵红英（2013）:《侨批文化的遗产价值》，中国侨批世界记忆工程国际研讨会组委会编:《中国侨批世界记忆工程国际研讨会论文集》，北京，第1–11页。

5 张国雄（2010）:《广东侨批的遗产价值》，王炜中主编:《第三届侨批文化研讨会论文选》，香港：天马出版有限公司，第71–72页。

们比大多数其他地方的同行更早开始研究和评论中国人的汇款习惯及其制度。早期研究汇款的人员包括匿名官员和一些学者，如H. B. Morse, S. R. Wagel, C. S. See，以及A. G. Coons。早在1877年，《旧金山晨报》上就出现了有关银信的文章。[1]

从一开始，五邑的银信贸易就不同于一般的侨批贸易。在19世纪60年代，来自旧金山和夏威夷的汇款是由专门从事进出口业务的公司处理的，或者是由同乡会或宗亲会、会馆处理的，其中大多数与船运公司和中国港口有联系。[2]

后期，在广东东部和福建南部，许多公司主要或专门从事侨批经营，而五邑的银信往往是由从事商品（大米、食品、五金）或服务（洗衣店，甚至诊所）的企业或银号（传统银行）作为副业经营。[3]这种贸易从未达到侨乡其他地区那样的密集和专业化程度。直到后来，一些公司才开始专注于汇款、汇兑和储蓄。这类企业通常是作为投资来经营的，一般是由归国的水客、华侨华人或侨眷来经营。到民国初年，在五邑地区已达几百个。与其他地方的批局一样，它们大多是由几个或几十个所有者组成的股份制公司，彼此之间以及其与客户之间通过血缘或地缘关系相互联系。[4]

在早期，水客经常以现金或白银的形式把汇款带到五邑，但是到19

1 *San Francisco Morning Call*, 1877–1878; Morse, H. B. 1904. *An Inquiry into the Commercial Liabilities and Assets of China in International Trade*. Shanghai: Chinese Maritime Customs, pp.11–15; Blakeslee, George H., ed. 1910. *China and the Far East, Clark University Lectures*. New York: Thomas Y. Crowell, p.107; Wagel, S. R. 1914. "Finance in China." *North China Daily News and Herald* (*Shanghai*), pp.473–474; See, C. S. 1919. *The Foreign Trade of China*. New York: Longmans, Green, and Co, pp.334–336; Remer, Carl F. 1926. *The Foreign Trade of China*. Shanghai: The Commercial Press; Coons, Arthur Gardiner. 1930. *The Foreign Public Debt of China*. Philadelphia: University of Pennsylvania Press, p.183; Remer, Carl F. 1933. *Foreign Investments in China*. New York: Macmillan. 参见班国瑞、刘宏、张慧梅（2016）:《鸿雁传书牵万里——美澳华人移民与家乡之书信往来》，陈荆淮主编，中国历史文献研究会、潮汕历史文化研究中心编：《海邦剩馥——侨批档案研究》，广州：暨南大学出版社，第34–43页。焦建华（2006）:《近百年来中国侨批研究综述》，《华侨华人历史研究》第2期，第49–58页。

2 刘进（2009）:《五邑银信》，广州：广东人民出版社，第48页。

3 麦国培（2004）:《四邑侨批与潮汕侨批之比较》，王炜中主编：《首届侨批文化研讨会论文集》，汕头：潮汕历史文化研究中心，第242页。

4 刘进（2009）:《五邑银信》，广州：广东人民出版社，第3–4、21–32页。

世纪晚期，这种水客逐渐没落并最终消逝。[1]美国及澳大利亚与中国之间的距离太遥远，且无论何时，美国和澳大利亚都有高度发达的金融体系和邮政机构，使用起来更快捷、安全、方便。这些地区的华侨华人很快意识到最好的汇款方式是邮寄银行本票，在广州或香港兑现，或者在该地区迅速发展起来的“兑换店”兑现，而不是像潮汕人和福建人那样汇款。[2]许多从五邑和其他地方来的北美移民每五到六年就返乡一次分配他们的存款或进行投资，这进一步限制了专业性侨批贸易的发展机会。[3]

美、澳的银行虽然发达，但最初也没有完全扩展到华侨华人定居或工作的所有地方，无法在中国内地广设分行，更无法遍布于广大乡村，因此起补充作用的水客、金山庄、银号等就此产生。这些商店主要从事进出口、货币兑换和丝绸、中药等中国商品的销售，同时也帮助华侨华人办理与出入境有关的文书工作或为他们购买船票。但是他们也提供汇款服务。[4]

但在五邑，除了“水客”，还有一个只活跃于香港、澳门、广州、五邑、佛山、中山等地之间的群体——“巡城马”。作为旧有通信系统中的产物，“巡城马”的作用类似于“水客”，也是华侨与侨眷之间联系的纽带。只是他们的活动范围仅限于国内，相对较为狭窄。尽管在极少数情况下，“巡城马”也像其他地方的“客头”一样，护送移民进出中国，但海外旅行不是他们的主要职业。他们的主要工作是向城镇和乡村运送银信和其他货物与产品，特别是药品，并传递秘密商业情报。“巡城马”代表金山店或银号工作。他们的人数比水客少，例如，在中山，只有六个左右的雇员。“水客”将银信经美洲等国送到香港、澳门、广州或五

1 刘进（2009）:《五邑银信》，广州：广东人民出版社，第42页；杨群熙主编（2004）:《潮汕地区侨批业资料》，汕头：潮汕历史文化研究中心、汕头市文化局、汕头市图书馆，第66页。

2 麦国培（2004）:《四邑侨批与潮汕侨批之比较》，王炜中主编：《首届侨批文化研讨会论文集》，汕头：潮汕历史文化研究中心，第242页；张国雄（2010）:《广东侨批的遗产价值》，王炜中主编：《第三届侨批文化研讨会论文选》，香港：天马出版有限公司，第73–74页。

3 李文海编（2009）:《民国时期社会调查丛编（二编）·华侨卷》，福州：福建教育出版社，第845页。Wang, Xinyang. 2001. *Surviving the City: The Chinese Immigrants Experience in New York City, 1890–1970*. Lanham: Roman and Littlefield, p.44.

4 裴艳（2013）:《侨批背景下的中山移民与金融网络》，《八桂侨刊》第3期，第47页。

邑、佛山、中山等地区后，再由穿梭于这些地区之间的“巡城马”将其送到侨属手中，他们平均三四天一次往来于这些地区。他们以信托形式行事，没有收据，并在完成任务后收到定期付款和差旅费。像水客一样，他们需要坚强、勇敢的品质，并善于建立和维持牢固的个人关系和关系网络。与水客不同的是，“巡城马”似乎从未成立过商业组织。[1]

起初，北美的支票被邮寄给中国香港数百家金山店中的一家代理，它们或由亲戚代收，或由穿梭于香港和五邑之间的“巡城马”运送。[2]一旦中国的邮局和银行将其业务范围扩展到整个地区以及北美和那里的唐人街，汇款就可以直接邮寄给收款人，收款人可以兑现汇款，也可以将汇票卖给当地商店。[3]早在19世纪50年代初，旧金山邮局就建立了与中国的联系，到19世纪80年代初，它开始提供汇款服务。[4]几十年来，小汇款人仍然更倾向于通过商店汇款。然而，在战争年代，商店不再能够执行这一功能，通过中国银行电汇成为常态。战后，官方腐败和通货膨胀迫使汇款人转向绕过现代银行系统的非官方渠道。[5]

五邑银信的数量较少，但价值却高于其他侨乡。有一段时间，它们的相对稀有性让中国的许多集邮者和侨批收藏家相信，五邑的银信体系没有其他地方那么发达。潮汕家庭可以自夸有数百封，在少数情况下有数千封侨批，而在五邑大多数人只有几封或几十封银信。但是，五邑移民与家乡通信频率较低的原因不是双方联系不活跃，而是五邑个人汇款的规模较大——往往要大得多。

1 刘进（2008）:《巡城马初探》，王炜中主编：《第二届侨批文化研讨会论文选》，香港：公元出版有限公司，第69–83页；刘进（2009）:《五邑银信》，广州：广东人民出版社，第60–62页；裴艳（2013）:《侨批背景下的中山移民与金融网络》，《八桂侨刊》第3期，第47–48页。

2 张国雄（2010）:《广东侨批的遗产价值》，王炜中主编：《第三届侨批文化研讨会论文选》，香港：天马出版有限公司，第73页；裴艳（2013）:《侨批背景下的中山移民与金融网络》，《八桂侨刊》第3期，第47页。

3 刘进（2009）:《五邑银信》，广州：广东人民出版社，第34–47页。

4 Chen, Yong. 2000. *Chinese San Francisco, 1850–1943: A Trans-Pacific Community.* Stanford, CA: Stanford University Press, pp.100–101.

5 刘进（2009）:《五邑银信》，广州：广东人民出版社，第54–58页；李志贤（2014）:《19–20世纪期间新加坡各帮民信局的营运与同业组织》，中国历史文献研究会、汕头市潮汕历史文化研究中心编：《世界记忆遗产——侨批档案研讨会论文集》，汕头，第11页。

尽管北美华人移民的数量较少，但来自北美的侨汇超过了来自其他地区的。[1]根据美国经济学家C. F. Remer收集的统计数据，在1930年至1932年期间，通过中国香港汇往中国内地的汇款中，有50%以上来自美国和加拿大。[2]这一时期寄回五邑地区的侨批则以美洲、澳洲为主，反映了这些地区侨汇更加繁荣。[3]仅在1946年，就有400万美元汇往开平。

汇款量增加的另外一些因素是，在北美的华人移民通常被排除在主流经济之外，他们无法渗透其中并作出投资；美元强劲；由于被排斥，中国妇女缺席于美洲和澳洲的移民社会，因此更需要靠侨汇来维持她们的生活。[4]（这加剧了种族对立：白人将中国移民由此产生的节俭行为视为是商业和工作中的“不公平竞争”。[5]）在战后时期，东南亚各国政府对个别汇款规模的限制，使来自美国的汇款数量似乎更大。[6]

在五邑汇款交易中，亲属关系扮演的角色甚至比其他侨乡地区更为重要，因此银信的管理可能比侨批更不正式。信封上没有序列号，不是所有从事汇款业务的企业或银号都会为回批提供信封和纸张。在侨批贸易中，批局经常监督运营的每一个步骤，但五邑的银信运送则被委托给商家或银号。[7]

在美国和加拿大，许多早期的劳工是没有固定地址的季节性工人，所以亲戚写信给华工，只能寄往由亲戚或老乡经营的商店，通过他们把信传递或展示在商店橱窗里，以待华工收取。另一些人则寄给宗亲会。当时在北美的中国移民很少有固定住所，因此这种做法在早期非常普

1 Sung, B. L. 1967. *The Story of the Chinese in America.* New York: Collier Books, pp.282–283.

2 转引自Hsu, Madeline Y. 2000. “Migration and Native Place: Qiaokan and the Imagined Community of Taishan County, Guangdong, 1893–1993.” *Journal of Asian Studies* 59(2): 311。

3 麦国培（2004）:《四邑侨批与潮汕侨批之比较》，王炜中主编：《首届侨批文化研讨会论文集》，汕头：潮汕历史文化研究中心，第242页。

4 战后温哥华的华人汇款中断的同时，当地华人企业所拥有的财产数量激增。参见Ng, Wing Chung. 1999. *The Chinese in Vancouver, 1845–1980: The Pursuit of Identity and Power*. Vancouver: University of British Columbia Press, p.69。

5 Li, Peter S. 1988. *The Chinese in Canada*. Toronto: Oxford University Press, p.70.

6 林家劲等著（1999）:《近代广东侨汇研究》，广州：中山大学出版社，第146页。

7 刘进（2009）:《五邑银信》，广州：广东人民出版社，第49–52页。

遍。[1]这些信件要么通过邮寄，要么通过走私。1889年，旧金山的海关官员报告说，仅在三艘船上的中国乘客行李中就发现了近两万封信件，这违反了邮政条例。[2]寄往中国的信件也要经过商店，然后与货物一起运往家乡。这种商店通常是通过亲缘或地缘关系经营的。[3]

侨汇和海外华人贸易之间的这种联系在北美和澳大利亚都很典型，尤其是在早期。这种联系通过香港、广州、五邑和中山的数百家金山店得以巩固，它们通常由汇款人的亲属经营，并在香港组织成一个联合会，即“华安金山庄公会”。对这些金山庄来说，从中国到唐人街的双向货物贸易中，汇款是第二位的，反之亦然。这是贫穷移民所使用的汇款方式，通常金额不到100美元，并附有信封上注明金额的普通信件。较富裕的汇款人则使用银行，[4]手续费约为汇款的0.2%。[5]

在战后，与东南亚侨汇一样，通过中国官方（尤其是中国银行）正式建立的渠道以外的其他渠道汇款，成为北美华侨向中国汇款的一个特点。在东南亚，战后控制汇款的斗争导致了批局和中国政府正式机构之间的激烈对抗，但在北美，非政府渠道发挥的作用越来越小，随之而来的对抗更直接地发生在中国政府与汇款人和收款人之间。结果，广东广府地区和周边地区的抵制更加普遍和根深蒂固，被政府欺凌和腐败的直接经历加剧了这种抵制。

和其他地方一样，引起愤怒和沮丧的第一个原因是中国银行似乎无法及时有效地处理战争期间积压的侨批。在这种情况下，直到1947年底，积压物资才最终交付完毕。政府许诺并尝试改革汇款制度，但只取

1 Hsu, Madeline Y. 2000. *Dreaming of Gold, Dreaming of Home: Transnationalism and Migration between the United States and South China, 1882–1943*. Stanford, CA: Stanford University Press, p.224.

2 Chen, Yong. 2000. *Chinese San Francisco, 1850–1943: A Trans-Pacific Community.* Stanford, CA: Stanford University Press, p.100.

3 潘美珠编：《华工书信》，未出版。Yee, Paul. 2005. *Chinatown: An Illustrated History of the Chinese Communities of Victoria, Vancouver.* Calgary, Winnipeg, Toronto, Ottawa, Montreal, and Halifax: James Lorimer, pp.27–28.

4 李文海编（2009）：《民国时期社会调查丛编（二编）· 华侨卷》，福州：福建教育出版社，第840–841页。Char, Tin-Yuke, ed. 1975. *The Sandalwood Mountains: Readings and Stories of the Early Chinese in Hawaii*. Honolulu: The University Press of Hawaii, pp.127–128.

5 裴艳（2013）：《侨批背景下的中山移民与金融网络》，《八桂侨刊》第3期，第47页。

得了部分成功，而且持续时间不长。中央银行地方分行的货币供应量太少，美元汇率也太低，这不仅仅是广府地区的通病。因此，通过官方渠道的汇款被延迟，并被通货膨胀蚕食。贪官敲诈勒索收款人，银行的服务很差，欺凌行为时有发生。

在战争期间和战争刚结束时，许多华侨出于爱国而通过官方渠道汇款，但汇款的积压、损失和柜台人员的傲慢疏远了这种支持，使得海内外受影响群体的情绪发生了戏剧性转变。在美国，移民开始绕过正规机构，在侨乡，由于银行的疏忽和冷漠而引起的愤怒导致了针对官员和银行职员的威胁和暴力攻击。愤怒的侨眷向记者提供正在发生的事情的信息，新闻媒体站在受害者一边，并尽最大努力动员公众舆论反对当局。

1947年后，金融规避在中国和海外成为普遍现象，但在美国采取了不同于东南亚的形式。在后一种情况下，逃避是一个相当复杂、有几个阶段的过程。前者则简单得多。到20世纪40年代末，北美的华人移民不再使用私人汇款公司汇钱回家，而是简单地购买美国或中国香港币值的汇票，然后通过挂号邮寄回家。在中国，它既可以直接兑现，也可以合法化地出售给第三方，之后它的等级得以提升并进入货币市场，其高阶等级是流通于县城和广州（与上海金融市场有联系）或香港。

这些汇票实际上是由邮局递送的。广府和五邑的大部分地区，即江门的约71.1%，没有邮局的直接服务，但这里的侨乡在地理位置上远比潮汕、梅县、闽南和海南更为集中和紧凑，而且这些集中地与邮政系统的联系也相对较好。这种差异可能是因为广府和五邑的海外移民始于1849年左右，仅在30年后就因美国的《排华法》而受到限制。即使到了20世纪40年代末，广府和五邑侨乡历史也只有一个世纪左右，不像其他一些侨乡已有600年的移民历史，且随着时间的推移，分布得更加广泛。在广府和五邑邮局无法到达的地方，一个密集的商业网络（商号），包括银号和医药商店，在巡城马的协助下为移民提供投递服务。许多移民把他们的汇款寄给香港或广州的亲戚，这些地区离侨乡相对较近，聚集着大量的侨眷或归侨。邮局很乐意提供这项服务，它带来了稳定而可观的收入。1948年，邮局采取措施加快投递速度，提高投递的安全性。

汇款推动了该地区货币黑市的大幅增长。在其他侨乡，最初汇款的外币留在了批局，但在广府和五邑，汇款通常直接送到收款人手中。从事进口贸易或者协助和促进资本外逃的商人对外币有着巨大的需求，这些人的利益与从北美和其他地方收到汇款的侨眷的利益是一致的。交易商更喜欢获得汇票，而不是实际的现金，后者明显容易受到小偷和官员的攻击。而且这些交易商对汇票几乎求索无厌。经营黑市的商人往往是通过故弄玄虚及误导的行为盈利，因此很难估计黑市的实际数量。然而，据说1948年仅在台山县首府就有104个地下钱庄。

在1948年8月的货币改革后，政府通过禁止私人持有或兑换外币，以及打击黑市，努力杜绝逃税行为。然而，采取这样的措施困难重重，受影响的人将其视为官方盗窃。政府要求兑换店和钱庄进行登记，在这样的情况下，大量的兑换商店被清洗或关闭。然而，事实上，大多数人只是转为地下继续经营，只与熟悉和信任的客户打交道，并不断改变他们的地点以避免被官方发现。如果需要，他们可能会收买甚至威胁或攻击地方官员。例如1948年11月新昌发生的一起事件，当时调查人员被200个暴徒包围、殴打。[1]

因为排华法令的存在，那些来往于中国和北美的信件内容反映的问题可能与东南亚侨批中所呈现的不同，大多聚焦在外来移民如何应对入关时移民官员的讯问以及如何寻找工作等方面。[2]一部分信件展示了某家庭如何通过亲属关系建构起一张强大的移民网络以帮助家庭成员实现到北美、东南亚等地的梦想，主要方式有提供必要的信息和资源（如出生证明、申请表格、证人口供等）来规避目的国的禁令。[3]一个来自五邑的关氏家族，就借助家书在美国、加拿大和古巴等地构建起了一个强大的由诸多分支机构和移民前哨站组成的移民网络。[4]

1 袁丁、陈丽园、钟运荣（2014）:《民国政府对侨汇的管制》，广州：广东人民出版社，第255–278页。

2 潘美珠编:《华工书信》，未出版。

3 石坚平（2013）:《四邑银信中的乡族纽带与海外移民网络》，广州《广东华侨史》编纂委员会编:《“比较、借鉴与前瞻——国际移民书信研究”国际学术会议》，江门，第308页。

4 刘进（2013）:《民国时期北美华侨与华南乡村社会转型》，广州《广东华侨史》编纂委员会编:《“比较、借鉴与前瞻——国际移民书信研究”国际学术会议》，江门，第319–372页。

贸易公司是侨批贸易的主要环节，考虑到中国人移民北美的障碍通常比移民东南亚大得多，管理或控制贸易的公司在为移民提供咨询和便利方面发挥核心作用就不足为奇了。有移民意向的群体通过信件向这些公司员工询问移民程序，包括证明材料和至关重要的移民面试的相关信息（后者通常需要准备一个令人信服的实例），在必要时，也会询问如何获得假证件和假身份。

早期北美移民的信件不一定与侨批现象直接相关，与东南亚背景下的移民信件相比，这些更有可能是来自不同城市甚至不同国家（例如，美国和加拿大）的移民群体（朋友、亲戚或居住在乡村的人）之间的信件。这种通信一般不附汇款，却与侨批贸易共享相同的传播渠道。从更严格的意义上来说，这种通信方式和侨批之间的差异，对构成移民通信基础的移民网络的本质变化提供了有趣的解释。

这种北美散居者之间大量的通信，可能是源于中国移民在美洲的流动性更大，他们北到美国和加拿大，南到古巴和秘鲁，不断迁移，以寻找工作、贸易机会或逃避迫害。其中一些流动（例如从加利福尼亚飞往古巴）是为了逃避在美国和澳大利亚时经常遭受的针对中国移民的迫害。19世纪50年代后期，中国淘金者从加利福尼亚到澳大利亚的大规模迁移，可能在某种程度上也是通过通信来组织的。东南亚华人的再移民，尤其是国际再移民，没有那些号称“白人移民国家”的移民范围广泛，因为这些国家有开放的内部边界，即使是非白人群体也普遍更容易流动。

许多中国移民持学生签证来到北美，要么是去亲戚预定的学校上学，要么是由中国政府资助外派留学。这种情况在东南亚国家移民中比较少出现，因为在那里能够获取教育的机会较少。因此，北美和中国侨乡之间的通信中，教育问题显得更为突出，汇往这些地方的侨汇往往被指定用于促进侨眷的教育。[1]

1 班国瑞、刘宏、张慧梅（2016）:《鸿雁传书牵万里——美澳华人移民与家乡之书信往来》，陈荆淮主编，中国历史文献研究会、潮汕历史文化研究中心编 :《海邦剩馥——侨批档案研究》，广州 : 暨南大学出版社，第34-43页。

广府和澳大利亚

早期从澳大利亚到中国的汇款是由移民的归国亲朋或移民自身携带回国。最初是将现金直接交给传递人员，负责分发。[1]随着汇款量的增加，澳大利亚也出现了如其他地方一样专门押运汇款的水客。与此同时，产生了一种新的贸易形式，特别是在金矿一带。华人移民在那里经营以宗亲为主要服务对象的百货商店，被称为"宗族商店"和"宗族银行"，向顾客提供信贷，为他们设立存款账户，并代为汇往中国，这与北美的情况相似。[2]它们还充当同乡会的非正式总部。初入澳大利亚的移民不仅要面对陌生的语言环境，而且社会和经济习惯也与以往截然不同。在早期，这些商店和银行通过为移民提供熟悉的商品和必要的服务引导他们逐渐适应当地社会。企业经营者派人到金矿为不识字的华工写信，收集他们的黄金，并安排他们通过一个在广州设有总局的机构汇出收入。据说在1865年，这个机构已经投递了一万多封银信。[3]与北美一样，他们在商店橱窗或柜台上展示回批，以待移民取走。[4]这种汇款形式在1857年澳大利亚华工遭受白人掠夺和殴打的灾难性事件后变得特别流行。当时65艘载有2 600盎司的黄金和56金镑、途经香港的华人船只，得以被官员免除关税。在那次经历之后，汇款人更喜欢使用内行的当地商人所提供的服务。[5]

最初，在19世纪的澳大利亚，通过宗族商店的汇款通常是以黄金的形式进行。这种做法随着淘金热愈演愈烈而逐渐消失了。到20世纪30年

1 张国雄、赵红英（2013）:《侨批文化的遗产价值》，中国侨批世界记忆工程国际研讨会组委会编 :《中国侨批世界记忆工程国际研讨会论文集》，北京，第7页。

2 Walden, Sue. 1995. "The Tin Fields of Northeast Tasmania: A Regional Variation?" In Paul Macgregor, ed., *Histories of the Chinese in Australasia and the South Pacific*. Melbourne: The Museum of Chinese Australian History, p.183; Fitzgerald, Shirley. 1996. *Red Tape, Gold Scissors*. Sydney: State Library of New South Wales, p.46.

3 郭存孝（2013）:《澳大利亚的侨批档案与文物初探》，广州《广东华侨史》编纂委员会编 :《"比较、借鉴与前瞻——国际移民书信研究"国际学术会议》，江门，第298–301页。

4 裴艳（2013）:《侨批背景下的中山移民与金融网络》，《八桂侨刊》第3期，第47页。

5 Fitzgerald, Shirley. 1996. *Red Tape, Gold Scissors*. Sydney: State Library of New South Wales, p.47.

代，商店开始向顾客提供银行汇票。这些商店也为移民购买船票，部分原因是货运代理不愿意直接与普通中国客户打交道。[1]一些规模较大的商店在澳大利亚的不同城市以及香港、广州、厦门和汕头设立了分支机构。这些机构中的一部分逐渐壮大，并且都参与了汇款贸易和招募新移民，也为他们安排住宿及垫付资金。定期航线的开通，包括部分在一定时期由华商和日商经营的航线，都促进了汇款贸易的发展。汇款通常被伪装成某种其他形式的业务，以规避澳大利亚政府禁止通过银行以外的渠道进行汇款的禁令。[2]

澳大利亚永安公司由香山县旗鼓乡竹秀园村的郭乐兄弟等人于1897年创办，最初是澳洲的水果商店，经营水果批发业务，兼营土特产的零售，1907年在香港重建，经营百货。永安公司与自己的家乡广东侨乡，尤其是广府的中山有着特殊的联系。永安水果店最初就与当地外国银行及国内银号有联系，很多华人移民委托其代汇赡家费用，乃至代写家信。永安没有从中收取费用，但这一业务却密切了与华人移民之间的联系，永安的信誉与日俱增，其大量的原始资本来自华人移民的资源。

1907年永安公司不再通过外商银行、内地银号转汇，而是直接从澳洲汇至香港本公司的金山庄，通过这一方式得以持续运营，并更好地利用汇款作为运营资本。随着永安公司的发展壮大，声誉日隆，它也吸引了大量移民的储蓄。1931年，永安公司在其早期银行业务的基础上成立了永安银行。最终，它实际上垄断了中山的汇款贸易，并于1910年在中山建立了永安银号。澳洲汇款经由永安水果店—香港永安公司金山庄—永安银号—乡下，实现了一条龙服务。虽然中山有数十家钱庄和银号，因为郭氏信誉甚佳，故永安银号在乡邑侨汇业务中，占了75% ~ 80%。[3]

1 Williams, Michael. 1999. “Chinese Settlement in NSW: A Thematic History.” A Report for the NSW Heritage Office in NSW. pp.22–23.

2 澳大利亚的例子，参见常增书（2008）:《澳洲淘金华工的银信》，王炜中主编：《第二届侨批文化研讨会论文选》，香港：公元出版有限公司，第455–460页；张国雄、赵红英（2013）:《侨批文化的遗产价值》，中国侨批世界记忆工程国际研讨会组委会编：《中国侨批世界记忆工程国际研讨会论文集》，北京，第1–11页；Williams, Michael. 1999. “Brief Sojourn in Your Native Land: Sydney Links with South China.” *Queensland Review* 6(2): 16.

3 裴艳（2013）:《侨批背景下的中山移民与金融网络》，《八桂侨刊》第3期，第48–49页。

综上所述，美洲和澳洲的华人移民在很大程度上与主要为殖民地的东南亚国家之间有着重要的差异。这些差异塑造了广府和五邑地区侨批贸易的独特性，并将其与更广泛的贸易区别开。它们遵循地理、政治、经济和社会的差异，不仅反映在该地区的侨批贸易中，也体现在移民书信的题材中。东南亚的移民在地理上更靠近中国，与美洲和澳洲的情况相比，水客往返更容易，而侨批体系也能更快地作出反应及更易于运营。

美洲和澳洲的结果则是水客制度很快被废弃，它在中国端的服务角色由完全在国内的巡城马替代，在国外端的职能则由商店和贸易公司完成。“白人国家”的出入境手续更为严格和复杂，某种程度上，至少在国际层面上，阻碍了移民的流动，同时也削弱了个体商人在汇款贸易中的作用。“白人国家”的一些华商企业比东南亚的规模更大，也更有能力应对非中国籍的管理者及其所实行的规章制度及反华的偏见和歧视。

第五章 侨批与近现代中国的经济和政治

5

本章讨论中国政府及其相关组织在制定或试图制定侨批贸易的政策和指导方针方面所发挥的作用，并将其视作为政府所垄断的邮政服务中的一部分。和世界上其他国家一样，中国政府试图同化诸如侨批体系这样的前现代邮政业务以确立邮局的权威。邮局是一种国家邮政系统，旨在整合和垄断之前就已存在的地方或私人业务，以及由国家机构所控制的民间或军方的文件递送服务。国家对于垄断邮政服务领域并全盘接收相关的普遍服务义务（universal-service obligations，这是现在的一个通用术语，但最初是应用在国家邮政系统中的，意味着在价格和服务上的统一性）的争取导致其与既有邮政服务体系发生冲突，其中就包括侨批贸易。

侨批、银行和邮局

正如我们所见，在早期，侨批贸易与中国传统银行有着密切的联系。在厦门，钱庄的兴起与侨批贸易的兴起齐头并进；从1880年的6家上升到1910年的39家，1933年达90家，其中一些的资本在10万到20万元之间。[1]这种联系在中国现代银行崛起中得以延续，并最终渗透到侨乡

1 王付兵（2013）:《侨批档案文献的价值》,《东南亚纵横》第7期，第59页。

的部分地区。在某些方面，侨乡及其附近港口和海外华人聚居地的侨批贸易，正如我们将看到的，为现代银行铺平了道路，是现代邮政服务的支柱。

一直到20世纪，外资银行仍几乎垄断中国和海外华人移民聚居区的现代银行业。汇丰银行于1873年在厦门成立了第一家分行，随后几年又相继成立了其他分行。外资银行控制了中国的大部分对外贸易，并享有纸币发行权。[1]它们还努力控制汇款贸易，特别是在福州和厦门地区，这引起了广大华人移民的抵制。[2]

英国人在厦门的鼓浪屿设立了领事馆、邮局和银行。日本、德国、法国和其他九个国家紧随其后，纷纷效仿。鼓浪屿上开设了膳食寄宿处，为大量涌入岛内到领事馆办理移民事务的水客提供便利。同时，富有的归国华侨也会因鼓浪屿广泛、便捷的联系网络及安全性而选择在那里定居。鼓浪屿陆续建立了银庄和批局，形成了一个小型华商网络。随着时间的推移，鼓浪屿的外资银行蚕食了华商手中大部分的侨批业务。[3]

然而，在中国的其他地方，多年来侨批和现代银行甚少连接。无论是晚清政府还是继任的北洋政府，都希望将侨汇纳入政府的金融体系。例如，清政府在南方港口建立组织（如商会），以加强与华侨的联系，并试图制定有效的侨汇政策。然而，它的措施基本上失败了。北洋政府的侨汇措施也仅仅是纸上谈兵，停留在理论层面上。因为这两个政权都不够强大以达致其主张并实现既定目标。[4]

在海外，侨汇贸易起初也没能与外国银行建立联系。例如，在新加坡，移民认为银行的程序缓慢、令人生畏、深不可测，他们基本上都

1 贾俊英（2012）：《侨批史研究——以天一信局为个案的考察》（硕士毕业论文），厦门：华侨大学，第26–29页。

2 王朱唇（2008）：《侨批的金融运作》，王炜中主编：《第二届侨批文化研讨会论文选》，香港：公元出版有限公司，第117–118页。

3 贾俊英（2012）：《侨批史研究——以天一信局为个案的考察》（硕士毕业论文），厦门：华侨大学，第30–31页；侯伟雄（2009）：《鼓浪屿与闽南侨批业遗址》，陈小钢主编：《回望闽南侨批——首届闽南侨批研讨会论文集》，北京：华艺出版社，第137–139页。

4 袁丁、陈丽园、钟运荣（2014）：《民国政府对侨汇的管制》，广州：广东人民出版社，第24–25页。

避开了这些程序。20世纪30年代末，有一家海外银行尝试强行介入汇款行业［即1932年在新加坡成立的华侨银行（Overseas-China Banking Corporation，简称OCBC）］，但其交付过程却花了几个月时间。不出意外，它的客户又重回批局，因为在那里他们可以以方言沟通，寻求帮助，并期望迅速交付汇款和获得回批。[1]

作为政府的中央银行，中国银行成立于1912年，并在1928年成为政府授权的国际汇兑银行，专门从事外汇和其他业务。其他银行紧随其后，包括广东省银行，该行在广东的几大港口以及个别的海外地区设立了分行。中央银行以及纳入政府总体战略的省级银行和其他银行都与“批局”产生了业务冲突。在清朝的最后几年，政府决心控制侨批贸易，因为它是唯一可靠的外汇来源。这一倾向在中华人民共和国成立后变得更加坚定，因为新中国对外汇有更大的需求，以推动军队、警察、法院、海关等机构的发展和现代化，以及促进通信系统的扩大和统一。

新银行控制了大部分的侨批贸易，尤其是在20世纪30年代和后来的战争年代。侨批贸易不可能完全逃脱中央政府通过许可证制度和其他方式将其纳入其管辖范围的努力。然而，由于危机和不断变化的环境（包括通货膨胀和战争），批局的持久声誉和优势，以及在该领域的领先，当局只在某些部分成功达到其目的。中国银行直到1914年和1916年才分别在汕头和泉州设立分行；它在纽约、伦敦、新加坡和大阪的许多海外分支机构都是在第二次世界大战前不久成立的。[2]

至于邮局，它的演变大致与中国现代银行体系的演变是同时期的，它与侨批贸易之间也注定存在着冲突。英国人于1842年在香港开设了第一家邮局，并于1844年在其他沿海城市建立邮政代办所，实际都是由

1 黄清海、刘伯孳（2010）：《浅谈新加坡侨批中心》，王炜中主编：《第三届侨批文化研讨会论文选》，香港：天马出版有限公司，第393页；中国人民政治协商会议福建省厦门市委员会文史资料研究委员会编（2004）：《厦门文史资料》，厦门：中国人民政治协商会议福建省厦门市委员会文史资料研究委员会，第436页。

2 刘伯孳（2009）：《20世纪上半叶菲律宾华人与侨批业的发展》，陈小钢主编：《回望闽南侨批——首届闽南侨批研讨会论文集》，北京：华艺出版社，第77–78页；刘伯孳（2010）：《二十世纪上半叶菲律宾华侨与侨批业的发展》，王炜中主编：《第三届侨批文化研讨会论文选》，香港：天马出版有限公司，第283–284页；刘进（2009）：《五邑银信》，广州：广东人民出版社，第35–36页。

外国控制的邮局（客邮）。其他国家陆续仿效英国设立客邮（日本有344个，德国在1918年有140个）。这些机构分走了一些侨批业务，部分水客和华商也利用邮局提供服务。经过19世纪60年代和70年代在一些区域的试行，1896年至1897年，清廷建立了大清邮局（这一皇家称号在后来被取消），开始开办新式邮政，作为一系列改革的一部分。[1] 1892年早期的海关邮局在厦门建立分支，1896年清政府指定由其负责侨批投递业务。然而，鉴于批局有更丰富的经验和广泛的资源，这种安排并未被严格执行。即使在1900年，厦门邮政总局以更正式的方式成立时，它也只有23名工作人员，而且费用相对较高，因此民众倾向于继续使用批局。[2] 到1904年，邮局在全中国有1 300多个分支机构，但即使如此，它也无法控制侨批贸易。[3]

与外国银行的情况一样，新的中国银行和邮局的操作程序对许多移民和侨眷来说过于复杂和神秘。长期以来，这两家机构在客户关系方面无法与批局竞争，客户抱怨他们交付侨批的时间过长。新式银行和邮政的分支机构主要集中在城市，由于其地理位置和开放时间的限制，对于居住于乡村的人并不便利。在中国较小的城镇和乡村，银行和邮局在甲午战争开始之前很少或根本不存在。[4]尽管如此，邮政服务向农村地区（包括一些侨乡）的扩展，是侨批贸易逐渐被国家控制的一个重要因素。

在20世纪30年代，邮局努力改革并使其程序更现代化，包括那些与侨批贸易有关的程序，因为侨批贸易仍然是官方极力争取以达致充实国库的主要目标。19世纪末和20世纪初在中国兴起的外国邮政服务对

1 袁丁、陈丽园、钟运荣（2014）:《民国政府对侨汇的管制》，广州：广东人民出版社，第34页。

2 贾俊英（2012）:《侨批史研究——以天一信局为个案的考察》（硕士毕业论文），厦门：华侨大学，第31-32页；郭伯龄（2009）:《天一批馆的历史浮沉》，陈小钢主编：《回望闽南侨批——首届闽南侨批研讨会论文集》，北京：华艺出版社，第124-126页；邹金盛（2010）:《澄海人开设的侨批局》，王炜中主编：《第三届侨批文化研讨会论文选》，香港：天马出版有限公司，第404-405页。

3 袁丁、陈丽园、钟运荣（2014）:《民国政府对侨汇的管制》，广州：广东人民出版社，第36页。

4 中国人民政治协商会议福建省厦门市委员会文史资料研究委员会编（2004）:《厦门文史资料》，厦门：中国人民政治协商会议福建省厦门市委员会文史资料研究委员会，第429-430页。

汇款几乎没有影响，主要原因是语言不通（当时很少有中国人会说汉语以外的语言）、手续繁琐。中国邮政局在这方面则更为成功。1930年后，邮局增加了投递路线、办公室、代理商、邮箱、递送和营业时间，并提高了工人的工资。为了削弱批局，它更加严厉地打击汇款走私，并在行动中拉拢海关，用当地白话语体印发传单。然而，就此而言，邮局对侨批贸易几乎没有什么影响；1937年，它所处理的只占了广东侨汇的1.1%，仅在批局和中国银行之后的第三位。它在福建地区的表现也同样不佳。

1937年，邮政领导人采取了一些措施，很快改善业绩。他们重新研究仍然非常活跃的批局，以及现代新式银行和传统银行的运作方式，并开始向他们学习。邮局通过与国内外的银行、信件公司和批局签订合同，向他们支付0.5%的佣金，从而整合了部分汇款系统。1938年，中国内地邮政与香港地区和几个东南亚国家的现代银行和传统银行签署了协议，包括华侨银行，成为其在侨批贸易中重要的商业伙伴。在邮政内部，随着现代商业和行政管理方法的不断深入，对汇款系统的监督得到加强，官员们收集了相对准确和全面的统计数据。

尽管人们试图提高透明度，并对职责和责任进行更严格的划分，腐败行为，包括盗用或携带汇款潜逃，以及普遍的低效率，仍然是各级官方邮政系统的一个问题。邮局和相关机构内部的冲突和混乱仍在继续，回批常会滞留两个月，而批局的平均时间是三周。侨批接收者因为店主的担保以及佣金而受到骚扰，这违反了规定，亦疏远了潜在的顾客。尽管邮局在这几年里取得了进展，但它无法摆脱政府的官僚主义、繁文缛节和人员臃肿等弊端，也无法达到其垄断侨批贸易的目的，更未能赢得潜在用户的完全信任。邮局非但没能取代批局，反而被迫借用批局的方法来取得进展。[1]

与银行和邮局相比，尤其是在改革前的日子里，批局和水客是可靠、快捷、熟悉和灵活的。他们甚至对于递送小量的汇款也作好充分的

1 袁丁、陈丽园、钟运荣（2014）:《民国政府对侨汇的管制》，广州：广东人民出版社，第64–108页。

准备，而正是这些汇款构成了所有汇款额中的大部分。[1]以1941年为例，在“家庭抚养费汇款”这一项中，只有10%的汇款达到当时认为的400元以上的较高额度，而超过80%的汇款在300元以下，27%在100元以下。[2]一直到1937年，在大部分侨乡中，仍由批局和水客继续处理80%至90%的汇款。[3]

批局也做好了准备应对邮政机构对他们采取措施。尽管进行了改革，但在整个民国时期，邮政机构的权力和范围仍非常有限。侨批经营者并没有对新的限制被动地作出反应，而是继续通过不屈服和积极抗议的举动智胜邮局。直到20世纪30年代，大量侨批业者拒绝申请许可证，即使是那些申请了许可证的侨批业者也几乎没有受到影响。1927年，在汕头的75个业者中没有一个人有执照；他们成为邮局眼中的“走私者”。在那个时期，无执照的侨批业者比那些有执照的同行所携带的侨批和回批更多。

水客和“巡城马”并不重视政府机构的举措。根据规定，他们应该登记自己的姓名、行踪和地址，但很少有人这样做。在中国申请执照的批局应该给出他们的外国公司的名字，并登记他们海外员工的详细信息，但同样很少有人这样做。

在20世纪30年代，政府开始彰显权力，没有注册的批局变得举步维艰，难以经营。一些侨批机构被迫歇业，包括曾是侨批业者抵制当局政策堡垒的汕头地区批局。然而，官方许可证在很大程度上被视为“合法的外衣”，而不是实质性的义务，批局在新政权的领导下继续蓬勃发展。在广府地区，邮局无法与黑市相提并论，黑市由银号钱庄和其他旧式钱庄（仅台山地区就有60多家）组成的密集网络运营，并得到“巡城马”的支持，由接受外币的商店和货铺作为后援，通过水路与香港和附

1 对侨批和邮政关系的杰出英文论述是Harris于2012年所著，参见Harris, Lane Jeremy. 2012. “The Post Office and State Formation in Modern China, 1896–1949.” PhD dissertation, University of Illinois at Urbana-Champaign。

2 袁丁、陈丽园、钟运荣（2014）:《民国政府对侨汇的管制》，广州：广东人民出版社，第26页。

3 李文海编（2009）:《民国时期社会调查丛编（二编）· 华侨卷》，福州：福建教育出版社，第797页。

近运营更高层次侨汇贸易的其他地区相连。粤东和闽南的批局同样广泛而有效。20世纪30年代，批局拓展资源，汇款业务繁荣，这更加突出了政府和邮局存在的问题。侨批业者反抗当局的一种方式是联合侨批和银信贸易组织，由这些行业协会与中国和海外的政府就回批邮费、许可证制度和废除总包制度等问题进行谈判。

除了这种集体行动之外，单个批局通过将汇款和信件走私进出中国来逃避关税和限制。有多种方法可以做到这一点。在某些情况下，为了逃避对总包的新增收费，批局工人会偷偷往一个信封里塞两封或更多的信，或者少报一个包裹里的信封数量。20世纪20年代末，政府认识到这是一个严重的问题，并在20世纪30年代开始对违规的批局处以罚款或吊销执照。但是政府这一举动再次引起了行业协会的抗议，从而只能减弱惩罚力度。

所以总体而言，政府未能控制侨批贸易，更不用说垄断了。侨批贸易过于分散，政府资源不足以实现其控制的企图。邮局的办公室和代理人太少，尤其是在农村地区，在那里大多数侨批递送受到限制，无法使用邮局投递。也许最重要的是，邮局无法对抗当地和跨国利益相关者的联盟，包括移民组织、商会、新闻媒体和反对或破坏其措施的侨眷。

抗日战争期间，国家在汇款贸易中所占份额大幅度增加。然而，当时大多数批局都因无法应付当前形势的变化而关闭了，侨批交易量自然也减少了。所以尽管按比例来说，侨批成了民族主义者外汇的主要来源，但其总量绝对是急剧下降（本章下文将介绍侨批贸易在战时的发展情况）。

清廷和国民政府对侨批贸易的态度经历了漫长的演变。长期以来，他们缺乏有关该机构的信息，未能把握其特殊性。特别是，他们没有对联系侨乡和国外的批局和为国内客户服务的民信局进行必要的区分。他们甚至没有一个统一的术语来描述批局，在官方关于批局贸易的争辩中，批局以不同的名称出现。国民党试图在1928年禁止批局和民信局，要求他们在1930年底前宣布解散，但是这个计划和相关的措施引起了愤怒和广泛的抗议。此后，作为一项长期目标，政府继续致力于将邮政行业的所有分支置于中央控制之下，但与此同时，它明确区分了普通国内邮件和汇款信件。它对前者采取了措施，但对后者却只是进行调查。一直到1935年1月，在民信局贸易宣告结束之前，政府在对其的斗争中从没有取得胜利。

对侨批贸易的调查所得出的结论是，侨批体系具有独有的特征和许多不同的功能，如银行、信贷系统、邮政系统、大量汇款来源、对外贸易工具和劳务中介。它最有效的特点是在中国和海外华人社区（主要是在东南亚）之间建立了密集而庞大的关系网络。因此，禁止它将损害多重利益，并破坏一个重要的、暂时不可替代的联系海外侨民和中国的渠道。[1]

因此，尽管官方一再重申邮政垄断侨批的政策，但民信局和批局之间的特性仍得以保持。这场战斗在1930年重新爆发，但在又一波抵抗浪潮之后，政府又一次求得反失。[2]因此，官方邮政别无选择，只能承认当前它在侨批贸易中的局限性，因为它的规模性仍然比不上侨批贸易更大的灵活性和及时性。

在偏远的侨乡，允许批局继续存在的理由更加明显。例如，沿海小镇澄海，当时是一个为大规模移民提供服务的腹地，那里的邮局分局（成立于1902年）只雇用了4名员工。由于其复杂的河流系统，该地区被众多的韩江支流所分割，邮局很难到达内陆村庄和占该县人口一半的移民及其家属所在地。[3]

然而，当局并没有放弃彻底取缔批局，并致力于将这一利润丰厚的贸易置于他们自己的垄断控制之下。[4]1914年，北京的北洋军阀政府宣布了私人信件和汇款服务的许可证制度，但收效甚微。1919年，广东邮政

1 袁丁、陈丽园、钟运荣（2014）:《民国政府对侨汇的管制》，广州：广东人民出版社，第43–51页。

2 焦建华（2010）:《中国近代的垄断与“规制”》，王炜中主编：《第三届侨批文化研讨会论文选》，香港：天马出版有限公司，第315–316页；焦建华（2013）:《取缔与存留——南京国民政府侨批业政策的初步确立》，中国侨批世界记忆工程国际研讨会组委会编：《中国侨批世界记忆工程国际研讨会论文集》，北京，第319–325页。

3 邹金盛（2010）:《澄海人开设的侨批局》，王炜中主编：《第三届侨批文化研讨会论文选》，香港：天马出版有限公司，第406页。

4 焦建华（2010）:《中国近代的垄断与“规制”》，王炜中主编：《第三届侨批文化研讨会论文选》，香港：天马出版有限公司，第315页。

当局试图强迫批局注册，结果也一样。1928年，大多数被邮局调查的批局仍然没有执照。直到1935年，邮政当局才采取有效措施，通过强制批局申请许可证并每年更新许可证来控制它们。这种形式并没有打破批局业者对侨批贸易的控制，但是它增加了邮局的权威。那时候邮局可以拒绝给那些无视规章制度的公司发放许可证。

1914年，民国政府加入万国邮政联盟也最终强化了邮局对批局的影响力。[1]最初，中国当局的缺席使得邮政会员制度没有什么意义。但1927年中国建立南京政府，基本实现统一。这使得削弱批局和加强邮政中央权威的措施合法化。在这一时期，关于批局的一个重要问题是所谓的邮局总包制，即许多小信件被装在一个包裹里以节省邮资。东南亚的殖民政府最先废除了这一制度，于是中国的邮政当局也受到压力，要求他们对回批总包裹采取同样的措施。起初，这种情况只是缓慢发展，为了安抚汇款的华侨及收款的侨眷以及侨批业者，政府作出了各种让步，但渐渐地，回批的邮资增加了，因此，到1932年，广东邮局的收入接近10万元。

抗日战争期间和之后，当局再次尽其所能，通过简化政府程序，协调不同银行的资源，整合邮局、外交部和政府控制的侨务委员会的力量来打破批局的垄断。中国银行和广东省银行采取了比过去更灵活的方法。夺取侨批贸易的同时，也给饱受战争创伤的侨乡带来了救济。中国银行新成立的泉州分行与“合昌信局”展开合作，并把批局的方法复制到银行的解批环节。银行挖走了批局的批脚，请他们登门派送侨批，并像批局一样，接受小额汇款。这些方法使得中国银行泉州分行最终在许多村民中赢得了极好的声誉，迅速在东南亚建立起庞大的收批（汇）网络，对安定闽南侨乡侨眷生活作出了贡献。在抗日战争的大部分时间里，除了1941年和1942年两个最惨淡的年份，通过银行取得的侨汇在或多或少地持续增长。例如，广东省银行收到的海外汇款总额从1937年的125万

1 Cotreau, James D. 1975. *The Historical Development of the Universal Postal Union and the Question of Membership*. PhD dissertation. University of Fribourg, Fribourg, Switzerland.

美元增加到1945年的5 000多万美元。[1]

然而，尽管在太平洋战争中曾有过短暂的磕磕绊绊，但在1945年后，批局推动多样化发展，并在必要时与资本雄厚的官方竞争对手进行合作，最终以更大的活力卷土重来。[2]南京国民政府被迫一次又一次地向侨批业者让步，直到它最终在1949年失去了大陆的统治权。1949年以后，侨批业为政府所接管。[3]

尽管经历了无数痛苦的事件，但一方的批局与另一方的银行和邮局之间的关系只是部分对立的。尽管是竞争对手，但这三家机构在符合自身利益的地方进行了合作。银行和邮局使用侨批网络（包括传统银行和水客），到达他们自己难以渗透的地方。银行程序的改进、20世纪上半叶邮局从失败向效率相对提高的转变以及中国"邮政文化"的形成加速了这种合作。[4]就这部分而言，批局将信件和汇款的功能分开，前者使用银行，后者使用邮局，从而增加汇款的速度和安全性。[5]这样的情况下，分工逐渐形成：批局收集"批"到门口，邮局处理它们的跨国汇款，银行处理金融转账和兑换。[6]少数批局继续把外国货币汇回中国内地或香港，在那里兑换成中国货币，但它们的数量很少，而且在不断减少。

在相当多的情况下，中国的银行——尤其是那些在国外有分支

---

1 袁丁、陈丽园、钟运荣（2014）:《民国政府对侨汇的管制》，广州：广东人民出版社，第11页，表1-1，第53-63页。

2 刘伯孳（2010）:《二十世纪上半叶菲律宾华侨与侨批业的发展》，王炜中主编：《第三届侨批文化研讨会论文选》，香港：天马出版有限公司，第284页；刘伯孳（2009）:《20世纪上半叶菲律宾华人与侨批业的发展》，陈小钢主编：《回望闽南侨批——首届闽南侨批研讨会论文集》，北京：华艺出版社，第77-78页；夏远鸣（2008）:《梅州客属地区的水客与侨批业述略》，王炜中主编：《第二届侨批文化研讨会论文选》，香港：公元出版有限公司，第375页。

3 焦建华（2010）:《中国近代的垄断与"规制"》，王炜中主编：《第三届侨批文化研讨会论文选》，香港：天马出版有限公司，第319-324页。

4 Harris, Lane Jeremy. 2012. "The Post Office and State Formation in Modern China, 1896-1949." PhD dissertation, University of Illinois at Urbana-Champaign, pp.179-181.

5 林家劲等著（1999）:《近代广东侨汇研究》，广州：中山大学出版社，第16页；贾俊英（2012）:《侨批史研究——以天一信局为个案的考察》（硕士毕业论文），厦门：华侨大学，第48页。

6 黄清海（2009）:《从闽南侨批看侨乡经济与侨缘关系》，陈小钢主编：《回望闽南侨批——首届闽南侨批研讨会论文集》，北京：华艺出版社，第60页。

机构的银行更喜欢批局而不是邮局。大多数村庄没有邮政连接，且邮局对汇款和提供收据的服务收取过高的费用。就一般服务而言，邮局也比不上批局。邮局运送侨批过程中耗时太久，并要求收件人提供担保人，回批送达的时间拖延太久，且邮局的送货人员经常试图勒索佣金。[1]

批局以多种方式从他们与银行的关系中获益。这种关系加快了交易的速度，也确保了交易的安全，但在银行汇款和兑现汇款之间几乎总是有一段时间间隔，在此期间，汇款仍留在批局的银行账户，并产生利息。有时，批局会等待有利的汇率变动，才将积累的资金发放或（像早期的水客一样）将它们用作运营资本。因此，银行和批局不一定是竞争对手，它们之间的关系有时是互利的。

这种关系在中国和国外都存在。例如，新加坡邮局于1905年开始使用轮船运输邮件，从而成为更广泛地区的枢纽。批局注意到邮局的快速增长以及它们集中于新加坡的办事处。马来亚各地的批局将他们的汇款捆绑在一起，通过新加坡进行转汇，汇款大约一周到十天内到达汕头。[2] 泰国也发展了类似的关系，它在1883年比中国更早地建立了一个邮局，并在1907年设立了一个专门负责侨批的分支机构。在泰国和中国，侨批贸易和邮局的关系一般都很好，除非后者明目张胆地以牺牲前者为代价来维护自己的利益。[3]

尽管侨批贸易有其特殊性和传统色彩，但它是中国国际金融体系形成的一个重要组成部分，这种关系从它与中国现代银行体系的密切联系中可以看出。它是根源于血缘、地缘和方言关系的传统信任机制，与基于现代法律的信任观念的混合体。前者在批局与其客户的关系，以及与

1 陈春声（2000）:《近代华侨汇款与侨批业的经营——以潮汕地区的研究为中心》,《中国社会经济史研究》第4期，第62–63页。

2 李志贤（2014）:《19–20世纪期间新加坡各帮民信局的营运与同业组织》，中国历史文献研究会、汕头市潮汕历史文化研究中心编 :《世界记忆遗产——侨批档案研讨会论文集》，汕头，第7–8页。

3 曾旭波（2010）:《东南亚潮帮批信局的经营方式》，王炜中主编 :《第三届侨批文化研讨会论文选》，香港 : 天马出版有限公司，第421–422页 ; 杨群熙主编（2004）:《潮汕地区侨批业资料》，汕头 : 潮汕历史文化研究中心、汕头市文化局、汕头市图书馆，第212页。

有生意往来的传统银行和商店之间的关系中占有优势。批局业者绝不排斥与陌生人打交道，但前提是他们有可信的中间人担保或来自受尊敬的家族。随着20世纪的推移，后一种形式的信任在批局经营中发挥着越来越重要的作用。[1]

在厦门，有几十家现代银行在经营，侨批贸易是这些银行的主要资产之一。20世纪40年代末尤其如此。当时的政府和其他海外政府越来越多地试图确保所有汇款都通过正规银行渠道进行。由于急剧的通货膨胀和官方腐败，那几年的大部分汇款都是通过非官方渠道进行的，但是银行尽了最大努力来控制侨批贸易中那些仍然可以掌控的部分。他们处理汇款输入和汇兑，促进与汇款有关的进出口贸易，代表汇款人和收款人进行投资，提供贷款和安排保险，监督国内外的企业和合资企业，管理海外和中国内地或香港的存款账户。[2]

20世纪70年代，在中国和外国政府加强了对侨批贸易的监管，以及现代金融和邮政机构的优势确立后，批局最终走向倒闭的结局。与此同时，批局在很大程度上已经被新的移民所摒弃，而那时很多来自老移民一代的前顾客都已经去世了。[3]

所以侨批贸易与中国官方银行的关系模糊不清，有时陷入困境，有时互惠互利。然而，出于爱国的原因，那些业者试图避免过度依赖外资银行，如汇丰银行（HSBC）和荷兰银行（Nederlandsch-indache Handelsbank），中国企业通常通过买办与这些银行接洽。在需要贸易融资的地方，它们经常通过基于亲属关系或方言所建立的网络进行“簿记易货”，这是一种基于个人信任而非资产的信贷形式。

20世纪初，中国企业家同样基于一些特殊联系而开始建立自己的银行。20世纪20年代，侨批贸易的领导人与这些“本地”银行建立了特

1 焦建华（2005）：《制度创新与文化传统——试析近代批信局的经营制度》，《中国社会经济史研究》第2期，第68页。

2 贾俊英（2012）：《侨批史研究——以天一信局为个案的考察》（硕士毕业论文），厦门：华侨大学，第51−52页。Cheok, Cheong Kee, Lee Kam Hing, and Poh Ping Lee. 2013. “Chinese Overseas Remittances to China: The Perspective from Southeast Asia.” *Journal of Contemporary Asia* 43(1): 85−93.

3 谷子（2006）：《优良中国传统文化孕育笃诚守信侨批业》，洪林、黎道纲编：《泰国侨批文化》，曼谷：泰中学会，第129页。

殊联系，他们认为这些银行的发展符合自己和国家的最大利益。三家主要的海外华资银行成立于1912年至1919年，1932年合并形成华侨银行，这是应对1929年金融危机的一项防御措施。此次合并的目的还在于根除长期以来困扰银行业的任人唯亲倾向。

起初，这些“本土”银行在东南亚大城市（新加坡、吉隆坡、曼谷、西贡、仰光和马尼拉）建立其业务。在那之后，它们扩展到像槟榔屿和马六甲这样的二线城市，最后扩展到亚洲和太平洋地区的更小的城镇，最终，它们传播到了美洲。[1]虽然它们未能扭转外资在银行业的主导地位，却赢得了更多的汇款份额。[2]

“本土”银行在侨批贸易中的作用是：① 代表批局调拨资金，确保可靠的货币供应；② 直接管理侨批业务。在贸易的早期，批局将银元转移到中国，并分配到各个村庄。这一过程耗时，而且非常不安全。因此，一些交易员通过“本地”银行的国内外分行进行转账，这极大地加快和保障了交易。在国内外批局之间转移资金既费力又费时，因此1932年，华侨银行与交通部和批局合作成立了一个专门部门来管理侨批。[3]

侨批与中国整体经济发展

侨批一般由家书和汇款组成，它帮助建立并维系了两种最重要的联系，一种是情感上的无形联系，另一种是物质上的有形联系。侨批在创建一个现代化的“跨界中国”的过程中发挥了重要作用，这既是基于侨批自身的家书和汇款的作用，也是因为两者共同运用和创造的实质关系。许多研究表明海外侨汇是现代中国经济不可或缺的基础，在19世纪末和

1 曾旭波（2008）:《华侨银行厦门分行1930年代侨汇业隅拾》，王炜中主编 :《第二届侨批文化研讨会论文选》，香港：公元出版有限公司，第152页；王朱唇（2008）:《侨批的金融运作》，王炜中主编 :《第二届侨批文化研讨会论文选》，香港：公元出版有限公司，第117–118页。

2 Cheok, Cheong Kee, Lee Kam Hing, and Poh Ping Lee. 2013. “Chinese Overseas Remittances to China: The Perspective from Southeast Asia.” *Journal of Contemporary Asia* 43(1): 84–85.

3 刘伯孳（2014）:《华侨银行的侨批业务》，中国历史文献研究会、汕头市潮汕历史文化研究中心编 :《世界记忆遗产——侨批档案研讨会论文集》，汕头，第228–236页。

20世纪初中国社会和经济现代化中发挥了巨大的作用。[1]

侨批贸易在地理上是边缘性的，因为它集中在广东和福建，远离政治中心，而且与其他地区相比，最初较少受到现代工商业的影响。尽管它充分利用了现代银行设施、现代运输方式和现代邮政服务，包括电信，但它的内部组织和外部联系基本上是前现代的。侨批主要是非正规部门的一部分，在中国和海外，它或多或少成功地抵制了政府对它的监管和征税。它依赖于一系列广泛的组织机构，包括侨批总会、华侨华人社团、海内外中华商会、公众舆论和新闻媒体。在19世纪末和20世纪初，尽管它的活动通常被当时的国内外政府认为是非法的，或接近非法的（它总是与走私和黑市联系在一起），但它对中国国民经济和东南沿海地区经济的影响是深远的，多年来几乎超过其他任何经济部门。

侨批最广为人知、最受关注的经济影响是平衡中国国际收支。日本经济学家福田省三（Fukuda Shozo）在1937年写道，海外侨汇是一种无形的进口商品，是唯一有利于中国国际收支平衡的主要项目（许多外国投资只是暂时有益于国际收支平衡，因为中国必须支付利息并汇出大部分利润）。他接着宣称，海外华人可能被认为是拯救中国免于国际破产的功臣。[2]他们的汇款极大地弥补了中国的贸易逆差。根据对中国国际收支的估计，1903年汇款总额占贸易逆差总额的比例为168%，1909年为98%，1912年为39%，1913年为47%，1920—1923年为41%，1928年为108%。[3]即使在20世纪90年代，汇款仍然是中国的主要外汇来源之一。[4]

显而易见，这种补偿在与侨批贸易密切相关的地区的经济中更加引

1 参看Godley 2002. *The Mandarin-Capitalists from Nanyang: Overseas Chinese Enterprise in the Modernization of China, 1893–1911*. Cambridge: Cambridge University Press; Hicks, G. 1993. *Overseas Chinese Remittances from Southeast Asia, 1910–1940*. Singapore: Select Books; Hamashita, Takeshi. 2008. *China, East Asia and the Global Economy: Regional and Historical Perspectives*. London: Routledge; Shiroyama, Tomoko. 2008. *China During the Great Depression: Market, State, and the World Economy, 1929–1937*. Cambridge: Harvard University Asia Center；〔日〕山岸猛著，刘晓民译（2013）：《侨汇——现代中国经济分析》。厦门：厦门大学出版社。

2 Fukuda, Shozo. 1995. *With Sweat and Abacus: Economic Roles of Southeast Asian Chinese on the Eve of World War II*. Translated by Les Oates. Edited by George Hicks. Singapore: Select Books, pp.192–202.

3 Shiroyama, Tomoko. 2008. *China During the Great Depression: Market, State, and the World Economy, 1929–1937*. Cambridge: Harvard University Asia Center, pp.32–33.

4 莫震等编（2013）：《海邦剩馥——广东侨批档案》，广州：岭南美术出版社，第240页。

人注目。例如，在厦门，1932年至1938年间的贸易逆差超过2.3亿元，而华侨汇款超过3.6亿元，顺差超过1.2亿元。[1]从1912年到1937年，除了其中一年（1920）外，进口每年都超过出口，但汇款在1936年将差额逆转了1.35倍，在1937年逆转了2.6倍，在1938年逆转了4.85倍。

表1和表2显示了侨汇贸易及其对中国国民经济和地方经济的重要性。表3中清末民初福建的情况表明，侨汇在很大程度上促进了侨乡经济社会的发展。

表1　1902—1930年国际收支估计数（单位：百万美元）

类　别	1902—1913	1914—1930	1902—1930
进口总额：			
年平均值	258.4	720.7	529.4
期间总计	3 100.6	12 252.1	15 352.7
入超额：			
年平均值	88.6	139.7	118.6
期间总计	1 063.3	2 375.5	3 438.8
入超额占进口总额百分比	34.3%	19.4%	22.4%
外商私人投资额：			
年平均值	47.0	75.1	63.5
期间总计	563.6	1 276.7	1 840.3
外商私人投资额占入超总额的百分比	53.0%	53.7%	53.5%
华侨汇款：			
年平均值	45.0	89.5	71.0
期间总计	539.6	1 502.7	2 060.3
华侨汇款占入超总额百分比	50.7%	63.3%	59.9%

资料来源：Robert F. Dernberger. 1975. "The Role of the Foreigner in China's Economic Development, 1840–1949." In Dwight H. Perkins, ed., *China's Modern Economy in Historical Perspective*. Stanford: Stanford University Press, pp.19–47。

1 张行（2013）:《抗战时期的闽南侨批业研究》，中国侨批世界记忆工程国际研讨会组委会编:《中国侨批世界记忆工程国际研讨会论文集》，北京，第329页。

表2　1950—1988年海外汇款和贸易逆差比较（单位：百万美元）

类　　别	1950—1957	1958—1962	1963—1965	1966—1975	1976—1980	1981—1988	1950—1988
贸易逆差额（入超额）							
年平均值	172.5	124.5	321	NA	778	NA	157
期间总值	1 380	498	963	NA	3 890	NA	6 124
侨汇总额：							
年平均额	146.3	112.5	151.3	252.3	597.6	253	246.4
期间总计	1 170	450	454	2 523	2 988	2 024	9 610
侨汇占入超总额百分比	84.8%	90.4%	47.1%	NA	76.8%	NA	156.9%

资料来源：数据来自中国商务部网站，商业史-汇款政策和海外华人汇款。http://history.mofcom.gov.cn（资料下载于2016年3月12日）。

表3　福建华侨汇款与贸易入超之比较（单位：千元）

时　　期	入 超 数	侨　　汇	侨汇超过入超数
1905—1938	902 240	1 284 466	382 226
年平均值	26 536	37 778	11 242
1929—1938	428 336	602 744	174 408
年平均值	42 834	60 274	17 440

资料来源：数据来源于郑林宽（1942）：《福建华侨汇款》，《民国时期社会调查丛编（二编）· 华侨卷》，第770-819页。George L. Hicks, ed., (1993). *Overseas Chinese Remittances from Southeast Asia, 1910–1940*. Singapore: Select Books Pte Ltd, pp.216–314.

1949年后，汇款继续在中国经济中发挥着至关重要的作用。正如Glen Peterson所指出的，无论从绝对意义还是从战略意义上来说，1949年以后，汇款的作用仍然是巨大的。由于美国在冷战期间实施和领导的经济禁运，汇款"对新中国的战略重要性甚至超过对前民国政府的重要性"。据估计，1950年至1957年间，汇款总额达到11.7亿美元，这几乎抵消了该国同期的贸易逆差（约13.8亿美元）。[1]在个人家

1 Peterson, Glen. 2012. *Overseas Chinese in the People's Republic of China.* Abingdon: Routledge, p.67.

庭层面，侨汇约占侨眷家庭总收入的50%。据估计，直到20世纪80年代初（尤其是1949年之前），侨汇中80%到90%是由批局汇回中国的。据说，在20世纪70年代以前，从东南亚汇往厦门的汇款中，大约有75%到80%是通过批局汇款，尽管到1990年这一比例已经下降到5%左右。[1]

侨批贸易对中国国家和地区经济的影响不仅仅局限于对一般贸易起到平衡的作用。它的利润还被用于建设和重建厦门、汕头、潮州和其他东南城市。它也促成了中国东南部资本主义的诞生，这种资本主义远比19世纪晚期的"官督商办"企业（官办企业，商人经营）和官商合办企业（官方和商人共同经营）或蒋介石统治下的官僚资本主义更加强大。19世纪初，道光皇帝称赞侨乡是他的"南方宝库"。一位侨批学者认为，这种贸易不仅在"海上禁令"期间开辟了通往东南亚的航道，而且帮助中国应对了1775年西班牙发行墨西哥银元后遇到的问题。19世纪初，墨西哥白银大量流入广东，鸦片贸易迅速发展后又大量流出。然而，白银借助侨汇贸易的发展又输入中国，从而帮助扭转了其外流的灾难性局面，并促进了一个能够处理大量外汇的原始金融体系的诞生，当中也包括这段时期内在侨乡所创造出的一种当地货币。[2]

今天，一些中国历史学家将侨批贸易与清朝的洋务运动相提并论，后者是旨在通过引进西方军事装备、机器生产和科学技术以挽救清朝统治的自救运动。[3]他们认为，侨批贸易先于并延续了洋务运动，并以胜利而告终，它"单枪匹马"改变了中国东南港口的经济——与以失败而

1 黄清海（2016）:《海洋移民、贸易与金融网络——以侨批业为中心》，北京：社会科学文献出版社，第45、196页；〔日〕山岸猛著，刘晓民译（2013）:《侨汇——现代中国经济分析》，厦门：厦门大学出版社，第178页。

2 侯伟雄（2009）:《鼓浪屿与闽南侨批业遗址》，陈小钢主编：《回望闽南侨批——首届闽南侨批研讨会论文集》，北京：华艺出版社，第139页；陈训先（2004）:《试论清代潮帮侨批业对我国原始金融市场的促进与贡献》，王炜中主编：《首届侨批文化研讨会论文集》，汕头：潮汕历史文化研究中心，第187-192页；王炜中（2007）:《潮汕侨批》，广州：广东人民出版社。

3 洋务运动长期以来被认为是封建地主和买办势力所领导的一场失败的运动。然而，近年来，对洋务运动的看法开始变得较为正面。

告终的洋务运动不同。[1]还有人认为，侨批是中国的第一个国际金融机构。历史学家曾将这一殊荣授予山西票号，但有学者对此进行更正并指出，直到1907年，票号才首次进入国际市场（在日本），这比批局晚了几十年。[2]

对于那些与侨乡没有直接联系的中国城市，侨批贸易的影响可能同样重要，却很少被提及。在这里，我们将探讨这一类型的两地——香港和上海。

从侨批贸易迈入更有组织性的第二个阶段开始，香港就几乎主导了侨批交易。水客和批局利用香港传统和现代的银行系统转移和兑换货币，兑现支票和汇票。它是贸易的主要枢纽，辐射整个侨乡南部。在20世纪20年代，香港有将近400个银号在运营（其中大部分由五邑人和广府人经营）。在20世纪初，从东南亚汇往厦门的汇款有50%是通过香港，而直接汇往厦门的汇款只有39%。[3]到1936年，汇往中国内地的汇款有67%是通过香港。[4] 20世纪40年代末，80%的汇款是通过香港，部分是为了逃避战后东南亚政府试图实施的控制。香港为何在侨批贸易中扮演如此重要的角色？其便利的地理位置、自由港的地位以及可靠且联系密切的金融机构（包括20多家海外华资银行分行）是其吸引力所在。香港有很多代表不同地域、姓氏和职业的志愿团体，也促进了侨批贸易。而当时中国内地腐败的官僚政府、不稳定的经济所带来的风险、动荡的政治和人口，以及20世纪40年代末严重的通货膨胀则成为推动香港发展的推动

1 陈训先（2010）:《论“银信合封”——兼谈粤闽民信和侨批的演变》，王炜中主编:《第三届侨批文化研讨会论文选》，香港：天马出版有限公司，第182页；夏水平、房学嘉（2004）:《梅州客属地区的水客业述略》，王炜中主编:《首届侨批文化研讨会论文集》，汕头：潮汕历史文化研究中心，第192页。

2 王炜中（2013）:《侨批局——中国进入国际金融市场的先行者》，中国侨批世界记忆工程国际研讨会组委会编:《中国侨批世界记忆工程国际研讨会论文集》，北京，第294-295页。

3 戴一峰（2003）:《网络化企业与嵌入性——近代侨批局的制度建构（1850s-1940s）》，《中国社会经济史研究》第1期，第74页。

4 马明达、黄泽纯（2004）:《潮汕侨批局的经营网络》，《暨南大学学报》第1期，第125页。

力。[1] 1949年前后，侨批在香港的流通是香港繁荣的一个主要来源——尽管这一点很少被承认。[2]Michael Williams认为，香港不仅作为侨乡和移民目的地之间的重要纽带，也是汇款网络的枢纽。香港处理货币兑换和银行业务的商业协会数量从1871年的152个增加到10年后的241个。香港总督在1913年的报告中说，各种金山庄向中国内地汇回约5 600万港元。1927年，悉尼一家银行的经理表示，仅就他的分行而言，香港交易所每年平均卖出60万英镑（约合2 700万港元）。[3]

在上海，以泉州和漳州会馆为基础的福建帮，在19世纪时还被认为是规模很小的群体，但在1919年后其重要性开始飙升，成为仅次于宁波帮的第二大帮，并与宁波帮结成联盟。上海福建帮的兴起部分是与近代民族主义在上海和福建出现这一政治因素相关联，但也包括了经济原因。福建华侨在上海投资，同时也在上海设立金庄（黄金店）和进出口公司处理侨批和其他东南亚汇款。由于他们的活动，上海首次成为侨批贸易的主要中心。这一发展大大提高了福建帮在城市中的地位。20世纪初，一位日本研究人员确定，从东南亚汇往厦门的汇款有11%是通过上海转汇的。[4]这种上海与侨批贸易的联系并不广为人知，导致福建的侨批贸易量被低估了，反而广东的侨批贸易量则被高估。来自东南亚的汇款，特别是菲律宾的汇款中有很大一部分是经由美国、上海，再转到福建。几乎所有这些汇款都是福建人寄出的，但是因为北美95%的华侨是广东人，这些汇款被错误地认为是广东侨汇（事实上，几乎所有的广东华侨都是通过香港汇款的）。因此，在20世纪30年代后期，广东侨汇额被认

1 蚁建（2010）:《香港在侨批业中的地位与作用》，王炜中主编：《第三届侨批文化研讨会论文选》，香港：天马出版有限公司，第381–384页；李文海编（2009）:《民国时期社会调查丛编（二编）·华侨卷》，福州：福建教育出版社，第854页。

2 杨群熙主编（2004）:《潮汕地区侨批业资料》，汕头：潮汕历史文化研究中心、汕头市文化局、汕头市图书馆，第269–270页。

3 转引自 Williams, Michael. 2004. "Hong Kong and the Pearl River Delta Qiaoxiang." *Modern Asian Studies* 38(2): 266–267。有关香港在华人移民过程中的重要作用，参见Sinn, Elizabeth. 2013. *Pacific Crossing: California Gold, Chinese Migration, and the Making of Hong Kong*. Hong Kong: Hong Kong University Press。

4 戴一峰（2003）:《网络化企业与嵌入性——近代侨批局的制度建构（1850s–1940s）》，《中国社会经济史研究》第1期，第74页。

为是福建侨汇额的两倍以上，尽管这种巨大的差距仅是表面现象。[1]

尽管侨批贸易的独特性从未消失，但其也是动态的和多变的，以不断适应经济、金融和技术环境的变化。1840年以前，侨批贸易通常是以水客运送货物或黄金的方式进行。在这方面，它体现一般国际贸易的第一阶段特征，即以黄金为基础。侨批贸易的第二个阶段是向一种更复杂但风险更低、更费力的交换形式过渡，这种交换形式是以信托货币而不是硬币和实物为基础的，这再次反映了全球金融在向汇票阶段过渡。[2]侨批贸易与后来发展的华资银行网络形成交叉互补关系，建立了东南亚侨居地与国内侨乡之间的国际金融及汇兑体系，彼此分工合作，促进了侨批业务的发展，使其网络不仅在东南亚，而且辐射到欧洲和美洲。这也为东南亚华人移居欧美提供了金融汇兑方面的便利。[3]

抗日战争时期的侨批（1937—1945）

1937年，日本发动全面侵华战争。自1938年5月至10月已经快速侵入到福建和广东地区，时局的变化让侨批业陷入恐慌和混乱。在1937年战争的头几个月里，汇款增加了。[4]然而，在最初狂热、恐慌的汇款阶段之后，对于中国经济将崩溃和侨批贸易将消亡的预估，使进入中国的航线一度被中断。[5]为了应对危机，侨批贸易在不同的地方以不同的方式发

1 陈楚材、陈新绿（2009）:《上海福建帮与闽南侨批关系拾掇及剖析》，陈小钢编：《回望闽南侨批——首届闽南侨批研讨会论文集》，北京：华艺出版社，第159–169页；贾俊英（2012）:《侨批史研究——以天一信局为个案的考察》（硕士毕业论文），厦门：华侨大学，第74页。根据官方数据，近代广东（包括海南）接收了80%以上的侨汇。［袁丁、陈丽园、钟运荣（2014）:《民国政府对侨汇的管制》，广州：广东人民出版社，第8页。］然而，上海在侨批贸易中的作用可能会修改此估算。

2 王炜中（2013）:《侨批局——中国进入国际金融市场的先行者》，中国侨批世界记忆工程国际研讨会组委会编：《中国侨批世界记忆工程国际研讨会论文集》，北京，第292–293页。

3 苏文菁、黄清海（2013）:《全球化视野下的侨批业——兼论侨批文化的海洋文明属性》，《闽商文化研究》第7卷第1期，第45–46页。

4 张行（2013）:《抗战时期的闽南侨批业研究》，中国侨批世界记忆工程国际研讨会组委会编：《中国侨批世界记忆工程国际研讨会论文集》，北京，第327页。

5 黎道纲（2008）:《泰国全侨兴银信局组织的成立》，王炜中主编：《第二届侨批文化研讨会论文选》，香港：公元出版有限公司，第180页。

生了变化，基本上朝着两个相反的方向发展。在一些战时交易中，此前侨批贸易因规模不断扩大，专业化程度的不断增长而部分削弱的个人信任因素重新发挥关键作用，而在另一些交易中，现代银行和邮局开始发挥比以往更大的作用。

战争期间，中国国内的侨批业不得不在这个曾经是统一国家的领土上与敌对当局作斗争。然而，与主流历史学家所认为的不同的是，尽管复杂多变的政治和军事形势在很多地区对其构成了妨碍，战争所造成的阻隔并没有让流入境内的汇款面临灭顶之灾。相反，这场战争使侨批贸易最初赖以发展的基础发挥了更大的作用，100多年来，这一直是侨批贸易强大的秘密。

在日本全面侵华初期，也就是在太平洋战争尚未席卷东南亚之时，侨批业者想尽一切办法支持中国国内的抗日活动，在此期间，来自海外的大量捐款和各类物资通过侨批渠道源源不断地送到中国国内，批局还在他们的信封上印上了呼吁联合抵制日本的口号。[1]这只是被称作“华侨第二次爱国高潮”的大规模政治动员的一部分，第一次爱国高潮发生在中华民国诞生之时。[2]大部分捐赠都是先抵达武汉后到重庆的国民党政府，也有一部分被非常谨慎地通过“口批”的方式送到了共产党及其领导下的设在战时陪都的八路军办事处手中。[3]（这些汇款人会很荣幸地收到一封来自周恩来或者其他领导人的回信，侨批研究学者也称之为“回批”[4]。）

在侨乡，维持汇款继续流向侨眷是很困难却很必要的事情，因为据估计80%以上的侨眷的生活来源依靠侨批。[5]战争期间，作为主要移民区

1 福建省档案馆编（2013）:《百年跨国两地书》，厦门：鹭江出版社，第157页；江宁（2008）《侨批与跨国金融的互动》，王炜中主编：《第二届侨批文化研讨会论文选》，香港：公元出版有限公司，第97页。

2 任贵祥（1989）:《华侨第二次爱国高潮》，北京：中共党史出版社。

3 王炜中（2009）:《初析潮汕侨批的传统文化的基因》，陈小钢主编：《回望闽南侨批——首届闽南侨批研讨会论文集》，北京：华艺出版社，第52页。

4 陈胜生（2016）:《潮汕侨批“申遗”始末》，陈荆淮主编，中国历史文献研究会、潮汕历史文化研究中心编：《海邦剩馥——侨批档案研究》，广州：暨南大学出版社，第226-234页。

5 这是陈达的数据。参见王付兵（2013）:《侨批档案文献的价值》，《东南亚纵横》第7期，第58页。

的侨乡劳动力匮乏和严重依赖汇款，村庄陷入危机。1943年的饥荒中，潮阳有20万人饿死；村庄空无一人；侨眷家庭出售衣物和房子；父母被迫将自家女儿卖掉或出嫁换取彩礼，或作为他人的妾侍，或到妓院卖淫。[1]通货膨胀加剧了这种痛苦：1940年汇款额的大幅上升主要是由于法币的贬值。[2]

在战争中，政府对侨批的态度从敌视和猜疑转变为支持。他们比以往任何时候都更加认识到汇款的重要性，不仅是为了侨眷家庭的生存，更是在工业和其他生产急剧下降、军费开支急剧上升的时候将侨汇视作国民经济的支柱。[3]在全面抗战的头4年，即1937年至1940年，侨批继续在中国发挥着重要的经济作用。在这4年期间，侨汇的输入总额超过40亿法币，相当于同期国家年平均收入的126.8%，使国民党当局能够通过在国际市场上购买军事物资，作为他们从西方和苏联获得的军事援助之外的另一补充。[4]战时汇款输入在1940年达到顶峰，当时汇款相当于中国全国贸易逆差额的329%。[5]战时危机极大地坚定了国民党当局的想法，他们采取了以前被忽视或反对的措施，把促进侨汇和消除侨汇障碍放在中国东南部财政议程的首位，同时加大了对侨汇贸易的控制力度。战争期间，侨批业为了继续生存下去不得不与国内外当局进行谈判或者规避它们。其与中国外交部和侨务委员会的关系达到了空前密切的程度，并且与邮局和中国银行合作简化在东南亚的汇款流程、降低汇款费用、减少恶意竞争以及加强汇款网络建设——之所以这样做的最主要目的就是

---

1 关于战时危机的论述，参见陈胜生（2016）：《潮汕侨批“申遗”始末》，陈荆淮主编，中国历史文献研究会、潮汕历史文化研究中心编：《海邦剩馥——侨批档案研究》，广州：暨南大学出版社，第226–234页；黄少雄（2010）：《侨批——侨乡人民的命根子》，王炜中主编：《第三届侨批文化研讨会论文选》，香港：天马出版有限公司，第490–491页；王付兵（2013）：《侨批档案文献的价值》，《东南亚纵横》第7期，第59页。

2 张行（2013）：《抗战时期的闽南侨批业研究》，中国侨批世界记忆工程国际研讨会组委会编：《中国侨批世界记忆工程国际研讨会论文集》，北京，第331页。

3 陈胜生（2016）：《潮汕侨批“申遗”始末》，陈荆淮主编，中国历史文献研究会、潮汕历史文化研究中心编：《海邦剩馥——侨批档案研究》，广州：暨南大学出版社，第226–234页。

4 沈敦武（2014）：《浅谈抗日战争时期经邮政转运的侨批》，中国历史文献研究会、汕头市潮汕历史文化研究中心编：《世界记忆遗产——侨批档案研讨会论文集》，汕头，第238页。

5 袁丁、陈丽园、钟运荣（2014）：《民国政府对侨汇的管制》，广州：广东人民出版社，第135–136页。

确保在战争期间必需的外汇能够流入中国。当英国提高香港的邮资时，国民党当局转而使用法国飞机和轮船从河内将汇款运达中国。[1]有一段时期，一条通过沙鱼涌（Shayuyong）港口连接汕头到香港的侨汇新路线被开通，该地恰好是共产党在广东南部的东江游击队的战时总部。[2]

当局设立了中国银行新的海外分行，以吸收汇款并确保汇款的迅速转移。[3]在1941年12月太平洋战争爆发之前，中国银行在东南亚、法属印度支那、缅甸和印度设立了18个分行。[4]国内最大的新分行设在泉州。泉州从未被日军占领过，但在日本海军的封锁下遭受了巨大的损失，一度导致了汇款贸易的崩溃。[5]中国银行泉州分行在东南亚建立了近200个代理机构和众多较小的代理机构，通常是设在华人商店里，直到1941年底日本开始入侵东南亚地区时才暂停了这项业务。在泉州，一个从未听说过现代银行业的地区，正如我们所知，中国银行购买了当地批局“合昌信局”的执照，试图打破侨批业者对当地贸易的垄断，并雇用了这些批局从业者及批脚。[6]到1938年，这家银行控制的合昌信局承接了闽南70%的汇款。[7]1938年5月厦门失陷后，侨乡许多家庭在该银行开立了

1 张行（2013）:《抗战时期的闽南侨批业研究》，中国侨批世界记忆工程国际研讨会组委会编：《中国侨批世界记忆工程国际研讨会论文集》，北京，第329–330页；洪林（2006）:《简述潮汕沦陷前后的暹罗侨批业》，洪林、黎道纲编：《泰国侨批文化》，曼谷：泰中学会，第76页。

2 黎道纲（2006）:《汕头沦陷至日军入暹时期曼谷侨批界的经营状况》，洪林、黎道纲编：《泰国侨批文化》，曼谷：泰中学会，第122页。

3 刘伯孳（2009）:《20世纪上半叶菲律宾华人与侨批业的发展》，陈小钢主编：《回望闽南侨批——首届闽南侨批研讨会论文集》，北京：华艺出版社，第78页；江宁（2008）:《侨批与跨国金融的互动》，王炜中主编：《第二届侨批文化研讨会论文选》，香港：公元出版有限公司，第102–103页。

4 张慧梅（2004）:《战争状态下之金融与传统人文网络——1939–1945年潮汕与东南亚间侨汇流通研究》，潮汕历史文化研究中心编：《潮学研究》第10期，广州：花城出版社，第171–172页。

5 Lary, Diana. 2010. *The Chinese People at War: Human Suffering and Social Transformation,* 1937–1945. Cambridge: Cambridge University Press, p.133.

6 苏文菁编著（2013）:《闽商发展史总论卷（近代部分）》，厦门：厦门大学出版社，第257页。

7 贾俊英（2012）:《侨批史研究——以天一信局为个案的考察》（硕士毕业论文），厦门：华侨大学，第85页；张行（2013）:《抗战时期的闽南侨批业研究》，中国侨批世界记忆工程国际研讨会组委会编：《中国侨批世界记忆工程国际研讨会论文集》，北京，第332页。

账户。[1]

当局建立了一个移民家属和尸体的登记册，以支持他们，并组织相关的保护和救济活动（尽管这些措施往往收效甚微）。[2]在当地侨务委员会的压力下，中国银行和广东省银行设立了专门的汇款机构为侨眷提供服务，并设立了侨汇科来管理侨批贸易。[3]这两家银行和当局与批局合作，向被占领地区的家属走私汇款。[4]这些银行还使用水客，他们在1940年和1941年的粤东和闽南的客家地区特别活跃。[5]过去，银行很难吸引汇款人，但现在，在战时的动荡中，银行的官方地位确保了他们可以获得中国和各省最高级别机构，包括各部委的支持，并成为一种积极的优势。[6]在广东的五邑地区，中国银行主要通过重庆的电汇，也成为战时汇款的主要渠道。[7]在中国银行没有分行的地方，广东省银行则代表它履行业务。[8]在同一时期，一些批局却利用战争来保留汇款，而不是立即汇款，并利用汇款进行投机，这使得批局越来越处于劣势地位，而银行则更占优势。[9]

梅州周边的客家地区也出现了包括银行在内的原为沿海机构突然涌入的情况。梅州的第一家现代化银行——广东省银行是在1937年抗日战

1 陈新绿（2009）:《浅谈泉州侨批业与中国银行泉州支行》，陈小钢编 :《回望闽南侨批——首届闽南侨批研讨会论文集》，北京 : 华艺出版社，第114页。

2 Shen, Huifen. 2012. *China's Left-Behind Wives: Families of Migrants from Fujian to Southeast Asia, 1930s–1950s*. Singapore: National University of Singapore Press, pp.146–147.

3 苏文菁编著（2013）:《闽商发展史总论卷（近代部分）》，厦门 : 厦门大学出版社，第257页 ; 黎道纲（2006）:《汕头沦陷至日军入暹时期曼谷侨批界的经营状况》，洪林、黎道纲编 :《泰国侨批文化》，曼谷 : 泰中学会，第107–110页。

4 江宁（2008）:《侨批与跨国金融的互动》，王炜中主编 :《第二届侨批文化研讨会论文选》，香港 : 公元出版有限公司，第102–103页。

5 夏远鸣（2008）:《梅州客属地区的水客与侨批业述略》，王炜中主编 :《第二届侨批文化研讨会论文选》，香港 : 公元出版有限公司，第275–276页。

6 张行（2013）:《抗战时期的闽南侨批业研究》，中国侨批世界记忆工程国际研讨会组委会编 :《中国侨批世界记忆工程国际研讨会论文集》，北京，第333页。

7 刘进（2009）:《五邑银信》，广州 : 广东人民出版社，第36、53–55页。

8 袁丁、陈丽园、钟运荣（2014）:《民国政府对侨汇的管制》，广州 : 广东人民出版社，第10页。

9 吴奎信（2004）:《侨批传递管道的梗阻与疏通》，王炜中主编 :《首届侨批文化研讨会论文集》，汕头 : 潮汕历史文化研究中心，第202页。

争全面爆发前成立的。在战争年代，大约有50家不同银行的分行加入了它的阵营。[1]

日本入侵后，大多数批局停止经营，至少有一段时间是这样的。那些继续在中国经营的搬到了内地，在那里，大多数批局都尽力与国内外的客户保持联系。大多数在国外经营的批局都歇业了（尽管有些批局仍在继续经营，正如我们将在本章后面所探讨的）。绝大多数的厦门批局都在1938年5月逃亡内地或周边区域，首先选择是逃往厦门对面的鼓浪屿，其次是泉州，在那里涌现20多个批局。[2]厦门剩下的少数几个批局暂时把他们的活动缩减到最低限度。[3]通过泉州的汇款额从1938年的5 300万国币，猛增到1939年的1.2亿国币和1941年的3.65亿国币。[4]

在水客一向特别活跃的梅州地区，在战争时期，不仅是侨批贸易，黄金市场也靠走私维持。就连国家银行也从水客那里获得了大量外汇。[5]在20世纪30年代末，地方政府试图引入新的法规来加强对水客的监管，但是战争及政府缺少对乡村社会的控制力最终阻碍了他们。

在这种情况下，中国的国家机构暂时控制了许多侨批贸易，随着战争的继续，这种情况越来越多。欧洲战争爆发后，英国、荷兰和法国收紧了对东南亚殖民地的财政控制，但国民政府通过谈判放松了对汇款的控制，这是中国政府在战时行使这方面权力的第一步。渐渐地，它在汇款贸易中的作用趋于稳定，与此同时，批局在许多地方萎缩或消失。即使在批局幸存或偶尔复兴的地区和时期，它们也通常依靠国家银行和邮

1 邓锐（2008）:《世界侨批业与梅州侨批金融业的关系》，王炜中主编:《第二届侨批文化研讨会论文选》，香港：公元出版有限公司，第88页。

2 贾俊英（2012）:《侨批史研究——以天一信局为个案的考察》（硕士毕业论文），厦门：华侨大学，第85页；沈敦武（2014）:《浅谈抗日战争时期经邮政转运的侨批》，中国历史文献研究会、汕头市潮汕历史文化研究中心编:《世界记忆遗产——侨批档案研讨会论文集》，汕头，第238页。

3 杨群熙主编（2004）:《潮汕地区侨批业资料》，汕头：潮汕历史文化研究中心、汕头市文化局、汕头市图书馆，第101页。

4 张行（2013）:《抗战时期的闽南侨批业研究》，中国侨批世界记忆工程国际研讨会组委会编:《中国侨批世界记忆工程国际研讨会论文集》，北京，第327页。

5 夏水平、房学嘉（2004）:《梅州客属地区的水客业述略》，王炜中主编:《首届侨批文化研讨会论文集》，汕头：潮汕历史文化研究中心，第181–182页。

政机构来进行它们的主要业务；批局自己只从事侨批最初的收集和最终的交付。在它们之间，批局和国家垄断了这种汇款方式；在大多数地方，水客不再参与其中。

抗日战争时期，即使是在华南的沦陷区，邮局和储蓄银行也与日本人达成协议，以保持与东南亚的汇路畅通，且暂时实现了汇款额的增长。信件也得以越过敌人的封锁线进入敌占区城乡的各个地方。日伪当局保留了几乎所有的旧邮政工人，以及他们的工作制度。在战争的大部分时间里，邮政服务保持着或多或少一定的回批数量。例如，在1942年，日本人不仅允许从汕头发送累计积压的一万多封回批，而且免费发送，因为他们意识到没有回批，就不可能有更多的汇款（然而，他们确实坚持在回批上盖上亲日的政治口号）。

这些与日本人的接触以及信件的递送和收集都是在国民党的默许和鼓励下发生的。批脚被允许运送侨批到村庄，前提是他们必须报告运送情况。信件越过敌人的防线，被送到占领区的城镇和村庄，封条完好无损。从某种意义上说，至少在一段时期内，商业或多或少是像往常一样。1942年，日本人和伪政权甚至与广东曲江的国民党邮政部门协商直接实现统一的货币流通，后者已经在该地建立起他们的战时总部。这些部门与汕头沦陷区的分支机构依然保持着密切的联系。他们不仅在敌占区负责邮政部门的运营，特别是其中的汇款业务，而且还可以发布当时的官方政策指令。[1]

日本人与伪政权希望汇路畅通以确保汇款直接流入其所控制的区域（绕过曲江汇路）而不是落入国民党手中，寄望于通过外汇帮助占领区经济发展以提升伪政权的合法性。双方因此都在争夺对侨批贸易的控制权。[2]然而，日本人需要时间在当地傀儡的帮助下稳定他们对占领区的管理。在尚未受日本控制的东南亚大部分地区，邮政服务继续运营，与香港和中国内地未沦陷区域的联系得以延续。在许多情况下，直到1941年

1 袁丁、陈丽园、钟运荣（2014）:《民国政府对侨汇的管制》，广州：广东人民出版社，第134-180页。

2 陈海忠（2013）:《历史记忆中的潮汕侨批与乡村社会》，中国侨批世界记忆工程国际研讨会组委会编：《中国侨批世界记忆工程国际研讨会论文集》，北京，第300页。

底，海外批局仍经常利用已有的渠道，继续发挥其传统作用。[1]在中国，日本人试图通过威胁和利诱的手段控制批局、银号和钱庄。太平洋战争和日本侵略东南亚之后，私人汇款贸易受到严重打击，大部分被迫关闭。尽管如此，侨批仍然继续抵达敌占区，其数量和价值都远远超过了未被敌人占领的侨乡。[2]

1939年7月，亲日派重开汕头邮局，几天之内汇款服务就恢复了。在重开后的头6个星期，邮局处理了近3 000件价值319 219元的侨批。[3]然而，其目标是更大和更持久的侨汇资源流入。1939年9月，日本调查人员查询如何才能说服更多的海外华人通过日本银行汇款，他们得出结论，认为主要原因是中国移民不喜欢日本人在中国使用的货币。[4]

傀儡当局制定了许可证制度，要求批脚把侨批送到各个村庄，并试图控制他们，阻止他们在日本"和平区"之外的区域活动。[5] 1940年2月，日本人组织汕头36家遗存的批局成立了一家公会，并命令它们与台湾那里由日本人控制的银行展开合作以此为汇款提供便利。[6]这家公会在1940年3月到1941年2月期间共经手了价值1.11亿元的汇款。[7]到1943

1 张慧梅（2004）:《战争状态下之金融与传统人文网络——1939–1945年潮汕与东南亚间侨汇流通研究》，潮汕历史文化研究中心编:《潮学研究》第10期，广州：花城出版社，第160–161页。

2 袁丁、陈丽园、钟运荣（2014）:《民国政府对侨汇的管制》，广州：广东人民出版社，第159–161页。

3 张慧梅（2004）:《战争状态下之金融与传统人文网络——1939–1945年潮汕与东南亚间侨汇流通研究》，潮汕历史文化研究中心编:《潮学研究》第10期，广州：花城出版社，第158页。

4 崔丕、姚玉民译（2011）:《日本对南洋华侨调查资料选编》（1925–1945）（第1辑），广州：广东高等教育出版社，第102页。

5 杨群熙主编（2004）:《潮汕地区侨批业资料》，汕头：潮汕历史文化研究中心、汕头市文化局、汕头市图书馆，第105页；张慧梅（2004）:《战争状态下之金融与传统人文网络——1939–1945年潮汕与东南亚间侨汇流通研究》，潮汕历史文化研究中心编:《潮学研究》第10期，广州：花城出版社，第182页。

6 江宁（2008）:《侨批与跨国金融的互动》，王炜中主编:《第二届侨批文化研讨会论文选》，香港：公元出版有限公司，第102页。

7 张行（2013）:《抗战时期的闽南侨批业研究》，中国侨批世界记忆工程国际研讨会组委会编:《中国侨批世界记忆工程国际研讨会论文集》，北京，第331页。全面讨论日军控制侨批贸易措施，参见张慧梅（2004）:《战争状态下之金融与传统人文网络——1939–1945年潮汕与东南亚间侨汇流通研究》，潮汕历史文化研究中心编:《潮学研究》第10期，广州：花城出版社，第172–181页。

年，已有60多家批局在被占领的汕头地区经营侨批贸易，其下属分局达658家，到1946年，批局减少3家，分局减少75家。[1]然而，并不是所有的批局都屈服于日本人的统治，他们甘愿冒着巨大的个人风险在日本人的眼皮子底下秘密为乡村提供递送服务。[2]

日本人还授权台湾银行在广州和汕头开设分行。他们甚至安排军用飞机将东南亚的汇款空运到日本驻泰国和越南的领事馆和大使馆，然后从那里汇到中国被占领的城市，或者直接从泰国汇到汕头。[3]

1941年12月太平洋战争爆发后，只有泰国和越南未被日本正式占领。泰国与日本签订的条约使得日本事实上得以占领城市和主要的交通线路，但是当地的大部分经济仍然继续沿着旧的模式运行。法国维希政权允许日本人在法属印度支那驻军，但日本人从未完全从法国手中接管。因此，泰国和越南在保持对华航线畅通方面发挥了特殊作用。

在东南亚的其他地方，日本的占领使他们需要作出彻底的调整。太平洋战争爆发后不久，日本军舰关闭了厦门、汕头、广东和海南等地的海上航线，导致被侵略国家的侨批贸易陷入停顿。到1943年，侨批贸易开始复苏，但主要是通过香港进行的。一些批局按照占领当局的指示使用台湾银行，但这些银行仅在广州和汕头设有分行，大多数侨眷难以到达大城市。最终，几乎所有从被占领的东南亚地区来的侨批都经由香港进入中国内地。[4]

1942年，在泰国，新成立的国家银行正式控制了侨批贸易（尽管其以独立但大幅萎缩的形式进行地下经营），泰国政府只允许侨批运往日

1 陈春声（2000）:《近代华侨汇款与侨批业的经营——以潮汕地区的研究为中心》,《中国社会经济史研究》第4期，第57页。

2 张慧梅（2004）:《战争状态下之金融与传统人文网络——1939-1945年潮汕与东南亚间侨汇流通研究》，潮汕历史文化研究中心编 :《潮学研究》第10期，广州：花城出版社，第179-183页。

3 张行（2013）:《抗战时期的闽南侨批业研究》，中国侨批世界记忆工程国际研讨会组委会编 :《中国侨批世界记忆工程国际研讨会论文集》，北京，第331页；杨群熙主编（2004）:《潮汕地区侨批业资料》，汕头：潮汕历史文化研究中心、汕头市文化局、汕头市图书馆，第102页。

4 张慧梅（2004）:《战争状态下之金融与传统人文网络——1939-1945年潮汕与东南亚间侨汇流通研究》，潮汕历史文化研究中心编 :《潮学研究》第10期，广州：花城出版社，第162-187页。

本控制的中国部分地区。[1]在太平洋战争之前，日本人发现很难通过鼓浪屿或香港银行与侨批贸易竞争。1941年后，他们鼓励从新加坡和其他地方汇款，但大多数海外华人强烈反日，他们在中国的家人对日伪当局在1942年实施的“储备券”几乎没有信心，因为它的兑换率极其不利。[2]因此，只有少数人配合这一举动，它没有产生日本人所希望的效果。1940年，有价值2 000万元的汇款被收取。然而，在1942年12月，通常是一年中最繁忙的月份，只有802笔汇款到达汕头，总额为123 000法币，而到达周边地区的汇款则少得多。[3] 1943年全年到达汕头的侨批是14 000件，相比之下，汕头在1938年每月就收到18 000件侨批。[4]

在敌占区的侨乡和附近的港口，日本人命令批局提交汇款进行检查，并在收到汇款时盖章，然后才允许汇款进一步进入日本控制的“和平区”。寄往“和平区”以外目的地的侨批将被没收。[5]

通往侨乡的东兴汇路

在战争年代，不在日本控制范围内的汇款是如何到达被占领和封锁的侨乡的？过去曾经普遍认为侨批业随着侵略战争的爆发而被迫大量停止，但是新近的侨批研究却显示，通往敌占区和被封锁的侨乡的实质性汇路依然畅通并且不止一条。

1 洪林（2006）：《泰国侨批与银信局刍议》，洪林、黎道纲编：《泰国侨批文化》，曼谷：泰中学会，第31页；杨群熙主编（2004）：《潮汕地区侨批业资料》，汕头：潮汕历史文化研究中心、汕头市文化局、汕头市图书馆，第107页。

2 陈胜生（2016）：《潮汕侨批“申遗”始末》，陈荆淮主编，中国历史文献研究会、潮汕历史文化研究中心编：《海邦剩馥——侨批档案研究》，广州：暨南大学出版社，第226–234页；张行（2013）：《抗战时期的闽南侨批业研究》，中国侨批世界记忆工程国际研讨会组委会编：《中国侨批世界记忆工程国际研讨会论文集》，北京，第331–332页。

3 江宁（2008）：《侨批与跨国金融的互动》，王炜中主编：《第二届侨批文化研讨会论文选》，香港：公元出版有限公司，第107页；陈璇珠（2008）：《侨批封上的“储备券”》，王炜中主编：《第二届侨批文化研讨会论文选》，香港：公元出版有限公司，第488–491页。

4 杨群熙主编（2004）：《潮汕地区侨批业资料》，汕头：潮汕历史文化研究中心、汕头市文化局、汕头市图书馆，第106页。

5 沈敦武（2014）：《浅谈抗日战争时期经邮政转运的侨批》，中国历史文献研究会、汕头市潮汕历史文化研究中心编：《世界记忆遗产——侨批档案研讨会论文集》，汕头，第238页。

据我们所见，一些侨批是在中国邮局知情和共谋下到达沦陷区，特别是在战争开始的时候。后来，其他一些不依赖于邮局的路线也逐渐形成。太平洋战争爆发前，东南亚银行通过香港进行转汇，然后用渔船走私汇款到广东沿海的陆丰，再运往内地。其他汇款被空运到广东北部的韶关，然后被带到南方。探寻侨汇路线是一项危险且困难的工作。广东省银行的一名代表曾步行40英里穿过战火纷飞的村庄，在香港和饶平之间建立了一条可行的（但短暂的）联系。一些批局雇佣水客越过敌人的防线，水客现象在一些地区有了明显的恢复（尽管据说4/5的水客在战争年代被杀）。[1]

然而，在1941年太平洋战争开始后，这些路线不再开放，人们迫切地寻找新的路线。国民党的计划员和潮汕人的批局运营者试图通过广州湾这个位于广东雷州半岛、在1943年以前一直由法国自由管理的法租界来中转。但是计划失败了，主要是因为该路线需要借由海道通往潮汕地区，而这在当时是非常危险的，因为广州湾的法租界缺少处理东南亚汇款的机构。[2]

最终，进入国内的汇路畅通并不是由国民党政府来维持的，而是由侨批业经营者通过自己的努力而实现的。这一突破发生在1942年。当时，侨批贸易正处于最低谷，大多数批局关门歇业，员工分散。正如我们所看到的，在这次危机中，一些水客路线恢复了，但是它们只覆盖了侨批贸易区域的一小部分。银行也发挥了作用，但最大胆、最引人注目的创新是一些新的陆路通道也为这一传统海运贸易而开辟，这些路线途经与法属印度支那接壤的广西和云南。这些路线并没有平等地惠及所有地区，例如，大多数来自福建南部的移民生活在东南亚沿海，除了在泰

1 廖耘、吴二持（2010）:《侨批与中国传统的道德观念》，王炜中主编 :《第三届侨批文化研讨会论文选》，香港 ：天马出版有限公司，第268页 ；杨群熙主编（2004）:《潮汕地区侨批业资料》，汕头 ：潮汕历史文化研究中心、汕头市文化局、汕头市图书馆，第102–103页。

2 江宁（2008）:《侨批与跨国金融的互动》，王炜中主编 :《第二届侨批文化研讨会论文选》，香港 ：公元出版有限公司，第95–96、103–104页 ；王炜中主编（2008）:《第二届侨批文化研讨会论文选》，香港 ：公元出版有限公司，第205–207页 ；王炜中（2007）:《潮汕侨批》，广州 ：广东人民出版社，第34–40页。

国和法属印度支那的少数福建人外，新的陆路通道对他们来说是无关紧要的。[1]在最终选定中越边境地带的东兴（当时属广东，现在属广西）之前他们尝试了多种进入中国的陆路方式，这里的交通虽然不够便利，却成为仅存的汇路枢纽。

探寻合适的陆地路线是危险、漫长之旅。东兴汇路的探索始于1941年12月，发现者是来自中国汕头的越南难民、“和祥庄”经理陈植芳。他曾在汕头做过渔网制造商，他主动提出将一些侨批带给他在沿海的渔民朋友，他们熟悉通往中国的海上航线。他想到从越南出发的陆上路线的可能性，所以他开始侦察中国边境地区。他独自工作，经常在山里露宿。考察了三条路线后，他最后在东兴落脚，这是唯一一条或多或少交通还算开放的进入中国的既定通道。那时，中国的大部分海岸都在日本的控制之下，所以东兴是一条罕见的生命线。传统上，这里是来自四川、云南、贵州、广西和越南的贸易的十字路口。中国和越南的货币在当地经济中混合使用。进入东兴的山路相对安全，没有遭到日本人的袭击。[2]陈植芳从东兴的邮局、银行先汇两笔款项到其潮汕家乡进行试探，他回来之后确认所有汇款都安全抵达。他回到海防，组织当地批局业者到边境参观，向他们展示他的发现，希望合力开通这条汇路。[3]

起初，越南的侨批经营者都不相信陈植芳的建议，认为是天方夜谭。但其返回海防后并未放弃，写信向各批局、批馆重申打通汇路的真实性。最终，十几家批局和银行分行（传统和现代的）的老板们被说服，派人去东兴考察。一时之间，东兴这个边陲小镇商贸金融云集，在很多年里其在侨批贸易中所扮演的角色举足轻重，甚至远远取代了之前香港

1 张行（2013）：《抗战时期的闽南侨批业研究》，中国侨批世界记忆工程国际研讨会组委会编：《中国侨批世界记忆工程国际研讨会论文集》，北京，第335–336页。

2 王炜中主编（2008）：《第二届侨批文化研讨会论文选》，香港：公元出版有限公司，第205–206页；陈胜生（2016）：《潮汕侨批“申遗”始末》，陈荆淮主编，中国历史文献研究会、潮汕历史文化研究中心编：《海邦剩馥——侨批档案研究》，广州：暨南大学出版社，第226–234页。

3 王炜中（2007）：《潮汕侨批》，广州：广东人民出版社，第35页。

的地位。它也由一个偏僻小镇摇身一变，有了“小香港”的美称。[1]陈植芳在寻找和维护东兴路线中坚忍不拔、敢为人先，使其成为该行业的标志性人物。“东兴汇路”开辟仅数月，便为驻越日军宪兵司令部察觉，日本人在越南逮捕、拷问批局经营者并强迫他们透露陈植芳的信息。陈植芳成为通缉要犯，被四处追捕，但他乔装改名继续穿梭于越南和广西各地，继续秘密为海外各批局走汇。[2]

通过东兴的汇款缓解了1943年潮汕地区的大饥荒，每月输入的款项大约为1 000多万元（越币），以用于救济侨乡经济。[3]（由于贸易是秘密的，准确的数额无法量化。）潮汕人和少量闽南人，在东兴设立了联络站。起初，东兴仅支持越南路线，后来很快又与曼谷有了联系，然后通过曼谷将东兴汇路拓展到了柬埔寨和老挝。在泰国和印度，日本人只控制了城市，小城镇则处于傀儡政权统治之下，这更容易进行规避。这些地方的批局恢复了旧的方法：分散于各城镇和乡村的收批员到矿山或工厂直接或通过代理人（主要是店主）收集汇款。在曼谷，1942年至1944年间新开了4家邮局。[4]中国的邮局和国有银行在东兴的经营中也发挥了重要作用。[5]

在被占领的东南亚，货币使用情况混乱不堪，所以战时的侨批贸易往往是以小金条的形式进行的，这些金条被缝在一种弹药带上，由递送员藏在一件军服式的大衣里。从东南亚经河内和海防到东兴有四条主要路线。递送员从曼谷乘火车去泰国北部的乌隆，然后乘汽车到河边（一天的车程）并进入老挝，然后向东进入越南。过境点在义安，这是北方

1 王炜中（2009）：《初析潮汕侨批的传统文化的基因》，陈小钢主编：《回望闽南侨批——首届闽南侨批研讨会论文集》，北京：华艺出版社，第54页。

2 陈胜生（2016）：《潮汕侨批“申遗”始末》，陈荆淮主编，中国历史文献研究会、潮汕历史文化研究中心编：《海邦剩馥——侨批档案研究》，广州：暨南大学出版社，第226–234页。

3 江宁（2008）：《侨批与跨国金融的互动》，王炜中主编：《第二届侨批文化研讨会论文选》，香港：公元出版有限公司，第106页。

4 杨群熙主编（2004）：《潮汕地区侨批业资料》，汕头：潮汕历史文化研究中心、汕头市文化局、汕头市图书馆，第102–117页；洪林（2006）：《泰国侨批与银信局刍议》，洪林、黎道纲编：《泰国侨批文化》，曼谷：泰中学会，第32页。

5 袁丁、陈丽园、钟运荣（2014）：《民国政府对侨汇的管制》，广州：广东人民出版社，第167页。

最贫穷的地区之一，因为许多胡志明的将军们都来自那里而被称为越南的延安。从义安出发，他们坐火车到达河内，在那里的一个快递站把金子换成中国的国币。之后他们去海防，并在那里乘轮船去芒街，通过夜间沿着海岸航行来躲避日本战机。河的对岸是广西和相对不设防的东兴镇，在冬天时可以过河到达那里。然而，中国和越南之间的边界并非完全不受监控，必须秘密涉水而过。[1]

东兴汇路形成之后，东兴因侨批贸易而繁荣。茶楼酒馆如雨后春笋般涌现，为大量的银行和批局业者提供服务。许多归侨和侨眷也通过东兴往返中越，当时的侨务部门下设的辅导委员会，为此专门在东兴等地设有归侨指导站，新增旅社为他们提供服务，解决过路华侨和侨眷碰到的实际困难。[2]该侨务部门还帮助几千名来自越南的中国难民，协助他们分20批抵达东兴。[3]

在东兴，根据最终目的地的不同，汇款（其中70%是越南货币）被兑换成国币或伪币。从东兴出发，它们要么直接被带到侨乡，要么经过重庆、桂林和其他未沦陷的城市。[4]从东兴出发进入中国的路线是艰难而危险的，派送员长途跋涉，翻山越岭，中途时有土匪强盗出没，惊险万分。[5]一些派送员在袭击中丧生。[6]为了保护侨批贸易，汕头的商人们设立了一个有几十人之多、武装精良的保镖队伍。[7]从东兴出发，汕头批局

1 许汉钧（2006）:《谈昔日批路概况》，洪林、黎道纲编：《泰国侨批文化》，曼谷：泰中学会，第97-99页；张慧梅（2004）:《战争状态下之金融与传统人文网络——1939-1945年潮汕与东南亚间侨汇流通研究》，潮汕历史文化研究中心编：《潮学研究》第10期，广州：花城出版社，第167页。

2 杨群熙主编（2004）:《潮汕地区侨批业资料》，汕头：潮汕历史文化研究中心、汕头市文化局、汕头市图书馆，第117页。

3 陈胜生（2016）:《潮汕侨批"申遗"始末》，陈荆淮主编，中国历史文献研究会、潮汕历史文化研究中心编：《海邦剩馥——侨批档案研究》，广州：暨南大学出版社，第226-234页。

4 袁丁、陈丽园、钟运荣（2014）:《民国政府对侨汇的管制》，广州：广东人民出版社，第10页。

5 杨群熙主编（2004）:《潮汕地区侨批业资料》，汕头：潮汕历史文化研究中心、汕头市文化局、汕头市图书馆，第114-118页。

6 江宁（2008）:《侨批与跨国金融的互动》，王炜中主编：《第二届侨批文化研讨会论文选》，香港：公元出版有限公司，第106页。

7 陈胜生（2016）:《潮汕侨批"申遗"始末》，陈荆淮主编，中国历史文献研究会、潮汕历史文化研究中心编：《海邦剩馥——侨批档案研究》，广州：暨南大学出版社，第226-234页。

的派送员把汇款带回到侨乡的村庄，出于安全考虑，他们将回批程序简化为在便签中签名即可。战争不可避免地大大降低了侨批贸易的效率。通常需要两周时间的汇款现在需要一到三个月的时间，递送员们要换乘汽车、卡车、小船，有时还要步行。由于汇款的延误和可信度不强的收据，汇款人的焦虑是可以理解的，他们与批局工作人员之间也不可避免地经常产生争执。[1]

从1942年7月始，“东兴汇路”畅通约3年。1944年夏天，日军发动豫湘桂战役，图谋打通平汉、粤汉铁路，建立一条纵贯中国大陆到法属印度支那的交通线。桂、柳相继失守，南宁亦告陷落。钦州、东兴危如累卵，这迫使银行和批局从边境城镇撤退。1945年8月日本宣告投降。9月，陈植芳与泰国各银信局的代表等15人回到东兴，把撤退时留下的金条兑出后的款项由银行汇回潮州，分发批款。这可以说是东兴汇路的尾声。[2]陈植芳也因此成为侨批贸易史上的英雄人物。

在战争期间，中国可谓是四分五裂。民族国家的框架被瓦解，各省区也无法再在统一体系下发挥作用。在那些年代，侨批业借助坚守和发展他们曾经所赖以起家的那些传统网络而得以生存下来，并且逐渐与更广范围内的政治和社会力量、新老公会甚至曾经存在矛盾的国家和政党建立起相应的合作关系。[3]

就侨批贸易而言，战争还是让大多数的批局走投无路，这种境况至少持续到1945年以后。当时只有少数批局幸存下来，密密麻麻的侨批网络变成了几个独立的或几乎没有联系的线条。而由此也让国家连同其领导下的银行和邮局成为受益者，它们在汇款贸易中的相对比重大幅上升。

1 王炜中（2009）:《初析潮汕侨批的传统文化的基因》，陈小钢主编 :《回望闽南侨批——首届闽南侨批研讨会论文集》，北京 ：华艺出版社，第54页 ；王炜中（2007）:《潮汕侨批》，广州 ：广东人民出版社，第36页 ；许汉钧（2006）:《谈昔日批路概况》，洪林、黎道纲编 :《泰国侨批文化》，曼谷 ：泰中学会，第99页。

2 王炜中（2007）:《潮汕侨批》，广州 ：广东人民出版社，第37–38页 ；吴奎信（2004）:《侨批传递管道的梗阻与疏通》，王炜中主编 :《首届侨批文化研讨会论文集》，汕头 ：潮汕历史文化研究中心，第205页。

3 张慧梅（2004）:《战争状态下之金融与传统人文网络——1939–1945年潮汕与东南亚间侨汇流通研究》，潮汕历史文化研究中心编 :《潮学研究》第10期，广州 ：花城出版社，第157–192页。

之所以出现这种情况就在于战争期间中日的彼此对抗需要及双方各自在几乎每一个领域都发动最大可能的政治动员。在战争期间，旧的路线被封锁，大量侨批被积压的命运体现了政府的无能和不可靠。在最初汇款后的几个月或几年后，侨批才到达了村庄，但由于通货膨胀和货币贬值，它们已经被削减到只有原来价值的一小部分；在战争年代，国家在侨批贸易中的作用大幅度增长，但事实证明，在那个时代，国家无力保护侨批接收者的利益以免受其政策的影响。[1]

解放战争时期的侨批（1945—1949）

由于银行在战时削弱了批局对侨批贸易的控制，战后侨批的前景一点也不乐观。南京政府准备向共产党发动内战，比以往任何时候都更热衷于加强对侨汇的控制。在日本投降后，内战显然迫在眉睫。在这场众所周知的殊死搏斗中，控制利润丰厚的侨批贸易被认为是至关重要的。

1945年日本投降后不久，中国当局主导了汇款系统的全面快速恢复，中国银行、各省银行以及邮局行使了前所未有的权力。在1945年和1946年初，中国银行在国内外建立、加强或重建分行，并与同意代表其行事的各中介机构（包括华侨银行）达成协议。1945年时它的主要任务是处理战时积压的侨批。在广东侨乡，邮局比其他政府机构更稳固，它在战后几年的汇款贸易中发挥了重要作用。当局的目标不仅仅是恢复侨批贸易，而是要通过简化程序和提高效率来改革侨批业务。然而，从长远来看，当局的计划失败了，他们曾设想将侨汇置于安全、永久的控制之下，但侨汇通过黑市等非法手段被偷运回中国。

在20世纪40年代的后半期，走私数额不断增长，特别是在1948年至1949年国民党损失半壁江山的时期达到高潮。被指定经营侨批贸易的官方组织在很大程度上被重新出现的批局及其他类似机构边缘化。例如，1947年海南通过官方渠道传递的侨汇只占15%；剩下的85%通过私人渠

1 袁丁、陈丽园、钟运荣（2014）：《民国政府对侨汇的管制》，广州：广东人民出版社，第173页。

道。1947年，潮汕14.9%的侨汇业务由国有银行或邮局处理，其余被批局控制。四邑地区的情况基本类似。1946年，广东61.5%的汇款是通过非官方渠道进行的，到1948年，这一数字已达近99%。1947年侨汇总额略低于6 000万美元。

为什么在战后的侨汇争夺大战中，批局战胜了官方机构？主要原因是后者无法找到一种方法来应对通货膨胀的冲击，这种通货膨胀使得汇出款项和实际收取款项之间的价值被大大削减。通货膨胀的背景是战后南京国民政府财政状况不断恶化，主要原因是用于内战的军事开支飙涨。1946年至1948年期间，军费开支在国家支出中的占比从60%上升到64%。政府通过大量印刷新货币来填补由此产生的财政缺口。1948年流通的法币数量是1946年的578倍，是1937年日本全面侵华前夕的近7 000倍，1948年7月上海的物价比战前高了近300万倍。

政府应对通货膨胀的策略是“稳定”物价，包括保持外币价格低于市场价格。这不可避免地导致黑市的出现，它提供了一个比官方汇率高得多的更实际的汇率。政府尝试了各种补救措施，但没有一个能在短时间内奏效。1947年的官方汇率在黑市汇率的24.1%到69%之间波动，平均为31%。国家机关敦促改变策略，但中央银行并未采取行动，因为它相信自己名义上对汇款的垄断足以控制局势。

批局占优势的其他原因还包括银行和邮政等国家机构在处理侨务方面的不足，其中大部分缺项是长期存在的。中国银行在20世纪40年代末主导了侨汇经济，尽管广东省银行等地方性银行在当地有很好的代表性，但他们被禁止向海外扩张，他们的海外分行远远少于中央银行。结果，广东省银行被迫大量依赖代理商在国外为其代办业务。而它与这些代理商的关系并不总是稳定和可预测的。一些代理商代表同一领域的多个客户。邮政储蓄银行在中国境内的分支网络甚至比地区性银行强，但在内地以外它的代办机构甚至要少于那些区域性银行，在香港只有一个办事处。这些国家机构所管理的侨批网络在偏远侨乡几乎不存在。在潮汕地区，91.6%的村庄和小城镇没有邮政服务；在兴宁梅县地区，比例为83.6%。

非官方机构主要是批局，但也包括银号、钱庄、票号和各种贸易公司，它们有许多优势，且比它们的官方竞争对手有更好的声誉。这些非官方机构在侨乡和海外华人移民社会都有更多的分支机构。与银行及其代理人不同，它们不是坐等顾客上门，而是主动寻找客户。相比之下，这些银行的海外分行通常是与西方银行一起设在主流金融区，而非华人移民聚居的唐人街，在中国，它们基本上也忽视了偏远地区的侨眷。

侨批到达中国和回批寄回的速度对汇款人和收款人都很重要。在这一情况下，批局侨批业者胜于官方侨批业者。在大多数情况下，汇款的接收和进一步传输都是由邮局、码头和村庄里的批局精确地组织起来的。为达到最快速度的竞赛并不存在于批局和官方机构之间，而是在批局内部。每个批局都尽最大努力把每一个独立的操作阶段的时间减少到绝对最低值。相比之下，官方侨批贸易则依赖于一些机构（通常是私有的），这些机构为了节约成本，往往会积压侨批。然而，延迟时间越长，他们收到的侨汇就越少。这导致恶性循环，侨批长时间无人处理。由于代理机构习惯于雇用对它们服务的村庄知之甚少或没有联系的派送员，侨批交付的时间被进一步推迟。即使是以侨汇为副业的贸易公司也比官方贸易商与客户有更好的联系，因为它们也有广泛的网络和长期的相互关系，在必要的情况下它们还与批局有长期的关系。

此外，官方交易者受到监管的阻碍，其中许多监管规定看似不合理：例如，它们不管收到的是哪种货币，都被要求用法币登记汇款，这让汇款人承担货币汇兑差价和贬值代价；它们倾向于号召收款人来接收汇款，这又耗费了收款人的时间和精力（不像批局一样可以直接送上门）。

它们也无法获得足够的货币供应，这进一步拖延了汇款的发放，使它们难以灵活地应对不断变化的情况。另一点是，侨眷来取侨汇时需由店主充当担保人，这对收款的侨眷来说非常不方便，特别是在没有商店的偏远地区，或者要求收款人通过使用当地银行登记的印章印模来验证身份。相比之下，批局只雇用当地人，因此能够施行“见面即付”。这是个人认同的两种历史形式间的区别——一方面是现代国家管理方法下虽然匿名却被官方列表化的公民，他们的公民身份需要通过官僚程序来确认；另一方面是传统的身份识别方法，是以基于血缘和地域的个人关系为准。

回批是汇款过程中的关键一环；如果没有及时收到回执，大多数汇款人会犹豫是否再次汇款。侨批现象很复杂，对不同的人来说有不同的意义。对一些人来说，金融汇款是主要的事情，有些汇款人甚至不会附上任何留言。另一个层面，书面交流的行为和内容（侨批或回批）比钱更重要。钱是信件一个微不足道的附属物，具有和红包一样的象征意义，红包里的金钱是送给孩子们的新年礼物。然而，官方机构对回批甚少关注，很少费时去传递回批。

在通货膨胀失控的时候，为了满足顾客，增加自己的贸易收入，批局采取了各种策略和战术。由于中国内地的官方汇率远低于黑市汇率，批局通过香港以汇款单的方式秘密转移汇款，而不是通过官方渠道。香港靠近所有主要的侨乡，是走私的理想之地。它是进入华南的主要门户，且拥有强大的货币，以允许外汇自由兑换。另一种逃避官方货币管制和当局对外汇征收高额费用的方式是以商品形式输出货币，这种策略最初是为了规避东南亚的货币输出管制而发明的。最后，批局走私金银或现金到香港，把它们在香港卖出并换取法币。通过这种方法，随着法币的官方价格和黑市价格之间的差距扩大，它们的杀伤力越来越大。

发放许可证本应能杜绝规避行为，但这一做法基本上以失败告终。少数批局和其他公司没有向当局登记，甚至绝大多数登记的人仍然继续逃避。毋庸讳言，水客和巡城马更不可能配合官方的要求。

中央银行、省级银行、邮政局等国家金融机构恳请政府加大力度，控制或取缔批局等民营企业的偷逃行为，但事实证明，这是不可能的。批局与邮局有着特殊的关系，双方都从中受益。通过邮局的侨批数量比通过中国银行的数量大很多倍。以汕头为例，邮局70%的收入来自侨批和回批贸易。

此外，批局就像爬山虎一样，它在中国和国外有数百个销售点，由一个无处不在且不可逆转的根茎系统连接。即使当局可以对国内经营侨批的企业采取一些措施，但对于那些在海外经营的企业，他们通常无能为力。就连外国政府也常常不知所措：例如，在1948年越南禁止批局贸易期间，大多数水客和批局都设法逃避了管制。批局利用几种不同的渠道向中国汇款，包括外国银行和其他机构。政府的松懈和腐败通常使反制措施无效。

由于他们无法压制侨批贸易，当局在20世纪40年代末尝试了一种双重策略，即同时限制和利用侨批贸易来达到自己的目的。批局有时甚至利用中国银行的当地海外分行作为它们的代理，尽管它们的一些业务在技术上是非法的。在某些情况下，广东省银行努力与海外批局建立联系，并代表它们以优惠汇率转移资金，甚至利用一些国内批局作为其代理机构。

为什么国家不能实现垄断汇款贸易的目标？总而言之，有三个主要原因：首先，其货币政策被移民及其家属认为是不合理和不公平的。它试图为了国家利益，通过人为抬高外汇市场上法币的价格，降低汇款的价值。然而，这一价格实际上是由国际市场关系决定的，不能由南京方面任意操纵。造币厂大规模印刷的纸币失去了包括侨乡在内的所有中国人的信任。第二，国家对侨批业的管理是完全不充分的，不能与私营贸易竞争。它的派送欠佳（邮局只覆盖了潮汕地区的10%），未能赢得人们的信任和信心。它的收款人身份证明方法（印章、卡片、担保人）在落后的农村地区是不适用的。即使在对银行和邮政等现代机构的接纳更加开放，而且金山店也已经因为这些现代机构的影响而逐渐开始衰落的广府地区，逃避行为也是不可避免的，而且以现代的形式出现。第三，国民党当局从上至下都普遍腐败无能。他们非但没有逮捕逃避者，在许多情况下还暗中保护他们，在他们采取坚决行动反对批局的地方，也存在着引发群众大规模不满的风险。

即使在当时，这些官方的缺点和弊端也不是秘密。1946年至1949年间在中国发表的研究公开得出结论，汇款人普遍逃避管制是由于汇率不公平以及腐败、无能的官员对汇款的管理不善。这些研究还指出，逃避的主要方法是在北美汇款中使用支票，而在东南亚使用批局的服务。

当局从未赢得与侨批业者的战争，随着1949年其自身的最终全面崩溃，其遏制侨批贸易的努力变得越来越弱，也越来越难以让人信服。它在弥留之际尝试了各种改革，但这些改革主要是为了满足自己的利益，而不是汇款人和收款人的利益。中央政府还无情地挤压贸易，这也使得那些与汇款领域相关的官方和半官方的省级和地方组织与之疏远，而且很快地这些组织就将更多的时间和精力花在努力捍卫自己的部门利益上，而不是处理逃税问题。随着汇款危机和中国国家危机的加深，一些地方政府机构几乎陷入停滞。1948年年中，汕头邮局为了省钱，解雇了所有的批脚。中央当局发出的指令越来越被忽视，逃避行为越来越普遍。1949年，当局放松了对汇款和从事汇款业务的当地代表的管制，尽管这些措施无疑比之前的措施更为公平，但对逃税几乎没有任何效果，这在民国邮政史上被称为“回光返照”。[1]

因此，批局不仅在中日战争中幸存了下来，而且在战后以新的活力反弹回来，规模甚至更大，实现了业务多元化，并在必要时与银行合作。日本人刚投降，东南亚的华人移民和他们的后代就争相与中国恢复联系。批局日夜营业，大量的汇款堆积起来。新批局从四面八方涌现出来，其中许多都是未经许可的。在这些急起直追的岁月里，民间侨批贸易进入了有史以来最繁忙的时期。[2]

例如，1948年，尽管中国邮政局对批局采取了敌对措施，故意拖延汇款、欺诈和偷钱，但当时的马尼拉仍有180多个批局。[3]菲律宾的其他城镇也有其他批局。[4]（邮局的行动引起了抗议浪潮，包括由著名的菲律宾华侨抗日军的成员发起的。[5]）在新加坡和泰国，历史学家将1946年至1948年描述为“侨批贸易的黄金时期”，在曼谷的舢舨巷有79家批局，

1 晏星主编（1994）：《中华邮政发展史》，台北：台湾商务印书馆，第270页。前几段关于战后形势的论述，参见以下研究：袁丁、陈丽园、钟运荣（2014）：《民国政府对侨汇的管制》，广州：广东人民出版社，第4、174–254、279–290页。

2 杨群熙主编（2004）：《潮汕地区侨批业资料》，汕头：潮汕历史文化研究中心、汕头市文化局、汕头市图书馆，第122页；洪林（2004）：《试论和平后（1945–1955）侨批史演变》，王炜中主编：《首届侨批文化研讨会论文集》，汕头：潮汕历史文化研究中心，第24页。

3 刘伯孳（2009）：《20世纪上半叶菲律宾华人与侨批业的发展》，陈小钢主编：《回望闽南侨批——首届闽南侨批研讨会论文集》，北京：华艺出版社，第78页；万冬青（2010）：《透过闽粤边区侨批看侨乡传统文化》，王炜中主编：《第三届侨批文化研讨会论文选》，香港：天马出版有限公司，第298页。

4 刘伯孳（2010）：《二十世纪上半叶菲律宾华侨与侨批业的发展》，王炜中主编：《第三届侨批文化研讨会论文选》，香港：天马出版有限公司，第284页。

5 张行（2013）：《抗战时期的闽南侨批业研究》，中国侨批世界记忆工程国际研讨会组委会编：《中国侨批世界记忆工程国际研讨会论文集》，北京，第336–337页。

还有数以百计没有进行正式宣传的批局。[1]汕头地区在1946年有130家国内批局，另有451家在海外。在1947年至1949年间，这些批局共收到了500多万封“批”，1948年达到顶峰，略低于200万封，每年汇款总额超过1亿港元。[2]在福建南部，城市批局的分支机构像野火一样蔓延到各个村庄，以此应对激增的需求。1949年，福建内地共有1 282家这样的分局。[3]

从1945年开始，侨批贸易同时受到两方面影响。一方面来自东南亚殖民政府和新独立政府施加的禁令和限制，这些政府竭尽全力迫使汇款人通过银行进行汇款，并试图阻止救济资金到达中国；另一方面来自中国的混乱和反侨批的措施。[4]侨批贸易下降也受到内部因素的影响。由于中国陷入经济和政治动荡，侨批线路充满了危险，而且批局已经和它们战前的代理人失去了联系，因此很难招募到派送员。再加上普遍的危机感，代际更迭和东南亚对中国新移民的封锁导致了这一惯例（侨批贸易）的流失。[5]

尽管已试图加强追踪和监管，但人们认为递送员变得不那么值得信任，他们被发现比过去更频繁地潜逃。部分原因是战后侨批贸易中黑市的兴起。侨批交易的阴暗面在于其一直处于轻度犯罪的边缘，越来越多地诉诸秘密手段使其传统机制承受着巨大的压力。[6]

---

1 洪林（2010）:《从家批看侨批及其背景》，王炜中主编 :《第三届侨批文化研讨会论文选》，香港：天马出版有限公司，第118–119页；杨群熙主编（2004）:《潮汕地区侨批业资料》，汕头：潮汕历史文化研究中心、汕头市文化局、汕头市图书馆，第269页。

2 饶敏（2010）:《寻找他乡的记忆》，王炜中主编 :《第三届侨批文化研讨会论文选》，香港：天马出版有限公司，第482页；杨群熙主编（2004）:《潮汕地区侨批业资料》，汕头：潮汕历史文化研究中心、汕头市文化局、汕头市图书馆，第118–122页。

3 杨群熙主编（2004）:《潮汕地区侨批业资料》，汕头：潮汕历史文化研究中心、汕头市文化局、汕头市图书馆，第447页。

4 中国人民政治协商会议福建省厦门市委员会文史资料研究委员会编（2004）:《厦门文史资料》，厦门：中国人民政治协商会议福建省厦门市委员会文史资料研究委员会，第433页；吴奎信（2004）:《侨批传递管道的梗阻与疏通》，王炜中主编 :《首届侨批文化研讨会论文集》，汕头：潮汕历史文化研究中心，第202–203页。

5 Cheok, Cheong Kee, Lee Kam Hing, and Poh Ping Lee. 2013. “Chinese Overseas Remittances to China: The Perspective from Southeast Asia.” *Journal of Contemporary Asia* 43(1): 85–94.

6 Shiroyama, Tomoko. 2019. “Structures and Dynamics of Overseas Chinese Remittances in the Mid Twentieth Century.” In Chi-Cheung Choi, Takashi Oishi, and Tomoko Shiroyama, eds., *Chinese and Indian Merchants in Modern Asia Networking Businesses and Formation of Regional Economy*. Leiden and Boston: Brill, pp.72–103.

由于这些及其他原因，水客现象在“二战”胜利之后出现萎缩，在战争的大部分时间里处于边缘地位的批局开始发挥越来越大的作用。然而，批局的声誉也开始受损。中国飞速的通货膨胀和货币混乱以及中国和海外的新限制，使整个贸易趋于向地下发展，由此导致了更大的混乱。如果汇款走私者被抓获，他们将被处以重罚，他们所拥有的汇款很可能被没收。一些批局经营者故意尽可能长时间地保留汇款，以便轻松地从通货膨胀中获利。由于这种拖延，一些侨眷收到的汇款比原有的价值少几倍；当它最终到达时，他们立即赶到当地商店买东西，那里的商品价格每分钟都在上涨（1949年，大多数批局改用港元来处理这个问题）。20世纪40年代末，批局日益腐败，使得许多汇款者失去对它们的信心。[1]

然而，银行无法与批局所观察到的黑市汇率相匹配，重新复兴的批局继续持有自己的货币以反对银行。[2]例如，1946年3月，美元官方价值为20元，但在黑市上，它的价格在1 459元到2 022元之间。1947年，有878亿元法币通过批局进入汕头，相比之下，中国银行在当地的分行只有94.53亿元。[3]批局也是防止官员腐败的一种保障，这种腐败在大陆的国民党中达到了前所未有的高度（当然，这并不是针对批局自己的腐败倾向，但这种倾向也随着混乱而增长）。然而，1948年后，中国的形势尚未稳定，这对侨批贸易造成了严重打击，许多批局停止了贸易，大多数情况下是永久性的。[4]

1 杨群熙主编（2004）：《潮汕地区侨批业资料》，汕头：潮汕历史文化研究中心、汕头市文化局、汕头市图书馆，第54、122–129、332、463–464页；吴奎信（2004）：《侨批传递管道的梗阻与疏通》，王炜中主编：《首届侨批文化研讨会论文集》，汕头：潮汕历史文化研究中心，第203–204页。

2 贾俊英（2012）：《侨批史研究——以天一信局为个案的考察》（硕士毕业论文），厦门：华侨大学，第85–86页。

3 曾旭波（2004）：《略谈暗批的产生及操作的方法》，王炜中主编：《首届侨批文化研讨会论文集》，汕头：潮汕历史文化研究中心，第219页。

4 李志贤（2014）：《19–20世纪期间新加坡各帮民信局的营运与同业组织》，中国历史文献研究会、汕头市潮汕历史文化研究中心编：《世界记忆遗产——侨批档案研讨会论文集》，汕头，第15页。

共产党领导下的侨批

1949年以后，侨批业为政府所接管。然而，该行业并没有立即消失。在接下来的二三十年间，新生的政权意识到侨批业不仅有利于侨眷自身，更为重要的是还有助于整个国民经济的发展。此外，其管理着一个更强大、更诚实、更有效的新中国，新国家比它推翻的政权更能实现自己的目标。

新生的共产党政权对侨批的认识要追溯到其获得执政地位之前。共产党的游击队在20世纪30年代到20世纪40年代（虽然更多时候是断断续续的）就管制了福建和广东侨乡的许多乡村，在1946年之后的三年内战期间其通过发行自己的货币“裕民券”来稳定物价。要想与这一临时货币实现汇兑，就需要把侨批递送到游击队控制的解放区内。[1]

我们对于共产党内部如何看待侨批知之甚少。很多年轻的海外华人都有着较为激进的倾向，特别是在抗日战争前后的多年时间里，所以他们便成为党的重要团结对象。同时，侨批业自身的特点也对党产生了较大的吸引力，党便提供了一条通往部分根据地的秘密汇路和交通线，这些根据地是其从20世纪20年代以来就深入经营的。所以这也就不难理解共产党对批局的深入影响，不过目前笔者仅发现一份文件能说明这点。该文件由张伯恭提供，他1921年出生在泰国，1925年回国并于1939年在广东东南部的普宁加入了共产党，在那里他建立了一个联络站。张伯恭为党提供了3 000元汇款来资助潮州-梅县委员会和一家书店，1942年党则指示他回泰国定居。在泰国，他经营了一家利润颇丰的汇兑局并配备了最新式的电子设备：很多营业利润都被用来资助党的事业，他还会用无线电将大量政治、军事和经济情报发送回中国。[2]张伯恭的活动是笔

1 张明汕（2006）:《侨批经营者肩负历史使命》，洪林、黎道纲编：《泰国侨批文化》，曼谷：泰中学会，第103页；陈海忠（2013）:《历史记忆中的潮汕侨批与乡村社会》，中国侨批世界记忆工程国际研讨会组委会编：《中国侨批世界记忆工程国际研讨会论文集》，北京，第296-307页。

2 罗则扬（2010）:《地下党参与侨批（会）事业的历史缘由》，王炜中主编：《第三届侨批文化研讨会论文选》，香港：天马出版有限公司，第518-522页。

者所能掌握的共产党在革命年代影响到侨批业内部的唯一材料。

"批局"作为一种包含了工人和雇员的合伙制实体，并没有在1949年的社会主义革命中被保留下来。在20世纪50年代和20世纪60年代初期的社会主义改造过程中，侨批业开始根据社会的阶级划分进行重组，工人与批局老板有了完全不同的身份（在一个仍然以亲属关系为准的贸易中，这场运动可能没有最初设想的那么有效）。"批脚"和其他劳动者一起被赋予了新的身份，即转换为负责侨批的官员并依托工会被组织起来。这样，新的劳工政治被引入了侨批系统。侨批工作者此时除了参加工会会议外还会在侨批业界大会上发言。侨批工会是一种典型的具有共产党风格的工会，在制度设计上以"社会主义学校"的形式出现。

20世纪50年代，新政权在福建和广东举行大会，表彰侨批业并且向从业者"咨询协商"。[1]在这个时候侨批汇款依然是中国两大外汇来源之一（另一个是在海外销售国内产品，通常以非常不利的条件进行）。新中国成立以后的多年中，新政权对"海外华侨"的政策有所调整，侨眷和侨批成为较为敏感的概念且地位更加微妙；所制定的政策并没有对侨眷和他们的海外亲属产生不利影响，而且还推动了侨胞将大量汇款源源不断地汇入国内。[2]

起初，新政府沿用了国民党时代对侨批的一些法规和具体做法，保证了大量汇款的稳定增长。1949年11月至1950年1月中旬，超过15万封侨批到达汕头，价值797万元。1951年，随着中国物价稳定，东南亚经济增长，中国的侨汇系统重新就位，汇款人开始理解并对新系统有了信心，更多的侨汇寄回中国。但是，针对富有家庭的土地改革则产生了越来越大的影响力，租息的减少让那些原本拥有大量土地的侨眷不得不向他们的海外亲属要求更多的汇款。[3]在泉州，1951年后汇回了21.653亿元人民币（这些数字涵盖了截至1990年的时期）。晋江在1954年至1975

1 福建省档案馆编（2013）:《百年跨国两地书》，厦门：鹭江出版社，第96页。

2 蒋国华（2009）:《侨批业为国家外汇收入做出重要贡献》，陈小钢主编:《回望闽南侨批——首届闽南侨批研讨会论文集》，北京：华艺出版社，第56–57页。

3 杨群熙主编（2004）:《潮汕地区侨批业资料》，汕头：潮汕历史文化研究中心、汕头市文化局、汕头市图书馆，第131–132页。

年间收到1.05亿美元。[1]梅县在1952年收到485万美元，1957年收到563万美元。1953年，超过60%的汇款继续通过批局汇款，1955年这一比例几乎没有下降。[2]即使在1958年至1964年期间（一般来说是贸易的最低点），每年也有1 400万新加坡元从新加坡和马来西亚汇出。政治捐款也通过汇款被当作官方用途。[3]

在新政权成立初期，批局扮演了重要角色。几个月来，一切都以同样的方式继续。银行和港元黑市汇率之间不再有太大的差距，所以批局很乐意与中国人民银行合作，特别是在人民币开始稳定之后。汇款被迅速支付，货币黑市很快消失了。1950年3月，批局在新政权下注册。[4]1949年梅州的57个批局中，有39个获准注册，其中23个与海外批局有直接联系。[5]在闽南，有185个注册批局。[6]1950年8月，在北京召开的全国华侨眷属福利会议号召批局捍卫移民利益，建议将批局按营业额纳税以后的侨批贸易利润留给批局。[7]

1953年和1954年，在广州召开的全国侨眷福利会议的敦促下，汕头和厦门的邮政当局取消了侨汇的国内附加费，理由是邮资已经在海外支付，征收第二次附加费是不适当的。[8]1955年，国务院在一份声明中确认侨汇是合法收入，并宣布让批局与政府合作并扩展他们的网络。即使

1 蒋国华（2009）：《侨批业为国家外汇收入做出重要贡献》，陈小钢主编：《回望闽南侨批——首届闽南侨批研讨会论文集》，北京：华艺出版社，第56–57页。

2 袁丁、陈丽园、钟运荣（2014）：《民国政府对侨汇的管制》，广州：广东人民出版社，第293页。

3 邓锐（2010）：《浅谈侨批的重要作用及开发利用》，王炜中主编：《第三届侨批文化研讨会论文选》，香港：天马出版有限公司，第107–108页；福建省档案馆编（1990）：《福建华侨档案史料》，北京：档案出版社，第58页。

4 黄家祥（2010）：《诏安侨批业流变》，王炜中主编：《第三届侨批文化研讨会论文选》，香港：天马出版有限公司，第506页。

5 邓锐（2010）：《浅谈侨批的重要作用及开发利用》，王炜中主编：《第三届侨批文化研讨会论文选》，香港：天马出版有限公司，第107页。

6 焦建华、徐翠红（2004）：《近代批信局特色探源》，王炜中主编：《首届侨批文化研讨会论文集》，汕头：潮汕历史文化研究中心，第165页。

7 江宁（2010）：《不同政治统治下的侨批》，王炜中主编：《第三届侨批文化研讨会论文选》，香港：天马出版有限公司，第332–333页。

8 蔡焕钦（2014）：《解放后邮政部门对侨批业的管理》，中国历史文献研究会、汕头市潮汕历史文化研究中心编：《世界记忆遗产——侨批档案研讨会论文集》，汕头，第176–177页。

在1956年的“社会主义高潮”期间，在侨批案中，私人利益和公共利益之间的区别仍然存在。[1]

水客也被鼓励到当局注册登记——1950年仅梅州就完成了数百件。水客也获得了新的官方称呼——侨批员，这一称呼充分体现了他们被纳入国家体制内的这层关系。到了1960年，侨批贸易实际上已经基本绝迹了。[2]

20世纪50年代初期泰国政府就采取了措施来限制外汇的流出，从而大大影响了侨批业的作用。有70家批局倒闭，尽管在抗议和竞选活动后该措施被撤销，但并非所有批局都重新开业了。[3] 1951年，美国海外资产管制局（US Foreign Assets Control Board）禁止对华汇款，以致它在东南亚的盟友们也迅速跟进了这一政策。[4]

侨批业管理者恢复了前些年发明的暗码，以应对外国政府试图禁止或限制汇款。为了智取外国检查人员，他们停止在与汇款人的通信中写下可能会导致违法的文字，或者通过可信的中介进行口头交流。[5]秘密代码再次成为掩盖侨汇的方式。例如，回批中“收到100磅大米”可能暗指“收到100港币”。为了打破封锁，为海外汇款人服务也恢复了前些年的“计谋”。其中包括“用些许来代表许多”（少报汇款额）、“把全部分成几部分”（绕过限制性配额）和“暗度陈仓”（例如，通过在邮票下面记录来隐瞒汇款额）。[6]在广东，成立了一个专门的“回批小组”，监督回批的写作，并保证他们遵守旨在确保保密的准则。汇款绝大多数是通过

1 汕头市人民政府（2004）:《汕头华侨志（初稿）》，杨群熙主编（2004）:《潮汕地区侨批业资料》，汕头：潮汕历史文化研究中心、汕头市文化局、汕头市图书馆，第134-135页。

2 邓锐（2004）:《从梅州市侨汇的发展过程看侨批局兴衰》，王炜中主编：《首届侨批文化研讨会论文集》，汕头：潮汕历史文化研究中心，第59-61页；夏水平、房学嘉（2004）:《梅州客属地区的水客业述略》，王炜中主编：《首届侨批文化研讨会论文集》，汕头：潮汕历史文化研究中心，第180页。

3 黎道纲（2010）:《五十年代初泰国侨批频现困境缘由》，王炜中主编：《第三届侨批文化研讨会论文选》，香港：天马出版有限公司，第128-132页。

4 Peterson, Glen. 2012. *Overseas Chinese in the People's Republic of China.* Abingdon: Routledge, p.68; Sung, B. L. 1967. *The Story of the Chinese in America.* New York: Collier Books, pp.19-20.

5 张明汕（2006）:《侨批经营者肩负历史使命》，洪林、黎道纲编：《泰国侨批文化》，曼谷：泰中学会，第104页。

6 王付兵（2013）:《侨批档案文献的价值》，《东南亚纵横》第7期，第62页。

香港的中资银行，也是为了逃避管制。[1]

20世纪50年代末，侨批交易被置于中国人民银行的指导和管制之下。侨乡的每个县都在银行下设立了一个汇款部门，并通过小规模的工作队伍积极争取增加汇款，为中国国家重建作贡献。侨批员（也就是旧时代的水客和批脚）也鼓励侨眷们和他们的海外亲属联系，要求海外侨胞们为家乡发展作贡献，同时这些侨批员彼此之间还就这一劝募活动展开竞赛。一般这些小组成员会代表侨眷们写信——漳州的一个小组在1956年到1960年间就书写了超过3 500封信与267名海外侨胞联系，以保证侨汇的延续性。[2]同时，侨批员们鼓励那些不识字的侨眷读书识字，这样他们就可以自己写信。[3]这种促进汇款的运动有时可能适得其反。例如，在加拿大，唐人街有关于中国共产党写信给中国移民敦促他们汇款的报道（加上在加拿大反华的"调查"报道），导致汇款额下降。[4]

在1959年至1961年的三年困难时期，汇款是一条至关重要的生命线，据说当时水客携带金钱和食物出现在村庄里，最后一年，这些钱和食物被豁免税收。1961年，1 300万公斤粮食和570万公斤其他食物通过潮汕运出。[5]20世纪70年代，批局帮助家属进口水泥、钢材和化肥。[6]

虽然有这些积极努力，但是20世纪50年代末侨批业还是逐渐走向了衰退。在部分东南亚国家，当局对侨汇施加了前所未有的压力，甚至

---

1 卢永光（2006）:《我靠侨批长大》，洪林、黎道纲编:《泰国侨批文化》，曼谷：泰中学会，第157页；中国人民政治协商会议福建省厦门市委员会文史资料研究委员会编（2004）:《厦门文史资料》，厦门：中国人民政治协商会议福建省厦门市委员会文史资料研究委员会，第437页；曾旭波（2004）:《略谈暗批的产生及操作的方法》，王炜中主编:《首届侨批文化研讨会论文集》，汕头：潮汕历史文化研究中心，第220–229页。

2 邹求栋、苏通海（2009）:《说回批》，陈小钢主编:《回望闽南侨批——首届闽南侨批研讨会论文集》，北京：华艺出版社，第72–73页；马祯辉（2008）:《浅谈侨批与金融的关系》，王炜中主编:《第二届侨批文化研讨会论文选》，香港：公元出版有限公司，第90–94页。

3 Shen, Huifen. 2012. *China's Left-Behind Wives: Families of Migrants from Fujian to Southeast Asia, 1930s–1950s*. Singapore: National University of Singapore Press, p.90.

4 Ng, Wing Chung. 1999. *The Chinese in Vancouver, 1845–1980: The Pursuit of Identity and Power*. Vancouver: University of British Columbia Press, p.83.

5 王琳乾（2008）:《浅谈解放后潮汕的货币流通与侨批业活动和侨汇物资供应》，王炜中主编:《第二届侨批文化研讨会论文选》，香港：公元出版有限公司，第465页。

6 江宁（2010）:《不同政治统治下的侨批》，王炜中主编:《第三届侨批文化研讨会论文选》，香港：天马出版有限公司，第333页。

逮捕了一些经营者和批脚。1956年越南爆发的排华运动让华人社群深受其害。在中国内部，政府也开始采取措施打击当时较为活跃的货币走私活动。20世纪50年代中期的农业社会主义改造使一些华人移民担心如果继续汇款回家会被指控为“阶级敌人”。不管政府发言人如何解释并安抚这些华人移民，但少数地方官员依然我行我素，不仅骚扰收到大额汇款的侨眷，甚至要求他们将款项充公。[1] 1956年，尽管批局被许可继续使用它们原有的名字和招牌从事经营，但是侨批业还是进行了重组和合营。[2] 1958年，其他批局的所有权也从“合伙制”改造为“全民所有制”。[3] 20世纪50年代，很多批局停业关门，仅在闽南就有接近一半（约100家）之多。[4]在上述多重因素的影响下，1957年侨汇额开始大幅缩水并在1959年创造了新低，春节期间的侨汇仅仅达到上一年度的一半左右。[5] 1962年潮汕地区的侨汇则仅有1952年时的1/5左右。后来稍微有所回升，但是“文化大革命”的到来让其走到了尽头。[6]

在“文化大革命”期间，一些在侨乡购买了房产的富裕移民及其家属或后代被当作“专政对象”，于是他们在很大程度上停止了汇款。1969年，批局被以“侨批站”的名称合并到了人民银行系统。直到20世纪70年代早期这些针对侨批业的对立才逐渐弱化。[7]

---

1 陈海忠（2013）：《历史记忆中的潮汕侨批与乡村社会》，中国侨批世界记忆工程国际研讨会组委会编：《中国侨批世界记忆工程国际研讨会论文集》，北京，第296–307页。

2 杨群熙主编（2004）：《潮汕地区侨批业资料》，汕头：潮汕历史文化研究中心、汕头市文化局、汕头市图书馆，第195页；王炜中（2007）：《潮汕侨批》，广州：广东人民出版社，第49页。

3 贾俊英（2012）：《侨批史研究——以天一信局为个案的考察》（硕士毕业论文），厦门：华侨大学，第87–88页。

4 焦建华、徐翠红（2004）：《近代批信局特色探源》，王炜中主编：《首届侨批文化研讨会论文集》，汕头：潮汕历史文化研究中心，第165页。

5 汕头市人民政府（2004）：《汕头华侨志（初稿）》，杨群熙主编（2004）：《潮汕地区侨批业资料》，汕头：潮汕历史文化研究中心、汕头市文化局、汕头市图书馆，第131–137页。

6 杨群熙主编（2004）：《潮汕地区侨批业资料》，汕头：潮汕历史文化研究中心、汕头市文化局、汕头市图书馆，第182–185页。

7 王琳乾（2008）：《浅谈解放后潮汕的货币流通与侨批业活动和侨汇物资供应》，王炜中主编：《第二届侨批文化研讨会论文选》，香港：公元出版有限公司，第465页；黄家祥（2010）：《诏安侨批业流变》，王炜中主编：《第三届侨批文化研讨会论文选》，香港：天马出版有限公司，第506–509页。

1979年，侨批业被彻底归入了国家财政系统（虽然在部分地区这一变化要迟一些）。[1]侨批业成为人民银行的有机组成部分，这样可以确保汇款在五天内能寄到。最终，批局从历史舞台上彻底消失了。[2]同时，官方的声音（在1978年十一届三中全会以后）也开始从强调侨汇转到了注重投资方面，这样便让捐赠有了更加正当的理由。[3] 1977年，水客也淡出了社会视野。[4]

本章梳理了侨批贸易在近代中国经济和政治变革中的演变和作用，我们可以得出三个结论。首先，侨批业是中国和海外华人社会重要的金融机构之一，事实证明，这些机构在中国经济现代化及其作为一个独立民族国家的政治发展中扮演了重要的作用。第二，在与中国国内经济和政治互动并参与其中的过程中，支撑侨批贸易的代理人和机构（主要是批局和水客）经历了巨大的变化，尽管它们的运作模式从19世纪中期到20世纪中期基本保持一致：即建立在信任的基础上，并依靠原始的地方关系、血缘关系、方言和一套复杂的相关跨国机制来维持其运作。第三，在侨批文化兴起和繁荣的一个多世纪中，民族国家在中国和世界上的势力和影响迅速增长。中华人民共和国成立以及东南亚出现新独立的民族国家之后，这种情况尤为突出，而大多数海外华人都生活在东南亚。侨批贸易及其代理人和机制正是在这种背景下发展起来的。中国政府（以及在较小程度上其他国家）试图将中国与外部世界之间的金融和社会联系渠道纳入其正式管辖范围。中国和东南亚的政治环境发生了变化，现代银行体系更加完善，它们构成了侨批贸易衰落的大背景，并由此终结了现代中国建设中一个重要的、尽管基本上被遗忘的篇章。

1 黄家祥（2010）:《诏安侨批业流变》，王炜中主编 :《第三届侨批文化研讨会论文选》，香港：天马出版有限公司，第506页。

2 江宁（2010）:《不同政治统治下的侨批》，王炜中主编 :《第三届侨批文化研讨会论文选》，香港：天马出版有限公司，第334页；邹金盛（2010）:《澄海人开设的侨批局》，王炜中主编 :《第三届侨批文化研讨会论文选》，香港：天马出版有限公司，第406页。

3 邓锐（2004）:《从梅州市侨汇的发展过程看侨批局兴衰》，王炜中主编 :《首届侨批文化研讨会论文集》，汕头：潮汕历史文化研究中心，第64页。

4 夏水平、房学嘉（2004）:《梅州客属地区的水客业述略》，王炜中主编 :《首届侨批文化研讨会论文集》，汕头：潮汕历史文化研究中心，第181页。

第六章
侨批、侨乡与慈善事业

6

本章考察在现有文献中（更广泛地说，是海外华人研究中）经常被忽略的有关侨批贸易的一个方面：侨批贸易在慈善事业中的作用，以及它的运作机制、影响和侨批慈善的理论意义。本章认为，相关的汇款网络成为海外华人慈善事业的重要舞台，这反过来又进一步加强了海外华人与中国的关系。

侨批与慈善捐赠

慈善和侨批在两个主要方面紧密相连。首先，正如下面将要讨论的，在侨汇中占绝大部分的家庭汇款，在过去或现在都是一种慈善形式。这种形式乍看起来似乎是微不足道的，但就其在所有移民输出国的全球总量而言，它实际上把所有其他形式，包括主要基金会的慈善活动，都置于其覆盖之下。世界各地的家庭汇款不仅缓解了市场和政府所造成或包容的不平等，而且在现代的规模越来越大。[1]其次，在更高的层面上，中国的汇款贸易是大规模自愿性和慈善性资源转移的一部分，其形式是

1 Dunn, Kathleen. 2004. "Diaspora Giving and the Future of Philanthropy." Boston: *The Philanthropic Initiative*, May 16.

重大项目的社会支出以及信托和协会的集体捐赠。因此，侨批贸易与两种主要的捐赠方式相关联，即个人或私人的，公共或集体的，这两种捐赠方式给侨乡带来了改变。

格兰·彼德逊（Glen Peterson）指出，“慈善在中国历史上是一个未被充分研究的课题……同样缺乏学术关注的是海外华人慈善事业的研究”。[1]克里斯托弗·贝克（Christopher Baker）也指出，“虽然慈善捐赠的传统和制度在中国社会和在西方一样古老和受尊敬，但西方人在历史上未能正确地识别和认可中国的慈善传统，这是因为我们自己对慈善事业的狭隘和简单化的观念以及所采用的单一文化视角”。[2]也有人认为，“中国人定义和实践的慈善事业，主要是基于个人的捐赠，包括慈善、互助以及对家庭和社区的捐赠”“相比之下，西方的慈善概念主要是通过向机构捐款来解决社会的根本问题”。[3]

对移民慈善行为的研究是一个相对较新的研究领域。一些研究称这种慈善为“散居者群体（diaspora）慈善”；另一些人则倾向于用“社会投资”这个词来强调移民慈善的改造潜力和意图。[4]慈善通常被定义为自愿捐赠，因此有时会有人认为，为支持家庭成员而寄来的汇款，是半强制性的，不能归类为慈善。例如，在中国，汇款通常被认为是一种“孝道”，或者是履行对父母、妻子、子女、兄弟姐妹和其他亲属的义务。相比之下，慈善并不被视为具有内在的社会约束力，而是面向非亲属的。而在中国的汇款文化中，非亲属群体比亲属更罕见。

然而，另有一些研究认为，在由宗族（如中国）或族群组织的社会中，移民群体的捐赠也应该并且能够被定义为慈善。在这样的社会中，家庭和更大的社区之间的区别，以及慈善和自助或互助之间的区别，远

---

1 Peterson, Glen. 2005. “Overseas Chinese and Merchant Philanthropy in China: From Culturalism to Nationalism.” *Journal of Chinese Overseas* 1(1): 88.

2 Baker, Christopher. n.d. “Re-distributive Philanthropy and the Chinese Australian Diaspora.” https://researchbank.swinburne.edu.au/items/3d8b1223-c10f-429c-9e4e-afdc2c92362c/1/

3 Menkhoff, Thomas, and Hoon Chang-yau. 2010. “Chinese Philanthropy in Asia between Continuity and Change.” *Journal of Asian Business* 24(1–2): 1–12.

4 Newland, Kathleen, Aaron Terrazas, and Roberto Munster. 2010. *Diaspora Philanthropy: Private Giving and Public Policy*. Washington, DC: Migration Policy Institute, p.4.

不像西方社会那样明显。在非西方语境中，家庭作为慈善捐赠的主要焦点，逐渐在社区和社会层面上成为“拥护家庭观念的组织”，当中也包括学校和寺庙。[1]侨批也是如此，它的慈善维度超越了亲属关系，即使亲属和非亲属之间的界限是普遍被接受的，但汇款人一再超越这条界线。

在侨批的汇款人关于汇款分配的指示中，除了血缘和亲缘群体外，也经常涉及朋友和睦邻，收款人经常出于同情或义务，或为了提高自己（和汇款人）的社会地位，将部分汇款捐给更广泛范围内的宗亲或社区相关的项目。例如，在泰国的刘楚为给居住在澄海妻子的一封信中写到，他除了母亲、姐姐、堂兄弟、儿子、女儿和各种叔伯外，还将朋友和邻居列为受益人。[2]因此，移民转移到祖籍地的资产比例无法量化，这些资源构成了对公共利益的社会投资，而不是对家庭利益的狭义投资。[3]

新的机构不断发展，将移民与整个社区联系起来，而不仅仅是他们的直系亲属。正如徐元音所认为的，这些机构包括新的社区媒体，即旨在加强跨国社区中移民的忠诚度的侨刊[4]：在分散的台山社区，海外台山人的忠诚度最高的对象是妻子、父母、孩子、兄弟姐妹，其次是叔叔、婶婶、侄子和侄女。除了血缘关系之外，与宗族和籍贯的联系也促使海外的台山人保持他们的忠诚和资助。然而，与这些联系相关的责任界定不太明确，需要更为强化和具组织性，以便能系统性地使家乡和宗族获益。在跨国社区的遥远边界内，台山人发展了一种方式，以杂志的形式向海外的人们传达归属感、责任感和需求。在中国农村的许多地

1 Young, Nick, and June Shih. 2004. “Philanthropic Links between the Chinese Diaspora and the People’s Republic of China.” In Geithner, Johnson, and Chen, eds., *Diaspora Philanthropy and Equitable Development in China and India.* Cambridge, MA: Global Equity Initiative, Harvard University, pp.129, 145–146; Kapur, Devesh, Ajay S. Mehta, and R. Moon Dutt. 2004. “Indian Diaspora Philanthropy.” In Geithner, Johnson, and Chen, eds., *Diaspora Philanthropy and Equitable Development in China and India.* Cambridge, MA: Global Equity Initiative, Harvard University, p.193; Newland, Kathleen, Aaron Terrazas, and Roberto Munster. 2010. *Diaspora Philanthropy: Private Giving and Public Policy*. Washington, DC: Migration Policy Institute, p.3.

2 1967年，泰国的刘楚为寄给广东澄海凤岭乡的刘中适的侨批。潮汕历史文化研究中心（2007）:《潮汕侨批集成（第一辑）》，第1册，桂林：广西师范大学出版社，第135页。

3 Johnson, Paula Doherty. 2007. *Diaspora Philanthropy: Influences, Initiatives, and Issues.* Boston and Cambridge: The Philanthropic Initiative, Inc. and the Global Equity Initiative, Harvard University, p.3.

4 Hsu, Madeline Y. 2000. “Migration and Native Place: Qiaokan and the Imagined Community of Taishan County, Guangdong, 1893–1993.” *Journal of Asian Studies* 59(2): 312.

方，包括近代以前的大多数侨乡社会，都是以氏族为基础，由氏族进行统治。宗族是合作和道德的中心，它们的义务主要适用于亲属。学者们称之为有限的而不是广义的道德，这得以进一步区分个人和非个人的慈善，前者适用于以宗族为基础的中国农村。格里夫（Greif）和塔贝利尼（Tabellini）在他们对中国宗族的研究中认为，当施予者向他认识的特定个人捐赠时，慈善是个人的，否则就是非个人的。如果有限的道德在中国盛行，亲属之间的个人慈善更有可能占主导地位。相比之下，如果泛道德在欧洲盛行，对非亲属的非个人的仁慈更有可能占主导地位。根据这个定义，提供宗教、教育和其他服务的慈善信托是个人慈善。[1]此外，即使是广义的道德和相关的非个人慈善也不一定或总是普遍的，因为它们通常受到公民身份、阶级、居住地或宗教的限制。[2]因此，广义的道德与有限的道德之间的共同点比开始所看到的更多。

谁是侨批慈善机构的捐赠者和接受者；捐赠者的动机是什么；慈善捐赠的类型和前因是什么；它的对象、场合和目的是什么；它是通过什么方式和机构传播的；它受到哪些阻碍；散居者群体慈善的特点是什么；它与其他形式的慈善有什么区别；华人散居者群体慈善与类似的离散群体慈善有什么区别——例如，印度离散群体慈善？这是本章提出的一些问题。最后，中国的离散群体性慈善与中国原有的和新的慈善形式在哪些方面有所不同，中国新旧社会制度和宗教以及西方的影响又与其

1 Greif, Avner, and Guido Tabellini. 2012. *The Clan and the City: Sustaining Cooperation in China and Europe.* Stanford University and Bocconi University, p.18. 普遍道德在西方盛行的说法或许值得质疑，因为世界各地的移民，包括那些来自欧洲国家的移民，经常大规模地汇款。这种亲情关系是一种社会性而非自然性结构，独立于生物学，长期以来一直是批判人类学的中心原则。“亲属制度并不存在于个体之间的客观血缘关系中，它只存在于人类的意识中。”［Lévi-Strauss, Claude. 1963. *Structural Anthropology*. New York: Basic Books, p.50, 引自 Frishkopf, Michael. 2003. “Spiritual Kinship and Globalization.” *Religious Studies and Theology* 22(1).］从生物学的角度来看，宗族的构建在理论上并不比种族的构建更容易受到批评，这使得亲属和非亲属之间的区别受到双重质疑。收养和抚育与收养人或寄养人没有基因关系的儿童的做法，歪曲了家庭和亲属关系的生物学定义，充其量只能被定义为“部分推定”。（Lee, Catherine. 2013. *Fictive Kin: Family Reunification and the Meaning of Race and Nation in American Immigration*. New York: Russell Sage Foundation.）

2 Greif, Avner, and Guido Tabellini. 2012. “The Clan and the City: Sustaining Cooperation in China and Europe.” Stanford University and Bocconi University, p.16.

有什么样的联系？

关于赠予行为的讨论可以区分慈善行为和慈善事业，前者被定义为“一种短期的、情绪化的、即时的反应，主要关注救援和救济方面”，后者则“更为长期、更具战略性，集中关注重建项目”。[1]像郭有品这样的侨批业的领导者，与其说是慈善捐赠者，不如说是慈善家，因为他们在移民链的两端“中国和海外”都投入了大量的资金，而且是系统的、长期的、有组织的。与此同时，他们也在个人和家庭的基础上给予捐助；人们甚至可以说，机构和家庭同时参与是海外华人慈善事业的一个显著特征，这符合儒家格言“齐家治国平天下”。他们帮助建设和资助国内外的学校，同时参与监督，并投资在侨乡修建新的道路和设施。在战争或自然灾害引发的饥荒和危机期间，他们动员人们支持慈善运动，且自己以身作则，为慈善运动捐款。他们也通过侨批的渠道和关系在国内外支持中国的政治运动。

侨批经营者和普通汇款人之间的区别并不存在于所有方面。的确，低额度的汇款经常被用来处理短期问题，特别是在移民国外的最初几年，但在很多情况下，它们具有高度规律性和系统化并且持续数十年，多年来相当于一项大规模的、长期的回国投资，部分是投入于建筑或企业。汇款人有时会将汇款使用的决定权留给收款人，尤其是如果他（她）是属于长辈的辈分，但在其他时候，他们会详细说明如何使用汇款。因此，尽管汇款通常有一些与慈善行为有关的特征，但它也是战略性和长期性的，这些特征通常与慈善事业有关。

一个常见的指示是购买土地或建造房屋。例如，中国的李奂有在一封写给他在加拿大的父亲的回信中，谈到了在村子里购买土地的事。他告知父亲，一位同乡伯父正在出卖土地，该地是风水宝地，询问父亲是否仍有意购买。[2]

1 Gunderson, Steve. 2006. Interview. Philanthropy (May/June). https://philanthropynewsdigest.org/newsmakers/steve-gunderson-president-ceo-council-on-foundations-philanthropic-leadership-in-a-changing-world

2 莘村（县名不详）的李奂有于1903年寄给他在温哥华的父亲李焕崇的回批（温哥华档案馆，档案号：1108060）。

尽管慈善通常被定义为自愿和无私的，但侨批某种程度上是汇款人的物质投资和情感投资，回国是这种安排的一个预期部分（尽管这种情况经常未能实现）。从这种程度上来说，他们是具有私心的。然而，即使不是最主要的一面，但大多数形式的慈善都有私利的一面。例如，基督教和佛教的慈善是由善良积累的观念支撑的，就个体来说，是希望好人有好报，就集体来说，许多大规模的捐赠旨在促进社会的和谐和稳定，这符合每个人的利益，特别是富人的利益。所以，在关于慈善事业的讨论中，通常会摒弃对慈善的规范性判断，将其定义为“自愿的资源转移”……“而不考虑捐赠人的动机或捐赠人可能获得的任何利益”。[1]

大多数捐赠者是以受赠者的儿子、父亲、兄弟或丈夫的身份行事。这种捐赠者在世界各地都很常见。这一确切的动机是根深蒂固并且普遍的：男性移民从国外支持他们的家庭并不是一件新鲜的事。然而，这些底层的捐赠者在新的环境中扮演了新的角色。通过输入财富到自己的家乡，海外华人被赋予一种新的政治身份和地位。此前在家乡的等级体制中地位较低或比较年幼的男人（有时可能是女人）突然实现了质的跃升，这包括那些仍然侨居海外但通过书信为家乡事务提供咨询的移民，以及那些已经回归家乡并且有更直接的机会发挥影响的人。陈国维（John Kuo Wei Tchen）曾描述了美国的华人洗衣工“不仅在私人事务中是协调者而且是乡村政治中德高望重的人”，甚至有时比那些在村子里的老人更加有威望。[2]他们被期望能协助引导远方的家乡，并为乡村机构捐款。在谈到台山时，徐元音描述了“在国内的台山人如何重建社会和经济等级制度，以提高海外台山人的地位。由于他们在国外生活和工作的机会更多，财富也更多，他们不仅要负担维持生活的费用，还要承担提高台

1 Young, Nick, and June Shih. 2004. “Philanthropic Links between the Chinese Diaspora and the People’s Republic of China.” In Geithner, Johnson, and Chen, eds. *Diaspora Philanthropy and Equitable Development in China and India.* Cambridge, MA: Global Equity Initiative, Harvard University, p.129.

2 Siu, Paul C. P. 1987. *The Chinese Laundryman: A Study in Social Isolation.* Edited by John Kuo Wei Tchen. New York: New York University Press, p.169.

山人民生活水平的费用”。[1]他们希望掌控甚至是遥控乡村政治，并资助当地组织机构的发展。侨居美国的叶棠和他在家乡的胞弟的持续通信里揭示了这一咨询过程，他们主要就家乡建造哨台和学校进行了详细的沟通。[2]

大多数的捐赠者都是以私人或个体身份，也有部分集体出资的，一般由同乡会、行会、业界公会、寺庙等来组织，其中发挥决定性影响作用的一般都是华侨华人社会中有较高社会地位和影响力的侨领或社会名流。这些慈善事业的影响，就如同村里面曾经没有地位的华人移民借助汇款获得了显著的地位提升一样，那些与政治绝缘的人也逐渐改变了主意。在地方或者区域事务中，那些原本由传统的中国社会名流所掌控的项目也逐渐转移到这些通过侨汇为家乡作出贡献的社会群体身上。1905年改革以及辛亥革命以前的中国社会往往把商人视作是低贱的阶层。然而，在清王朝覆灭，头衔和资历变得无所谓以后，商人——包括华南的侨批业领袖——开始在本地和区域社会中担负新责并被赋予新的角色。作为乐善好施之人，他们在叶落归根之后有机会获得一官半职或者在政府部门的工作。[3]

正如我们所见，在东南沿海地区，阶级结构以及阶层关系不同于中国国内其他地区，当地的历史学家认为这是一种重商的海洋文化，而且这一变化在孙中山领导的资产阶级革命之前就已经开始了。相比其他贸易领域，侨批业需要更多的文化和政治资本。侨批从业者们必须拥有较高的文化程度以及符合儒家伦理观念的几乎无瑕疵的道德水准，因为他们所面对的是把辛辛苦苦赚来的血汗钱托付于己的客户，客户充分的信任是该行业生存发展的生命线。所以，侨批业与侨乡教育发展之间的强烈关联成为一个新的起点，企业家们为此得到良好的社会地位，同时又

1 Hsu, Madeline Y. 2000. “Migration and Native Place: Qiaokan and the Imagined Community of Taishan County, Guangdong, 1893–1993.” *Journal of Asian Studies* 59(2): 309.

2 1925年美国的叶棠写给家乡胞弟的侨批（美国华人博物馆提供）。

3 Williams, Michael. 2003. “In the Tang Mountains We Have a Big House.” *East Asian History* 25(6): 97–98, 104–105.

确保了当地传统的延续性。[1]

侨批式慈善的渠道包括传统社团、传统和现代银行以及中国大使馆或领事馆。然而，即使在这种情况下，侨批贸易有时也扮演着中心角色，成为华人社会中久经考验、值得信任的机构。侨批管理人员不仅自掏腰包向教育基金捐款，而且他们的名字也突显在救灾基金和政治运动捐款名单上，他们还利用自己的关系和声望动员广泛的圈子来支持此类活动。[2]

族谱显示，大多数侨批主要提及以下六个话题中的一个或多个：支持直系亲属、建造或修复家庭住宅、资助兄弟结婚、帮助亲属或宗族成员购买土地、借钱给亲属或宗族成员经商，以及帮助亲属移民。多年来，投资企业在书信所谈及的话题中稳步攀升。自然灾害期间的援助、建造寺庙和支持革命运动也是如此。然而，直到20世纪，家庭资助仍然是超越一切的焦点。[3]大多数侨批坚持认为寄的钱应该“用于家用”。例如，在一封来自泰国的信中，写信人就告诉他在澄海的儿子：“这1 200元只能用来修缮房屋。”[4]

汇款也用于婚礼和葬礼，以及建造新房子或扩建旧房子。[5]在一封泰国寄来的侨批中，黄仁盛说这笔汇款应该给他即将结婚的堂兄弟。[6]黄仁盛在他母亲去世后又从泰国寄来侨批，这样他在澄海的兄弟就可以为母

1 侨批的管理者和汇寄公司的老板并不都是真的乐善好施。侨批经营是一个利润丰厚的行业，尤其是在那些经济开始繁荣的地区尤为突出，而且他们也很难隐藏于强大的地方派系中。官府和地方势力会持续索要“善捐”给那些以他们的名义或不以他们的名义而设立的“社会”基金。侨批业者不得不周旋于这些索要“捐款”的无理纠缠中并将此作为一项必要的支出。[黄家祥（2010）:《诏安侨批业流变》，王炜中主编：《第三届侨批文化研讨会论文选》，香港：天马出版有限公司，第503–504页；杨群熙主编（2004）:《潮汕地区侨批业资料》，汕头：潮汕历史文化研究中心、汕头市文化局、汕头市图书馆，第467页。]

2 王炜中（2007）:《潮汕侨批》，广州：广东人民出版社，第93页。

3 Williams, Michael. 2003. “In the Tang Mountains We Have a Big House.” *East Asian History* 25(6): 95.

4 1973年，泰国的曾金敏写给澄海的曾志坚的侨批（汕头侨批文物馆所提供）。

5 邓锐（2010）:《浅谈侨批的重要作用及开发利用》，王炜中主编：《第三届侨批文化研讨会论文选》，香港：天马出版有限公司，第107页。

6 1955年，泰国的黄仁盛寄给澄海的黄彬盛的侨批。[潮汕历史文化研究中心（2007）:《潮汕侨批集成（第一辑）》，第2册，桂林：广西师范大学出版社，第443页。]

亲筹办葬礼。[1] Williams在他关于新金山（澳大利亚）的文章中，列举了“诊所、学校、街灯、阅览室、茶亭、公共建筑、村庄瞭望塔和桥梁”，也提到了道路。批信中经常谈论健康问题，通过侨批贸易渠道定期运送药物和滋补品，同时，乡村士绅也资助诊所、医院和健康计划。

教育和其他与侨批相关的慈善活动

虽然侨批书信所涵盖的内容范围非常广泛，但最突出的是教育（传统和现代），在讨论日常财务和家庭生存之外，教育是侨批捐赠的焦点所在，侨批对教育文化和学校政治的影响是双重的。早期侨批业中如郭有品这样的领袖就在他们所创办的学校中坚持尊孔教育，不过他们的子孙及后继者则根据现代教育模式对学校教育进行了改革。他们在侨乡建设了数以百计的学校，并资助了诸多夜校、图书馆以及其他相关机构。即使进行了现代性的改革发展，学校依然保留了创建初期部分称颂创办人善举和贡献的内容。如果将社会范围缩小到家庭层面，侨胞们非常赞同他们的孩子上学读书，并且强烈支持他们到海外知名大学接受高等教育，这其中也包括女孩以及年轻的亲属。

由于移民的关系，侨乡比其他地区更早形成了良好的教育体系。工人和小企业家的侨批为他们年轻的亲戚预备了教育费用，而上层移民则为整个家族或社区建造学校和图书馆。从一个家族的114封侨批的分析显示，86%在信中讨论教育问题。[2]一些人谈到了让男孩和女孩上学的必要性。一位写信人安排他的女儿出国留学；马来亚的蔡盖泉要求他的母亲为他的女儿准备到新加坡上学的必要手续。[3]一些人在信中甚至提议让

---

1 1974年泰国黄礼信给澄海的黄礼苞的侨批。[潮汕历史文化研究中心（2007）:《潮汕侨批集成（第一辑）》，第2册，桂林：广西师范大学出版社，第110页。]

2 邓达宏（2013）:《国际移民书信与闽粤侨乡探略》，广州《广东华侨史》编纂委员会编：《“比较、借鉴与前瞻——国际移民书信研究”国际学术会议》，江门，第339–340页。

3 1955年马来亚的蔡盖泉给她在澄海的母亲的侨批。[潮汕历史文化研究中心（2007）:《潮汕侨批集成（第一辑）》，第7册，桂林：广西师范大学出版社，第206页。]

他们的儿媳接受教育，这是一个新的开始，这在以前是不可想象的。[1]汇款也促进了夜校的成人教育。教育一直是中国传统社会思想的一个主要焦点，甚至在与西方技术对抗之前，中国和海外就产生了“知识就是力量”的新认识。在侨批时代，这种关注几乎成了一种执着。

侨批书信强调了坚持学习和勤俭节约的必要性。有政治意识的移民在信中提及了一些政治问题和国家大事来教育他们的家庭，他们也要求了解国内的政治形势。许多移民把在海外出生的孩子送回中国接受中文教育，不是要让他们为在中国的生活做准备，而是让他们有能力在海外推广中华文化和习俗，并在唐人街当老师和企业家。[2]

汇款在改变侨乡的教育模式方面非常有效。到了20世纪30年代，移民的子女和年轻亲属不仅在广州、香港和上海，而且在美国和日本的学校和大学入学。在20世纪20年代和30年代，香港大学20% ~ 30%的学生都是移民的家属。[3]例如，在一封写给他在美国的父亲的信中，一位男士透露他和他的姐妹在香港学习，而另一封妹妹写给在纽约的姐姐的信中提到了申请去美国福特汉姆（Fordham）大学学习的事情，如果失败的话，她还有可能免费进入音乐学校。[4]侨乡的学校不仅注重学习汉语，而且注重向未来可能在国外的儿童传授必要的技能，包括英语和商业培训。[5]

移民把现代教育系统引入家乡并在很多地方持续发展了一个世纪甚至更久，这样的善举培养了大批服务于移民链条两端以及各个层级的优秀人才，他们主要活跃在教育、商业、政治以及社群领导层等各领域。而由这些优秀人士组成的校友会成了国际性联系的主渠道，为海外和当

1 罗敦锦（2008）:《从侨批看客家人对子女后代教育的重视程度》，王炜中主编：《第二届侨批文化研讨会论文选》，香港：公元出版有限公司，第426–427页。

2 邓达宏（2013）:《侨批与闽粤侨乡教育探略》,《东南学术》第6期，第291–295页。

3 Williams, Michael. 2003. “In the Tang Mountains We Have a Big House.” *East Asian History* 25(6): 96–102.

4 中国香港的升瑚给他在美国的父亲的侨批（日期未知）；中国的芸芳写给在美国的林文凤的侨批；参阅班国瑞、张慧梅、刘宏主编（2020）:《家书抵万金——二十世纪华人移民书信选注》，新加坡：世界科技出版公司。

5 邓达宏（2013）:《侨批与闽粤侨乡教育探略》,《东南学术》第6期，第294页。

地的社群与政治发展注入了强大的活力。[1]

华人移民和归侨还建设了图书馆，不仅有力地推动了本家族的发展和整体公众素质的提升，而且成为侨乡教育发展和政治启蒙的重要组成部分。

专注于侨乡教育的发展与更广阔社会范围内的政治发展存在着共时性。19世纪末（大约在1898年的戊戌变法时期），侨乡的教育开始将建立一套现代自然科学教育体系作为发展目标。这些地区的教育活动在辛亥革命以后进入了全盛时期，私立的本地学校对全社会都敞开了大门。[2]

迄今为止，在研究中发现的最早与教育有关的汇款是惠安的一对归侨父子，他们回到中国后，于1827年乐捐纹银两千两来修复当地的考场。[3]在潮汕，第一所由移民资助的私塾建于1880年，另一些建于19世纪后期。

1915年至1949年间，闽籍华侨为福建教育捐赠约5 490万元，共创办了48所中学和967所小学。[4]仅晋江一地，1937年前就建立约200多所中小学校，其中大部分是私人资助的，90%是来源于华侨汇款或是在华侨的帮助下建立的。[5]

清末民初闽南、粤东、粤南和东南亚唐人街教育异常繁荣的主要原因是侨胞捐资办学。资助的机构包括福建的厦门大学和新加坡的南洋大学。最著名的捐赠者是新加坡的陈嘉庚（1874—1961），1921年在福建创办厦门大学，并以提出的教育是救国的关键而闻名。陈嘉庚在1949年以后继续捐款，据说他的捐款超过2 000万元人民币。[6]

1 邓达宏（2014）:《略论国际移民书信对侨乡教育的影响》，中国历史文献研究会、汕头市潮汕历史文化研究中心编：《世界记忆遗产——侨批档案研讨会论文集》，汕头，第108页。

2 王炜中（2007）:《潮汕侨批》，广州：广东人民出版社，第90–92页。

3 邓达宏（2013）:《国际移民书信与闽粤侨乡探略》，广州《广东华侨史》编纂委员会编：《"比较、借鉴与前瞻——国际移民书信研究"国际学术会议》，江门，第339–347页。

4 福建省档案馆编（2013）:《百年跨国两地书》，厦门：鹭江出版社，第118页。

5 王付兵（2013）:《侨批档案文献的价值》,《东南亚纵横》第7期，第59页。

6 蔡焕钦（2009）:《海外赤子的桑梓情怀》，陈小钢主编：《回望闽南侨批——首届闽南侨批研讨会论文集》，北京：华艺出版社，第142页。有关陈嘉庚最具权威的研究是Yong, Ching-Fatt. 2013. *Tan Kah-Kee: The Making of an Overseas Chinese Legend*. Revised Edition. Singapore: World Scientific。

广府地区也建立了一些新学校，部分源于侨批的资助。1850年至1911年间，台山的学校数量从5所增加到47所。尽管有这样的投资，在1911年之前，五邑县仍被认为是落后地区，城镇的识字率只有50%，乡村的识字率还要更低。然而，在1912年至1921年间，由于移民的鼓励和呼吁，该地区的教育突飞猛进。到1935年，台山75%的孩子都上学了。[1]这些学校基本都遵循现代化和西方化的教学大纲，用数学和英语取代了儒家经典。因此，五邑的首府江门在广东的教育成就排行榜上名列前茅。

华侨华人在五邑出资建立了约1 000所学校，并由归侨参与学校的规划和管理工作，一些学校在全省闻名。校长和管理层积极游说移民和归侨为学校捐款。在加拿大成立的一个支持台山中学的基金会，在50多个地方有分支机构。基金会募集了247 596加元，并派了3个人回台山管理学校。另一所学校的校长在美国待了几个月，四处游说，共筹集了24万美元。在第三次运动中，台山县女子师范学校（由清末建立的一所小学发展而来）的女校长两次出国，筹集了足够的资金修建新校舍。这些学校的一些毕业生在国外学习，包括在美国一流的大学，在那里，这些曾经的乡村儿童有5名获得了硕士学位，4名获得了博士学位。1932年，在拥有4 000人口的西村，1%的人在大学接受教育（相对于其他类似地区而言，这是一个很大的比例），包括在美国攻读博士学位。[2]

1940年《开平华侨月刊》刊载了许多侨乡移民为教育事业捐款的故事："华侨热心支持教育，为宗族学校捐款，从菲律宾回来的移民捐资教育经费""美国移民为宗族学校筹款4 000美元""美国宗族成员为宗族学校捐了一大笔钱"。[3]

另一个关注教育的移民是新加坡的林树彦（1913—1993），他是侨批贸易的一位杰出领袖，同时关注移民链两端的教育情况。林树彦在家乡安溪资助创办了一所中学，并向学校捐赠了1 000万元。他还曾在新加

1 Williams, Michael. 2003. "In the Tang Mountains We Have a Big House." *East Asian History* 25(6): 100. 其他广府县的百分比是中山（36）、恩平（68）、开平（36）、顺德（56）。

2 刘进（2009）:《五邑银信》，广州：广东人民出版社，第75–84页。

3 开平华侨杂志社（1940）:《开平华侨月刊》。中国国家数字图书馆电子期刊在线阅读。（查阅日期：2015年2月6日。）

坡四所中学担任董事或董事会成员，其中两个是女子学校。[1]一项与海外华人学校有关的慈善活动是，批局的经营者决定在侨批寄送中收取少量额外费用，以帮助两所客家学校的董事会渡过暂时的财政危机。[2]

客家人通常被认为比其他中国人更重视学校教育，他们认为学校教育是提升社会地位的一种途径。他们也因此集中在那些要求更高文化素养的职业，如军队和公共管理部门。[3]客家侨乡以客家移民资助的学校而闻名。在客家人聚居的丰顺县，据说移民在明末清初建立了几所学校。[4]早在1903年，当清政府的改革家们开始强调教育改革时，部分客属地区就在海外客家人的支持下全面建成了大量的中小学。[5]和其他的族群一样，客家人的慈善家们也通过侨批业来建立倡导男女同校、教育平等的学校。尽管梅县经济相对欠发达且与现代意义上的生活还存在一定的差距，但是在20世纪10年代末新文化运动兴起时却迅速成为现代政治运动的活跃区域，并相应地推动了中国的教育体系变革。[6]

捐款在1949年后继续进行。在共产党的领导下，海外华人资助建立8所新的中学。当局巧妙地以允许捐赠者冠名的方式鼓励华侨华人资助建立新学校。1949年至1976年间，晋江华侨通过侨汇向教育事业捐赠的金额是民国时期的3倍。[7]然而，在“文化大革命”期间，当中国强调自力更生、不鼓励与海外联系时，捐赠资源连续几年枯竭。直到1978年

1 柯木林（2008）:《新加坡民信业领袖林树彦》，王炜中主编：《第二届侨批文化研讨会论文选》，香港：公元出版有限公司，第475页；苏文菁编著（2013）:《闽商发展史总论卷（近代部分）》，厦门：厦门大学出版社，第262页。

2 路晓霞（2014）:《潮汕侨批商业信誉及其当代启示》，中国历史文献研究会、汕头市潮汕历史文化研究中心编：《世界记忆遗产——侨批档案研讨会论文集》，汕头，第271页。

3 Lutz, J. G., & Lutz, R. R. (1998). *Hakka Chinese confront Protestant Christianity, 1850–1900: with the autobiographies of eight Hakka Christians, and commentary*. London: Routledge, p.235.

4 罗培衡、詹国双（2008）:《丰顺侨批业述略》，王炜中主编：《第二届侨批文化研讨会论文选》，香港：公元出版有限公司，第352–353页。

5 邓锐（2010）:《浅谈侨批的重要作用及开发利用》，王炜中主编：《第三届侨批文化研讨会论文选》，香港：天马出版有限公司，第103–117页。

6 肖文评、田璐、许颖（2014）:《从侨批看民国初期梅州侨乡与印度尼西亚地区近代教育的发展——以梅县攀桂坊张家围张坤贤家族为中心》，中国历史文献研究会、汕头市潮汕历史文化研究中心编：《世界记忆遗产——侨批档案研讨会论文集》，汕头，第31–45页。

7 王付兵（2013）:《侨批档案文献的价值》，《东南亚纵横》第7期，第59页。

十一届三中全会以后，才重新恢复。[1]

侨批领导人和普通汇款人也在海外移民居住地提供中式教育方面发挥了重要作用。本书第二章描述了创立著名的天一批局的侨批经营者郭有品的创业历程。郭有品和他的家人也是著名的慈善家，郭是侨批行业最杰出的教育慈善家。他的儿子继承了他的两个角色，一个是公司领导，另一个是捐赠者。郭有品和他的家人是研究侨批和慈善之间联系的完美案例。

1898年，郭有品在家乡创办了一所义塾，免费提供教学和食宿，并聘请了一名教师。这个学校叫作“唤醒堂”，这个名字表明郭有品的雄心已经不仅在于宣扬传统儒家思想，更是立志于把中国变成一个强大的现代国家。然而，郭有品也坚持尊孔教育，不仅是对学生，也是对更广泛的社会群体。他要求老师在每个月的十五日发表儒家主题的公开演讲，敦促忠诚、孝顺以及“自我约束和回归礼仪”。他的慈善活动受到清廷和民国政府的赞扬，当地的显要人物也写下了赞美他们的铭文。

郭有品去世后，他的儿子郭用中以传统的捐赠方式捐赠了10亩稻田来支持学校。他还将传统的尊孔学校改造成了一所现代化的学校，将儒家思想与现代教育相结合，包括数学、历史、地理和体育，学校拥有更多的学生、教师和更好的建筑。郭用中自任校长，并继续资助学校，直到20世纪50年代初。他因自己的努力而受到清廷的表彰，也受到当地权贵的称赞。

郭有品十分关注误入歧途的儿童，这种情况在受财富突然涌入和依赖移民的消费主义及休闲生活影响的地区十分常见。他为这些孩子购买去东南亚的船票，这样他们就必须在国外谋生，重新做人。

郭有品在他的村庄和家族中对儒家文化的投资超出了学校教育的关注范畴。他还为穷人建立了一个礼堂，提供免费药品和棺材。郭有品的继任者继续支持教育，他们建立并资助了一所九年制的现代小学，并于

1 罗培衡、詹国双（2008）:《丰顺侨批业述略》，王炜中主编：《第二届侨批文化研讨会论文选》，香港：公元出版有限公司，第352-353页；邓锐（2004）:《从梅州市侨汇的发展过程看侨批局兴衰》，王炜中主编：《首届侨批文化研讨会论文集》，汕头：潮汕历史文化研究中心，第63-64页。

1921年建立了一所女子国民学校。

另一位著名的海外侨批慈善家、振盛兴批局的创始人曾仰梅创办了一所男女学校。他曾因其传奇般的慈善风格和乐于助人的品行而在民间传说和侨刊中备受称赞。每当他从泰国回到粤东的家乡汕头，都携带大量的药品给乡亲们。在泰国，他在离公司办公室不远的河岸上搭建了一个茶馆，让路人耳目一新，他还搭建了遮阳雨棚。有一次，他亲自潜入潮汕的洪水中，帮助防止堤坝决堤。[1]

华侨和归侨都以修建图书馆而闻名，这既是为了他们的亲属，也是为了大众，更是为侨乡带来教育和启蒙所作的一部分努力。[2]海外华人领袖痛心地意识到，许多年轻的家属已经习惯了游手好闲的生活，有些人把时间花在从打麻将到嫖妓的“不道德”生活习惯中。侨乡领导者的补救措施是努力在身体和精神上提倡健康的生活方式。他们安排了排球场和篮球场，为提倡音乐和其他“健康”的娱乐活动做准备，但他们最经久不衰的文化遗产是图书馆系统。这些图书馆通常在藏品和建筑上都很宏伟。建于1929年的关氏图书馆，占地五层，一直开放到今天。新会的另一个图书馆也对公众开放，有六万册藏书，占地一千平方米。[3]

侨批书信中讨论了中国和海外的学校教育，侨批企业家在这些地方帮助建立、管理和资助现代风格的中文学校。我们已经注意到新加坡的林树彦和泰国的客家人。大多数华人聚居区都开展了类似的活动，部分得到了富有的侨批经营者的支持，并在侨批书信中有所报道。[4]

受移民影响，出版业在侨乡兴盛起来。正如我们已经提到的，移民和侨乡的士绅领袖创办了“侨刊”，并把它们邮寄到世界各地的华人移民

1 王炜中（2007）:《潮汕侨批》，广州：广东人民出版社，第56页。

2 王炜中（2006）:《泰国侨批与潮汕侨乡的密切关系》，洪林、黎道纲编：《泰国侨批文化》，曼谷：泰中学会，第63页。

3 刘进（2009）:《五邑银信》，广州：广东人民出版社，第85–88页。

4 有关印尼客家学校的侨批材料，见肖文评、田璐、许颖（2014）:《从侨批看民国初期梅州侨乡与印度尼西亚地区近代教育的发展——以梅县攀桂坊张家围张坤贤家族为中心》，中国历史文献研究会、汕头市潮汕历史文化研究中心编：《世界记忆遗产——侨批档案研讨会论文集》，汕头，第31–45页。

手中，以此告知他们家乡的近况并鼓励他们为家乡事业发展多作贡献。[1]他们也为此成立相应的出版公司。1949年以前，有超过200份不同的侨刊在五邑地区单独出版发行，其中台山有127家，开平有25家，新会有26家。当中很多是月刊，还有旬刊甚至是周刊。而几乎所有的侨刊都是由华人移民资助出版发行的。[2]

汇款还被用来资助建立新的道路、桥梁、医院、医疗保健和公园建设。[3]其中一些部分属于企业活动，但在这种情况下很难区分企业是为了利润而为之，还是为了通过改善运输和通讯以使当地摆脱贫困而进行的。1922年，在一场流行病爆发后，泰国的一位华人慈善家捐赠了20万泰铢在潮汕修建了一所乡村医院。其他人也资助医院和诊所。[4]在丰顺，到20世纪80年代末，已经修建了59座桥梁和数十所医院，耗资超过6 000万元人民币。[5]

侨批慈善与民族事业和国家发展

在正常时期，大多数普通华侨的汇款只是或主要寄给他们的家人，最多寄往他们的家乡或县城，但在战争和危机期间，对更广泛的事业的捐款激增，这既是为了加强中国的军事防御，也是为了缓解中国的困境。1911年，新加坡著名商人林受之毁家纾难支持孙中山同盟会革命。特别是在抗日战争前和抗日战争期间，侨刊通过广告呼吁的方式，增进华侨与中国家乡的联系。1937年至1939年，新加坡华侨华人共筹集360万元

1 Williams, Michael. 2003. "In the Tang Mountains We Have a Big House." *East Asian History* 25(6): 104.

2 刘进（2009）:《五邑银信》，广州：广东人民出版社，第75、85页。

3 福建省档案馆编（2013）:《百年跨国两地书》，厦门：鹭江出版社，第118页；王炜中（2006）:《泰国侨批与潮汕侨乡的密切关系》，洪林、黎道纲编：《泰国侨批文化》，曼谷：泰中学会，第63页。

4 王炜中（2007）:《潮汕侨批》，广州：广东人民出版社，第97页。

5 罗培衡、詹国双（2008）:《丰顺侨批业述略》，王炜中主编：《第二届侨批文化研讨会论文选》，香港：公元出版有限公司，第353页；夏远鸣（2008）:《梅州客属地区的水客与侨批业述略》，王炜中主编：《第二届侨批文化研讨会论文选》，香港：公元出版有限公司，第372页。

支持抗日，并建立月捐制度。[1] 1937年，新加坡的潮州会馆筹集了47万新加坡元。1939年，潮州沦陷后，又捐助了超过10万新加坡元来援助潮州难民。[2] 1937年至1941年，据说，世界各地的华侨华人为爱国事业捐赠了大约11亿新加坡元的善款。[3]

海外华人中的先进人士向国民党左翼和延安的共产党人提供了经济援助和政治支持。1931年，越南华人就捐献了2 600银元给上海的19路军以支持他们对日作战，而彼时蒋介石正在推行他的绥靖主义。1937年卢沟桥事变之后，新加坡华人立即行动起来为中国的抗日战争募集捐款。[4] 1938年，泰国的华人青年们给当时在武汉的八路军办事处汇去200万国币的捐款。[5]在朝鲜战争期间，梅县的水客们就募集了超过2.35亿元的款项用以支持“抗美援朝”。[6]

海外华人也为自然灾害捐款。1918年，潮州大地震导致韩江决堤，个人和团体纷纷捐款捐物，以减轻洪灾造成的破坏。[7]在泰国，郑智勇捐赠了38万银元，并航运材料到汕头修堤。他还派他的儿子和侄子监督这项工作。马来亚和印尼的华人捐赠了数十万元。[8]新加坡的潮汕籍华人捐赠了40万新加坡元，随后在1922年另一场灾难之后，又捐赠3 ~ 4万新加坡元。1936年，当堤坝再次受到威胁时，他们又捐赠了3.7万

1 王炜中（2007）:《潮汕侨批》，广州：广东人民出版社，第99–100页；刘进（2009）:《五邑银信》，广州：广东人民出版社，第86页。

2 新加坡潮州八邑会馆1937、1939年会议记录。

3 江宁（2008）:《侨批与跨国金融的互动》，王炜中主编：《第二届侨批文化研讨会论文选》，香港：公元出版有限公司，第97页。各地捐赠总数，参见刘伟森（1999）:《孙中山与美加华侨》，台北：近代中国出版社，第201页；另有研究认为1937–1940年的捐赠总数达2.943亿法币，Benton, Gregor, and E. T. Gomez. 2008. *Chinese in Britain, 1800–2000: Economy, Transnationalism, Identity*. Basingstoke: Palgrave, p.242。

4《星洲日报》，1937年7月17日。

5 王炜中（2007）:《潮汕侨批》，广州：广东人民出版社，第101–102页。

6 邓锐（2010）:《浅谈侨批的重要作用及开发利用》，王炜中主编：《第三届侨批文化研讨会论文选》，香港：天马出版有限公司，第107页。

7 王炜中（2006）:《泰国侨批与潮汕侨乡的密切关系》，洪林、黎道纲编：《泰国侨批文化》，曼谷：泰中学会，第63页。

8 王炜中（2007）:《潮汕侨批》，广州：广东人民出版社，第96–97页。

新加坡元。[1]

湖北天门籍的华人与祖籍地的联系不如其他籍贯的华人紧密。这可能是因为他们倾向于全家整体移民，而不是仅男性移民。但印度、印度尼西亚、马来西亚和新加坡的天门人在灾难发生时会通过中国大使馆或华人协会捐款。[2]通常华人倾向于向家乡捐款，但也有人向其他地方，如华北地区捐款救灾。[3]例如，在20世纪50年代末和60年代初，"大跃进"政策的失误加剧了生活的艰辛，移民和他们的后代使用侨批制度向中国的农村运送谷物、面粉、猪油、化肥和建筑用品。[4] 1962年，泰国的梁祺藩就向澄海的家人寄回半包大米、20斤猪油等。[5]

自20世纪80年代初以来，海外华人开始恢复捐赠，以促进家乡的福利。这些捐赠者绝大多数是第一代移民。在中国以外的国家出生和成长的华裔很少表现出同样的依恋程度。[6]随着世代繁衍，他们的态度和取向发生了变化：一些人忘记了他们的祖籍，认同他们的出生地，另一些人对他们的确切祖籍地知之甚少，最多认同广义上的中国，而不是他们的祖籍地。随着侨批贸易的逐渐消亡和现代银行体系的巩固，对家乡和中国的捐赠越来越少通过侨批渠道进行，最终完全消失。

侨批贸易在泛华化（即广义的华人化）的基础上对动员海外华人发挥了重要作用，这在战后的慈善捐赠中也有所体现。例如，1945年，泰

1 新加坡潮州八邑会馆1922、1936年会议记录；马楚坚（2003）：《潮帮批信局之创生及其功能的探索》，李志贤主编：《海外潮人的移民经验》，新加坡：新加坡潮州八邑会馆，第80页；王炜中（2007）：《潮汕侨批》，广州：广东人民出版社，第93–94页。

2 Benton, Gregor, and E. T. Gomez. 2008. *Chinese in Britain, 1800–2000: Economy, Transnationalism, Identity*. Basingstoke: Palgrave, p.205；天门人旅居海外史编纂委员会编（2001）：《天门人旅居海外史》，湖北省新华印务有限公司，第139–159页。

3 邓锐（2010）：《浅谈侨批的重要作用及开发利用》，王炜中主编：《第三届侨批文化研讨会论文选》，香港：天马出版有限公司，第108页。

4 陈晓杰等（2008）：《风格独特的潮汕侨批》，王炜中主编：《第二届侨批文化研讨会论文选》，香港：公元出版有限公司，第442–443页；黄家祥（2008）：《侨批业初探》，王炜中主编：《第二届侨批文化研讨会论文选》，香港：公元出版有限公司，第342页。

5 1962年泰国梁祺藩寄给澄海梁镇藩的侨批。[潮汕历史文化研究中心（2007）：《潮汕侨批集成（第一辑）》，第5册，桂林：广西师范大学出版社，第362页。]

6 杨锡铭（2008）：《侨批业的兴衰与海外潮人认同的变化浅说》，王炜中主编：《第二届侨批文化研讨会论文选》，香港：公元出版有限公司，第279–286页。

国6个华裔会馆成立了饥荒救济委员会，在全国有148个分支机构。1946年中国19个省发生饥荒时，该委员会在50天内筹集了100多万泰铢，随后泰国内地的华人又筹集了110万泰铢。[1]

如果忽视官方机构的作用，就不能完全理解华人离散群体的捐赠。几十年来，中国政府和海外政府在慈善捐赠的发展中发挥了一定的作用，要么在某些时期阻碍慈善捐赠（主要指海外政府），要么总体上促进慈善捐赠的发展（中国机构的情况）。中国当局之所以大力宣传这一点，主要是因为他们认识到，汇款极大地弥补了中国的贸易逆差。[2]近年来，拥有大量海外侨民的其他贫穷国家开始以前所未有的规模积极吸引侨汇。但在中国，这种情况已经持续了一个多世纪。

在某些时期，中国政府尝试接管侨批贸易。然而，正如我们所看到的，政府在20世纪20年代和30年代被迫退让妥协，因为与现代银行和邮政服务相比，汇款公司在侨乡、唐人街和海外华人社区有更大的影响力。在抗日战争时期，当侨汇面临枯竭考验时，当局在新的形势下积极配合和支持侨汇贸易。

海外华人的慈善捐助往往会借助侨批这一媒介来实施，并且在一定范围内与中国政府的倡议保持同步甚至有时是紧密相连。最明显的是战争时期海外华人团结起来支持家乡和祖国的壮举。然而，慈善行为也会与政府在其他方面的倡议不谋而合。正如我们所看到的，1898年旨在推动旧中国在社会、制度和政治领域重大变革的戊戌变法虽然最终没有成功，却在很大程度上推动了侨乡投资兴学办教育方面的发展。

出于经济、政治或者意识形态方面的原因，政府有时也会阻碍侨批业汇款和侨批慈善事业。“二战”以后，东南亚的殖民地与其他国家政府试图通过限制汇款来确保境内经济与货币的稳定，1947年以后更是出台

1 王炜中（2007）:《潮汕侨批》，广州：广东人民出版社，第93–95页。

2 焦建华（2013）:《取缔与存留——南京国民政府侨批业政策的初步确立》，中国侨批世界记忆工程国际研讨会组委会编:《中国侨批世界记忆工程国际研讨会论文集》，北京，第324页。

了一些禁令限制对华资金往来。[1]在“文化大革命”期间，中国政府和地方当局严禁海外汇款并限制那些有海外关系的侨眷。

华人银行在慈善捐赠方面发挥了至关重要的作用，这些银行的部分资金来自侨资，是侨批制度的重要组成部分。在1931年，华人银行的汇款占中国国家救灾任务的17%，在1939年和1940年，他们捐赠了超过1亿元的救灾资金。[2]正如我们所见，邮局有时促进、有时试图阻碍侨批贸易，这取决于它是要取缔还是收编侨批业。[3]

侨批、宗教慈善和现代慈善事业

中国经常被描绘成一个没有强烈倾向向非亲属团体展开慈善的社会。事实上，中国有着悠久的慈善组织历史，被称为“善社”或“善会”，学者陈志明（Tan Chee Beng）将其描述为中国和东南亚的永久性专业慈善组织。虽然善社有时是世俗的，但它们确实有宗教的维度，主要是佛教和道教，但也有一些儒家的成分。潮汕有许多善社，作为中国两大知名侨乡之一，而且是非官方首府，其例子或许有助于解释这些善社在东南亚的扩散。

与侨批相关的慈善通过潮汕与善社传统联系在一起，但两者有着重要的区别。在中国古代社会，慈善组织更常见于北京和中国东部的城市。这是一种城市现象，而侨批慈善机构主要关注农村地区的侨乡。[4]

与明清时期的官方救济不同，善社不仅关注当地穷人的需求，也关注移民劳工的需求。东南亚的善社也一样。但是很少证据显示侨乡与侨批相关的慈善机构也是这样做。最后，像郭有品和他的儿子们在流传经营的慈善机构从善社那里得到了不同的道德启发，善社很大程度上借鉴

1 Cheok, Cheong Kee, Lee Kam Hing, and Poh Ping Lee. 2013. “Chinese Overseas Remittances to China: The Perspective from Southeast Asia.” *Journal of Contemporary Asia* 43(1): 92–94.

2 黄子坚（2013）:《马来西亚侨批——社会史及侨汇史史料》，中国侨批世界记忆工程国际研讨会组委会编 :《中国侨批世界记忆工程国际研讨会论文集》，北京，第135–138页。

3 最好的、也是唯一的英文研究，是哈里斯（Harris）在2012年的论述。

4 Tan Chee Beng, ed. 2012. *Routledge Handbook of the Chinese Diaspora.* London: Routledge, p.79.

了佛教和道教的教义，而郭氏的动机则更加世俗。

一些华人通过汇款资助建立和维修佛教与道教的寺庙。[1]侨批中的小额捐赠也被记录下来。例如，一位捐助者捐赠100港元为寺庙购买新鼓。[2]这一传统可追溯到康熙时期（1662—1722），当时在巴达维亚的两名移民为修复福建龙海的一座寺庙捐款。[3]走出国门的华人往往比留在村子里的亲戚和朋友更有现代观念。许多华人认为传统的乡村习俗是浪费金钱。即便如此，他们还是在中国赞助宗教庆祝活动，特别是在客家地区，那里的人们甚至比在沿海地区更崇拜神灵。[4]（这种做法在美国的福建籍新移民中继续存在，他们资助重建在"文化大革命"中被毁的祠堂和祖坟，并筹集捐款——有时数额巨大，用于修建佛教寺庙和基督教堂，以及用于世俗发展和救济。[5]）

对离散群体慈善的研究假设它像一般的慈善一样重点关注精英群体，并且汇款和慈善活动的接收社群具有"分层效应"。尤其是印度的离散群体慈善事业，因其"对等推行"而备受批评。[6]据说"直接惠及穷人"的慈善资金很少，因为慈善从本质上说，是"由精英进行的，而受益机构往往是精英群体"。[7]然而，侨批慈善的主旨在许多方面是推动社会向上层流动，而不是分层。它给长期陷于极度贫困的中国部分地区带来了繁荣，并改变了社会最底层几代侨眷的生活。然而，侨批现象确实在侨乡造成了侨眷和非侨眷家庭的贫富差距。

1 王炜中（2006）：《泰国侨批与潮汕侨乡的密切关系》，洪林、黎道纲编：《泰国侨批文化》，曼谷：泰中学会，第63页。

2 福建省档案馆编（2013）：《百年跨国两地书》，厦门：鹭江出版社，第118页。

3 王付兵（2013）：《侨批档案文献的价值》，《东南亚纵横》第7期，第59页。

4 邓锐（2010）：《浅谈侨批的重要作用及开发利用》，王炜中主编：《第三届侨批文化研讨会论文选》，香港：天马出版有限公司，第103-117页。

5 Guest, Kenneth J. 2003. *God in Chinatown: Religion and Survival in New York's Evolving Immigrant Community*. New York: New York University Press, pp.72-87, 133-138.

6 Sidel, Mark. 2004. "Diaspora Philanthropy to India: A Perspective from the United States." In Geithner, Johnson, and Chen, eds. *Diaspora Philanthropy and Equitable Development in China and India*. Cambridge, MA: Global Equity Initiative, Harvard University, p.239.

7 Geithner, Peter E., Paula D. Johnson, and Lincoln C. Chen, eds. 2004. *Diaspora Philanthropy and Equitable Development in China and India*. Cambridge, MA: Global Equity Initiative, Harvard University, p.xix.

财富的注入并没有给侨乡带来现代化和可持续发展。除了直接维持生计所需的资金外，一些资金被投资在土地和小企业上，但大部分被用来购买珠宝等奢侈品上，或用于娱乐和炫耀性消费。

关于散居者群体慈善研究的另一个假设是，它本质上是20世纪末和21世纪的新生事物。因此，人们认为这应该是自20世纪80年代以来变得越来越重要的一个新现象，就像跨国主义通常被视为20世纪后期的产物一样，这是一个空前压缩时间和空间的时代。[1]人们同样发现，这种假设在中国不成立。侨批捐赠和华人的慈善事业实际上与中国的移民历史一样悠久，在1949年后它们最终消逝之前已有150年的历史。尽管它们的形式和对象随着时间的推移发生了变化，部分原因是捐赠者接触了西方的方式，在此之前，这些捐赠和慈善活动在执行和激励方面都是自主进行的。

散居者群体组织的作用，主要是家乡地缘社团（如同乡会和会馆）、专业协会和宗教组织，在中国和海外华人中的历史也远不止那些探讨华人慈善的一般文献所得出的结论那样。保拉·约翰逊（Paula Johnson）推断，社团在过去的作用有限，主要是在赈灾等紧急情况下提供服务，并暗示，现今的社团才称得上是“强大的慈善机构”。[2]保拉·约翰逊研究的地缘社团可能是这样的，但中国的情况并非如此。在唐人街，这类社团的会员很多。在美国，来自拉丁美洲和加勒比地区的当代移民中，只有大约5%的人被认为是这些协会的成员，但在过去的许多华人社区中，加入社团成为会员，在很长一段时间里实际上是强制性的也是普遍的。[3]

1 Gaberman, Barry D. 2004. “Preface.” In Geithner, Johnson, and Chen, eds., *Diaspora Philanthropy and Equitable Development in China and India.* Cambridge, MA: Global Equity Initiative, Harvard University, pp.vii–viii; Johnson, Paula Doherty. 2007. *Diaspora Philanthropy: Influences, Initiatives, and Issues.* Boston and Cambridge: The Philanthropic Initiative, Inc. and the Global Equity Initiative, Harvard University, p.3.

2 Johnson, Paula Doherty. 2007. *Diaspora Philanthropy: Influences, Initiatives, and Issues.* Boston and Cambridge: The Philanthropic Initiative, Inc. and the Global Equity Initiative, Harvard University, p.16; Newland, Kathleen, Aaron Terrazas, and Roberto Munster. 2010. *Diaspora Philanthropy: Private Giving and Public Policy*. Washington, DC: Migration Policy Institute, pp.12–15.

3 其中案例，参见Lee, Shelley Sang-Hee. 2014. *A New History of Asian America*. Abingdon: Routledge, p.98。

长期以来，专业协会在统筹海外华人社会方面发挥了重要作用。在这方面，与侨批相关的行业协会的作用尤其重要。他们在经济上实现了贸易统一，所建立的组织机构为后来的政治运动，特别是在抗日战争前后，提供了范式。他们创造了一种新的社会风气，不仅以家庭汇款的形式促进了个人慈善事业，而且还充当了集体和非个人形式慈善捐赠的渠道。

“人才流动性日益增强”被认为是如今的散居者群体捐赠人与过去的捐赠者大不相同的一个原因。当代的“风险慈善家”更有可能亲自参与管理和监督他们的社会投资。同时，“组织革命”正在进行，新技术使即时通信成为可能，使社区比过去更容易组织起来，特别是对较贫穷的移民来说。[1]但是，不可否认的是，尽管近年来“风险慈善”在某些领域越来越突出，而且新技术也促进了这一趋势，但我们不应该忽视这样一个事实：华人中的慈善捐赠者即使在海外定居的早期，也密切监督或积极参与他们资助的项目（特别是但不仅仅是在教育领域）。它还低估了侨批业通信的速度和可靠性，侨批最终变得和现代航空邮件一样快。[2]然而，Johnson所讨论的专业协会关注国家问题而不是地方问题，与之不同的是，华人商业组织是区域性的。[3]在政治危机或共同的职业利益受到威胁时，它们确实能够跨区域团结一致，但这并不是常态。

侨批和侨乡

移居海外不仅改变了移民，也改变了他们离开后的社区。对于像中国这样的群体来说，情况尤其如此，他们往往只将年轻男性送到国外，而将妇女、儿童和老人留在家乡，依赖汇款为生。侨批，连同所有其他

1 Newland, Kathleen, Aaron Terrazas, and Roberto Munster. 2010. *Diaspora Philanthropy: Private Giving and Public Policy*. Washington, DC: Migration Policy Institute, pp.8–9.

2 马楚坚（2008）:《潮帮批信局与侨汇流通之发展初探》，王炜中主编：《第二届侨批文化研讨会论文选》，香港：公元出版有限公司，第28–29页。

3 Johnson, Paula Doherty. 2007. *Diaspora Philanthropy: Influences, Initiatives, and Issues.* Boston and Cambridge: The Philanthropic Initiative, Inc. and the Global Equity Initiative, Harvard University, p.24.

与移民相关的输入，给侨乡的物质和精神都带来了深刻的变化。

侨乡的精神变化最初是侨批交易的意外后果。侨批交易是由那些深受传统道德和文化价值观影响的人所经营，而侨批客户的期望也受到同样保守的价值观所影响。尽管侨批业是基于现代商业贸易理念，由明确的现代和非传统公会来推动，但是其核心价值依然是传统的道德规范体系。[1]从批局所取的名字就很容易看出来，它们大多都是以带有浓郁儒家文化底蕴的词组成。[2]儒家价值观中的“仁义礼智信忠孝悌节恕勇让”不仅仅在侨批业的组织结构中得以彰显而且在所寄送的信件内容中也有生动的体现。[3]正是这些价值，而不是法律和规章，决定了贸易的本质，即使是成熟之后的贸易。在当代中国，儒家价值观在被冷落和被批判近一个世纪后重新受到推崇，关于侨批业的诸多研究也集中在道德层面。2014年，一个侨批爱好者群体甚至发出设立“孝亲日”的倡议来纪念这一历史遗产。[4]

尽管传统的宗教影响在海外华人中远不如在侨眷中明显，汇款人仍继续支持农村的传统习俗，侨乡的宗教生活主要由海外华人资助。[5]然而，家书中经常表达写作者对农村事务的看法，反映了海外华人受现代化影响的程度。例如，一些侨批指示村民尊重每个家庭的利益，而不仅仅是自己家庭或宗族的利益，并确保税收负担得到公平分配。[6]

在写给家乡的信中，大多数比较保守，特别是在告诫留守家乡的妻子、母亲以及女儿方面，他们会教导自己的妻女要守妇道，不要抛头露

1 廖耘、吴二持（2010）：《侨批与中国传统的道德观念》，王炜中主编：《第三届侨批文化研讨会论文选》，香港：天马出版有限公司，第267–268页。

2 万冬青（2010）：《透过闽粤边区侨批看侨乡传统文化》，王炜中主编：《第三届侨批文化研讨会论文选》，香港：天马出版有限公司，第294页。

3 陈晓杰等（2008）：《风格独特的潮汕侨批》，王炜中主编：《第二届侨批文化研讨会论文选》，香港：公元出版有限公司，第442–443页。

4《福建侨报》，2014年7月4日。

5 肖文评（2004）：《粤东客家山村的水客、侨批与侨乡社会——以民国时期大埔县百侯村为个案》，王炜中主编：《首届侨批文化研讨会论文集》，汕头：潮汕历史文化研究中心，第260–261页。

6 张国雄（2010）：《广东侨批的遗产价值》，王炜中主编：《第三届侨批文化研讨会论文选》，香港：天马出版有限公司，第78页。

面，谨遵“三从四德”，谨记“百善孝为先”。这些是他们依然保持着较为保守封闭的文化传统的体现，即使到了1949年以后亦复如此。[1]然而，移民在通往现代性的道路上接触到超越中国的社会和政治形式，接触到新的习俗、观点和制度，改变了一些人对基本社会问题的看法，如女孩的教育，以及对政治问题的看法，如民主、集会和言论自由、公平税收，大量证据表明，在许多情况下，侨批改变了侨乡的性别政治和代际政治，推翻了既定的权力和地位原则。海外新的习惯、观点和制度的出现也彻底改变了一些海外华人的思想，特别是对待妇女权利的态度方面，这些在家书中都有所反映。不过，这些新锐的思想并不能为社会普遍接受。如果一封侨批并不像往常那样寄给母亲，而是寄给妻子，此举便会受到母亲的严厉责备，因为老人家会将此视作是对传统礼节的巨大冒犯。[2]

心态的转变不一定是积极的；靠侨批生活并不总是能让前景变得更好。侨乡的生活变得比过去更加休闲。有些年轻人对务农或在商店工作产生了反感，他们更喜欢挥霍无度，把时间浪费在茶馆、赌场和妓院里，尽管移民领袖努力在侨眷中复兴职业道德。[3]

汇来的礼物，大量不同的商品流入，以及汇款所带来的侨乡繁荣，这些都深刻地改变了移民社区的当地习惯和物质生活。接收汇款的侨眷的穿着与其他人不同，可以立即被认出。他们穿着由非传统材料制成的衣服，有时也会用新买的缝纫机缝制新衣打扮自己，并且佩戴昂贵的珠宝以炫耀和攀比。客家女眷（未缠小脚者）穿高跟鞋，老人穿拖鞋或皮鞋。他们经常吃肉、吃罐头食品、使用味精和营养补充剂。更富裕的被赡养者建造了现代化的房屋和避暑别墅，修缮或扩建了他们家族的祠堂。自行车、机动车，以及在某些地区，由海外华人投资资助的火车将他们

1 杜式敏（2004）:《潮汕侨批的妇女观初探》，王炜中主编：《首届侨批文化研讨会论文集》，汕头：潮汕历史文化研究中心，第286–287页。

2 张国雄（2010）:《广东侨批的遗产价值》，王炜中主编：《第三届侨批文化研讨会论文选》，香港：天马出版有限公司，第78页；陈汉初（2010）:《潮汕侨批的档案文献价值》，王炜中主编：《第三届侨批文化研讨会论文选》，香港：天马出版有限公司，第90页。

3 李小燕（2008）:《侨批与潮梅侨乡地区人民生活方式的变迁》，王炜中主编：《第二届侨批文化研讨会论文选》，香港：公元出版有限公司，第294页。Chang, Iris. 2004. *The Chinese in America: A Narrative History*. London: Penguin, pp.67–68.

从一个地方运送到另一个地方。侨乡开始出现留声机、手电筒、刀叉，以及照相机和照相馆，所以移民可以看到他们家人的照片。[1]

水客和其他商人活动直接导致大量贵金属、金属和纸币涌入南方的侨乡。早在1516年漳州就提到了银元，在明万历年间（1573—1619），每年有多达50万比索流入漳州港。[2]清朝的货币是银两，但其不规则的形状和重量使其不受商人的欢迎，他们越来越多地转向外国银元。在19世纪末和20世纪初，中国的其他货币包括由省级银行发行的龙元。1830年，来自泰国的船只将6万西班牙银元带给潮汕地区的移民家属。早期的水客和归国移民带回了所有殖民国家发行的银币（番银，外国银币）。这些银币是由该地区所有殖民政权发行的，还有墨西哥、西班牙和菲律宾的银币以及英国、荷兰、法国和美国的货币。[3]当地的中国人把这些硬币称为"佛面钱""鬼面钱"，用来描述刻在上面不熟悉的西方面孔，并用来做嫁妆、护身符、头饰、纳税、购买商品和服务。[4]后来，国民党、伪政府、日本人和共产主义游击队发行的货币紧随其后。[5]这些货币在街道和市场上与中国香港、新加坡、泰国和越南的货币以及当地传统银行发行的各种纸币混杂在一起。[6]在20世纪30年代，民族主义者禁止进口外币，但收效甚微。在侨乡，外币继续流通，一些商人只接受外币。[7]（大量的货币使研究和编目侨批更加困难。）[8]

---

1 李小燕（2008）:《侨批与潮梅侨乡地区人民生活方式的变迁》，王炜中主编 :《第二届侨批文化研讨会论文选》，香港 : 公元出版有限公司，第287–295页。

2 林南中（2010）:《闽南"番批"与"番银"》，王炜中主编 :《第三届侨批文化研讨会论文选》，香港 : 天马出版有限公司，第492–501页。

3 杨群熙主编（2004）:《潮汕地区侨批业资料》，汕头 : 潮汕历史文化研究中心、汕头市文化局、汕头市图书馆，第68、209页。

4 林南中（2010）:《闽南"番批"与"番银"》，王炜中主编 :《第三届侨批文化研讨会论文选》，香港 : 天马出版有限公司，第493–498页。

5 陈璇珠（2008）:《侨批封上的"储备券"》，王炜中主编 :《第二届侨批文化研讨会论文选》，香港 : 公元出版有限公司，第487–491页。

6 陈嘉顺、胡锭波（2010）:《为何未见南澳侨批？》，王炜中主编 :《第三届侨批文化研讨会论文选》，香港 : 天马出版有限公司，第349页。

7 刘进（2009）:《五邑银信》，广州 : 广东人民出版社，第42–43页。

8 王炜中主编（2010）:《第三届侨批文化研讨会论文选》，香港 : 天马出版有限公司，第47–48页。

黄金和贵金属在侨乡的输入在一些地方达到了惊人的程度。在20世纪初，珠宝成了更富裕的移民妇女阶层的日常用品。泉州开设了大量的金银商店，珠宝制造在这里成了一个相当大的行业，这是对国民党禁止贵金属交易禁令的蔑视。据说泉州已经成为中国黄金贸易的中心。一些妇女，特别是金山婆，双手戴着八枚戒指，还有手镯和其他装饰品。当战争开始，汇款变得越来越少的时候，黄金和白银以低价被卖回商店，但是在批局的支持下侨批贸易在战争结束后恢复了。1945年后的淘金热是由战后的通货膨胀推动的，并扼杀了中国货币。

财富向村民的流动引起了土匪和腐败的地方领导人的觊觎，这反过来又导致了当地更加显著的物质变化。为了防止被绑架，移民为他们的家人建造防御塔，并雇佣武装人员进行保护。这推动了整个侨乡新的建筑风格的形成。[1]

有时候部分侨乡社会在思想领域的变化也会以新的政治倾向出现而告终。抗日战争期间，国家经济的整体崩溃也深深地影响了农村社会，战乱让他们很难再接收到来自海外的汇款。政府承诺会提供保护和救济，事实上则是非但毫无作为，而且赋税不减反增。这些都导致了一些消极抑或是主动的抵制，甚至部分地区还爆发了示威活动，包括番客婶（女性侨眷）和当地的暴民。[2]就像在海外华侨华人社会所发生的那样，国内社会各个阶层也针对政府试图限制侨批业的行为发动了覆盖乡村、城镇、大城市甚至首都（包括北京、南京）的大规模政治抗议。发生在乡村和小城镇的抗议活动可能大多是由本地有着较大影响力的权贵为了保护本地甚至他们自己的利益而组织或煽动的，某种程度而言它们与以往的抗议活动略有不同，也不是现代政治变革意义上的示威活动。尽管几乎所有的大型抗议活动（尤其是在那些邻近乡村的地区）的爆发都是深深地植根于那些基于长期存在的有着特殊联系的组织和网络，但是久而久之

1 吴宝国（2008）:《侨批与钱庄及金铺银楼》，王炜中主编 :《第二届侨批文化研讨会论文选》，香港 : 公元出版有限公司，第65–68页。Williams, Michael. 2003. "In the Tang Mountains We Have a Big House." *East Asian History* 25(6): 92, 105–108.

2 Shen, Huifen. 2012. *China's Left-Behind Wives: Families of Migrants from Fujian to Southeast Asia, 1930s–1950s*. Singapore: National University of Singapore Press, pp.146–159.

它们也会成长为拥有普遍基础的政治文化，并最终在国内外形成一条可以广泛动员爱国力量的道路。妇女有时在这些运动中脱颖而出并不足为奇，因为她们在年轻的侨眷中占绝大多数，但在中国这依然是不同寻常的情况，这意味着乡村女性的地位在众多地区的政治发展中已经有了很大提升，这是一个时代信号。

历史与制度化视角下的华人慈善

大多数研究承认离散群体性慈善事业应该有更长的历史，但是他们提出的证据很少。为什么离散群体性捐赠主要与始于20世纪80年代末的第三次全球化浪潮有关，而不能推断是产生于更早之前呢？部分原因是，在中国以外，华人的个案一直没有突显在相关的讨论中。这是因为中国学术界对侨批贸易的关注相对较晚。尽管在这方面已经做了很多工作，但几乎所有的出版物都是中文的，因此大多数西方学者都无法阅读。[1]

中国慈善事业不同于近期与其他新兴经济体相关的慈善事业的另一个方面是，它具有更高的透明度和可衡量性。研究指出，很少有人试图统计印度的慈善捐赠。没有一般性的调查，研究也很少。[2]但中国方面则有大量的关于侨批和相关的捐赠形式（包括慈善事业）的统计资料，可以追溯到19世纪甚至更早。这不仅是因为侨批贸易是高度组织化的。虽然揭示汇款的金额不一定符合交易者或汇款人的利益，在某些情况下，他们会尽最大努力隐藏或隐瞒这一点。然而，汇款公司必须登记和记录流量，中国的现代银行和邮局也密切关注它们的交易，这样它们就可以征收邮政费用，并从利润异常丰厚的交易中分得一杯羹。因此，尽管很

1 主要的例外是Harris, Lane Jeremy. 2012. "The Post Office and State Formation in Modern China, 1896–1949." PhD dissertation, University of Illinois at Urbana-Champaign; Harris, Lane Jeremy. 2013. "The 1876 Post Office Riot in Singapore." *The Newsletter* (IIAS) 63; and Harris, Lane Jeremy. 2015. "Overseas Chinese Remittance Firms: The Limits of State Sovereignty, and Transnational Capitalism in East and Southeast Asia, 1850s–1930s." *Journal of Asian Studies* 74(1): 129–151。

2 Sidel, Mark. 2004. "Diaspora Philanthropy to India: A Perspective from the United States." In Geithner, Johnson, and Chen, eds. *Diaspora Philanthropy and Equitable Development in China and India.* Cambridge, MA: Global Equity Initiative, Harvard University, pp.236–237.

难确定有多少钱进入中国，但官员和调查人员可以在对汇款接收港进行抽查的基础上，通过将信件数量乘以可能的平均汇款额，相对准确估算出总数。地方当局和宗族协会也记录了慈善捐款，包括基于侨批的捐款。

然而，在某些方面，侨批贸易和早期华人散居者的慈善事业已开始展现当代一些非华人群体运动的特征。研究表明，高水平的慈善捐赠与移民的回国期望之间存在相关性，而且移民海外定居的集中模式促进了捐赠。[1]这两种前提都适用于中国早期的案例中，那时海外华侨“落叶归根”的想法（尽管不一定是现实）是普遍性的。而白人和其他形式的种族主义导致排斥和居住集中，从而强化了旅居者的心态。

侨批的慈善活动有多种形式，既有私人的也有集体的，既有委托形式也有捐赠者亲自参与管理的。它所涵盖的大部分领域与其他移民群体成员的当代社会投资相同，并特别强调学校、医院、道路、寺庙、祠堂和政治。本章表明，侨批体现了华人慈善事业的一个关键特征：它将个人和家庭的捐赠与对机构的捐赠系统地结合起来。这是一种特殊的慈善形式，体现了中国家庭和宗族管控体系所创造的密切互动，这一互动存在于移民输出国和目的地之间，是由中国移民在海外所遭遇的种族排斥而造成的。侨批促成了大规模的资源转移，将汇款和慈善事业紧密结合在一起。这种转移延缓了中国近一个世纪的财政崩溃，并让大量的被赡养者暂时或永远摆脱了贫困。侨批业揭示了现代形式的移民群体慈善事业的开篇，而不是平行于或模仿它。尽管它借鉴了西方的技术和态度，但作为一种社会投资形式，它先于西方的影响而存在。换言之，在中国，慈善真正“始于家庭”，并以两种意义存在：家庭和朋友优先，慈善理念的形式和概念在很大程度上是土生土长的。

1 Johnson, Paula Doherty. 2007. *Diaspora Philanthropy: Influences, Initiatives, and Issues.* Boston and Cambridge: The Philanthropic Initiative, Inc. and the Global Equity Initiative, Harvard University, pp.40–41.

第七章
侨批与欧洲移民书信之比较

7

迁徙是人类生活的普遍状况，就像用脚走路一样司空见惯，但它很少是绝对的和最终的。在现代，去如黄鹤永不回归的大规模人口外流是极其罕见的。大多数移民者至少在一代人的时间里会和他们的原籍地保持联系。这种交流是通过个人接触、口头交流，或者在18世纪之后延续至今的书信交流方式，通过书信保持联系变得几乎和移民一样普遍。

中国只是移民迁徙的发展中国家之一。在19世纪和20世纪，欧洲人“大迁徙”抵达白人定居或统治的地区。他们的故事成为移民书信写作中的主导，书信选集中收集的是他们的信件。华人也移居到白人统治的地方，但作为“永远的外国人”，他们是唯一被广泛研究其书信和相关组织机构的非欧洲移民群体。然而，这些研究几乎都是用中文进行的，因此大多数非华人学者无法获得。本章探究华人移民书信有何特别之处及其产生原因。

本章就侨批书信及机构与相应的欧洲移民书信及机构进行了比较。有些人认为与欧洲书信混为一谈是西方化的，而且否定了国家的特殊性。这项研究认为，白人移民书信有诸多共同之处，包括对邮局的依赖，共同的态度及价值观，以及强烈的民族意识。白人作为书信作者，不论以何种方式毕业，都确保了他们部分或完全融入了霸权文化和政体。他们在移民以前就拥有字母序列等现代形式的学校教育方式，而这些都是中国移民普遍缺乏的。

理查兹（Eric Richards）对现有的研究过于渲染寄给“孤立种族群体”的移民信件的差异性表示遗憾。他呼吁将它们并置在一起进行比较，以超越“特定选择的限制”，并找到它们的特殊和共同特征。[1]本章接受理查兹所提出的问题，力求发现中国和欧洲书信的差异和共性。文中首先考察书写移民信件的不同制度背景和邮政文化的出现，继而讨论中国和欧洲移民信件的特点，包括邮资和写信技巧。最后本章就中国和欧洲移民的信件内容和文学之旅，以及隐私比较和信件作为指南的作用等问题进行分析。

移民背景和邮政文化的出现

欧洲移民和中国移民有许多共同的特点，但他们的输出国和他们在国外形成的社区却大相径庭，这些差异在他们的信中皆有所反映。

大多数欧洲移民来自面临解体威胁的农村社区。旧秩序的崩溃导致大量的移民。受到威胁的也包括了那些曾经融入当地生活的旧式亲属关系和社区。许多欧洲家庭赞助移民并依赖他们寄回大笔金钱，这些钱通常也是为了资助家庭进行连续性移民。然而，随着全家移民的现象变得越来越普遍，家庭纽带也随之被削弱，甚至年迈的父母为了和子女团聚也离开家乡。很少有欧洲人认为移民是暂时的，他们中大多数人的目标是在海外开始新生活。[2]

欧洲移民通常充满了个人主义和独立思想。正如理查兹所指出的那样，在信件中对国家内部不和谐及厌恶家庭权威的痛苦表达是英国移民的强大力量。[3]移民离开家乡的原因多种多样，戴维・戈博（David

1 Richards, Eric. 2006. “Australian Colonial Mentalities in Emigrant Letters.” Paper presented at the biennial conference of the British Australian Studies Association, University of Exeter, September 7, pp.69–70.

2 Stott, Richard Briggs. 1990. *Workers in the Metropolis: Class, Ethnicity, and Youth in Antebellum New York City*. Ithaca: Cornell University Press, pp.80–85.

3 Richards, Eric. 2006. “Australian Colonial Mentalities in Emigrant Letters.” Paper presented at the biennial conference of the British Australian Studies Association, University of Exeter, September 7, pp.61–62.

Gerber）将其描述为“个人化的不满足”，而不是结构性的经济推动。[1]

从根本上说，中国人的移民取向富有集体特征，以家庭和血缘为基础。华人通常是代表他们的家庭和管理着华南农村的宗族而移民的。他们绝大多数是男性——甚至到了20世纪40年代。纽约的华人移民男性与女性的比例为6 ∶ 1。[2]理论上，移民们是旅行者（虽然实际情况并非如此）。他们的任务是把钱寄回去并积累起来，并以衣锦还乡作为回报。

如果问题在于移民是“单次彻底离乡”还是“战略性逐渐迁移”，那么中国移民则兼具了这样的两种特性。[3]中国的移民并不比欧洲移民少，但物质情况却使他们如牛负重。

中国和欧洲移民在海外形成的社区反映了他们不同的背景。虽然欧洲移民最初是在少数民族聚居区，但很快就分散了。[4]随着移民数量的增加，欧洲聚居区也随之扩大增长，但他们是桥梁，而不是堡垒。唐人街的兴起是对排斥的回应，但也因此，华人保留了文化上的独特性。[5]唐人街是由来自移民原籍地的亲属关系和方言管理的。这种联系在过渡时期发生了变化，但基本上完好无损。

戈博认为，“移民给个人身份认同带来了单一的压力，因为这对身份延续是一个根本性的挑战”，[6]而写信帮助移民确立新的身份。中国人也因为移民而经历了分裂和动荡，但对身份延续带来的影响更大。

一项关于荷兰移民到美国的研究发现，如果他们聚居于其他族群之

1 Gerber, David A. 2006. *Authors of Their Lives: The Personal Correspondence of British Immigrants to North America in the Nineteenth Century*. New York: New York University Press, p.15.

2 Zhou, Min.2009.*Contemporary Chinese America: Immigration, Ethnicity, and Community Transformation*. Philadelphia: Temple University Press, p.172.

3 Gerber, David A. 2006. *Authors of Their Lives: The Personal Correspondence of British Immigrants to North America in the Nineteenth Century*. New York: New York University Press, p.14.

4 Stott, Richard Briggs. 1990. *Workers in the Metropolis: Class, Ethnicity, and Youth in Antebellum New York City*. Ithaca: Cornell University Press, p.85.

5 Zhou, Min. 1992. *Chinatown: The Socioeconomic Potential of an Urban Enclave*. Philadelphia: Temple University Press.

6 Gerber, David A. 2006. *Authors of Their Lives: The Personal Correspondence of British Immigrants to North America in the Nineteenth Century*. New York: New York University Press, p.67.

中，他们更有可能写信回家，而不太愿意书写新的生活篇章。[1]中国移民将源于本国社会和文化的自治组织机构带到海外并作出调整，以此适应海外的社会环境。由于其他种族的排斥和自身的集体主义精神，这使他们常常显得很孤立，这也证实了被孤立与对先祖忠诚间的关系。

大多数欧洲移民通常是通过他们原有的职业而融入主流经济。这使过渡变得平稳，也更易于与他们的旧国家进行对比，这对于新国家而言是有利的。[2]然而，能获得主流社会工作的中国人要少得多。他们能够参与的是族群经济活动，这只能使他们在其他族群聚居地获得一个饭碗。

批局和邮局的对比

批局在性质上乃至在功能和运作上都与现代邮局重叠，但这两个机构在许多方面有不同之处。邮局是一项对所有人开放的并受全球监管的服务，而批局是为散居者提供的本土服务，并从完全适合它的移民环境中有机地成长起来。侨批是旧式邮政惯例的翻版到唐人街的跨国产物，它为客户提供服务，这些客户是由亲属关系、籍贯或方言组织起来的，这些关系构成了他们移民的框架，这是欧洲所没有的。像建立它的宗族协会一样，侨批制度实际上是不可避免的，它是一个在陌生的环境中所构筑的家园制度，直接在移民的旅行船上招募顾客。批局是海外华人移民的银行，也是他们与家园的纽带。这是他们的邮局，虽然在范围上既不是全球性的，也不是全国性的，却是现代和前现代的结合。

许多研究探讨了传播和印刷文化在创造民族认同中的作用。凯伦·雷米斯基（Karen Lemiski）提到了在邮票上描绘国家主题的宣传效果。然而，侨批信封并不一定贴上邮票，而是用行政标志和批局添加的

---

1 Brinks, Herbert J. 1995. *Dutch American Voices: Letters from the United States, 1850–1930*. Ithaca, NY: Cornell University Press, pp.3, 421.

2 Nadel, George. 1953. "Letters from German Immigrants in New South Wales." *Royal Australian Historical Society Journal* 39(5): 257–258.

符号来装饰。在抗日战争期间和1949年以后，政治口号被加了进来。[1]这些口号巩固了移民对其祖籍地的认同，而非对民族文化的认同。

正如我们所看到的那样，侨批式的机构并非只是中国所特有。中东和南亚的哈瓦拉制度与古老的侨批体系相似，其他的移民服务亦是如此。19世纪30年代的纽约，商人经营着处理移民汇款、信件、工作和旅行的民族企业。他们也会在保险和货币兑换行业（比如批局）担任货运代理、翻译和法律顾问。职员是老板的家人和亲戚，就像在批局一样。[2]

许多地方的移民发展了非官方的快递服务，与中国的系统相似却粗略得多。例如，美国的威尔士人和新西兰的苏格兰人付钱让回去的人充当递送员。[3]但是顾客抱怨（像使用非官方服务的中国人那样）递送员不可靠而且速度慢：如果他们真的交付的话，要花上半年的时间。[4]

在大迁徙期间，即使是现代邮局也保留了类似侨批业的旧做法。文森佐·彼得罗帕洛斯（Vincenzo Pietropaolos）对20世纪50年代一个村庄的意大利邮政服务的描述如下：

> 由于这些房子没有带号码的街道地址，……邮递员不得不依靠他对3 000人口中几乎每个家庭的详细了解。那里没有邮箱或信槽……因此，当到达预订的房子时，邮递员喊出收件人的名字。收件人通常会是一个女人，她会打开门或匆匆走下楼梯，当把信抓在手中时她脸上充满期待的表情铭刻在我的脑海里。一封信的到来完全成了一件公共事件。邻居们会很快聚在一起，或是从他们的窗户

1 Lemiski, Karen. 2006. “The Ukrainian Government-in-Exile’s Postal Network and the Construction of National Identity.” In Elliott, Gerber, and Sinke, eds., *Letters Across Borders: The Epistolary Practices of International Migrants*. Houndmills: Palgrave, p.248.

2 Ernst, Robert. 1994. *Immigrant Life in New York City, 1825–1863*. Syracuse, NY: Syracuse University Press, pp.96–97.

3 Conway, Alan, ed. 1961. *The Welsh in America: Letters from the Immigrants*. St. Paul, MN: University of Minnesota Press, p.234; Bueltmann, Tanja. 2011. *Scottish Ethnicity and the Making of New Zealand Society, 1850–1930*. Edinburgh: Scottish Historical Review Monograph Series, no. 19, p.58.

4 Cameron, Wendy, Sheila Haines, and Mary Maude. 2000. “Introduction.” In Wendy Cameron, Sheila Haines, and Mary Maude eds., *English Immigrant Voices: Labourers’ Letters from Upper Canada in the 1830s*. Montreal: McGill-Queen’s University Press, p.xxxv.

或矮凳上探出头来，为了再次听到那个神奇的地方的名字，书信最有可能的来源地：纽约。[1]

但是侨批贸易并不像纽约的公司那样是一种现代的即兴化产物，而是在新的环境下向旧的方式的回归。19世纪20年代末，美国的现代邮政服务是世界上最好的。[2]新加坡的邮政服务稍逊，而那一时期的中国几十年来根本没有邮局。在新加坡和中国，侨批贸易先于邮局的建立，并在邮局建立后幸存下来。美国的邮局很快让非官方服务黯然失色，但在其他地方，他们的中国同行还有发展的空间。即使在美国，尽管与邮局有着共生关系，侨汇贸易依然存在。

邮政文化

19世纪和20世纪的大规模移民与邮政文化的出现相重叠。狭义地说，作为一种普遍传递邮件的制度，邮政文化使大规模的移民变得可能。然而，中国的案例表明，尽管侨批经营者经常用邮局来进行部分递送，但它并不是移民通信的必要条件。

以大众为基础的邮政文化在大迁徙开始后兴起，并在新的铁路和航运路线扩散后达到顶峰。最好的研究是在意大利，在这里，19世纪70年代，写信和明信片、在报纸上发表信件和制作写信手册开始兴起，并有助于创造意大利的民族身份。罗曼妮（Gabriella Romani）认为意大利的邮政改革是意大利现代化和民主化的一个关键时刻，也是形成一种“共享的社交语言”的关键时刻。信件创造了一个成为国家的“无形”对话者。[3]在其他国家，给穷人的书信的传播也与邮政文化和国家认同的兴起

1 Pietropaolo, Vincenzo. 2002. *Not Paved with Gold: A Selection of Photographs: Toronto's Italian-Canadian Community in the 1970s*. Endwell, NY: American Italian Museum, p.2.

2 John, Richard R. 1995. *Spreading the News: The American Postal System from Franklin to Morse*. Cambridge: Harvard University Press, p.5.

3 Romani, Gabriella. 2013. *Postal Culture: Reading and Writing Letters in Post-unification Italy*. Toronto: University of Toronto Press, pp.4, 35.

交织在一起。[1]

作为邮政文化的一部分，写信手册在19世纪末开始在全世界流行。数百种写信手册以英语和其他语言呈现。[2]然而，这种狂热是随着大规模移民的开始而出现的，这些移民作家从其他来源（尤其是《圣经》）借用了他们的风格。

在美国和其他地方，信件成为19世纪生活写作的主要形式，是“美国新闻业的基础体裁”，也是“最流行的文学形式”。[3]书信体小说也变得流行起来，它是一种植根于欧洲文学并与出版书信书籍相联系的体裁。[4]

菲茨帕特里克（Fitzpatrick）和其他学者认为，移民信件所遵循的惯例不是从指南或教科书上抄来的。大多数写信者不熟悉书信惯例，并从其他来源汲取“未经训练的口才”。菲茨帕特里克无法说明移民书信的形式是如何形成的，但他并不同意这种观点，即它是以“正式的修辞、流行的手册或基础教育”为模型。相反，它像方言一样，是通过“练习和模仿”而进化。[5]维加斯（Miguel Angel Vargas）认同移民的信件是独立于指南而进化的，遵循他们自己的“特定的写作和阅读习惯”。[6]一些后来的移民查阅了指南并从中获得了灵感，但大多数人可能是因成本和他们自身阅读能力不足而却步。[7]

---

1 Jones, Bill. 2005. “Writing Back: Welsh Emigrants and their Correspondence in the Nineteenth Century.” *North American Journal of Welsh Studies* 5(1): 23–46.

2 Trasciatti, Mary Anne. 2009. “Letter Writing in an Italian Immigrant Community: A Transatlantic Tradition.” *Rhetoric Society Quarterly* 39(1): 73–94; Markelis, Daiva. 2006. “‘Every Person Likes a Letter’: The Importance of Correspondence in Lithuanian Immigrant Life.” In Elliott, Gerber, and Sinke, eds., *Letters Across Borders: The Epistolary Practices of International Migrants*. Houndmills: Palgrave, p.117.

3 Harris, Sharon M., and Gaul Theresa Strouth, eds. 2009. *Letters and Cultural Transformations in the United States, 1760–1860*. Farnham: Ashgate, pp.10–12.

4 Richter, Antje. 2015. *A History of Chinese Letters and Epistolary Culture*. Leiden: Brill, p.246.

5 Fitzpatrick, David. 2006. “Irish Emigration and the Art of Letter-Writing.” In Elliott, Gerber, and Sinke, eds., *Letters Across Borders: The Epistolary Practices of International Migrants*. Houndmills: Palgrave, pp.101–106.

6 Vargas, Miguel Angel. 2006. “Epistolary Communication between Migrant Workers and Their Families.” In Elliott, Gerber, and Sinke, eds., *Letters Across Borders: The Epistolary Practices of International Migrants*. Houndmills: Palgrave, p.136.

7 Markelis, Daiva. 2006. “‘Every Person Likes a Letter’: The Importance of Correspondence in Lithuanian Immigrant Life.” In Elliott, Gerber, and Sinke, eds., *Letters Across Borders: The Epistolary Practices of International Migrants*. Houndmills: Palgrave, pp.117–118.

华人移民亦是如此。中国也有写书信的悠久传统，这一传统在20世纪的城市妇女中复兴。[1]书信体小说在中国有着本土的根源，并在移民社群中有所体现。[2]在唐人街可以买到一种小册子，以此作为学习洋泾浜语的一种方式。然而，没有证据表明书信在中国移民的写作中发挥了作用。

信件的特点和重要性

在书信的众多定义中，为了清晰起见，这里选择了里克特（Antje Richter）的《中国书信》一书中的定义。里克特认为，一封信"是由一个历史人物在有形的媒介上书写，且写给另一个人（情况也可能是：由一个范围狭窄的团体写给另一个团体）的通信，为了到达其空间上分离的收件人，这种通信要经过某种形式的涉及第三方的物理传输，而且往往是交换的一部分"。

从本质上来说，信件是自我指称的，具言外之意的，且具有偶然性——即在特定情况下，书写者书写的立场明显具有影响他人的意图。莉兹·斯坦利（Liz Stanley）说，它们也是生活的记录，既是对话的（交流的一部分），也是透视的（它们随着接收者的不同而变化，并以"时刻"的角度发生变化）。里克特称它们的形式、内容和功能是不确定的，因为书信体的情况像所有的社会互动一样拥有无穷无尽的排列。[3]

里克特将信件分为非正式的、文学的或公开的。鉴于不确定性，这些类别并不相互排斥。大多数移民的信件都是私人的，由一个人发给另一个人，一个朋友或亲戚，涉及个人而不是其他事情。私人信件包括感

1 Cheng, Oi Man. 2012. "Epistolary Guidebooks for Women in Early Twentieth Century China and the Shaping of Modern Chinese Women's National Consciousness." *New Zealand Journal of Asian Studies* 14(2): 106.

2 Richter, Antje. 2015. *A History of Chinese Letters and Epistolary Culture*. Leiden: Brill, p.246.

3 Richter, Antje. 2013. *Letters and Epistolary Culture in Early Medieval China*. Seattle: University of Washington Press, pp.37–38, 51; Stanley, Liz. 2004. "The Epistolarium: On Theorizing Letters and Correspondences." *Auto/Biography* 12: 202–203.

谢信、推荐信和警示信。[1]私人信件还包括表达哀悼或报告出生、死亡、婚姻等情况的仪式信件。

像其他信件一样，有些移民信件的书写者或接收者是群体的，侨批的情况尤其如此。相比其他移民信件，侨批更有可能跨越个人与商业事务间的界限。在某些情况下，它们只是记录金融交易的单据或备忘录。正如我们所看到的，在战争时期，保密是必不可少时，信使们记住了数量和地址，并发出了一封口头信——口信——也就是说，根本没有信。

类似的惯例是否适用于所有的信件，无论其为何种国籍？斯坦利认为是的，但它们“提供了一个松散的形式，而不是确定性的”。随着时间的推移，它们一直保持稳定。信件具有特定的可识别的修辞特征，包括对收件人的称呼、问候和致歉、其他通常描述性的内容、结尾语句和签名。相隔几个世纪和来自几大洲的信件是可识别的同类信件。然而，它们也可以变成其他类型，比如英国钞票，它一开始是一封信，信中承诺按需支付持有信件者“金币重量”，[2]其演变与某些形式的侨批不同。

在西塞罗（Ciceronian）的经典理论中，书信有问候、序言、叙述、请求、结论、订阅和题词。在17世纪，这种模式让位于一种更自然、更口语化的风格。[3]然而，这7种传统主题的影子仍然笼罩着这一流派。

按照里克特的说法，“世界各地的信件”采取“三方组合”的形式，包括称呼语、信体和结束语。这种结构可以分为五个部分，大致相当于古典修辞学的划分，如果称呼分为惯例称呼和序文（通常旨在建立善意的前言），结尾分为结语和后记。这个形式也适用于非西方的信件。[4]

菲茨帕特里克在谈到爱尔兰移民的信件时，描述它的功能是提供公共和私人信息，维系物质情感纽带，帮助塑造未来的移民。它的类型

1 Richter, Antje. 2015. “Introduction: The Study of Chinese Letters and Epistolary Culture.” In Richter, ed., *A History of Chinese Letters and Epistolary Culture.* Leiden: Brill, pp.1–14.

2 Stanley, Liz. 2004. “The Epistolarium: On Theorizing Letters and Correspondences.” *Auto/Biography* 12: 217–218.

3 Grafton, Anthony, Glenn W. Most, and Salvatore Settis. 2010. *The Classical Tradition.* Cambridge: Harvard University Press, pp.521–523.

4 Richter, Antje. 2013. *Letters and Epistolary Culture in Early Medieval China.* Seattle: University of Washington Press, p.75.

各不相同，取决于作者的出身、性别、社会阶层、学校教育等，但表现出“仪式和会话元素的独特混合”和复杂的常规公式化的短语，保留古典结构的元素。它是围绕着通信者、健康问题、宗教召唤和个人信息的引用而构建的。[1]在世界各地，它都有类似的结构。马克里斯（Daiva Markelis）在讨论关于立陶宛移民的信件时，注意到语气和既定的形式和仪式的相同之处。[2]葡萄牙移民按照一个公式写作，这个公式包括日期、开场白、“宗教”祈祷、问候、讨论、祝福和告别。[3]

在19世纪的大规模移民中，信件写作从正式的、教学的和文学的到非正式的和对话的过程最为显著，当时包括半文盲在内的下层阶级，开始给家里写信。从村庄到城镇的移民使写信的习惯从受过教育的精英阶层那里传播开来，但是海外移民及邮政文化的诞生，又引致数百万人写作，产生了一种基于移民“抄写员”的技巧的新风格，正如比尔·琼斯（Bill Jones）所说，如果不是这样，这些抄写员绝不会想到会用笔来书写。[4]这些信的非正式语气放大了对话性和偶然性，使它们变得更加不透明。[5]然而，总的来说，它们符合里克特的模式。

移民信件是私人信件的子集吗？它们有一些共同的特征，这些特征并不是它们独有的，但是却可能比其他书信更容易找到。写作和交付之间的时间差，以及总的周转时间，远远大于正常的间隔，增强了期望感。书写者们境遇的突然而彻底的变化，以及他们新旧生活之间的悬殊，使这种交流变得戏剧化。

1 Fitzpatrick, David. 2006. “Irish Emigration and the Art of Letter-Writing.” In Elliott, Gerber, and Sinke, eds., *Letters Across Borders: The Epistolary Practices of International Migrants*. Houndmills: Palgrave, pp.97–100.

2 Markelis, Daiva. 2006. “‘Every Person Likes a Letter’: The Importance of Correspondence in Lithuanian Immigrant Life.” In Elliott, Gerber, and Sinke, eds., *Letters Across Borders: The Epistolary Practices of International Migrants*. Houndmills: Palgrave, p.113.

3 Truzzi, Oswaldo, and Matos Maria Izilda. 2015. “Saudades: Sensibilities in Letters from Portuguese E/immigrants (Portugal-Brazil 1890–1930).” *Revista Brasileira de História* 35 (70).

4 Jones, Bill. 2005. “Writing Back: Welsh Emigrants and their Correspondence in the Nineteenth Century.” *North American Journal of Welsh Studies* 5(1): 25.

5 Richter, Antje. 2015. “Introduction: The Study of Chinese Letters and Epistolary Culture.” In Richter, ed., *A History of Chinese Letters and Epistolary Culture*. Leiden: Brill, p.8.

但是，尽管存在共性，学者们发现欧洲移民的信件中更多的是多样性和无定形特征，而不是联系、“核心共同目标”和“宏大的计划”。[1]它们的风格不如精英信件复杂，但处理的主题比移民的实际问题更广泛。

侨批信件有许多和一般移民信件相同的作用。它们是保持家庭团结的纽带，传递个人和国内的消息以及移民情报。像所有的信件一样，它们一般都符合古典文献中阐述的书信体的规则。然而，因为侨批信件对汇款更为关注，它们的风格和类型比其他移民信函要少。

中国移民的信件可以分为三类，尽管这些信件并没有穷尽所有的类型，而且有些信件具有独特的性质。这些类别是：① 写给主事长辈的信，通常是移民的父母，名义上是决策者和最有可能的收件人；② 给妻子的信；③ 给弟弟妹妹、堂兄妹、儿子、女儿和其他亲戚的信。给主事长辈的信是恭顺的，给妻子的信可能是私密的，给年轻一辈的信经常指导或告诫他们。类型不是绝对的，一种类型的元素可以在另一种类型中找到。

与欧洲移民书信相比，侨批书信更不可能受到精英、文人和绅士阶层书信的影响。中国有着根深蒂固的本土书信传统，但它服务的是一个与大多数移民村民不同的世界。然而，中国移民的教育水平和社会阶层并不完全一致。有些人属于下层绅士或职业阶层，他们对写信很熟悉。

由于很少有中国移民受过教育，大多数人都找了专业的书写员来替他们写侨批。因此，许多侨批都有相同的格式和相似的刻板的句子，大部分都是用方言书写，很少有侨批信件是用标准中文书写，而且许多都是未经校订的。

书信的重要性

手写的、致某一个体的信是一件独特的艺术品，有着无法比拟的令

1 Gerber, David A. 2006. *Authors of Their Lives: The Personal Correspondence of British Immigrants to North America in the Nineteenth Century*. New York: New York University Press, p.7.

人神往的实体性，很少有文学体裁可以与之匹敌。里克特认为它比其他作品更具体，非凡而特定。它藏在信封里，被专门传递，可以伴随着礼物寄出或作为收到礼物的响应。[1]

中国传统信件的神奇物质性被纸张的装饰放大了。作为文房四宝（笔、墨、纸、砚）的一部分，纸自东汉发明以来，其视觉效果一直在增强。造纸者最迟在4世纪开始给书写纸张着色和装饰。这种装饰后来融入了木刻印刷的图案，从引导笔迹的行列到以竹子、动物（尤其是象征距离的鹅和鱼）、风景等为特色的边框设计，包括现代的反帝国主义图像。[2]

明信片诞生后，欧洲人在18世纪晚期开始给信纸增加插图。当信封在1840年左右传入英国时，它们有时也配有特色图片。[3]然而，预先装饰的文具从来没有像在中国那样受欢迎。

侨批的经营者们接受了中国传统的书信体装饰，并将其扩展到信封。他们用服务广告、文化主题、爱国口号和以兰花、玉石或其他象征美德、家庭和谐、生育、长寿等为特征的红色印章条纹装饰侨批和回批信封。[4]然而，作为服务的一部分，提供的信纸一直保持很小的尺寸，以尽量减少混装总包裹的重量，这减少了装饰的范围。

侨批书信是最有实质性的信件，不仅因为它的设计，还因为汇款。这要么以珍贵的黄金或白银硬币（在早期）呈现，要么记录在官方所强加的票据上。

不管他们是何种国籍，大多数移民的写作文体都杂乱无章，书写技术也令人望而却步。书写者们并非不知道文本风格惯例，也尝试运用

1 Richter, Antje. 2015. "Introduction: The Study of Chinese Letters and Epistolary Culture." In Richter, ed., *A History of Chinese Letters and Epistolary Culture*. Leiden: Brill, pp.3–4.

2 Wright, Suzanne E. 2015. "Chinese Decorated Letter Papers." In Richter, ed., *A History of Chinese Letters and Epistolary Culture*. Leiden: Brill, pp.97–134.

3 Milne, Esther. 2012. *Letters, Postcards, Email: Technologies of Presence*. Abingdon: Routledge.

4 福建省档案馆编（2013）:《百年跨国两地书》，厦门：鹭江出版社，第24、157、190页。

它们，但收效甚微。[1]自后汉以来，中国书信就与书法联系在一起。[2]这种联系增加了它的光彩，书法被展示出来，模糊了公函和私信之间的区别。[3]除了那些由付费的专业人员所写，或者批局雇员所写的信件，大多数中国移民的书信都是很粗糙的。然而，一些书写者对自己的书法感到自豪，他们在中国或海外的学校里学习书法，并把它展示在信封和书信中。

邮资成本

邮资、纸张、信封和笔的成本影响了移民社区的邮政文化。在19世纪，邮票和文具的实际价格下降了，但是一封信的成本从来都不便宜。在19世纪早期，给家里写信和收到回信的花费可能需要一周的工资。

一封写给欧洲的书信的花费“足以阻止大多数平民通讯员匆匆忙忙地写下琐碎的笔记”。作为一项宝贵的投资，它通常是精心撰写的，尽量不偏离主题，充分利用可用的空间。[4]邮票的成本鼓励书写者们分享信件。[5]

相比之下，侨批的成本很低，甚至没有任何成本，而且是他们日常生活的一部分，与运载信件的船只的行程紧密相关。侨批贸易竞争非常

1 Markelis, Daiva. 2006. "'Every Person Likes a Letter': The Importance of Correspondence in Lithuanian Immigrant Life." In Elliott, Gerber, and Sinke, eds., *Letters Across Borders: The Epistolary Practices of International Migrants*. Houndmills: Palgrave, pp.108, 115; Fitzpatrick, David. 2006. "Irish Emigration and the Art of Letter-Writing." In Elliott, Gerber, and Sinke, eds., *Letters Across Borders: The Epistolary Practices of International Migrants*. Houndmills: Palgrave, p.105; Vargas, Miguel Angel. 2006. "Epistolary Communication between Migrant Workers and Their Families." In Elliott, Gerber, and Sinke, eds., *Letters Across Borders: The Epistolary Practices of International Migrants*. Houndmills: Palgrave, pp.126–131.

2 McNair, Amy. 2015. "Letters as Calligraphy Exemplars: The Long and Eventful Life of Yan Zhengqing's (709–785) Imperial Commissioner Liu Letter." In Richter, ed., *A History of Chinese Letters and Epistolary Culture*. Leiden: Brill, p.53.

3 Richter, Antje. 2013. *Letters and Epistolary Culture in Early Medieval China*. Seattle: University of Washington Press, p.42.

4 Fitzpatrick, David. 2006. "Irish Emigration and the Art of Letter-Writing." In Elliott, Gerber, and Sinke, eds., *Letters Across Borders: The Epistolary Practices of International Migrants*. Houndmills: Palgrave, p.97.

5 Cameron, Wendy, Sheila Haines, and Mary Maude. 2000. "Introduction." In Wendy Cameron, Sheila Haines, and Mary Maude eds., *English Immigrant Voices: Labourers' Letters from Upper Canada in the 1830s*. Montreal: McGill-Queen's University Press, p.xxx.

激烈，大部分利润都是通过操纵汇率和利用汇款作为资本为贸易计划融资获得的。一些公司免费提供纸张和信封，他们都为侨批接收者提供免费答疑服务。原则上来说，一个侨批所需的信封，里面只包括简单的发款通知。大多数汇款人利用这个机会写信，但欠缺场合仪式感。欧洲移民享受不到免费或廉价的信件服务，他们将邮资与他们的总预算进行权衡。随着时间的推移，这可能会成为维系关系的障碍。[1]

信件内容

侨批信件和汇款放在同一个信封里。并非所有的中国移民信件都是作为侨批寄出的，但是关于非侨批信件的研究却很少，所以人们无法说明它们在多大程度上与侨批信件相似。[2]甚至侨批信件也有多种形式，涉及的主题也很广泛，因此它们不容易被简单分类，也不一定能与其他信件区分开来。它们形成了一个亚流派，但是像所有书信体一样，它的边界是具穿透性的。

欧洲移民有时会随信附上钱。然而，从定义上讲，汇款不是信件的一部分，汇款金额通常很小，产生的通常是情感影响，而不是经济影响；大额汇款通过正规部门流通。[3]在侨批贸易中，大小金额都遵循相同的路径。

19世纪和20世纪的移民是大规模全球变革的推动者和对象，但他们的信件很少反映当时的重大问题，主要集中在实际问题、国内事务、对家人的安慰和保证上。[4]欧洲移民信件和侨批信件都是如此。除了政

1 Barton, Hildor Arnold. 2007. *The Old Country and the New: Essays on Swedes and America*. Carbondale: Southern Illinois University Press, p.130.

2 Liu, Haiming. 2005. *Transnational History of a Chinese Family: Immigrant Letters, Family Business, and Reverse Migration*. Piscataway, NJ: Rutgers University Press.

3 这些假设是基于20世纪80年代对墨西哥移民家庭的一项研究。参见 Vargas, Miguel Angel. 2006. "Epistolary Communication between Migrant Workers and Their Families." In Elliott, Gerber, and Sinke, eds., *Letters Across Borders: The Epistolary Practices of International Migrants*. Houndmills: Palgrave, pp.124–138。

4 Richards, Eric. 2006. "Australian Colonial Mentalities in Emigrant Letters." Paper presented at the biennial conference of the British Australian Studies Association, University of Exeter, September 7, p.60.

治变化直接影响他们的生活——例如，在第二次世界大战和反华运动期间——之外，很少有侨批信谈论政治话题。然而，西方移民比侨批作家更有可能对海外遭遇的长篇故事进行反思，以此表达自己的感情。

如何解释欧洲移民书信的内容更为丰富？邮票的成本驱使书写者充分利用纸张。一部分原因可由识字水平和写信习惯的程度解释。即使在欧洲移民中，识字水平也大相径庭。美国的立陶宛人是识字水平最低的，而犹太人和瑞典人是天生的写信人。由于教会学校的存在，大多数威尔士移民能够读写，而意大利在移民开始时，扫盲计划已经教会了许多移民写信。[1]

早期中国移民的识字率很低，在美国，由于“苦力”贸易，识字率在19世纪下降了。[2]像西方移民一样，中国人在亲戚朋友的帮助下给家里写信，但是路边的抄写员和批局的员工（他们的服务有时是免费的）经常提供帮助。许多国家的移民使用预先印制的信件：立陶宛版本提供了涵盖实用性、宗教性和情感性的建议和通知，瑞典人使用预先印刷好的形式和“影子写手”。[3]然而，由于文盲、侨批服务（通常是免费的）、侨批信件频率和路径等原因，预先印刷和替写的或口述的信件可能在中国人中最为常见。

移民的社会背景因人而异，因群体而异。然而，中国移民和欧洲移民之间有一个总体的区别。欧洲移民来自更广泛的地方，总的来说，比

1 Markelis, Daiva. 2006. "'Every Person Likes a Letter': The Importance of Correspondence in Lithuanian Immigrant Life." In Elliott, Gerber, and Sinke, eds., *Letters Across Borders: The Epistolary Practices of International Migrants*. Houndmills: Palgrave, pp.107–111; Jones, William D. 2006. "'Going into Print': Published Immigrant Letters, Webs of Personal Relations, and Emergence of the Welsh Public Sphere." In Elliott, Gerber, and Sinke, eds., *Letters Across Borders: The Epistolary Practices of International Migrants*. Houndmills: Palgrave, p.182; Cancian, Sonia. 2010. *Families, Lovers, and Their Letters: Italian Postwar Migration to Canada*. Winnipeg: University of Manitoba Press, p.11.

2 Chen, Joyce. 2011. "*Chinese Immigration to the United States: History, Selectivity and Human Capital*." Working paper, Ohio State University.

3 Markelis, Daiva. 2006. "'Every Person Likes a Letter': The Importance of Correspondence in Lithuanian Immigrant Life." In Elliott, Gerber, and Sinke, eds., *Letters Across Borders: The Epistolary Practices of International Migrants*. Houndmills: Palgrave, pp.115–116; DeHaan, Kathleen. 2001. "Wooden Shoes and Mantle Clocks: Letter Writing as a Rhetorical Forum for the Transforming Immigrant Identity." In Laura Gray-Rosendale and Sibylle Gruber, eds., *Alternative Rhetorics: Challenges to the Rhetorical Tradition*. Albany: State University of New York Press, p.68.

中国移民的社会阶层高一些，大多数中国移民来自少数几个县的贫困农村。欧洲移民通常比他们的非移民民族和中国移民更有文化，有更广阔的知识和政治视野。

然而，这种概括并不适用于所有地方。尽管东南亚的绝大多数中国人都是受贫困驱使出国的“苦力”，但美国早期的大多数中国人都是中低收入阶层。[1]其他华人移民社区的社会多样性也比人们通常认为的要高。

欧洲移民信函和侨批信函不同的主要原因是它们的目的不同。欧洲的信件力求相对完整，因为它们寻求维持或修复家庭纽带，表达热情。[2]中国移民没有那么孤立，他们和亲友一起移民到国外，定居于各个“家园”。他们的信更有可能关注金钱和促进家庭迁移。

欧洲和中国移民信函中的一些主题是相同的，但除了跨洋分离和移民链的维护等核心问题之外，它们往往以不同的方式解决不同的问题。这些差异可以部分地解释为每个团体与他们的出发地和接收地的关系，以及他们出国和与国内保持联系的目的。

出发地和接收地之间的相对距离决定了移民对自己的处境和家庭关系的看法。在新大陆和更远的对跖点的大多数欧洲人已经准备去那里永久定居，或者很快接受在那里定居。[3]在欧洲移民到美国的高峰期，有一些人返回了——从1/3的英国人（大部分只是短暂地）到5%的荷兰人和德国人——但是大多数人留了下来。从澳大利亚回来的人更少了。[4]

1850年至1889年间，中国人从美国回国的人数相对较多，可能约占

1 Liu, Haiming. 2002. “The Social Origins of Early Chinese Immigrants: A Revisionist Perspective.” In Cassel, ed., *The Chinese in America: A History from Gold Mountain to the New Millennium.* Lanham, MD: Rowman and Littlefield, p.24.

2 Fitzpatrick, David. 2006. “Irish Emigration and the Art of Letter-Writing.” In Elliott, Gerber, and Sinke, eds., *Letters Across Borders: The Epistolary Practices of International Migrants*. Houndmills: Palgrave, p.99.

3 Gerber, David A. 2006. *Authors of Their Lives: The Personal Correspondence of British Immigrants to North America in the Nineteenth Century*. New York: New York University Press, p.13.

4 Harper, Marjory, ed. 2005. *Emigrant Homecomings: The Return Movements of Emigrants, 1600–2000*. Manchester: Manchester University Press, p.81.

一半。[1]据信，从澳大利亚回国的人数比例相似。[2]从东南亚回国的人数比例高于欧洲人的总体回国人数。南洋移民的分离感比美洲和澳大利亚的欧洲人要少，对祖国的归属感更强。与欧洲人相比，南洋移民回国组织有序、费用低廉，而许多欧洲人都负担不起回国费用。东南亚的城市文化和自然地理受中国的影响，与广东和福建相似，而唐人街则增强了移民的熟悉感。这些场域的作用有所不同，但基层景观却很相似。起初，中国人倾向于集中在少数地方，同一方言和亲属群体的成员更是如此。东南亚，尤其是它的大陆部分，比白人聚居地更靠近中国，也更容易回家。对欧洲人来说，距离是巨大的，分散的程度也是如此。多达1/4的移民来信无法从最偏远的定居点送达。即使是一个家庭的成员也分散在世界各地，几乎没有机会保持联系。[3]

对欧洲人来说，物理上的不连续性和“无法回头”的感觉与一种存在性的断裂感相匹配。[4]白人移民渴望一个没有约束和禁忌的新开始。戈博指出了国内无产阶级化所起到的作用，以及国外“农村自给自足”的诱惑力。[5]有些人背井离乡，另一些人根据新的自我形象重新构想了生活场景。[6]根据理查兹的说法，大多数英国移民通过“摆脱了英国的过去”而在移民中幸存下来。[7]相反，中国人是他们家庭的使者，很少有人冒着被排斥和孤立的风险独自出击。

1 Hooper, Kate, and Jean Batalova. 2015. “Chinese Immigrants in the United States.” Migration Policy Institute, January 28.

2 Fitzgerald, John. 2007. *Big White Lie: Chinese Australians in White Australia.* Sydney: University of New South Wales.

3 Bueltmann, Tanja. 2011. *Scottish Ethnicity and the Making of New Zealand Society, 1850–1930*. Edinburgh: Scottish Historical Review Monograph Series, no. 19, p.51.

4 Blegen, Theodore C., ed. 1955. *Land of Their Choice: The Immigrants Write Home*. Minneapolis: University of Minnesota Press.

5 Gerber, David A. 2006. *Authors of Their Lives: The Personal Correspondence of British Immigrants to North America in the Nineteenth Century*. New York: New York University Press, p.16.

6 关于爱尔兰人的研究，参见 Miller, Kerby A., Arnold Schrier, Bruce D. Boling, and David N. Doyle, eds. 2003. *Irish Immigrants in the Land of Canaan: Letters and Memoirs from Colonial and Revolutionary America, 1675–1815.* New York: Oxford University Press。

7 Richards, Eric. 2006. “Australian Colonial Mentalities in Emigrant Letters.” Paper presented at the biennial conference of the British Australian Studies Association, University of Exeter, September 7, p.69.

"种族"和宗教是欧洲移民信心的主要基础。在那些具有文化和"种族"特征的人中，道德优越感最为强烈，并在20世纪早期达到了顶峰，这大量体现在斯堪的纳维亚移民的信件中。[1]

侨批信件表明，移民和他们的家人大部分都是以传统方式生活，并受传统思想的指导。例如，一些信件中会提及崇拜和宗教，并进行宗教祈祷。然而，在中国移民的信中，对宗教问题的讨论没有欧洲移民的信中那么明确。欧洲移民书信不仅以典型的宗教说情开始，而且会阐明宗教观点，引导他们描述社会实践问题并揭示他们的内在感受。威尔士人评论了美国缺少教堂、天主教徒接管、酗酒和挥霍的危险、摩门教徒的两面派等。[2]荷兰人表示相信上帝的保佑和教会的友谊。[3]挪威人称赞非专业的或训练有素的传教士。[4]英国信件中的许多修辞模仿了布道风格和圣经。[5]

逃离迫害的移民和受歧视的宗教少数群体成员的信件与新的自由密切相关。德国人在1848年后为他们的解放而欢欣鼓舞，却甚少在信中提及回归。[6]在美国，他们创造了一种新的公民语言，并"成为最有激情和力量的多元主义者"。[7]

书信重新协商了书写者与家乡的关系，但也让潜在的移民走上了新社会的道路，尼古拉斯·塔乌斯基（Nicholas Tavuchis）借用罗伯

1 Ureland, P. Sture, and Iain Clarkson, eds. 1993. *Language Contact across the North Atlantic*. Tübingen: Max Niemeyer Verlag, pp.241–247; Barton, Hildor Arnold. 2007. *The Old Country and the New: Essays on Swedes and America*. Carbondale: Southern Illinois University Press, p.13.

2 Conway, Alan, ed. 1961. *The Welsh in America: Letters from the Immigrants*. St. Paul, MN: University of Minnesota Press, pp.231–234.

3 Stellingwerff, Jan. 1975. *Amsterdamse Emigranten: Onbekende brieven uit de prairie van Iowa1846–1873*. Amsterdam: Buijten en Schipperheijn.

4 Blegen, Theodore C., ed. 1955. *Land of Their Choice: The Immigrants Write Home*. Minneapolis: University of Minnesota Press, p.9.

5 Cameron, Wendy, Sheila Haines, and Mary Maude. 2000. "Introduction." In Wendy Cameron, Sheila Haines, and Mary Maude eds., *English Immigrant Voices: Labourers' Letters from Upper Canada in the 1830s*. Montreal: McGill-Queen's University Press, p.49.

6 Nadel, George. 1953. "Letters from German Immigrants in New South Wales." *Royal Australian Historical Society Journal* 39(5): 257–258.

7 Efford, Alison Clark. 2013. *German Immigrants, Race, and Citizenship in the Civil War Era*. New York: Cambridge University Press, pp.12, 45.

特·金·默顿（Robert K. Merton）的话称之为“预期社会化”。[1]前往新西兰的移民的信件中表达出一种振奋人心的精神，在到达之前，他们摆脱了阶级压迫。[2]意大利的信件谈到了丰足、富裕和自由。[3]爱尔兰信件的书写者在18世纪创造了一个“天堂般”的美国形象，并重塑了美国对爱尔兰的看法和新视角下的爱尔兰人。[4]挪威信件赞扬了美国的法律和制度。[5]

19世纪后期，信件中体现出一种新的失落感。直到1848年，在民主革命时代，移民被等同于解放，但后来的信件表明，我们应对此持更为批判的态度。[6]许多来自美国和德国的信件从颂扬共和和普世价值转向批判唯物主义。然而，随着理想的破灭，海外身份却幸存了下来。人们对美国的态度从反感转变为正常。[7]

戈博这样解释，大多数欧洲移民的来信都关注家庭问题和实际问题。在异国他乡中，书写者仍然维持和延续着其身份认同。这些信件促成了“一个人际沟通的合作过程”，包括“自我的叙事建构”和“亲密关系的修复”，这两个过程因分离而变得脆弱。它们处在“自我关系、个人

---

1 Tavuchis, Nicholas. 1963. *Pastors and Immigrants: The Role of a Religious Elite in the Absorption of Norwegian Immigrants*. The Hague: Martinus Nijhoff, p.21.

2 Arnold, Rollo. 1981. *The Farthest Promised Land: English Villagers, New Zealand Immigrants of the 1870s*. Wellington: Victoria University Press, p.238; Bueltmann, Tanja. 2011. *Scottish Ethnicity and the Making of New Zealand Society, 1850–1930*. Edinburgh: Scottish Historical Review Monograph Series, no. 19, p.47.

3 Serra, Ilaria. 2009. *The Imagined Immigrant: Images of Italian Emigration to the United States Between 1890 and 1924*. Madison, NJ: Fairleigh Dickinson University Press, p.139.

4 Miller, Kerby A., Arnold Schrier, Bruce D. Boling, and David N. Doyle, eds. 2003. *Irish Immigrants in the Land of Canaan: Letters and Memoirs from Colonial and Revolutionary America, 1675–1815*. New York: Oxford University Press, p.9.

5 Flom, George T. 1909. *A History of Norwegian Immigration to the United States*. Iowa City: privately printed, p.80.

6 Debouzy, Marianne. 1992. *In the Shadow of the Statue of Liberty: Immigrants, Workers, and Citizens in the American Republic, 1880–1920*. Urbana: University of Illinois Press, p.13.

7 Helbich, Wolfgang. 1997. “Different, but Not Out of This World: German Images of the United States between Two Wars, 1871–1914.” In Barclay and Glaser-Schmidt, eds., *Transatlantic Images and Perceptions: Germany and America Since 1776*. Cambridge: Cambridge University Press, pp.128–129.

身份、自我叙事建构、谈论和行为素养”这些概念相交织的环境中。[1]一项关于瑞典移民来信的研究表明，书信使移民能与“由不断漂泊导致的紧张感”和平相处，并推动他们进行自我反思，重新设想自己的身份。[2]理查兹说，移民比非移民更有可能反思自己的状况，并体验让人近乎疯狂的集体态度。[3]荷兰移民的书信比当时的文化开放得多。[4]

欧洲移民的来信并不总是坦诚相告，以避免收件人担心和引起个人尴尬。戈博用“假面舞会”这个词来表示他们倾向于“夸大移民的好处”，淡化移民的艰难。塞拉发现意大利移民中有一种倾向，即在他们的信件中略去负面评论；在这方面，移民信件的子类型不同于更广泛的私人信件类型，私人信件更为清晰和真实。[5]

然而，大多数欧洲移民鲜少描绘一幅极其享乐的画面，因为这样新来者可能会对他们表示不满。许多人坦率地承认了他们的失败和破灭的希望。无法避免的是，比起那些失败者，那些最适应目的地的人更不可能写信回家。理查兹甚至说，移民来信可被视为记录失败的典型代表。[6]

戈博将欧洲移民的信件分为三类。常规信件旨在“组织和维护”关

---

1 Gerber, David A. 2006. “Epistolary Masquerades: Acts of Deceiving and Withholding in Immigrant Letters.” In Elliott, Gerber, and Sinke, eds., *Letters Across Borders: The Epistolary Practices of International Migrants*. Houndmills: Palgrave, pp.143–144; Gerber, David A. 2006. *Authors of Their Lives: The Personal Correspondence of British Immigrants to North America in the Nineteenth Century*. New York: New York University Press, p.57.

2 DeHaan, Kathleen. 2001. “Wooden Shoes and Mantle Clocks: Letter Writing as a Rhetorical Forum for the Transforming Immigrant Identity.” In Laura Gray-Rosendale and Sibylle Gruber, eds., *Alternative Rhetorics: Challenges to the Rhetorical Tradition*. Albany: State University of New York Press, pp.67–68.

3 Richards, Eric. 1991. “Voices of British and Irish Migrants in Nineteenth-Century Australia.” In Pooley and White, eds., *Migrants, Emigrants and Immigrants: A Social History of Migration*. London: Routledge, p.20; Richards, Eric. 2006. “The Limits of the Australian Emigrant Letter.” In Elliott, Gerber, and Suzanne Sinke, eds., *Letters Across Borders: The Epistolary Practices of International Migrants*. Houndmills: Palgrave, p.5.

4 Ganzevoort, Herman, trans. and ed. 1999. *The Last illusion: Letters from Dutch Immigrants in the “Land of Opportunity”, 1924–1930*. Calgary: University of Calgary Press, pp.19–21.

5 Gerber, David A. 2006. “Epistolary Masquerades: Acts of Deceiving and Withholding in Immigrant Letters.” In Elliott, Gerber, and Sinke, eds., *Letters Across Borders: The Epistolary Practices of International Migrants*. Houndmills: Palgrave, pp.147–157; Serra, Ilaria. 2009. *The Imagined Immigrant: Images of Italian Emigration to the United States Between 1890 and 1924*. Madison, NJ: Fairleigh Dickinson University Press, pp.137–138.

6 Richards, Eric. 2006. “Australian Colonial Mentalities in Emigrant Letters.” Paper presented at the biennial conference of the British Australian Studies Association, University of Exeter, September 7, pp.61–62.

系网络，包括“书信往来的时间表”；表述信件旨在“表达生活经验和情感状态”，并通过亲昵称呼和表白感情确定关系；描述性的信件则描述了日常关注点、活动和例行事项。[1]

欧洲移民写的大多是常规信件。根据戈博的定义，大多数侨批书信也具常规性。它们同时也是描述性的，特别是关于进一步移民的可行性。但是它们很少被赋予表达自我想象力和创造力的机会。总的来说，它们更为保守，较少表露感情，也不太可能流露内心的感受。有些涉及家庭丑闻，但个人和家庭事务很少能在聚居区长期保密，所以无论如何，这些丑闻会被公开。

书写者的男性气质和中国性别角色的刻板性能解释这种表达缺陷吗？戈博怀疑在“欧洲移民书信体中，性别和情感表达间是否存在简单的相关性”，并指出男性移民也参与其中。[2]然而，它在大多数侨批信件中的缺失可能可以解释为中国文化中情感表达和亲密表达的倾向较低，这一特征在男性中尤为明显。

中文书信更统一，更少自我反思和自我展示。书写者绝大多数是男性，他们会避免描述艰难困苦，尽力展现坚忍。在中国社会，角色比个人经历更重要，相互依赖比自力更生更重要。他们不愿意承认失败，隐藏在爱面子背后的是自我怀疑，害怕他人评价自己徒有其名。

在自我相互依存的中国，个人情感不如崇尚独立的社会重要。中国人的个性更多地表现在人际关系、社会角色和道德行为上，而不是情感和自我主张上。在更多由个人而不是集体构成的社会中，自我表达是被期待的。这种差异解释了中国信件的自我约束，它关注的是实际问题和正式关系。

集体义务使中国移民不愿为了那些打算跟随他们出国的人而掩饰困难。中国移民的作用是通过可预测的时间间隔汇款来养家糊口，并为进一步的移民铺平道路。汇款者讲述了他们自己的故事：汇款是否准时、

1 Gerber, David A. 2006. *Authors of Their Lives: The Personal Correspondence of British Immigrants to North America in the Nineteenth Century*. New York: New York University Press, pp.101–136.

2 Gerber, David A. 2006. *Authors of Their Lives: The Personal Correspondence of British Immigrants to North America in the Nineteenth Century*. New York: New York University Press, pp.116–129.

可观且不断增长？海外经济繁荣吗？关键决策取决于通过侨批渠道发送的信息的准确性。搪塞、模棱两可和隐瞒坏消息都有可能适得其反。因此，当欧洲移民实行“战略沉默”时，中国人却处于定期提供可靠信息的压力之下。[1]侨批业创造了一个由移民及其家属组成的跨国社区，侨批贸易在移民链条两端的业务都很明显。

对非英语移民来说，信件的一个功能是保持其母语。[2]然而，华人书写者生活在唐人街这样的中文世界，他们使用的邮政服务甚至包括信封书写都是中文的，但他们在外从不使用中文发表声明。他们的情况类似于那些在移民大国说英语的人，只是他们认同自己的祖国，而不是英语国家。

“浪漫书信”是与维系感情有关的信件的一个子集，它“让爱情在分离的情况下依然存在”。欧洲移民书信中情书虽然很少，但亦是其组成部分，甚至有一本关于它们的书。[3]在中国移民书信中，情书更少。中国有着悠久的本土情书传统，但侨批信件不仅避免表达配偶之爱，甚至避免了欧洲移民书信中常见的那种亲昵行为。[4]

在侨批信件中，对与移民伙伴或国内亲人的关系进行重新谈判的现象也较少。中国移民的关系确实发生了变化。收入提升了他们的家庭权力和社会地位。他们在经济上变得独立，在许多情况下这尤为重要。然而，这种变化很少导致公开的自我质疑或关系调整。相反，人们会调整自己的行为，以求与已改变的规范和期望相一致。

书信肯定会被手手相传或被大声朗读，这使得部分中国人根本不愿

1 Gerber, David A. 2006. “Epistolary Masquerades: Acts of Deceiving and Withholding in Immigrant Letters.” In Elliott, Gerber, and Sinke, eds., *Letters Across Borders: The Epistolary Practices of International Migrants*. Houndmills: Palgrave, p.151.

2 Ureland, P. Sture, and Iain Clarkson, eds. 1993. *Language Contact across the North Atlantic*. Tübingen: Max Niemeyer Verlag, pp.240; Jones, William D. 2006. “‘Going into Print’: Published Immigrant Letters, Webs of Personal Relations, and Emergence of the Welsh Public Sphere.” In Elliott, Gerber, and Sinke, eds., *Letters Across Borders: The Epistolary Practices of International Migrants*. Houndmills: Palgrave, pp.175–199.

3 Cancian, Sonia. 2010. *Families, Lovers, and Their Letters: Italian Postwar Migration to Canada*. Winnipeg: University of Manitoba Press.

4 McDougall, Bonnie. 2015. “Infinite Variations of Writing and Desire: Love Letters in China and Europe.” In Richter, ed., *A History of Chinese Letters and Epistolary Culture*. Leiden: Brill, pp.546–581.

意写信。取而代之的是，他们使用了批局提供的预先打印好的表格，上面刻有套话，包括标准信息或几种选择。与其说这是因为汇款人害怕将自己和收件人之间可以保密的事情记录下来，不如说是因为他害怕如果他言辞笨拙或不合时宜会被嘲笑。

尊重和顺从

对欧洲移民书信的研究提到了他们表达尊重和义务的方式。这一领域最早的研究之一是托马斯（Thomas）和兹纳涅茨基（Znaniecki）关于波兰移民的专著，创造了"鞠躬书信"（bowing letters）一词来描述它。[1]中国移民的书信更倾向于表达敬意，使用了丰富的语言标记来表示尊敬和自谦。他们经常在"受尊敬"和"长辈"的人前面加上"膝下"和"鞠躬"之类的词，书写者经常在给年长亲戚的信中以"愚"或"叩头"落款。

在古代汉语中，这些习俗甚至比中世纪欧洲的相应习俗更为明显。[2]表达尊重和礼貌的一种方式是避免使用第一人称和第二人称代词，因为它们不表示身份，而是使用亲属称谓或家族形式称呼，即使在家庭环境中也是如此。欧洲移民经常直呼其名，而中国人则更倾向于以表明其年龄或辈分的方式称呼他人。[3]书写者用夸张言辞进行致歉或自责也很常见。并非所有的侨批书信都遵循这些惯例，有些人使用普通的代词和不显恭敬的语言，但大多数使用尊重和顺从策略传达了强烈的等级观念。

移民书信中的其他问题

上一节考察了中国和欧洲移民书信的重要性，以及它们的差异性和

1 Thomas, William I., and Znaniecki Florian. 1958. *The Polish Peasant in Europe and America*. 2nd ed. 2 vols. New York: Dover.

2 Pan, Yuling, and Daniel Z. Kádár. 2011. *Politeness in Historical and Contemporary Chinese*. London: Continuum, p.60.

3 Pan, Yuling, and Daniel Z. Kádár. 2011. *Politeness in Historical and Contemporary Chinese*. London: Continuum, pp.54, 61.

共性。下一节集中讨论书信的学术研究、公私界限的模糊、书信体文学之旅及其作为指南的作用。

书信学术研究与策展

书信出现在所有的文化社会中，但是关于写信作为一种社会和文学实践的研究却相当罕见。令人惊讶的是，鉴于中国人已经有两千多年的写信历史，中国的情况尤其如此。里克特将这种缺失部分归因于儒家经典中书信的缺失。典籍中没有类似《新约》中所展示的书信，其促进了书信学术研究的兴起。[1]

正如我们所看到的，侨批研究是这种忽视的一个显著例外，最大的兴趣来自那些涉及侨批贸易的省份。侨批档案在2013年成功入选教科文组织的《世界记忆名录》，侨批研究因此受到了更广泛的关注。

欧洲移民书信研究者对博物馆、档案馆和他们的后代未能保存信件感到遗憾，而且大多数保存者是中产阶级，因此他们收集的信件的社会范围通常很狭窄。[2]一项研究表明，只有极小的一部分（移民信件）被保存下来，可供研究人员使用，“而且研究群体不是由研究人员而是由捐赠者来确定的”。[3]在大多数情况下，很难知道保存的信件占发送信件总数的比例。所有欧洲移民的信件也是如此。[4]考虑到移民的流动性和融入主流社会的趋势并由此摆脱过往，来自欧洲的入境信件与出境信件数量相

1 Richter, Antje. 2013. *Letters and Epistolary Culture in Early Medieval China*. Seattle: University of Washington Press, pp.5–6; Richter, Antje. 2015. “Introduction: The Study of Chinese Letters and Epistolary Culture.” In Richter, ed., *A History of Chinese Letters and Epistolary Culture*. Leiden: Brill, p.1.

2 Donna Gabaccia, 转引自 Baran, Madeleine. 2010. “The Immigrant’s Story, Told through Letters.” Minnesota Public Radio, December 1。https://minnesota.publicradio.org/features/2010/11/immigrant-letters-home/

3 Helbich, Wolfgang, and Walter D. Kamphoefner. 2006. “How Representative Are Emigrant Letters? An Exploration of the German Case.” In Elliott, Gerber, and Sinke, eds., *Letters Across Borders: The Epistolary Practices of International Migrants*. Houndmills: Palgrave, pp.29–30, 50.

4 关于爱尔兰移民信件，请参阅 Bielenberg, Andy, ed. 2000. *The Irish Diaspora*. Harlow: Longman, p.137。

当，但更为罕见。[1]在一个德国档案馆中，只有2%的信件是“向西而行”的。[2]但是，即使是知名人士的书信也是不完整的，因为“写信和收信的特征是不完整和分散的”，集体收藏也不可避免地更是如此。[3]这种不完整性降低了保存下来的信件的价值，这些信件经常被断章取义及顺序模糊，除非它们反映了移民企业的“整体面向”。[4]

正如我们所见，侨批书信集比欧洲移民书信集更完整，也更完善。它们被保留下来是因为它们的汇款功能以及文化、人口和体制原因。历史上，中国人崇敬书写的文字。保存侨批有其特殊的原因，它记录了可能需要咨询的金融交易，因此理所当然地被保存下来。许多是告诫信，他们的建议持久有效。

让欧洲移民书信的研究者遗憾的是，由于穷人和妇女不具代表性，有关他们的收藏不仅仅是不完整的，而且是非典型的。戈博研究的书写者是一个“明显的中产群体”，拥有“重要的个人资源”。[5]无论是在寄送地还是接受地，理查兹的研究对象也比一般人更富有，更有文化。[6]

相比之下，侨批的收藏在社会上更具包容性。所有阶层的汇款人，包括低收入者，都通过保留存根和信件来记录交易。

然而，侨批中同样缺少家书，因为中国移民和他们的后代经常丢弃他们的文件，而这些文件大多数人根本看不懂。中国的家庭更倾向于待

1 Bruce S. Elliott, David A. Gerber, Suzanne M. Sinke, eds. 2006. *Letters Across Borders: The Epistolary Practices of International Migrants*. Houndmills: Palgrave, p.3.

2 Helbich, Wolfgang. 1997. "Different, but Not Out of This World: German Images of the United States between Two Wars, 1871–1914." In Barclay and Glaser-Schmidt, eds., *Transatlantic Images and Perceptions: Germany and America Since 1776*. Cambridge: Cambridge University Press, p.126.

3 Stanley, Liz. 2004. "The Epistolarium: On Theorizing Letters and Correspondences." *Auto/Biography* 12: 204.

4 Richards, Eric. 2006. "Australian Colonial Mentalities in Emigrant Letters." Paper presented at the biennial conference of the British Australian Studies Association, University of Exeter, September 7, p.68.

5 Gerber, David A. 2006. *Authors of Their Lives: The Personal Correspondence of British Immigrants to North America in the Nineteenth Century*. New York: New York University Press, pp.14–15.

6 Richards, Eric. 2006. "Australian Colonial Mentalities in Emigrant Letters." Paper presented at the biennial conference of the British Australian Studies Association, University of Exeter, September 7, pp.58, 62–65.

在同一个地方，并对这些信件怀有崇敬之意。[1]中国地方政府在抢救信件中发挥了作用，通过识别后代，让他们帮助重构“没有历史的人”的历史。但是，海外华人图书馆和协会的相应努力则较少。

自从1958年托马斯和兹纳涅茨基在出版的关于波兰农民的专著中，用移民的书信来研究现代化的影响以后，人们对西方移民信件的态度发生了很大的变化。另一些人则出版书信选集，作为移民的“真实”声音，或者用它们来探讨更广泛的论题。然而今天，该领域的专家们已经开始把注意力集中在书信上，把它作为一个研究对象，而不是一个促进其他现象研究的资源，并把它作为一种通过语言动员来“书写”人际关系和个人及社会身份的手段。[2]这些方法在侨批研究中几乎没有相应的地方。

中国和西方的移民信件引起了语言学家的注意。斯蒂芬·埃尔斯帕斯（Stephan Elspass）认为，这些数据可以用来发现过去普通人的说话方式，因为它们在很大程度上忽视了语法学家和学校老师的规定。[3]中国的研究也得出了类似的结论。但是其他的方法，例如艾玛·莫顿斯（Emma Moretons）对大量的移民信件进行语言学分析并从它们“向外推断”，在中国则没有类似的方法。[4]

20世纪90年代，西方关于移民书信的学术研究从当代和历史的跨国主义兴起中获得了灵感。这种跨国性的转变导致了一种新的观点，即移民跨越两个或更多的地方，故土、新大陆，或许还有更广泛的移民社群，几十年来，信件是他们之间的主要纽带。跨国主义是中国移民研究中的一个新主题，它与省级和中央政府对全球网络的兴趣相吻合。无论是在

1 在德国，农民的家庭比城市居民更有可能将信件保存下来。（Helbich, Wolfgang, and Walter D. Kamphoefner. 2006. “How Representative Are Emigrant Letters? An Exploration of the German Case.” In Elliott, Gerber, and Sinke, eds., *Letters Across Borders: The Epistolary Practices of International Migrants*. Houndmills: Palgrave, p.45.）

2 Bruce S. Elliott, David A. Gerber, Suzanne M. Sinke, eds. 2006. *Letters Across Borders: The Epistolary Practices of International Migrants*. Houndmills: Palgrave, pp.5–9.

3 Kamphoefner, Walter D. 2007. “The Uses of Immigrant Letters.” *Bulletin of the German Historical Institute* 41: 139.

4 Moreton, Emma. 2013. “Profiling the Female Immigrant: A Method of Linguistic Enquiry for Examining Correspondence Collections.” In Gabaccia and Maynes, eds., *Gender History Across Epistemologies*. Chichester: Wiley-Blackwell, chapter 4.

中国还是在西方，这种跨国性的转变使得人们对寻找更为罕见的回批产生了更大的兴趣，这一资料记录了这种交流的一个重要方面。[1]

关于侨批以及侨批贸易的文章众多，但许多是侨批影印资料集，而不是对其内容进行分析。中国的侨批研究学者主要关注华人书信的历史、经济和制度背景，从华人书信的收集和通过网络传递到中国，再到华人书信在农村的传递。为什么他们更喜欢语境而不是内容本身？因为熟悉话语分析、文化研究和语言转向的人很少。他们的马克思主义方法突出了客观环境和更大的问题，而不是日常生活的细枝末叶。作为地方历史学家，他们看重侨批制度的特殊性。最后，侨批信件的实用性使其对文学、文本和内容分析的对应较弱。它们更可能是统一的和非实质性的。

文学之旅

一些欧洲移民详细描述了他们的旅行和遭遇。[2]第一封信通常描述海洋之旅，在19世纪早期，到美国需要长达14周的时间，到澳大利亚需要更长的时间。[3]这段旅程艰难而危险，它的长度标志着断裂的深度。详细的记事被作为旅途日记寄回国内，并被复印或装订成日记以便流通。关于跨境情形的信件是移民们在新家安顿下来的一系列信件中的第一封。[4]

“抵达叙事”对离开的地方和到达的地方进行了详细的比较。[5]随之叙述的是拓荒者生活的艰辛和“从一个国家到另一个国家的整个移民过程的新奇之处”。埃利奥特（Elliott）描述了即使是没有受过教育的移民

1 有关西方学者的研究，请参阅Bruce S. Elliott, David A. Gerber, Suzanne M. Sinke, eds. 2006. *Letters Across Borders: The Epistolary Practices of International Migrants*. Houndmills: Palgrave, pp.11–12。

2 Barton, Hildor Arnold. 2007. *The Old Country and the New: Essays on Swedes and America*. Carbondale: Southern Illinois University Press, p.131.

3 Stellingwerff, Jan. 1975. *Amsterdamse Emigranten: Onbekende brieven uit de prairie van Iowa 1846–1873*. Amsterdam: Buijten & Schipperheijn. 这封信通常始于海上。

4 DeHaan, Kathleen. 2001. “Wooden Shoes and Mantle Clocks: Letter Writing as a Rhetorical Forum for the Transforming Immigrant Identity.” In Laura Gray-Rosendale and Sibylle Gruber, eds., *Alternative Rhetorics: Challenges to the Rhetorical Tradition*. Albany: State University of New York Press, p.53.

5 Bueltmann, Tanja. 2011. *Scottish Ethnicity and the Making of New Zealand Society, 1850–1930*. Edinburgh: Scottish Historical Review Monograph Series, no.19, p.60.

的旅行叙事“在某种程度上符合文学惯例”。有些人讲述了一次“从文明到荒野再回来”的旅程，借鉴了流行文化、报刊、圣经语言和隐喻、布道文学和莎士比亚的作品，把新的风景变成了熟悉的风景。[1]甚至连劳动者的来信也有助于通过“文明和野蛮的比喻”“理解他们的新景观，以及他们留下的印记”。[2]

侨批书信很少能与这些游记的创意和诗意相提并论。很少有书写者带着同样的惊奇和冒险感讲述他们在海上和国外港口的经历。一个原因是从中国出发的旅程通常异常艰辛，不像欧洲的跨境旅行。新来的中国人通常最多会寄一张便条，说他们已经平安抵达，并附上几元（由批局提供）作为未来汇款的象征。

然而，一些侨批和回批谈到了西方文化和生活方式的一些方面。许多人对摄影表现出浓厚的兴趣。喝牛奶的好处是信件中讨论的话题之一。在中国的家庭成员写信要求移民把现代产品，包括衣服和药品寄送回家。

但是，绝大多数侨批信件都是针对与中国相关的话题和业务。与欧洲移民书信相比，教育更是侨批信件中的共同话题。书写者们嘱咐留守农村的年轻一代要努力学习，远离赌博等恶习，一些侨批和回批，特别是来往于广东和北美之间的书信中，会商议或安排亲属或子女出国留学，这一话题在来往东南亚的侨批、回批书信中不太可能出现。侨批书信不可避免地反映了移民家庭责任的传统思想，“不孝有三，无后为大”是近代中国最广为人知的戒律，也经常被人吟诵。在某些情况下，移民与其妻子婚后长期分居两地而没有孩子，一些书信中就提到要为移民收养或购买一个儿子或女儿。在欧洲移民的信件中没有类似的做法。侨批信件中经常会有“落叶归根”的比喻，这种感情被用来强化旅居的意识形态。许多信件的结尾都是关于返回和返回时的阻碍。老一辈和妻儿的来信恳求移民们返回。这种情况比欧洲移民的通信要频繁得多。

华人书信的持久特征是焦虑、悲观和对相互安慰的渴望。欧洲移民

1 Elliott, Bruce S. 2017. “Immigrant Diaries and Memoirs.” Library and Archives Canada.

2 Middleton, Sue. 2010. “The Seven Servants of Ham: Labourers’ Letters from Wellington in the New Zealand Journal, 1840–1845.” *New Zealand Journal of History* 44(1): 69.

也在信中表达了他们的担忧，但没有那么强烈和持续。“平安”“安然无恙”在侨批和回批中都是一种标准的老生常谈的安慰，以至于移民到达后的第一封家信，通俗地说，被称为“平安信”。侨批和回批中对“不要担心”的规劝随处可见。许多家信都是以一连串的祝福开始的，祝愿收信人万事如意，主要是身体健康和获利丰厚。根据定义，侨批信件的重点是汇款，所以关于钱的问题和争吵占据主导地位，尤其是在回批中，其书写者试图控制汇款，把其他人拒之门外，或从中获取更大的份额。因为广东和福建被土匪和内战蹂躏了一个世纪，经历了与日本的战争和内战的回归，所以在强烈的个人和国家悲剧意识上，这两个地方的通信远比欧洲的通信更有深度——但只是在直接经历的时候有所呈现，很少作为一般的政治反思。

由于地理和文化上的距离以及社会心理上的差异，中国和欧洲的书写者对空间转移的经历有不同的反应。然而，更重要的是，中国移民被排除在社会和政治主流之外，并被限制在华侨华人聚居区。如果他们发展了一种政治意识，这种意识必然以唐人街和中国为中心，就像他们的经济计划在很长一段时间里主要是中国人生活的延伸一样。

隐私

原则上，私人信件是写给收件人的，收件人可能会也可能不会传阅。这是为什么它被密封在信封里的原因之一——另一个原因是为了防止它受到物理伤害。这种做法在任何时候任何地方都适用于信件，包括在中国。

公函和私信之间不是不可渗透的。信件在密友之间传递。各地的信件都因其知识或文学内容而进入公共领域，这些内容可以世代流传，成为优美文字、雄辩表达或精妙推理的典范。在中国，与书法有密切联系的书信以书法的形式流传。[1]

1 Richter, Antje. 2013. *Letters and Epistolary Culture in Early Medieval China*. Seattle: University of Washington Press, pp.28, 40–42.

学者们认为，移民信件比大多数信件更为公开。[1]它们被非正式地向四周展示，在厨房的桌子上，在田野里，在公共集会上，或者在讲坛上被大声朗读。在意大利，阅读是在“宗教沉默”中进行的。[2]在识字水平较低的欧洲移民社区，写信是集体的或合作的行为，或者是给那些在学校学习书写的孩子们的一份工作。[3]

在给移民书信的特点进行命名时，戈博借用了术语“方言出版物”［由斯蒂芬·芬达（Stephen Fender）在《海上变化》中描述移民书信档案时提出的］描述“通过口头交流分享个人信件的行为，这不仅是对私人信件的公开，而且也是在书信自身的生命周期内将它从私人写作提升为社会文件”。[4]

欧洲移民书信有时由商业利益集团或慈善机构和政治团体在报刊上刊发，这些团体宣传移民以解决社会问题，或者为当地网络服务，或者传播民主和改革的政治思想（在政治变革的时代）。[5]欧洲移民代理人甚至虚构了一些信件来鼓励贸易。[6]一个组织从英国向加拿大派遣移民的慈善计划以小册子的形式出版了“佳信”。[7]其他密谋伪造并出版了成功移

1 Bruce S. Elliott, David A. Gerber, Suzanne M. Sinke, eds. 2006. *Letters Across Borders: The Epistolary Practices of International Migrants*. Houndmills: Palgrave, pp.9–10.

2 Serra, Ilaria. 2009. *The Imagined Immigrant: Images of Italian Emigration to the United States Between 1890 and 1924*. Madison, NJ: Fairleigh Dickinson University Press, p.139.

3 Irishacw. 2015. “Analysing 19th Century Emigration, a Case Study: Dissecting One Irishman’s Letter Home.” Damian Sheils blog. https://irishamericancivilwar.com/2015/12/20/analysing-19th-century-emigration-a-case-study-dissecting-one-irishmans-letter-home/; Markelis, Daiva. 2006. “‘Every Person Likes a Letter’: The Importance of Correspondence in Lithuanian Immigrant Life.” In Elliott, Gerber, and Sinke, eds., *Letters Across Borders: The Epistolary Practices of International Migrants*. Houndmills: Palgrave, p.115.

4 Gerber, David A. 2006. *Authors of Their Lives: The Personal Correspondence of British Immigrants to North America in the Nineteenth Century*. New York: New York University Press, p.342.

5 Marlborough Press 1873, cited in Te Ara-The Encyclopedia of New Zealand. “Letters from Happy English Immigrants.” https://teara.govt.nz/en/document/2060/letters-from-happy-english-immigrants

6 Serra, Ilaria. 2009. *The Imagined Immigrant: Images of Italian Emigration to the United States Between 1890 and 1924.* Madison, NJ: Fairleigh Dickinson University Press, p.138.

7 Cameron, Wendy, Sheila Haines, and Mary Maude. 2000. “Introduction.” In Wendy Cameron, Sheila Haines, and Mary Maude eds., *English Immigrant Voices: Labourers' Letters from Upper Canada in the 1830s*. Montreal: McGill-Queen’s University Press, pp.xv–xl.

民的信件，敦促人们移民。[1]然而，潜在的移民很少在没有得到朋友或亲戚的保证的情况下作出决定。[2]

这种做法进一步模糊了私人信件和公共信件之间的区别。一些学者认为已发表的移民信件不一定具有代表性，它们难以被核实，而且可能是经过编辑的，但另一些学者则指出，国内媒体和海外少数族群媒体与移民及其家人之间存在密切关系，这表明在媒体更加专业化以及族裔离散群体民族化和同化之前，现代公共领域已经出现。[3]

写给新闻界的书信是19世纪中国报纸的一个特色，就如同它们在全世界一样。和出版的移民信件一样，这些书信一直被社会科学家所忽视。纳塔莎·根茨（Natascha Gentz）将这些信件与安德森（Anderson）关于读者的"想象的共同体"的理念联系起来，但她承认，这些信件旨在促进共识，而非争论，其书写者是文人、商人和专业人士。[4]

中国移民的书信提供了一个不同的视角来看待根茨的观点。正如我们在前一章所解释的那样，侨批贸易与侨刊密切相关，侨刊在中国的侨乡大量出现，有时被称为"集体家书"。批局经营者在经济上支持侨刊，在侨刊中投放广告，并协助销售。然而，"想象的"共同体不是民族的共同体，而是方言共同体和地域共同体。在危机中，侨刊努力支持国家，但它们通常更为关注移民的中心地带。

侨批信件并不像欧洲移民信件那样在侨刊上发表以促进移民。它们很少在家庭之外流传。然而，如果一个移民，一个移民的家庭，或者一

1 Harper, Marjory. 2010. "Opportunity and Exile: Snapshots of Scottish Emigration to Australia." *Australian Studies* 2(2): 1–21; University of Waterloo. 2002. "Letters Collected by the Canada Company to Encourage Emigration, 1842."

2 Cameron, Wendy, Sheila Haines, and Mary Maude. 2000. "Introduction." In Wendy Cameron, Sheila Haines, and Mary Maude eds., *English Immigrant Voices: Labourers' Letters from Upper Canada in the 1830s*. Montreal: McGill-Queen's University Press, p.xl.

3 Jones, William D. 2006. "'Going into Print': Published Immigrant Letters, Webs of Personal Relations, and Emergence of the Welsh Public Sphere." In Elliott, Gerber, and Sinke, eds., *Letters Across Borders: The Epistolary Practices of International Migrants*. Houndmills: Palgrave, pp.175–199; Jaroszyńska-Kirchmann, Anna D. 2006. "As If at a Public Meeting: Polish American Readers, Writers, and Editors of Ameryka-Echo, 1922–1969." In Elliott, Gerber, and Sinke, eds., *Letters Across Borders: The Epistolary Practices of International Migrants*. Houndmills: Palgrave, pp.200–220.

4 Gentz, Natascha. 2015. "Opinions Going Public: Letters to the Editors in China's Earliest Modern Newspapers." In Richter, ed., *A History of Chinese Letters and Epistolary Culture*. Leiden: Brill, pp.900–931.

个侨批业者提供捐赠，这封信通常会被公布。“文化大革命”后的香港，当局为了加强移民对香港的归属，出版了移民书信。

侨批信件不像欧洲信件那样表达私人情感，但寄件人和收件人至少在一个方面对于隐私有所坚持。寄件人的主要目的是汇款并获得回执。小额汇款不需要隐瞒，因为它们是可以预测的，但是巨额的汇款可能会引起贫困亲戚来借钱或当地领导人来募捐，土匪也可能会打劫。因此，尽管侨批的到来是众所周知的，但巨额汇款却被隐藏了起来。送件人也被希望对此保持沉默，这样它们直到被花掉或存入银行的时候都不会被公开。但保密与汇款的规模有关，与个人隐私无关。

作为指南的移民书信

移民书信不仅被用来维系家庭纽带，还被用来鼓励其他人沿着这条链条迁移。他们通过提供有关海运、接待、入境口岸的检查、就业机会、价格和工资的信息进行协助，在任何地方都被视为最现实的指南。

在那个时代的欧洲，信件极大地刺激了移民，并被广泛转录和传播。在斯堪的纳维亚、爱尔兰和其他地方，它们被称为“美国书信”。他们称赞美国，并在可能的情况下，附上给亲戚的预付机票。[1]在犹太人的观念里，信件在决定移民时比媒体发挥了更大的作用。[2]在意大利，书信通过强调积极因素和淡化问题来建立美国神话，要么是为了避免让接收者担心，要么是因为不愿意宣扬自己的焦虑。书信是意大利移民的“连接环”。[3]然而，瓦尔特・坎普赫夫纳（Walter D. Kamphoefner）指出，因为对链条式移民施加的限制，德国移民的书信对美国的情况提供了细致入微的描述，而不是欣喜若狂的移民宣传。他认为，它们是“真正的

1 Flom, George T. 1909. *A History of Norwegian Immigration to the United States.* Iowa City: privately printed, pp.80–83.

2 Kosak, Hadassa. 2000. *Cultures of Opposition: Jewish Immigrant Workers, New York City, 1881–1905.* Albany: State University of New York Press, pp.34–38.

3 Serra, Ilaria. 2009. *The Imagined Immigrant: Images of Italian Emigration to the United States Between 1890 and 1924.* Madison, NJ: Fairleigh Dickinson University Press, pp.137–138.

指南”。[1]

中国移民的书信也起到了同样的作用，但有更多的维度。中国的移民链条非常长，而且由宗族进行完善的组织。在刘海明的研究中，美国华人家庭的通信不是单向的，而是“十几个人之间的通信网络”，他们交换“信息、思想和感情”，以维持社会网络和扩大连锁迁移。一些民族使用书信网络来建立起他们在世界各地成百上千的成员所使用的路线。总体而言，在19世纪和20世纪的大部分时间里，欧洲移民可以相对自由地移民，但几乎所有地方的当局都尽力阻止中国移民。如何通过遵循正确的路线和方法绕过这些障碍，以及如何在可能持续数天或数周的审讯中向移民官员提供令人满意的答案，是这些信件的重要主题。

在19世纪末到20世纪中的这段时间里，应对审讯的问题所使用的策略通常为“纸生仔”，在这种策略中，希望进入美国的中国人冒充已定居移民的子女，否则他们会被拒绝入境。移民从专业辅导人那里购买“辅导信”，但即使是一些真正的儿子也需要接受审问，并通过信件获取关于如何处理这些问题的书面指导。[2]

劝诫信

历史上，几乎所有移民都是男性。他们拥有很大的权力，尤其是当他们的家庭依靠他们的汇款生活时，他们通过写信来行使权力，在信中他们作出或干预决策或解决纠纷。

在某种程度上，说教是大多数男性移民书信的一个特点。例如，爱尔兰移民写信回家是为了启迪子孙后代，“告诫他们的后代要效仿所谓的美德和成功”。[3]据说对话是这类书信的一个重要特征，但大多数的说教

1 Kamphoefner, Walter D. 2007. “The Uses of Immigrant Letters.” *Bulletin of the German Historical Institute* 41: 137–140.

2 Liu, Haiming. 2005. *Transnational History of a Chinese Family: Immigrant Letters, Family Business, and Reverse Migration.* Piscataway, NJ: Rutgers University Press, pp.11, 79.

3 Miller, Kerby A., Arnold Schrier, Bruce D. Boling, and David N. Doyle, eds. 2003. *Irish Immigrants in the Land of Canaan: Letters and Memoirs from Colonial and Revolutionary America, 1675–1815.* New York: Oxford University Press, p.9.

类书信都是独白。[1]单一警告在中国移民书信中很常见。这在回信中也有所反映，回信中会确认收到“指示”和“指导”。

几个世纪以来，劝诫信一直是中国书信体的一部分。对中世纪中国书信的研究表明，这些书信中没有“私人事务”，类似于纪念性质的信件，甚至有“基因亲缘关系”。它们大多是往来于地位不等的人之间的，是根据严格的规则和准则制定的。古代中国国家权力的行使是基于皇权集中制和父权家长制，这使得公私之间的区别显得多余。甚至家庭信件也与官方信件有着相同的风格。在一个文人从事行政管理的社会里，大部分的书写，甚至书信，都受到官僚程序的影响。[2]里克特描述了自汉代以来在中国书信传统中占显著地位的“家族训诫信”这一小类，发现它们具有遗嘱的特点。它们也具有教育意义，适用于未来的一代人以及当代人，而且并不总是远距离传递。[3]

刘海明在他的关于一个跨国华人家庭通信的研究中表明，写信是如何成为向几代人传播道德价值观和建议的工具，对于移民来说，则是分隔海洋两端的传递。以历史和家族史为例，中国的相关信件（并不包括本文的侨批书信案例）强调了教育、勤奋、节俭、孝道和道德品质的重要性。这些信件又产生了更多来自家族链次要人物的信件，他们效仿了家庭长辈的风格和戒律。[4]

传统的劝诫信和侨批之间没有直接的渊源关系，因为文人和劳动者、小企业家所处的领域不同。然而，它们确实有共同的特点。这两种方式都旨在向亲属传递道德价值观和指示，并谴责不良行为。与其他信

1 英国汉学家杜博妮（Bonnie McDougall）在不同语境下就这一内容进行了探讨（McDougall, Bonnie. 2015. “Infinite Variations of Writing and Desire: Love Letters in China and Europe.” In Richter, ed., *A History of Chinese Letters and Epistolary Culture*. Leiden: Brill, p.547）。

2 Blitstein, Pablo Ariel. 2015. “Liu Xie's Institutional Mind: Letters, Administrative Documents, and Political Imagination in Fifth-and Sixth-Century China.” In Richter, ed., *A History of Chinese Letters and Epistolary Culture*. Leiden: Brill, 331–362; Tsui, Lik Hang. 2015. “Bureaucratic Influences on Letters in Middle Period China: Observations from Manuscript Letter and Literati Discourse.” In Richter, ed., *A History of Chinese Letters and Epistolary Culture*. Leiden: Brill, pp.363–397.

3 Richter, Antje. 2015. “Introduction: The Study of Chinese Letters and Epistolary Culture.” In Richter, ed., *A History of Chinese Letters and Epistolary Culture*. Leiden: Brill, pp.5–6.

4 Liu, Haiming. 2005. *Transnational History of a Chinese Family: Immigrant Letters, Family Business, and Reverse Migration*. Piscataway, NJ: Rutgers University Press, pp.136–140.

件不同的是，它们倾向于不使用开场白，因为它们的书写对象是下级，不需要拐弯抹角。[1]根据里克特的说法，正式信件是“以内容为导向的，正式的，文学性的”，不像私人信件那样是“以关系为导向的，非正式的，日常口语化的”。[2]根据这一定义，侨批指示信与官方信件的共同点多于私人信件。像传统的劝诫信一样，它们与其他两种类型，即家庭指示和遗嘱，有着共同的特点，这些文件将代代相传。两者要么是介入性的（由收件人生活中的事件引起的），要么是遗嘱性的（由写信者的已有体验促成的）。然而，由于地理原因，只有侨批是由第三方传播的，而传统的劝诫信并不总是跨越时空。[3]

一些侨批信件的专横语气听起来如同官僚语言，这并不奇怪，在一个写作通常是由当局所掌控的社会里，这反映在书写者们习惯于把他们的信作为报告（禀）呈交给长辈。在其他文化中，包括移民在内的穷人的书信中也有相似之处。例如，意大利移民在寄回家的信上签名，写上他们的名字和姓氏——因为，塞拉说，“他们仍然能闻到纸和笔里的官僚气味”。[4]

这种相似性反映了两种书信在文化背景上的相似性。在从朝廷延伸至乡村的权力链条中，中央王朝和侨批书写者的乡村社区共生共存。在这个链条中，地位平等的关系很少。这些村庄通过血统结合，并通过祖先崇拜联系在一起。这个农业国家利用血统将儒家价值观传播到村庄，并让村民服从其权威。家庭和部族与国家远程互动，以确保国家的稳定和凝聚力，并与国家进行象征性对话。宗法家庭反映了国家等级制度，其地方代表是“父母官”，皇帝是人民的父亲。

1 Richter, Antje. 2015. “Between Letter and Testament: Letters of Familial Admonition in Han and Six Dynasties China.” In Richter, ed., *A History of Chinese Letters and Epistolary Culture.* Leiden: Brill, pp.240, 257.

2 Richter, Antje. 2013. *Letters and Epistolary Culture in Early Medieval China.* Seattle: University of Washington Press, p.42.

3 Richter, Antje. 2015. “Between Letter and Testament: Letters of Familial Admonition in Han and Six Dynasties China.” In Richter, ed., *A History of Chinese Letters and Epistolary Culture.* Leiden: Brill, pp.240–245.

4 Serra, Ilaria. 2009. *The Imagined Immigrant: Images of Italian Emigration to the United States Between 1890 and 1924.* Madison, NJ: Fairleigh Dickinson University Press, p.137.

这有助于解释文人写的劝诫信与侨批的相似之处。以社会级别而言，这些书写者截然不同，但他们属于相同的文化传统。他们的任务是发布道德指令和道德谴责。他们没有必要用前言和套话来修饰他们的信件，因为他们不是在协商，而是直言不讳。所以他们的信息属于相同的基因类型，是平行发展而不是扩散的结果。

不仅仅是中国移民书写劝谏信。大多数移民担心他们的妻子、孩子和兄弟姐妹，并在汇款的同时发出指示。然而，中国的纽带更加牢固，更多的中国信件包含了指示和建议。对于依赖汇款的家庭来说尤其如此，当男性移民成为常态，农业便衰退。在这种情况下，汇款人的责任就更大了。与此同时，村子里的年轻人觉得他们不再需要工作或学习，他们习惯了安逸的生活，养成了坏习惯，导致赡养者写信指责他们。这种情况在欧洲国家较少发生，那里的男女移民比例更加平等，整个家庭都进行移民。

综上所述，由于文化的趋同性、市场的扩散性、移民条件的共性以及书信体例的普遍性，侨批书信与欧洲移民书信有一些共同的特点。然而，侨批书信所扮演的角色赋予了它们特殊的风格和内容。

侨批贸易的目的是汇款，信件和回信是汇款的必要条件，但也是付款和收款的附带条件。这封信不需要很充实，通常只是一张便条。从定义上来说，欧洲移民的信件并不是汇款的附属品，它们往往更完整、更个性化。

侨批信件和欧洲移民信件主要是私人信件，但与大多数私人信件相比，它们的书写不那么注重隐私和保密。它们通常被传阅或大声朗读。以侨批信件的情况而言，寄件人和收件人都是文盲，信使可能需要提供既读信又写回信的服务。然而，总的来说，侨批信件是寄给指定的个人，而且只在家庭内部，而不是公开传播。

移民的通信因人口、经济和文化传统而异。侨批贸易服务于一个旅居者的社会，这个社会在海外复制了祖籍地亲属制度的基本结构。这一体系以及支撑这一体系的儒家思想构成了移民及其制度的框架。侨批的递送员遵守适用于写信人和收信人的惯例和礼节。中国家庭内部的关系不如欧洲家庭平等。社会、世代和性别角色在当时比欧洲人更固定，这种刻板印象反映在侨批书信的写作风格中。大多数侨批是写给家里的长辈，比如父母和祖父母，而且是写给男性，而不是女性。几乎所有的移民都是男性，他们继续扮演着家庭主人的角色，通过书信发布指令。

华人移民大多情系故土，大多数的中国移民社区在文化和地理上与中国接近，他们在白人统治或白人占多数的国家中的边缘地位，使他们（而不是他们的后代）倾向于保留他们在侨乡中的身份和地位，并通过寄送侨批来维护这种身份和地位。许多欧洲移民是以个人身份而非群体身份，通过选择而非响应群体命令出国的。他们作为西方统治权威的一部分，带着相应的心态，迁移到接纳他们并使他们成为定居者的地方。大多数华人生活在唐人街。移民使各民族的劳工阶级发生了天翻地覆的变化，一些中国移民劳工成为现代企业家和革命活动家。然而，华人移民群体的指导信念、价值观和习惯保持相对稳定，这反映在他们的家书中，相对低调，也更实际。

结　　论

侨批业是中国进入现代世界经济体系的基础形式之一，并且推动了政治领域的启蒙。华人移民和汇款的持续增长为批局从早期个人运营阶段向成熟稳定的现代行业过渡创造了条件，成熟后的侨批业拥有完善的运营机制并与银行和邮局等现代国家体系密切相连，且受益于现代通信和交通的发展。同时，也为多种形式的跨国和中国国内产业以及那些毗邻侨乡的沿海城市的城区发展和政治变化提供了发展动力。可以说，侨批业最初是基于血缘、地缘和方言群的网络，后来就依托贸易和金融的发展逐步拓展到国家、跨国乃至国际网络。这些涵盖海陆两大方向的网络不仅具有经济属性，而且有着深刻的文化和社会面向。

除了大型批局之外，侨批贸易在很大程度上是分散的，而不是专业化的。普通的批局，尤其是较小的批局，在经营侨批的同时，兼营其他各种业务——这种多样性非但没有影响侨批贸易的发展，反而增强了客户的信心，降低了管理成本。[1]

侨批贸易深深地扎根在传统以及与之相连的信任关系之中，这种情况确立了批局和汇款人与接收者之间的关系，批局与承担部分汇款职能

---

1 陈春声（2000）:《近代华侨汇款与侨批业的经营——以潮汕地区的研究为中心》,《中国社会经济史研究》第4期，第59–60页。

的商号之间的关系，以及批局之间的相互关系。然而，侨批贸易的特征是多变的，不是一成不变的，多年来它历经许多转变，这些变化不是单向或者不可逆的。侨批业的最大特点是其灵活性和适应性。当现代银行体系和现代邮政服务在中国和海外华侨华人社会站稳脚跟时，侨批业者利用了这些机构的优势，这对他们来说是有利可图的。侨批业者一方面与银行和邮政建立了合法的信任关系，另一方面也注意使他们的新型做法适应当地的侨乡和海外华侨华人社会的变化。在这种相互作用下，出现了一种新的、融合了传统和现代的信任形式的综合系统，即将植根于社会关系中的人际信任和立足于市场的制度信任进行整合。然而，前者始终是两者中更为主要的方面。

侨批贸易也因以下特点而被进一步界定：严格而专有的区域性本质、“富有人情味的”和专业的扩散性以及多样性。它的区域主义在较大的批局中表现得更为明显，有时候也会呈现于较小规模的批局，但跨越区域的界限会削弱其信任度。人情味一开始就覆盖了整个侨批和回批的过程，甚至到后来把银行和邮局作为中国和外国相互汇款的过渡渠道之后，收款人和交付者也保留了这种亲密和情感元素。它的多样性——参与许多相互关联的商业和社会活动形式——支撑其广泛嵌入于中国和华人社会之中，以及一些相互交叉、联结和重叠的社区和商业网络（包括区域和跨国）之中。[1]

侨批业作为东南沿海地区的一种地方性现象产生并发展，故只涵盖了中国人口数量中的很小一部分。其主要活动范围除了广东（包括1988年建省之前的海南）和福建外，湖北（天门）、浙江（青田）和广西（容县）的部分地区也参与其中。上述地区的大量移民背井离乡到海外去谋生发展，或做工或经商。即使是在广东和福建两省，每省大约也只有40个县是主要的侨乡。尽管华南不同地区的侨乡有着相似的利益和问题，但是闽粤两省却又有着不同的省籍认同，而且在每个省份内部侨乡又根

1 戴一峰（2003）:《网络化企业与嵌入性——近代侨批局的制度建构（1850s-1940s）》,《中国社会经济史研究》第1期，第75-76页。

据亚族群或方言群而被细分为更多的小群体。[1]

尽管侨批业内呈现出华人族群的多样性，各县之间以及县域内部也都因不是直接的地缘毗邻而缺少政治和文化的亲和力，不过在具体的业务中却有着聚合与抱团的天然趋向性。恶意竞争的存在也成为本行业发展难以逾越的合作障碍。尽管批局和水客共同服务于某一个亚族群，但实际上彼此之间有着潜在的竞争关系，而对于那些不同地区的业者则似乎因为这种先赋性的地缘距离关系而不太可能产生矛盾。这在海外的侨批业者里尤为明显，来自不同地区的业者要比在中国国内更倾向于（事实上必然）彼此走近。中国国内已知的唯一一次业内冲突发生在客家业者与以潮州话为方言的潮州人之间，事情起因于一封发送到客家腹地的侨批被潮州人掌控的港口接获，然后潮州人就借用自己的派送渠道将其业务范围拓展到了客家人的传统区域。

由于侨批业被亚族群界线深深分割，政治与经济利益的共性也经历数十年才确立，但从未完全或持久地完成。最终形成的触点是国家对该行业发展的干预，不论是中国国内还是海外的政府都开始寻求掌控邮政行业的专营权。总体来看，国家对侨批业进行渗透的努力并没有持续太久且成效也不大，其中的各种原因既包括该行业自身强烈的抵制，更多还因为其所具有的跨国属性和运营的无定式等这些难以驾驭的属性（针对这点，侨居国和1949年之前的中国政府都缺乏有效的解决方案）。在中国国内，他们最终仍是无所建树。原因就在于国家对社会和经济发展调控的不确定性以及在侨乡建立银行和邮政信用服务机制的失效。而在国外，数十年来华人习惯于生活在近乎全是男性的华人聚居区，与那些非华人社区缺少交流并对移居国政府（包括泰国政府）控制他们的企图无动于衷。然而，面对这些来自当地官员掠夺性的冒犯和挑衅，华人并没有通过政治斗争进行有力回击，在此过程中一种新的华人政治认同却得到了有力的拓展。

侨批业的发展是否如意大利、北美以及世界其他地方借助邮政文化推动通信网络发展以及建构现代国家那样，也在侨乡创造出新的认同以

1 关于“亚族群”，请参见第三章。

及其他因移民而产生的结果呢？并不尽然。因为侨批在某种程度上形成了与官方存在竞争性的对立面。这是一个新生事物，它在中国国内展现出一种协调性的地区认同，而在海外则是一种协调性的华人离散认同。即便如此，侨批政治和海外华人的国家认同之间也存在着强大的联系。

在中国沿海地区和海外华人聚居地亲身体验过外来强权的中国人，对中国所面临的外来威胁而产生的民族主义意识最为强烈。海外华人对国家的认同主要体现在文化层面，并且会沿着亚族群的界限产生深深的分割。直到20世纪初始它才开始以一种政治形式成为中国国家观的衍生物。起初，海外的华人政治仅仅掌控在少部分受过教育的精英手里，到了20世纪20年代开始在国内外蔓延到所有受过教育的青年群体中。20世纪30年代时这些政治活动开始成为一种代表所有阶级阶层的群众运动。

在海外华人社会，水客和批局老板们依靠他们在中国国内以及世界各地的唐人街中所具有的人格魅力、天赋、资源以及外部关系等对海外华人政治摩拳擦掌，跃跃欲试。随着时间的推移，侨批网络遍布区域和大洲，在政治和经济上都具有影响力。侨批业者通常在华人商会中担任领导职务，不论在家乡还是在海外华人社会，这些都成为他们政治经济活动的主阵地。因为他们在侨批业的地位以及大多数侨批业者对于社会经济的各个领域有广泛的兴趣，使他们开始进行这些尝试。侨批业者与华侨华人社会政治的关联在一开始就明朗化。例如在18世纪的巴达维亚，水客在当地的华人组织中就非常活跃并且会经常出现在当地华人社团维护自身合法权益的法庭裁决中。

政治运动对侨批业的支持，比其对现代民族主义在中国国内和海外华人社会发展的支持要早得多，在其首次全面开花之后便开始逐步上升并紧跟时代潮流。如果这些政治运动没有发生就不会促使早期侨批业的巩固，侨批公会出现以后在经济方面推动了各方和衷共济应对恶意竞争与建立统一标准的努力，这一切都有助于赢得那些对他们常怀疑虑的客户的信任。侨批公会在国外迅速组织起来，并由最初的带有明显的亚族群属性而迅速发展为超越这些限制的覆盖整个华人社会的组织机构。这些侨批公会因为抵制政府的歧视而卷入政治，它们充分意识到一致发声的必要性。

安德森（Benedict Anderson）关于第三世界国家地位的系谱学受到了诸多批评，因为他认为第三世界的民族主义者从欧美模式中照抄照搬了关于民族国家的观念，同时他还忽视了这些民族主义者的创造性。[1]在广东和福建侨乡出现的印刷和邮政本土政治与社会文化，是基于侨批贸易的意图（至少在起初），并不在于煽动民族主义或者颠覆传统体制，而是要维持海外华人和他们的祖籍地或者乡村之间在情感和经济上的联系。

因此，侨乡的案例表明：第三世界的国家构建并不仅仅像欧美模式那样迭代进行，而是有着更深层的在地化基础。不仅只有“一种现代性”或者一种“现代化构想”，这也表明欧洲以外的现代性之路并不是对欧美国家创造出的“模块化”形式的重复，也不是一个与它们相融合的过程。[2]虽然，侨批贸易与西方经济组织形式和营利活动交叉，并且相互作用，侨批商人往往运用新的西方技术来发展其跨国业务，但他们是在有着结构、文化和制度前提的基础上，在中国的地区和国家历史及传统所塑造的环境中，创造性地挪用了这些技术。这种适应和选择性挪用的过程，产生了一种新的国家和跨国的动态过程，虽与其他现代社会有共同点，但它也极度依赖中国的内部文化和体制资源。

自20世纪90年代以来，闽粤等地侨批档案馆的建立让侨乡及邻近城市得以有机会从历史、政治和社会等不同的视域下来展开相关研究。当地的政府部门也更加支持侨批研究，作为爱国主义教育的主题以及早期爱国主义和经济开放的重要典范，比如“海上丝绸之路”这一与北方途经中亚的“丝绸之路经济带”遥相呼应的重要战略。2014年9月，国务院批复同意在汕头经济特区设立华侨经济文化合作试验区，建设“21世纪海上丝绸之路的重要门户”。[3]

华人经济文化在文献中往往被简化为一种根植于儒家思想的、对中

1 Desai, Radhika. 2009. “The Inadvertence of Benedict Anderson: Engaging Imagined Communities.” *The Asia-Pacific Journal* 7 (March 16).

2 Eisenstadt, Shmuel N., and Wolfgang Schluchter. 1998. “Introduction: Paths to Early Modernities—A Comparative View.” *Daedalus* 127(3): 1–18; Eisenstadt. 2000. “Multiple Modernities.” *Daedalus* 129(1): 1–29.

3 陈汉初（2014）:《侨批投递——独特的“海上丝绸之路”》，中国历史文献研究会、汕头市潮汕历史文化研究中心编：《世界记忆遗产——侨批档案研讨会论文集》，汕头，第121页。

国社会的单一刻板印象，这种经济文化被认为只能够通过受到外部冲击而进入现代世界。然而，侨批贸易的研究开始改写中国通向现代主义的历史和过程。这种重写重新唤起了有关中国东南沿海地区特殊性的观念，现在被一个比以前更热衷于同质性和统一性的政治体系所包容。

侨批描述体现了普通中国移民及其后代和家属的生活，他们的希望和忧虑，以及他们在唐人街和中国的日常生活、商业、劳动、休闲和亲朋关系。它们呈现出了亲密感和实用性的丰富结合，不像官方文件和精英观察，通常是对移民及其影响的描述，它们主要描述了社会边缘或其深处的个人和社区。它们不是优秀的文学作品，而且缺乏对学术的精确性和客观性的渴望。它们在很大程度上是诚实的，没有夸张修辞的修饰。有时，它们通过普通中国人罕见的视角触及中国和国外的政治、世界事务和危机，但它们的角度很少出现在主流评论中。正如中国侨批历史学家所说，它们是一种独特而“不可再生”的文化资源。

多年来，侨批在中国和世界创造了富有地区和民族多样性的博大精深的文化。这些文化包括民间歌曲、诗歌、故事，以及侨批世界里的奇闻轶事和英雄传奇。侨批清楚地反映了它们传播的社区，并保存了原本无法检索到的民族志信息，以及普通中国人在19世纪和20世纪是如何表达自己的语言证据，包括现在已经消亡或正在消失的许多偏远方言。近年来，侨批成为联合国《世界记忆名录》的一部分，闽粤两地以及世界各国华人社会的侨批研究学者们正在努力抢救这一看起来似乎要湮没在历史尘埃里的传统，用极富地方气息的方式将侨批业界以及其中的大量信件遗存作为中国国家记忆和跨国记忆的重要组成部分来讲述。在对侨批业重新发现和重塑的过程中，地区与离散认同交织，除了作为一种文化观念之外，还成就了一种坚实的物质和财富基础。

侨批贸易虽然地域基础有限，却对中国的国民经济产生了深远的影响。中国现代经济的早期研究主要集中在上海等东部沿海地区，但侨批贸易的研究表明，上海和香港从中的得益比之前想象的要大，没有它的投入，这两地的经济影响会大大减弱。

当然，侨批业也改变了闽南和粤东的大部分沿海地区。事实上，因为历史上曾经普遍存在的政治和军事混乱以及包括交通和现代通信业的欠缺在内的其他因素，它并没有为侨乡带来可持续性的现代经济，却为东南沿海现代城市的发展注入了新的动力，并为经济落后地区引入了诸多现代的政治和管理方式，特别是在银行和邮政文化方面。其中最伟大的成绩之一就是把原本贫穷边远的侨乡发展成了区域社会的翘楚乃至在国家层面都可以享有声望的地区。

邮政文化在意大利和美国的出现让下层阶级得到了更多提升自身文化水平的机会，并且为他们参与社区政治和国家事务创造了一种潜在的可能。在中国，不少华人移民与侨眷之间的书信往来往往是由别人代写的，这些代笔者可能是他们的朋友、亲属、批局工作人员、专业的写批人以及（在侨乡的）党务工作者组成的专门团队。然而，这些通信在提升他们的文化程度方面也起到了催化剂的作用。没有统计数据来证实或否定这些逸闻趣事，但是在家书中很多华侨都敦促他们的女性亲属和孩子要加强学习提升读写能力，并为孩子们提供充足的学费供其读书。这些被资助对象在很多家庭都包括女孩子，甚至有的还包括他们的妻子和儿媳。

或许侨批业留给中国和东南亚最重要的遗产是它在侨乡及相邻近的城市和海外华人社会之间所构建起的庞大的联系桥梁及跨国网络。这些联系大大地超出了它们初始的业务范围，久而久之已经从初期仅仅是作为汇款的途径发展成为推动货物和人员流动的更宽广的通道。海外华人与他们在中国的家庭和社区之间的资本、思想和人口流动是沿着现代和跨国路线重塑中国的关键驱动力之一。侨批贸易通过批局和其他相关机制，为跨国联系的机构提供了基础，同时通过移民书信及其丰富的信息和情感，保持了移民与其朋友和家人之间的情感联系，并实现了许多书写者对在侨乡城镇和村庄提供现代教育的执着。

侨批贸易所依赖的纽带主要是血缘、地方、姻亲，有时也包括友情。但在某些情况下，它们是选择性的，因为它们包含了商业或政治的纽带。然而，即使在这些情况下，它们也通过社会关系得到了加强和巩固，因此，即使是选择性的联系也可以最好地描述为特殊的关系。[1]这种

1 黄清海（2009）:《从泉州侨乡经济发展轨迹看闽南侨批保护的意义》,《海外传真》第2期，第54–55页。

联系不是侨批贸易的可有可无的点缀，而是其核心所在：它们是贸易的力量，但也是它的弱点（例如，1928年天一批局的倒闭）。这种特殊主义在一个行业中的持续存在表明，在一个由移民组成的社会中，文化和传统可以战胜技术和经济决定论。在这个行业的顶端，特殊主义有着众多现代特征，并与银行和邮局等现代机构紧密相连。

侨批贸易因地而异，无论是在移民输出国还是目的地。在客家和非客家地区，以及在东南亚和"白人国家"的侨居地之间，侨批业的发展表现出明显的差异性。这些比较揭示了侨批业巨大的灵活性和适应性，使世界各地的中国移民能够借用网络，保持长时间顺畅和基本不间断的联系，并将世界各地的华人与他们的家乡和村庄联系在一起，并且在有利可图和必需的地方，与其他海外移民前哨建立起联系。

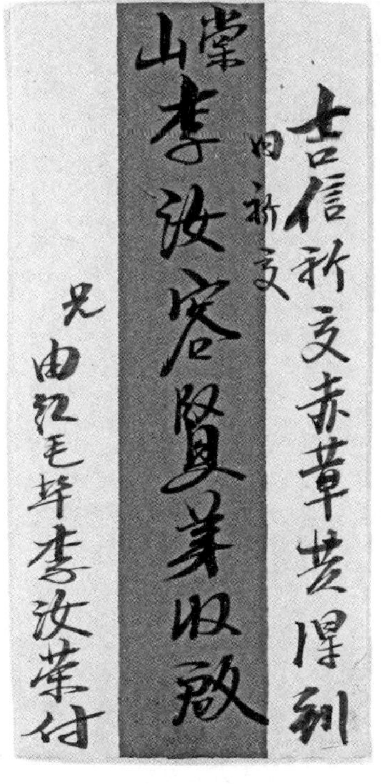

图1　汇款及移民的程序（北美），1905年。

资料来源：温哥华档案馆所藏侨批档案，档案号1108334。

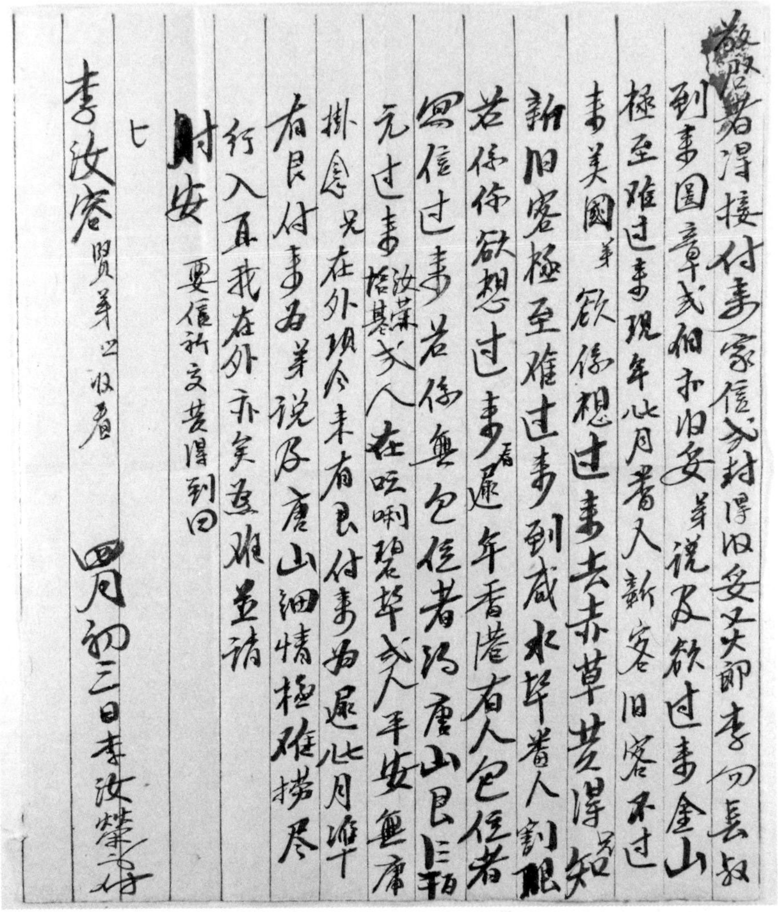

敬启者得接付来家信弍封得收妥又大舅來函長叔
到來園章弍纸亦收妥 弟說及欲过来金山
極至难过来現年八月番人新客旧客不过
来美國 弟欲係想过来去亦草苦得知 兄
新旧客極至难过来到咸水埠番人割眼
若係你欲想过来 看遍年香港有人包任者
回信过来若係無包任者係唐山民上船
元过来 汝榮 在旺喇碧花埠弍人平安無庸
掛慮 兄在外現今未有艮付来為遍八月准十
有艮付来 弟說及唐山細情極难捞尽
行入耳我在外亦實甚难並請
时安 要信祈交昔得到回
七
李汝容 賢弟收看
四月初三日李汝榮字

图2　汇款及移民的程序（北美），1905年。
资料来源：温哥华档案馆所藏侨批档案，档案号1108334。

温哥华的李汝荣写给棠山的弟弟李汝容的信[1] 1905年

敬启者：

得接付来家信二封得收妥。又大朗李勿长叔到来，图章二个亦收妥。弟说及欲过来金山[2]，极至难过来。现年七、八月番人新客旧客不过来美国[3]。弟欲係[4]想过来，去赤草[5]。黄得兄知新旧客极至难过来。到咸水埠[6]，番人割眼[7]。若係你欲想过来，看迟年香港有人包位者[8]，写信过来。若係无包位者，约唐山银一千三百元过来。格基、汝荣二人在呍咧碧埠[9]，二人平安，无庸挂念。兄在外现今未有银付来归，迟七、八月准有银付来归。弟说及唐山细情极难捞尽行入耳[10]。我在外亦矣为难，并请

时安

要信祈交黄得，到日

上

李汝容贤弟查收者

四月初三日李汝荣字付

1 附录中所选侨批、回批标题均为作者所加。
2 此处金山指的是北美的旧金山。
3 指西方人不给新旧移民过关到美国。
4 此信中出现的“係”均为“系”的异体字。
5 赤草应为美国的一个地方。
6 指温哥华。
7 这里指眼睛问题可作为被阻止的借口。
8 指有人可以保证安排送移民到国外并入境。
9 指加拿大的城市。
10 指弟弟所说的唐山的详细情况也很难都清楚。

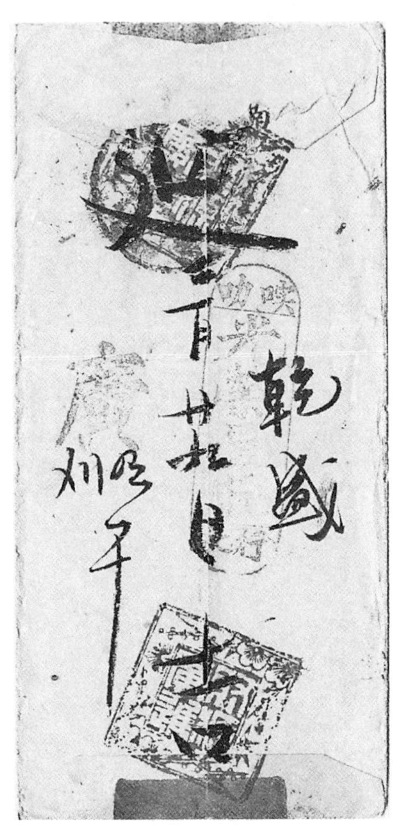

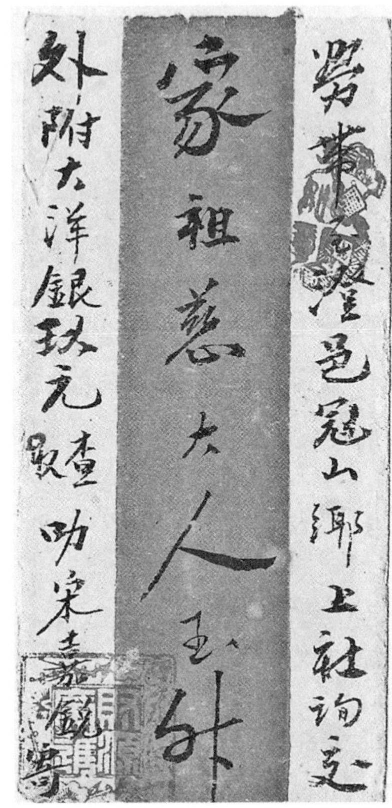

图3　移民在新加坡的生意情况及婚姻安排，1932年。
资料来源：潮汕历史文化研究中心编：《潮汕侨批集成（第一辑）》，第4册，桂林：广西师范大学出版社，2007年，第2页。

新加坡的宋佳锐[1]写给澄海的祖母及父母的信 1932年（推测）

字禀

祖慈、双亲大人尊前敬禀者：

兹是月廿四日接到回音一札，披读诸详领悉矣。来书云及儿岂有与姑丈相逢。但儿至叻虽有六七月之久，日间店中有多少事务，并不识出门，故已不识与姑丈相逢，此事是实。但夜间儿亦尝往南盛店中觅他，姑丈不在店中。儿亦尝托南盛伙人与他言知。儿连去三四夜遇他不着。儿至叻以来经以去南盛觅他十外次，觅他不见，实亦是无变[2]。非儿不识觅他，吾严来示，儿以实情告禀。现今南盛倒敝[3]，姑丈不知住在何处，今亦难已寻他，顺笔告知。另外儿在乾盛还是无定事业可赁现[4]，然叻中寻事甚难，街前各行生理倒敝纷纷，儿视之终须无事可办现。然店中冰糖亦是无煮[5]。候近前有煮，看大兄[6]岂有开工资与儿。事到之日自当禀明。儿每月家信大兄代寄，并一二元与儿斯费。叻中百物高贵，儿每月存无多项，不过多少而已矣。但欲娶亲一事，双亲如欲先娶可矣。但吾叔[7]年近半百，至切不可往外住居，须欲在家觅一处安住为要。如吾叔决欲往外住居，至切勿娶为妙。须欲听儿之言，至切至切。儿见信中言及吾叔两足移行不开，儿闻之十分念耳。吾叔年老须欲保重，免儿在外忧虑也。

1 在华人移民的信件中，同一个字在不同地方出现时有不同写法的情况经常会出现，例如此信信封落款为“宋嘉锐”，信件内函落款为“宋佳锐”，这是因为大多数华人移民的信件会由写信先生代写，所以他们有时会用不同的同音字表达同一个字。附录中所选信件有多处此类情况，特此说明。

2 指实在是没有办法。

3 “敝”为“闭”的别字。

4 指可以依靠为生的职业、营生。

5 煮冰糖应是一份工作，写信者从事这份工作赚取工资。

6 这里的“大兄”指年长的亲戚或老乡。

7 在澄海地区，父亲有时被称为“叔叔”。

今逢往塘之便，付批局奉上一信，外大洋银九元，到时收入应用，余言后禀。

拜读

金安

儿佳锐禀

壬三月廿九日[1]

1 猜测壬指壬申年即1932年，所以可能为1932年3月29日。

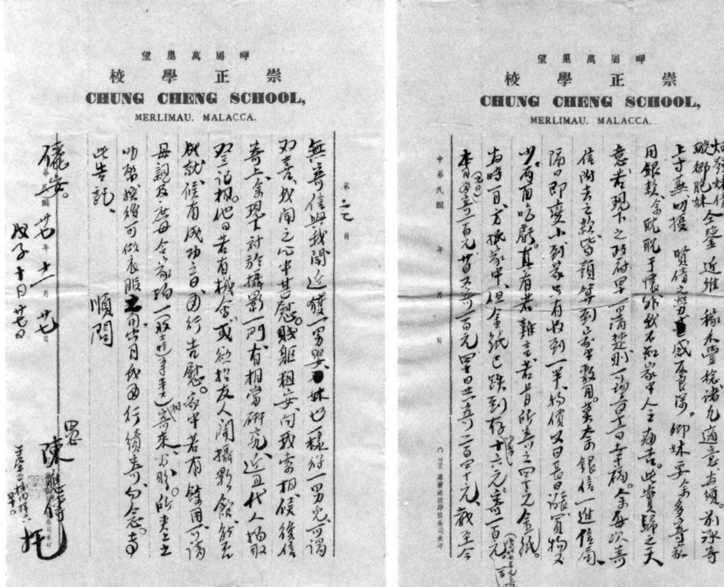

呷屬萬里望
崇正學校
CHUNG CHENG SCHOOL,
MERLIMAU, MALACCA.

呷屬萬里望
崇正學校
CHUNG CHENG SCHOOL,
MERLIMAU, MALACCA.

图4　通货膨胀，1948年。

资料来源：潮汕历史文化研究中心编：《潮汕侨批集成（第一辑）》，第5册，桂林：广西师范大学出版社，2007年，第498页。

马来亚的陈应传写给澄海的妹妹、妹夫的信
1948年[1]

炳发妹倩、璇卿胞妹同鉴：

近维，稼禾丰稔，诸凡适意，与须。

前承寄上寸燕叨扰，贤倩之劳感及良深。卿妹要余多寄家用银款，余耽耽于怀。非我不知家中人之痛苦。此实归之天意。若现下之政府早一日清楚，则可望早一日幸福。余每次寄信附去之款，皆预算到家中敷用。莫奈银信一进信局，隔日即变小，到家只有收到一半。物价又日长日涨，买物又少，两面吃亏。真有苦难言。若前所寄之四十元金纸，为时一月方抵家中，但金纸已跌到存叻币十六元寄一百元，当时七十七元寄一百元，本月（九日）内寄一百元，廿日又寄一百元，四十日共寄二百四十元。截至今无寄信与我。闻近获一男婴，妹也一样得一男儿，可谓双喜，我闻之心中甚慰。贱躯粗安[2]。向我索相，候后信寄上。余现下对于摄影一门，有相当研究，近日代人拍取登记相。他日若有机会或欲招友人开摄影馆。能否成就，候有成功之日，再行告慰。家中若有余用，可请母亲及庶母[3]合家拍一（ ）[4]相寄来为盼。所夹上之叻币换后可做衣服之用。出月我再行续寄，勿念。专此告托。顺问

俪安

愚陈应传托

民国卅七年十一月廿七日

戊子十月廿七日

---

1 英文版的年份1938年有误，中文版予以更正，但此信排序和英文版保持一致——译者注。

2 指身体还好。

3 指父亲的妾。

4 原信中看不清楚或意思不明的内容，以（ ）表示。

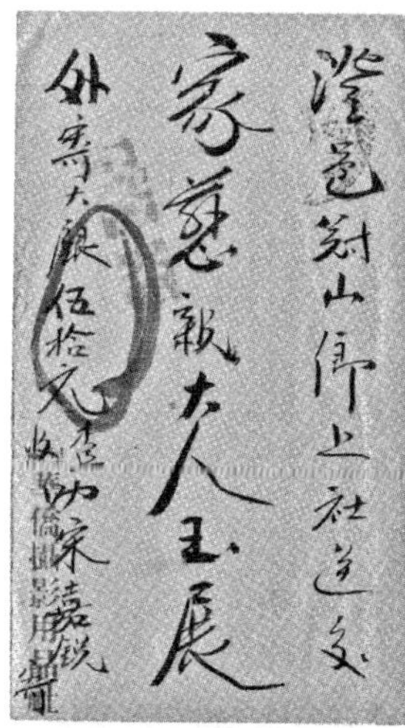
澄邑鮀山僑上社送交
家慈親大人玉展
外寄大銀伍拾元

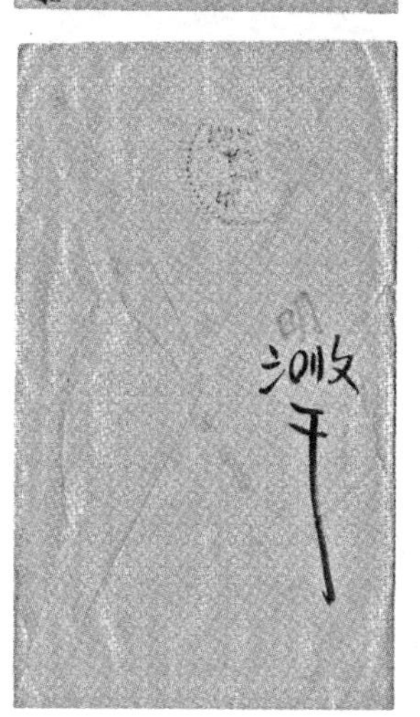

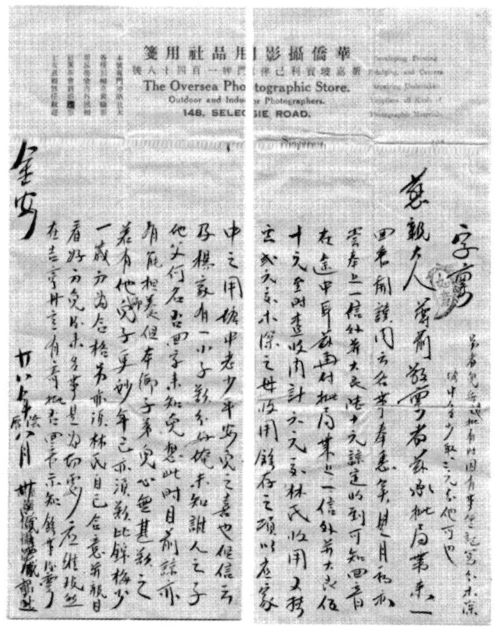
華僑攝影用品社用箋
The Oversea Photographic Store.
Outdoor and Indoor Photographers.
148, SELEGIE ROAD.

图5　侨汇的分配，1939年。

资料来源：潮汕历史文化研究中心编：《潮汕侨批集成（第一辑）》，第4册，桂林：广西师范大学出版社，2007年，第76页。

新加坡的宋佳锐写给澄海的母亲的信
1939年

字禀

慈亲大人尊前敬禀者：

兹承批局带来一回音，开谈阅之，各事奉悉矣。是月初八尝奉上一信外并大银陆十元[1]，谅定收到，可知回音在途中耳。兹再付批局带上一信外并大银伍十元，至时查收。内计六元交林氏[2]收用，又抹出二元交木深之母收用，余存之项以应家中之用。塘中老少平安，儿之喜也。但信云及杨家有一小子欲分与俺[3]，未知谁人之子，他父何名否，回字来知。儿想此时目前谅亦有能担养[4]，但本乡子弟儿心无甚欲之，若有他乡儿子更妙[5]。年已[6]亦须比锦梅少一岁亦为合格[7]。另亦须林氏自己合意并亲自看好，为免后来多事，是为切要。应维现然[8]在吉亭州[9]，岂有寄批否，回音示知，余事后禀。

金安

儿佳锐禀上

廿八年（阴历）八月卅日

另者儿每月批有时因有事无记写分木深，塘中多少取几元分他可也。

1 六十元。原信中多处用大写数字。
2 应为其妻子。
3 指杨家有一个孩子要给他作儿子。
4 指应有能力抚养。
5 指是同乡里的人的孩子，自己不是很想要，若有其他乡里的人的儿子就更好。
6 指年纪。
7 锦梅应为他的女儿，如果男孩的年纪比女儿少一岁会更合适。
8 此处“然”为代词，指如此、这样。
9 马来西亚中并没有吉亭一地，这可能是华人自己根据音译写的，最接近的是吉打州（Kedah）。

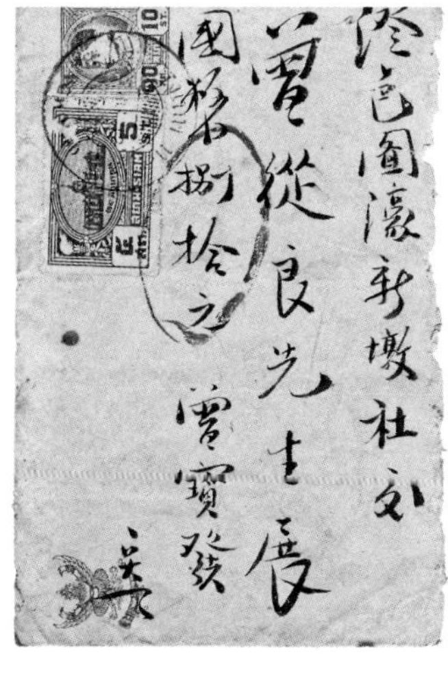

图6　家庭观，1940年。

资料来源：潮汕历史文化研究中心编：《潮汕侨批集成（第一辑）》，第6册，桂林：广西师范大学出版社，2007年，第555页。

泰国的曾宝发写给澄海图濠乡的儿子曾从良的信
1940年

从良我儿收知：

初二寄来的批回[1]已经接到，中述多事亦已明白。现刻唐中物虽然高贵，惟俺家[2]各项费用尚应格外节俭，家庭诸事，又更尽力相帮，不要游手好闲。无论何事，对于家里有益的，都可落力去做，才算是个人才，对得住天地，对得住父母，对得住自己。要知道，你父在外立足之苦，求利之难，还要来个受人之气，方能得些蝇头[3]。不要以为金钱乃是由于天上抛下来给俺使用的。你年渐长大，须要学吃苦，不要学那班亚舍[4]的气习，食父兄[5]，不负责任。能信我言，到头来自有好的结果赐你。如其不然，件件都仰给于我，我一个人力量有限，断难助你一世。如果一朝有意外或不幸的事发生，如生病、失业等，试问你们又将要向谁倚赖。那时的痛苦岂不更加厉害！这几句话你切要记取，不要看作一种无谓或等闲的话呀。

特寄去国币捌拾元，望查收，内抹四元奉四婶大人收用，又二元给善琴收用，余作家费。如有多少债务，可将每次所寄项下，逐暂[6]摊还，以轻负担。是为至嘱。

父字

廿九年叁月廿零[7]日

1 指“回批”。
2 指我家。
3 指一些小钱。
4 指少爷仔。
5 指依靠父兄。
6 “暂”为“渐”字之误写。
7 此处“廿零”应指“廿”。

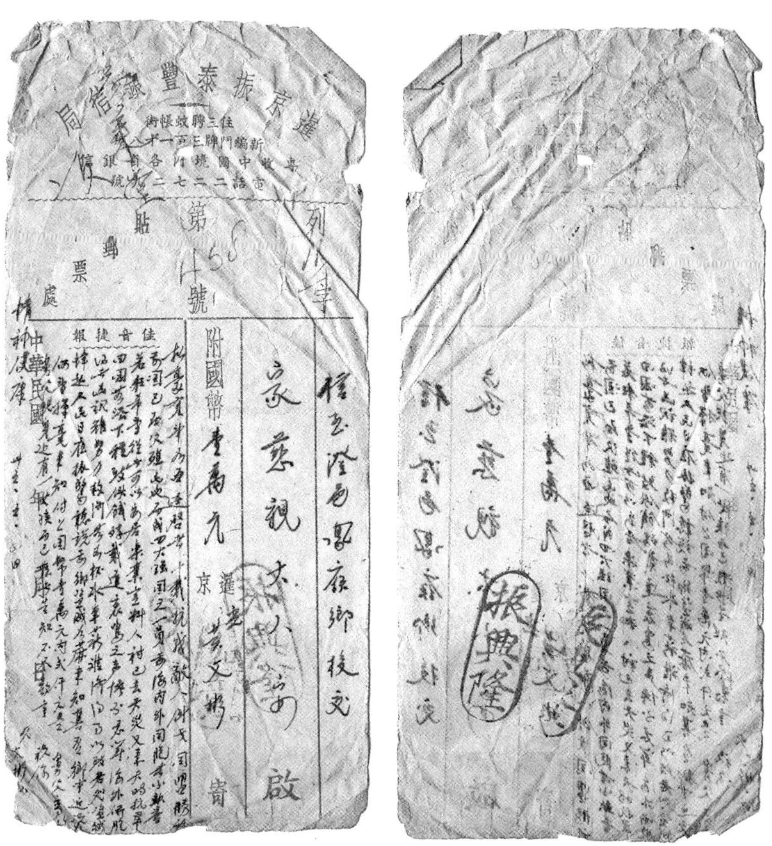

图7 “二战”后移民所在国的政治和社会情况，1946年。

资料来源：潮汕历史文化研究中心编：《潮汕侨批集成（第一辑）》，第3册，桂林：广西师范大学出版社，2007年，第67页。

泰国的黄文彬写给澄海的弟弟的信
1946年

松豪贤弟迳启者：

十载抗战，敌人倒戈，同盟胜利，我国已在次殖民地[1]而成四大强国之一员。我海内外同胞无不欢喜若狂，希望从此可以安居乐业。岂料人祸已去，天灾又来。天时抗旱，田园无法下种，致使饿殍载道，哀鸣之声惨不忍闻。海外侨胞闻此凶讯，虽努力救济，无如杯水车薪难济。乃以致各处盗贼峰起，人民日夜担惊，听说我家乡盗贼如蔴[2]，未知真否。乡中近况如何，望挥毫来知。付上国币壹万元，内二仟元是舅父寄。

祝你

精神健康

兄文彬字

卅五、五、四日[3]

1 即半殖民地之意。

2 指盗贼很多。

3 此处指民国三十五年五月四日。

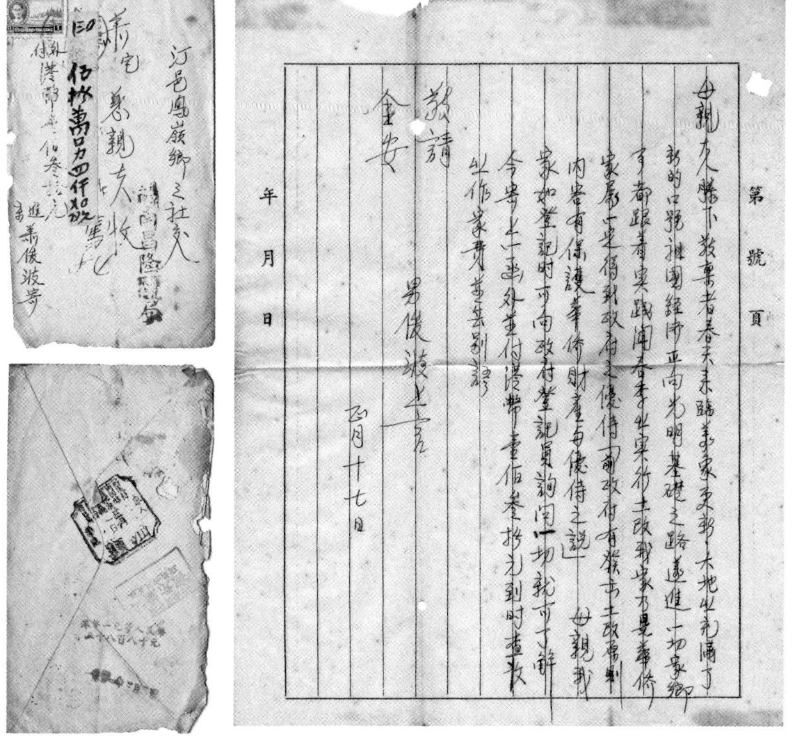

第 號 頁

母親大人膝下：敬稟者，春天來臨，萬象更新，大地生光，充滿了新的口號，祖國經濟正向光明基礎之路邁進，一切家鄉等都跟着實踐，閩春季也實行土改，我家乃是華僑家庭，一定得到政府之優待，前政府有發出土改條例，內容有保護華僑財產每優待之說，母親，我家如登記時，可向政府登記員詢問，一切就可了解。今寄去一十元外，並付港幣壹佰叁拾元，到时查收，以作家費，並無別誌。

敬請

金安

男 俊波 上言

正月十七日

年 月 日

图8 中国的土地改革，1951年。

资料来源：潮汕历史文化研究中心编：《潮汕侨批集成（第一辑）》，第3册，桂林：广西师范大学出版社，2007年，第198页。

泰国的肖俊波写给澄海的母亲的信
1951年

母亲大人膝下敬禀者：

春天来临，万象更新，大地以[1]充满了新的口号。祖国经济正向光明基础之路迈进，一切家乡事都跟着实践。闻春季以[2]实行土改，我家乃是华侨家属，一定得到政府之优待。“前政府有发出土改原则内容，有保护华侨财产与优待之说”。母亲，我家如登记时可向政府登记员询问一切就可了解。今寄上一函外并付港币壹佰叁拾元，到时查收，以作家费，并无别语。

敬请

金安

男俊波上言

正月十七日

1 “以”为“已”的别字。

2 同上。

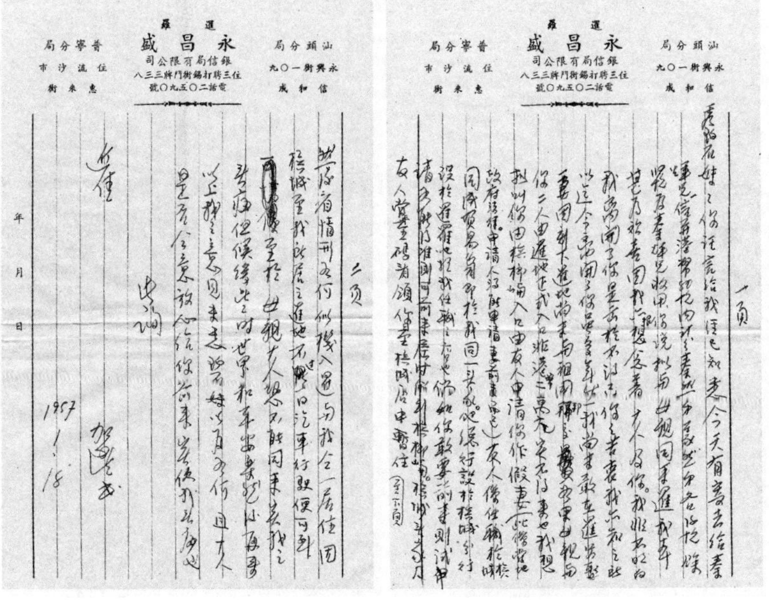

暹羅
永昌盛
銀信局有限公司
住三聘打錫門街三三八
電話二〇五九〇號

普寧分局
住流沙市
惠來街

汕頭分局
永興街一〇九
信和成

二頁

一頁

永昌盛銀信局
有限公司
暹京三聘打錫門街三三八號
電話二〇五九〇號

餘字 18 號 1957 年 3 月 25 日

港幣 元

羅暹 寄

啓

交

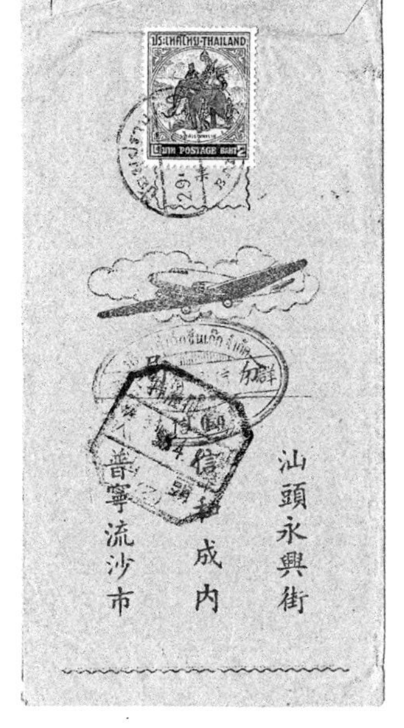

汕頭永興街
信和成内
普寧流沙市

图9　家庭团聚，1957年。

资料来源：潮汕历史文化研究中心编：《潮汕侨批集成（第一辑）》，第6册，桂林：广西师范大学出版社，2007年，第164页。

泰国的曾佳丰写给澄海的秀碧妹[1]、母亲的信
1957年

秀碧妹：

你托言给我经已知悉，今天有寄去给秦辉兄信并港币50元，内计分秦然弟、义然弟各15元，余20元为秦辉兄收用。你说拟与母亲同来暹，我本甚为欢喜，因我一直想念着大人[2]及你。我非常明白我离开了你是出于不得已，你之苦衷我亦知之。所以迄今离开了你虽多年，然我尚未敢在暹另娶一妻。因刻下暹地尚未与祖国邦交，如果母亲与你二人由暹地正式入口非港币二万元实不得来也。我想拟叫你由槟榔屿入口由友人申请你作假妻（此系当地政府法律，申请人将能申请妻前来而已）。友人系任职于槟城同成贸易公司，即于我同一头家[3]。他总行设于槟城，分行设于暹罗也，于我任职之店也。倘如你敢要前来，则试申请，如能得准则可前来。届时船到槟榔屿，槟城头家及友人当至码头领你至槟城店中暂住，然后看情形如何，伺机入暹与我仝[4]一居住，因槟城至我所居之暹地不过一日汽车行驶便可到。至于母亲大人想不能同来，实我之头痛。但候缓些时，世界和平安乐，然后再来。以上我之意见，未悉碧妹以为如何，且大人是否同意放心给你前来，实使我头疼也。

此询

近佳

加丰[5]书

1957.1.18

1 写信人在原信中使用“妹”这一称呼，可能指妻子或未婚妻。从这封信判断指的是妻子。
2 应指母亲。
3 指老板。
4 此为“同”的异体字。
5 此为“佳丰”之误写。

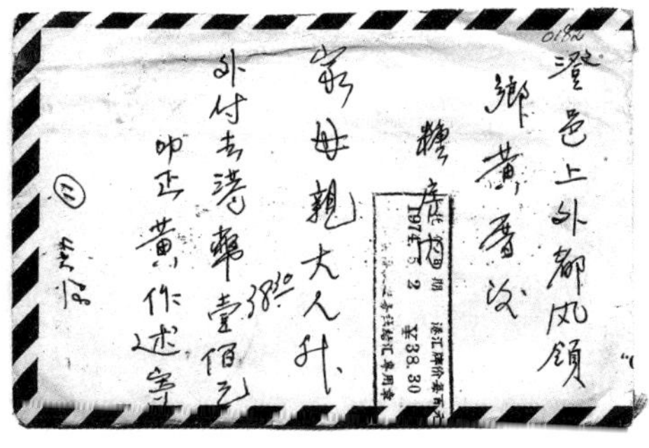

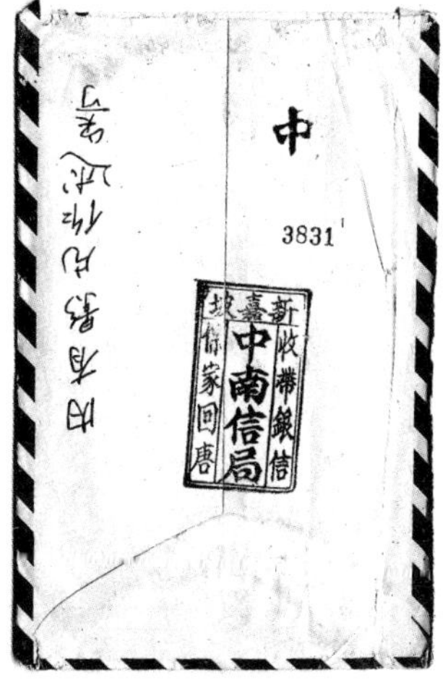

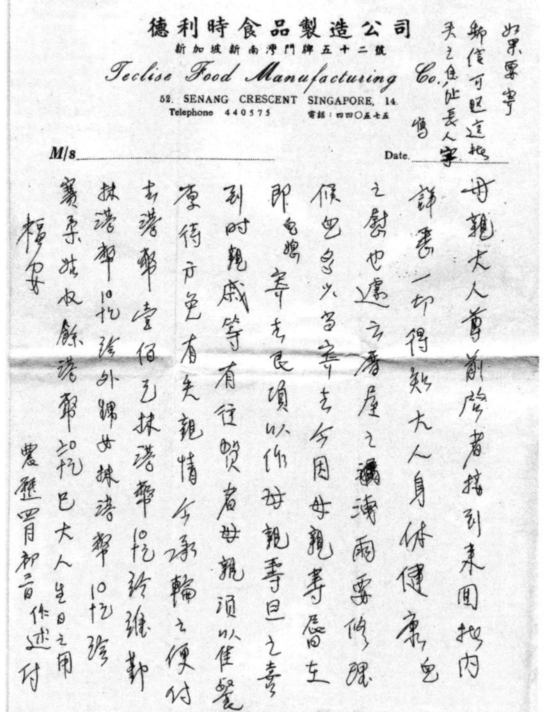

德利時食品製造公司

新加坡新南灣門牌五十二號

Teclise Food Manufacturing Co.

52. SENANG CRESCENT SINGAPORE, 14.

Telephone 440575 電話：四四〇五七五

M/s

Date.

图10　侨汇的使用，1974年。

资料来源：潮汕历史文化研究中心编：《潮汕侨批集成（第一辑）》，第2册，桂林：广西师范大学出版社，2007年，第195页。

新加坡的黄作述写给澄海的母亲的信
1974年

母亲大人尊前启者：

接到来回批，内详悉一切。得知大人身体健康，儿之慰也。遽云厝屋之泄雨要修理，候儿多少当寄去。今因母亲寿辰日在即，儿、媳寄去银项以作母亲寿旦[1]之喜。到时亲戚等有往贺者，母亲须以佳餐厚待，方免有失亲情。今承[2]轮之便付去港币壹佰元，抹港币十元给维勤，抹港币十元给外甥女，抹港币十元给赛柔姑收，余港币七十元巳[3]大人生日之用。

福安

作述付

农历四月初三日

1 指寿诞。

2 “承”为“乘”的别字。

3 此处写信人应该是把“已”写成“巳”，推测应该是“以”的别字，即要表达给予的意思。

图11　汇款及移民的程序（东南亚），年份不详。

资料来源：潮汕历史文化研究中心编：《潮汕侨批集成（第一辑）》，第3册，桂林：广西师范大学出版社，2007年，第165页。

香港的高雄才写给澄海的父母的信
年份不详[1]

双亲大人膝下敬禀者：

十九、廿一两日叠接读教言，领悉种是[2]，惟十九早已先寄一禀报告某来香[3]经过一切，并上海币伍元，谅经接到赐察可知。独念某此次来香见面，虽曾云其父已商之大人，男[4]因未先接读教言，故颇怀疑。但料其或者因急不及待，苟彼此来如不顾念情面，予以辞退，则初次出门之新客势必被骗无疑。既生为亲人，如此无情行为问心岂能自安乎。男虽知行规之不可不遵，然人情亦断不可失，致贻讥于亲友。今吾苟不助人，则此后安可怨人之不助己耶。是以决负责任，为彼设法。即日与子昭兄陈明一切，并说及所带艮[5]项若干，求其给彼在栈暂住，渠已温颜一许纳[6]，并问彼之父、祖名字，男亦举实以对。渠[7]感慨云："此时往暹谋事必不容易"，男云彼往暹后必到吕两成发号[8]暂住，渠云两成发号为人极为难得，盖渠与该号颇有交情，时有书函往来也。由是观之，则子昭兄之仁肠古道可谓至矣。近日子绪兄返香，男亦曾向渠说明，彼亦经表同情。男现已与行内管记头商量，向船务公司预位，候早晚或认作船中伙伴，私渡往暹。去年港币五六拾元即可成行，今年则非七八拾元不办。然比正票则省一倍有余。如到暹后，船买办又须负责邀往铺子，可谓妥当[9]。行

1 根据本信的内容推测可能是1937年，该年泰国将外侨居留费提高至二百铢。
2 指已知道各种事情。
3 指香港。
4 "男"是写信人雄才自称。
5 应为"银"的别字。
6 指他已经答应。
7 指他。
8 指商行。
9 指船买办还需负责送他到铺子才妥当。

内自近年来往暹手续大多如是，且近闻暹政府议自阳历正月一日起，居留费欲由一佰铢加至二佰铢，苟或实行则此后往暹非上海币三佰余元不办矣。敢望大人得禀后对彼父须告明一切，俾其安心免使其发生反感也。前天接读让初叔来函经悉种是，闻公圃兄或于今明天乘机由暹抵此间云，特及。兹奉上上海币二元到希查收，余情续禀。

肃此

敬请金安

即询

合家安吉

男雄才谨禀

十一月廿二日

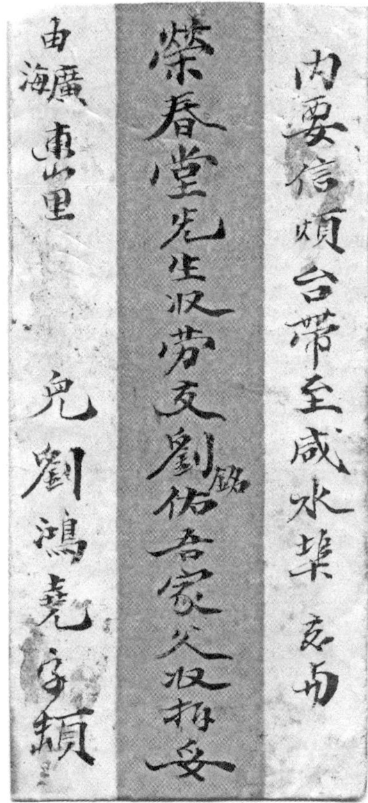

图12　家乡社会动荡的时代，1903年。

资料来源：温哥华档案馆所藏侨批档案，档案号1108002。

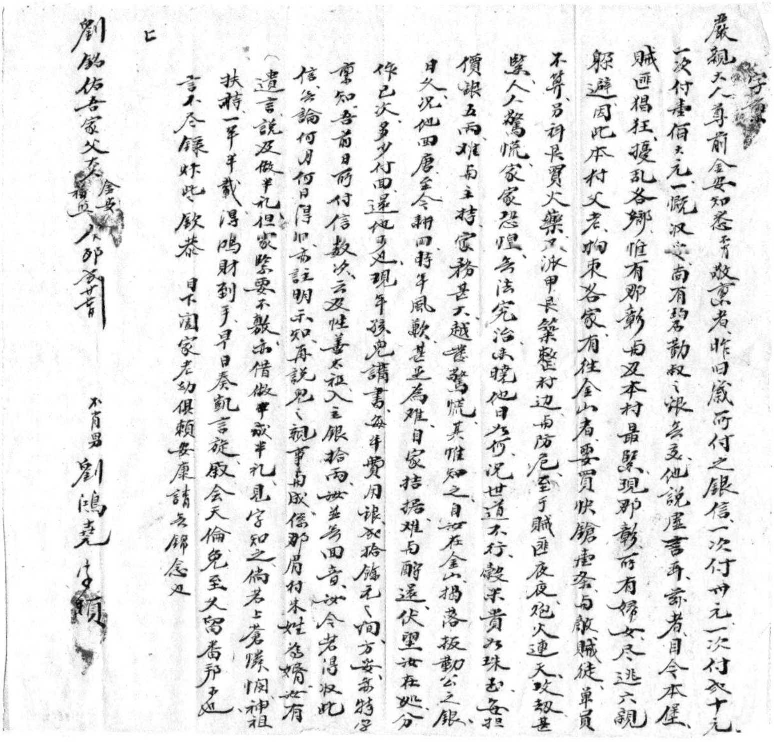
字禀
嚴親大人尊前金安知悉 敬禀者，昨日收所付之銀信，一次付卅元，一次付叁十元，
一次付壹佰大元，一概收妥。尚有碧勤叔叔銀叁支，他說虛言弄，家者，目今本堡
賊匪猖狂，擾亂各鄉，惟有那彰而及本村最緊，現那彰所有婦女尽逃六親
躲避。因此本村父老約束各家，有往金山者，要買快槍壹条而敵賊徒，單買
不算，另科長買火藥，及派甲長築整村边而防危。至于賊匪夜夜炮火連天，攻劫甚
緊，人人驚慌，家家恐惶，無法究治，未曉他日如何。況世道不行，穀米貴如珠，每担
價銀五兩，難而主持，家務甚大，越發驚慌，其惟知之。自汝在金山捐落叛勤公之銀
日久，況他田唐至今耕田轉年風歉，甚亞為難，自家拮据，難而酧還，伏望汝在外分
作已次，多少付回還他可也。現年孫兒讀書，每年費用銀叁拾餘元。詢方安，為特字
禀知。吾前日所付信數次，云及性善太祖入主銀拾両，汝并無回音，汝今若得收此
信，無論何月何日得收，而註明示知。再說兒之親事，而欲係那眉村朱姓為婚，汝有
（遺言說及做半礼，但家緊要不敷，而借做半礼，見字知之。倘若上蒼憐憫，神祖
扶持，一年半載得鳴財到手，早日奏凱言旋，敢会天倫，免至父留盼那可也。
言不尽錄，特此，欽恭。日下闔家老幼俱頼安康，請無錦念。又
亡
劉銘佑吾家父大人 金安 福通
卯癸廿二
不肖男 劉鴻堯 頓

图13　家乡社会动荡的时代，1903年。
资料来源：温哥华档案馆所藏侨批档案，档案号1108002。

广海东山里[1]的刘鸿尧寄给温哥华的父亲刘铭佑的回批

1903年

字禀

严亲大人尊前金安知悉，不肖敬禀者：

昨旧岁所付之银信，一次付卅元，一次付式十元，一次付壹佰大元，一概收妥。尚有碧勤叔之银无交，他说虚言耳。兹者目令本堡贼匪猖狂，扰乱各乡，惟有那彰与及本村最紧，现那彰所有妇女尽逃六亲躲避，因此本村父老拘束各家有往金山者，要买快枪一条与敌贼徒[2]，单员不算，另科银[3]买火药，又派甲银筑整村边与防危[4]。至于贼匪夜夜炮火连天，攻劫甚紧，人人惊慌，家家恐惶，无法究治，未晓他日如何。况世道不行，谷米贵如珠玉，每担价银五两，难与主持，家务甚大，越发惊慌。其惟知之，自汝在金山揭落扳勤公之银日久，况他回唐至今耕田，时年风歉，甚是为难，自家拮据，难与酧还，伏望汝在处分作己次[5]多少付回还他可也[6]。现年孩儿講[7]书每年费用银式拾余元之间方妥，亦特字禀知。吾前日所付信数次，云及性善太祖入主银拾两[8]，汝并无回音。汝今若得收此信，无论何月何日得收，亦注明示知。再说儿的亲事与成，係那眉村朱姓为婚。汝有遗言说及做半礼[9]，但家紧要不敷，亦借做成半礼[10]。见字知之。倘若上苍怜悯，神祖扶持，一年半载得鸿财到手，

1 根据现在的地址查询，应在广东省台山县，面临南海。
2 指家中若有人移居美国的家庭，还要买一支枪防身，“与敌”是“防御”“抵抗”的意思。
3 “科”指“征收”。
4 指还要买火药，以及在村里修筑防卫墙。
5 “己次”应为“几次”之误。
6 指之前父亲在外面向亲人借钱，现在亲人已经回乡耕作，但近几年都歉收，生活艰难。希望父亲多少也还他一点钱。
7 应为“读”字之误写。
8 指太祖父的牌位需十元。
9 指父亲之前曾留言亲事需给的礼金。
10 指虽然家里费用十分紧张，但也通过向别人借钱做了半礼的仪式。

早日奏凯言旋，叙会天伦，免至父留番邦可也。目下阖家老幼俱赖安康请无锦念也。言不尽录，草此。钦恭。

刘铭佑吾家父大人金安、福照

不肖男刘鸿尧　字顿

癸卯弍[1]廿七日

1 指二月。

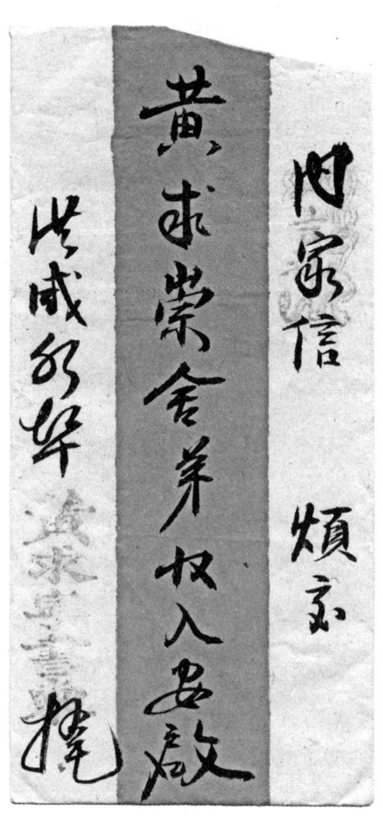

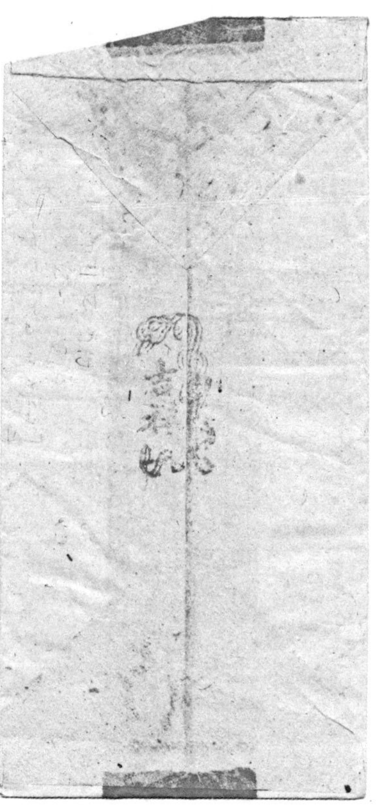

图14　家庭观，1903年。

资料来源：温哥华档案馆所藏侨批档案，档案号1108117。

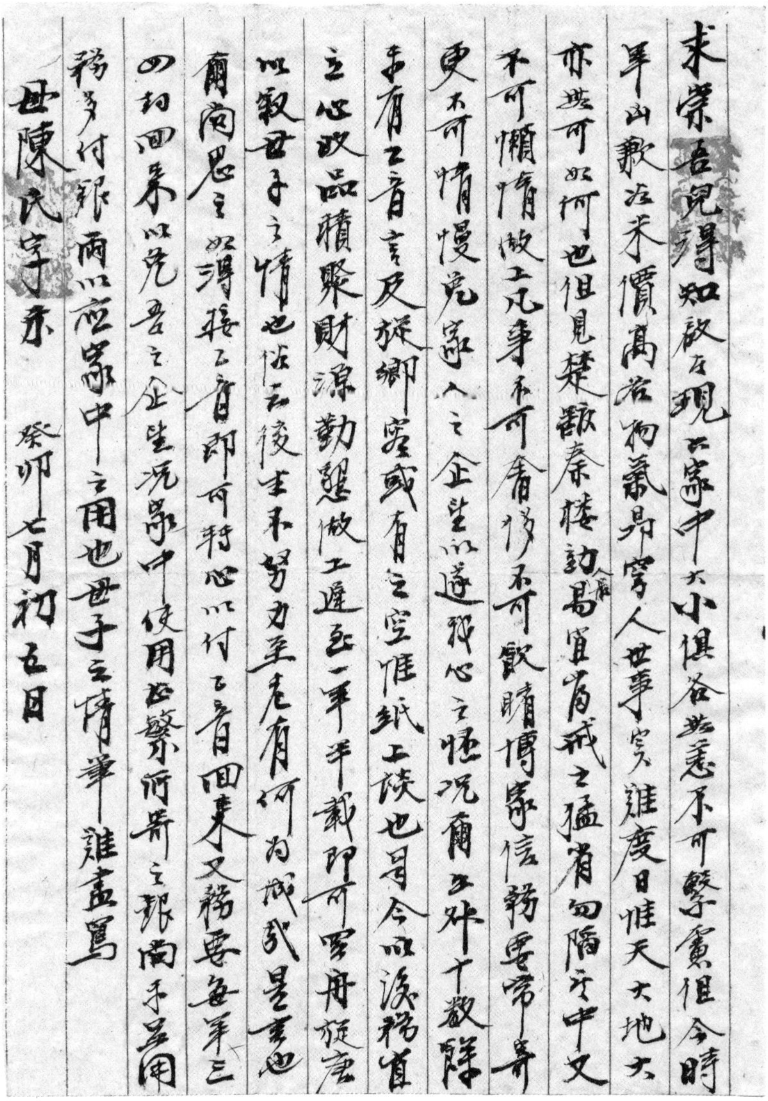

求崇吾兒得知啟者現在家中大小俱各無恙不可縈實但今時
年山歉洋米價高諸物氣昂窮人世事實難度日惟天大地大
亦無可如何也但見楚歡秦樓動曷宜省戒之猛省勿陷於中文
不可懶惰做工凡事不可奢侈不可飲賭博家信務要常寄
更不可惰慢兒家人之企望以遂我心之悵況爾在外十數歲
年有工音及旋鄉寔或有之空惟紙上談也自今以後務宜
立心改品積聚財源勤懇做工遲至一年半載即可買舟旋唐
以叙母子之情也恐日後生不努力至老有何為哉是要也
爾尚思之如得接工音即可將心以付工音回來又務要每年三
四封回來以免吾之企望況家中使用甚緊所寄之銀尚未足用
務多付銀兩以應家中之用也母子之情筆難盡寫
母陳氏字示
癸卯七月初五日

图15　家庭观，1903年。

资料来源：温哥华档案馆所藏侨批档案，档案号1108117。

陈氏寄给温哥华的儿子黄求崇[1]的回批
1903年

求崇吾儿得知，启者：

现下家中大小俱各无恙，不可系虑。但今时年凶歉，谷米价高，各物气昂[2]，穷人世事实难度日，惟天大地大亦无可如何也。但见楚馆秦楼，……宜当戒之猛省[3]，勿（ ）于中[4]，又不可懒惰做工，凡事不可奢侈，不可饮贿博[5]。家信务要常寄，更不可惰慢，免家人之企望以遂我心之怀。况尔出外十数余[6]，未有之音言及旋乡，容或有之，空惟纸上谈也。自今以后务宜立心敦品，积聚财源，勤恳做工。迟至一年半载即可买舟[7]旋唐，以叙母子之情也。俗云："后生不努力，至老有何为。"诚哉是言也，尔尚思之，如得接之音，即可将心以付之音回来。又务要每年三四封回来以免吾之企望，况家中使用正繁，所寄之银尚未足用，务多付银两以应家中之用也。母子之情，笔难尽写。

母陈氏字示

癸卯七月初五日

1 该信告知儿子现在家乡米价高涨，物价昂贵，穷人难以度日。儿子在外面不可以懒惰，不可以奢侈，应该积蓄钱财，勤恳做工，一年半载之后即可以买船票回家，以叙母子之情。如果年轻的时候不努力，到老又有何所为？要多寄银两以应家用。

2 指各类生活用品价格昂贵。

3 "楚馆秦楼"指歌舞场所，亦指妓院。"省"应为"醒"的别字。此句意思应指一定要戒掉吃喝嫖赌之类的恶习。

4 此处字迹不清，故用括号表示，这里应指不要沉迷其中。

5 指不可纵酒、吸毒、赌博之类，北美华侨以独居的男性居多，寂寞的男性华侨赌博、嫖妓是常有之事，"贿"可能指不要向美国官员行贿，以免触犯该国法律。

6 原信应遗漏了"年"字。

7 指买船票。

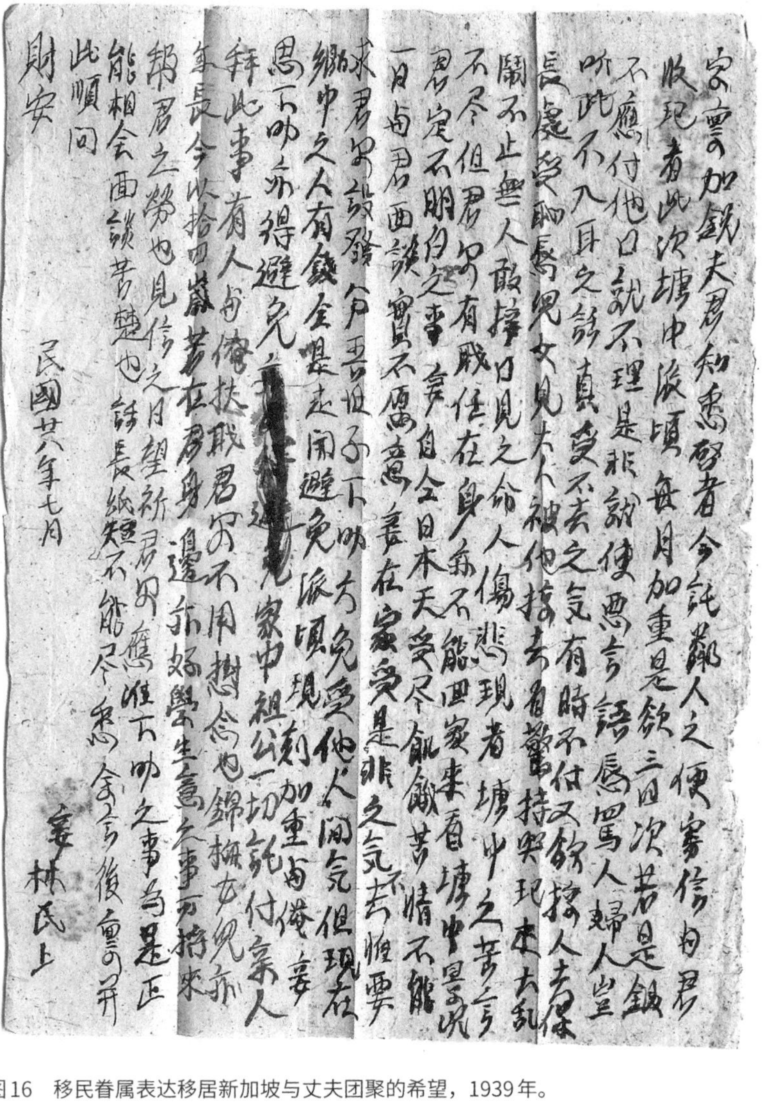

字雲〇加鈒夫君知悉啓者今託鄰人之便寄信向君
收現有此次塘中派頃每月加重是欲三四次若是鈒
不應付他曰就不理是非就使惡言語辱罵人婦人豈
聽此不入耳之語真受不去之氣有時不付又欲捋人去保
長處受辱罵兒女見大人被他捋去自驚持哭現來大亂
關不止無人敢掙曰見之命人傷悲現者塘中之苦言
不盡但君知有戰住在身亦不能回家來看塘中景況
君定不明白之事妾自今日本天受盡飢餓苦情不能
一日向君面談實不啻意妾在家受是非之氣不去惟要
求君知設發今而徑子下叻方免受他人閒氣但現在
鄉中之人有錢全里走開避免派頃現刻加重向俺妾
思下叻亦得避免[illegible]家中祖公一切託付家人
拜此事有人向俺扶戰君知不用掛念也錦撫女兒亦
年長今以拾四歲苦在君身邊亦好學生意之事可將來
幫君之勞也見信之日望祈君知應准下叻之事為是正
能相会面談苦楚也話長紙短不能盡恕余言後會可再
此順問
財安
民國廿八年七月
妾林氏上

图16　移民眷属表达移居新加坡与丈夫团聚的希望，1939年。

资料来源：潮汕历史文化研究中心编：《潮汕侨批集成（第一辑）》，第4册，桂林：广西师范大学出版社，2007年，第211页。

澄海的林氏寄给新加坡的丈夫宋佳锐的回批
1939年

字禀

加锐夫君知悉，启者：

今托邻人之便，寄信与君收现者。此次塘中派项，每月加重，是欲三四次[1]。若是银不应付他，口就不理是非，就使恶言语辱骂人[2]。妇人岂听此不入耳之话，真受不去之气。有时不付，又欲掠人去保长处受耻辱。儿女见大人被他掠去，自惊持哭[3]，现来大乱闹不止，无人敢接口，见之命人伤悲[4]。现者塘中之苦言不尽，但君尔有职任在身，亦不能回家来看塘中景况。君定不明白之事，妾自同日本天受尽饥饿[5]，苦情不能一日与君面谈，实不愿意。妾在家受是非之气不去，惟要求君尔设发分吾母子下叻[6]，方免受他人闲气。但现在乡中之人有钱全是走开，避免派项，现刻加重与俺。妾思下叻亦得避免。家中祖公一切托付亲人拜[7]，此事有人与俺扶职[8]，君尔不用挂念也。锦梅女儿亦年长，今以拾四岁，若在君身边亦好学生意之事，可将来帮君之劳也。见信之日望祈君尔应准下叻之事为是，正能相会面谈苦楚也，话长纸短不能尽悉，余言后禀并此顺问。

财安

妾林氏上[9]

民国廿八年七月

---

1 指乡中有势力的保长要求各家交钱，才会加以保护，现在每月加重到要收三四次。
2 指若是没有钱应付他，就会恶言恶语骂人。
3 指小孩子惊吓哭闹。
4 指没有人敢反抗，看了也让人伤悲。
5 指自己在日本占领之时受尽苦难。
6 指设法让我们母子到新加坡去。
7 指家中祖先的祭拜可以托付给其他亲人。
8 指负责。
9 在1949年之前，妻子有时也自称妾，为谦称。

术　语　表

暗批：为了逃避海外政府禁令而以密码发送的汇款，特别是在1945年到1949年间。

白信：没有附上汇款的书信。

帮号：承载侨批的船号。

保甲：中国古代和近现代的一种基层政治和管理机制。

编号：侨批存根中所显示的编码。

差头：把侨批从批局取出来，统一配送的人。

吃淡水：指来往于中国国内的城市与乡村之间运送侨批的人。

船帮：船队运输。

祠堂：又称家庙、祖堂、公厅，是基于宗法制度，用于供奉和祭祀祖先的祠，其又具有从事家族宣传、执行族规家法、议事宴饮的功能。

带批人：侨批递送人员。

大批：一笔大额汇款。

电汇：以电讯传递方式办理汇款的一种汇兑结算方式。

地方志：即方志，是记载地方的地理、历史、人物、自然生态及产业等资讯的著作。

短工：指临时雇用的工人。

番客：出洋谋生的华侨。

番客婶：华侨的妻子。

番批：侨批的另一种说法。潮汕方言中，“番”代表“外来的”。

番银：外来的白银，如汇款。

飞钱：中国早期的汇兑业务形式。唐代的飞钱实际上是一种票证，类似于今天的银行汇票。

分批：在接收者的住所周围分发侨批。

干支：以十天干和十二地支为基础的中国古代纪年方法。十天干和十二地支依次相配，组成六十个基本单位，两者按固定的顺序相互配合，组成干支纪元法。

公会：同业公会，即旧时同行业的企业联合组成的行会组织。

官督商办：商人出资认股，政府委派官员管理的一种经营方式。

官商合办：官、商双方共同参与经营的组织形式。

归侨：回国定居的华侨。

行馆：递送员在海外的临时居所。

红包：新年期间，将钱放入红包袋里给孩童的一种礼物。

花码：中国早期民间的“商业数字”，常用于当铺、药房。侨批编号一般以花码开头。

华侨：指在国外定居的具有中国国籍的人。

华侨侨信局联合会：一个行业公会。

华人小邮局：在海外建立的华人邮政局。

华裔：具有华人血统的华人在旅居国所生并取得旅居国国籍的后代。

汇兑局：从事汇兑的机构，批局的别称。

汇兑庄：从事汇兑的机构，批局的别称。

会馆：在移民居住国所成立的华人社团。

回批：收取侨批后给予的回复。

见面即付：面对面付款。

家谱：又称族谱、宗谱等，是一种以表谱形式记载一个家族的世系繁衍及重要人物事迹的文献。

金山：美国西部区域的别称。

金山伯：北美的华工。

金山客：北美的华工。

金山婆：北美华工的妻子。

金山少：北美华工的儿子。

金山信：侨批的别称。

金庄：做黄金生意的店铺。

旧金山：澳大利亚发现金矿以后，金山重新命名为“旧金山”。今天用来指美国加利福尼亚州太平洋沿岸港口城市“旧金山”。

楷书：汉字字体。经常在侨批书信中使用的一种字体形式。

靠批：将侨批作为主要生活来源的一种表述。

客头：专为出国移民带路的群体，有时也兼营侨批。

客邮：指外国在我国开办的邮政。

客栈：移民居住的地方。

口批：寄批人“口头”说定，交款后由执事直接面授可信赖的“批脚”去分送。抗战时期为保护隐私，多采用此种形式。

口信：口批的另一种表述形式。

联号：具有相同股东的商号，广泛分布于全国各大商埠乃至国外，所处行业囊括各类工商业和金融业，商号相互之间信息互通、相互支持、建立紧密联系。

列字：用于编号的字符列表。

溜粗水：连接中国和海外的侨批传递者。

门市：侨批业者经营业务的店面。

民间书法：中国各阶层各界流行的一种爱好和自我表达的艺术形式，流行于20世纪的侨批书写中。

民信局：批局的另一种称呼。

南洋：东南亚的旧称。

南洋客：东南亚华侨。

南洋水客联合会：水客所成立的行业公会。

南洋中华汇业总会：侨批业者所成立的行业公会。

年号：中国封建王朝用来纪年的一种名号（亦可以作为表示年份）。

一般由皇帝发起。

盼批：期盼侨批，并将其作为主要生活来源的一种表述。

批：闽南方言中指“信”。

票号：古时一种专门经营汇兑业务的金融机构。

票汇：指汇出行应汇款人的申请代汇款人开立以其分行或代理行为解付行的银行即期汇票，并支付一定金额给收款人的一种汇款方式。

批伴：结伴递送侨批。

批包：侨批的包装袋。

批断：抗日战争期间，侨批贸易被迫灾难性中断时使用的术语。

批馆：侨批递送员在海外的临时居所。在一些地区，民信局或批局也称为批馆。

批脚：侨批递送员。

批局：侨批局，经营侨批的机构。

批工：侨批贸易中的雇员。

批款：侨批的款项。

平安批：移民寄回家的第一封报平安的侨批。

批信：侨批信件。

批信局：批局的另一种名称。

批仔：批局贴在侨批信封背面的一小张纸，用于收批人写回批。

钱庄：中国传统的一种金融组织。

侨汇：华侨的汇款。

侨汇业：经营华侨汇款业务。

侨汇庄：经营华侨汇款业务的机构。

侨眷：国外华侨在国内的配偶和直系亲属，或生活来源经常依靠国外华侨赡养的国内旁系亲属，或虽不依靠国外华侨赡养，但尚未与其分家的国内旁系亲属。

侨刊：由侨乡编辑、出版，向海内外乡亲公开发行的非营利性报纸和刊物。

侨批：海外华人移民通过民间渠道寄回侨乡，附带家书或简单留言的汇款。

侨批局：批局的另一种表述。

侨批员：20世纪50年代对批局雇员的称呼。

侨乡：移民的移出地，侨眷较集中的地方。

三盘：指侨批贸易运作模式中的不同阶段。

三十六计：中国古代兵家计谋的总结和军事谋略学。

山单：批局发行的一种用于代替现款，向收款人解付东南亚移民汇款的信用票据，也称“山票”。

商号：构成商业网络中的各机构。

善会：慈善组织。

山票：批局发行的一种用于代替现款，向收款人解付东南亚移民汇款的信用票据，也称“山单”。

善社：慈善组织。

汕头侨批同业公会：由侨批业者所成立的行业公会。

实力派：地方名人和掌权者。

十里邮亭：邮寄站。

收批：指在乡村里收取回批。

水客：专门在海外华侨与国内侨眷之间以传递或寄送银信、包裹等物为职业的人。

书信银两：侨批的另一种表述。

私塾：中国古代的私人学校。

台伏：福州地方币，批局使用的一种息票或者信用凭证。

唐人：海外的华侨华人。

逃避：指金融规避。

透局：全面的批局，头盘兼具二三盘功能。

土豪：指当地的恶霸。

外付：汇款人在侨批信封上左方标明汇款的数额。

文史资料：官方批准的关于地方历史和文化的书写。

乡刊：乡村刊物。

乡贤：乡村的贤达，多为品德、才学为乡人推崇敬重的人。

乡讯：民间乡村小报。

小票：信用票，也叫“山票”。

孝亲日：特设一个日子，用以宣扬孝道。

信差：递送侨批的人。

行书：汉字字体，有时出现在侨批书信中的一种字体形式。

信汇：汇款人将汇款及手续费交付给汇款机构，委托其利用信件转托受款人。

新金山：澳大利亚发现金矿后对该国的称呼。

信局：批局的另一种名称。

新客：中国出生的移民。

信客：信使。

新唐：中国出生的移民。

新移民：20世纪70年代末之后从中国出去的移民。

信银：侨批的另一种名称。

巡城马：国内的水客。

洋水客：侨批递送员的另一称呼。

洋银：外国的银元。

银批：专指由官方邮政站传递公文、书信时所附带的“银”。

银信：侨批的另一种表述。

银信局：批局的另一种表述。

银信局公所：侨批业者所成立的行业公会。

义塾：旧时的一种免费学校。

一条鞭：侨批业中收批、汇兑、解付的纵向结构，由同一家批局或其分局组成。

邮驿：发端于汉代的邮政系统。

裕民券：1946—1949年内战期间，共产党游击队在福建、广东侨乡发行的临时本币。

栈：旅馆。

宗谱：家谱的另一表述。

走大帮：与大型节日相关的侨批递送活动，一般集中在农历正月、五月和九月。

走单帮：单独运送货物的人。

走小帮：与小节日相关的侨批递送活动，一般集中在农历二月、七月和十月。

走水客：侨批递送人员，水客。

做客：客头代替移民办理出入境手续，在移居地寻亲、找工作的过程。

族刊：由宗族所出版的刊物。

族谱：家谱的另一表述。

图书在版编目（CIP）数据

亲爱的中国：移民书信与侨汇：1820—1980 /（英）班国瑞，刘宏著；贾俊英译. 一上海：东方出版中心，2022.2

书名原文：Dear China: Emigrant Letters and Remittances, 1820-1980

ISBN 978-7-5473-1930-7

Ⅰ. ①亲… Ⅱ. ①班… ②刘… ③贾… Ⅲ. ①华侨－书信集－1820-1980②侨务－外汇－史料－中国－1820-1980 Ⅳ. ①D634.3②F832.6

中国版本图书馆CIP数据核字（2021）第253133号

亲爱的中国——移民书信与侨汇（1820—1980）

著　　者　［英］班国瑞　刘　宏
译　　者　贾俊英
审 校 者　张慧梅
策划/责编　戴欣倍
装帧设计　钟　颖

出版发行　东方出版中心
地　　址　上海市仙霞路345号
邮政编码　200336
电　　话　021-62417400
印 刷 者　上海盛通时代印刷有限公司

开　　本　710mm×1000mm　1/16
印　　张　20.25
字　　数　294千字
版　　次　2022年2月第1版
印　　次　2022年2月第1次印刷
定　　价　78.00元